1912—1928

文武北洋（枭雄篇）

李洁 著

九州出版社
JIUZHOUPRESS

图书在版编目(CIP)数据

1912-1928：文武北洋 / 李洁著 .-- 北京：九州出版社，2019.1

ISBN 978-7-5108-7877-0

Ⅰ. ① 1… Ⅱ. ①李… Ⅲ. ①北洋军阀史 Ⅳ. ① K258.2

中国版本图书馆 CIP 数据核字 (2019) 第 007474 号

1912—1928：文武北洋

作　　者　李 洁 著
出版发行　九州出版社
地　　址　北京市西城区阜外大街甲35号（100037）
发行电话　（010）68992190/3/5/6
网　　址　www.jiuzhoupress.com
电子信箱　jiuzhou@jiuzhoupress.com
印　　刷　山东临沂新华印刷物流集团有限责任公司
开　　本　965mm × 635mm　1/16
印　　张　26.5
字　　数　320千
图　　片　153幅
版　　次　2019年4月第1版
印　　次　2019年4月第1次印刷
书　　号　ISBN 978-7-5108-7877-0
定　　价　69.00元

我对所有试图

推动中国文明进程的先人

都怀有一份敬意

我把国家利益

当成评判历史巨子与事件的

唯一标准

目录

初版序

“武”只是表象，“文”才是追求

敲完本书最末一行文字的时候，2003年的最后一阵秋风已经远去。不知道我的这些文字是否也能搭上时令的班车，把一股稍带肃杀之气的“真”带往远方，让喜欢历史的读者朋友们能临风抖擞一下。

我不喜欢温暾而平庸的天气。在因袭的云絮下活得太久，会不知道云外的阳光是七彩的。所以，我幻想自己的这些文字能如冷空气一样，吹开凝固了很久的传统的云团，让人冷静片刻，再回望一下斑斓的历史。

五年前，我写那本《百年独语》时，也是这样想的。

在那本“独语”书中，我用自己的话，讲述了晚清、民国、共和国的几位历史人物和事件。可能与人们听惯的说法相迥，故有朋友笑言：你这是对百年历史的“毒”语。我只笑笑，并不解释，继续于本职工作之余，寻百年来一些巨子的遗迹，并以他们的遗迹为平台，“独语”我对近代史的一己之见。

这本书里，我集中记录了我对民国初期，亦即“北洋军阀时代”的寻找与发现。站在袁世凯、黎元洪、段祺瑞、吴佩孚、张作霖五位武人和杨度、章士钊、李大钊、陈独秀四位文人的故址上，我瞻前顾后了一番，忍不住又“独语”起来。

鼓励我用自己的话表述历史的，是本书主人公之一陈独秀先生。他老人家至死不说假话。他说："我不敢自吹我是敢于说老实话，我只自誓，宁可让人们此时不相信我的说话，而不愿利用社会的弱点和迎合青年的心理，使他们到了醒觉之时，怨我说谎话欺骗了他们！……说老实话的人一天多似一天，说老实话的风气一天盛似一天，科学才会发达，政治才会清明，社会才会有生气……"

于是，我就想对大家说：北洋时代可能并非一个完全"反动"的无序的时代，也可能并非一个颟顸武夫秉政、人文思想沦陷的时代。也许，它是古老中华第一次走上选票时代的艰难肇始，是一些大人物意欲让中国融入世界游戏规则中的笨拙尝试。"武"只是那个时期的表象，而"文"才是那个时代的追求。所谓好人、坏人，所谓正确、谬误，我没顾上区分，所以只好请读者自己评判吧。

应该告诉你的是：我对所有试图推进中国历史进程的先人都怀有敬意。

最后，我要感谢这些年来陪我慢慢走过历史遗址的各位旅伴，当然，更要感谢在漫长人生旅途中所有对我援手施助过的人。

李 洁

2003年初冬于青岛浮山之麓山海楼

再版序

开始是兴致，后来是责任

我也没想到，《文武北洋》会一直有人读。

我是一个喜欢寻找真实历史境况的旅人。只因怕那些荒冢一样颜色的"真相"被时代的残砖碎瓦所埋没，所以，我大着胆子走进一条条被废弃的巷子里，推开那里面的每一扇虚掩着的旧日宅门，定睛搜看阴影里的一切。

"真相"往往还斜悬在结满蛛网的褐色的壁上。

我怀着敬畏之心描摹我所发现的东西，尽管我努力画下的也许还不是真相，但至少比人云亦云的某些所谓的定论更接近本质。

我的行囊里没有来路不明的海外孤本，我的导游图全部是大陆公开出版发行的图书。我把国家利益当成评判历史巨子和历史事件的唯一标准。我的直觉每每在史料与遗址的场景切换中得以印证。

我行，我记；我思，我写。开始是兴致，后来是责任。每过一段时间，便有了讲述的欲望。2004 年 1 月版的《文武北洋》，就是一次话题比较集中的讲述。

尽管我的"北洋观"得到了一些有独立思想的朋友的认可，但散落在各章节里的不少谬误每每让我暗自汗颜。书出两年，两次加印，仍不能抹去很多遗憾。

2005年夏天,台湾远流出版公司将我书中的“赳赳武夫”与“彬彬文士”拆成《文武北洋·枭雄篇》* 与《文武北洋·风流篇》,分两本出版,使我有机会将原书稿审视和订正了一遍。我加进了若干新读到的史料,删掉了有些不尽合理的表述,改正了一些看得出来的失误。原以为修订即减肥,却不料,一通必要的营养滋补后,我的“北洋人物”非但没有瘦身,反倒比原来更“硕壮”一些了。

因总在行色匆匆地找寻,更因本人功底的浅薄和才气的不足,我的文字总是丢三落四。即使此番重新拾掇了一通,也还会有种种露怯处。但是,我敢说,我呈现给读者朋友的每一行文字,都是真情的脉动。

我会一直这么找下去。是兴致,更是责任。

李 洁

2006年4月11日于青岛凯旋山庄

---

* 编按:本书即为《文武北洋·枭雄篇》。

枭雄篇

漳洹犹觉浅

袁世凯遗址畅想

东厂胡同有遗德

对黎元洪故宅的寻访

凄雨中的末路英雄

段祺瑞旧居及其他

茫茫烟蔓寻何处

吴佩孚遗迹考

草莽元帅林

张作霖的空穴与故宅

袁世凯（1859—1916）

第一章

漳洹犹觉浅

袁世凯遗址畅想

安 阳

老早就想去河南安阳一游，因为每从地图上看到那个地方，就觉得有两处古迹在幽幽地诱着我，一曰举世闻名的殷墟，一曰并不广为人知的袁林。

殷墟，即殷之废墟。殷代也就是商代，从一个叫盘庚的君主把国都从原来的“奄”往西迁到“殷”之后，“商”才结束不断搬迁的历史，余下的273年里，再也没挪过地方，所以，“商”又被叫作“殷”。在中国史册上，“盘庚迁殷”是重要的历史词条。“奄”，就是现在的山东曲阜；而“殷”，即如今的安阳，一个楔入河北、山东两省之间的河南省最北端的地方，这座曾经比曲阜阔多了的一代名都，如此却只能靠城边的小屯村的殷墟而名噪世界。

悠悠三千年过去了，“殷”当时是怎样的繁华，今天的人是无从想象了，倒是在中国的最后一个君主专制王朝灭亡之前，有位叫王懿荣的山东福山籍（今烟台市福山区）京官破译了一些刻在牛肩胛骨和龟背上的奇形怪状的符号，并命之为“甲骨文”之后，那些从地底下挖出来的大堆甲骨才不是贱卖了的“中药材”，而成为解读中华文明的一个极其重要的符号。殷墟也因之成了整个世界研究人类进化的一处驿站。

作为一个识字的炎黄子孙，当然想去安阳看看殷墟。

但是，盘庚的时代离我们太远！而且，那些弯弯勾勾的早期文字，也实在不好读！这个担忧，到安阳后立时得到印证——尽管新修的殷墟博物馆是一流的馆，内藏文物是超一流的文物，但毕竟太古、太雅、太玄！伏在一方方玻璃柜上看半天，也看不出什么门道。隔现实太远的东西让人看不懂。

倒是袁世凯，这位葬于此地的中华民国首任大总统，却因相隔时间不远而显得既好读又耐看。所以，我们从殷墟博物馆出来，问清了去袁世凯墓地的路，便驶过洹河大桥，沿河向东驶去。

当地人指点：往东二里地，是洹上村，袁林就在那里。

正午的阳光把我们的车影飘飘忽忽地映在河水里，车影像是移动的磁头，而洹河则像历史纪录片一样，慢慢为我们播放了安阳数千年的沧桑变迁。

洹河，即安阳河，春秋战国时期，此水甚是了得——“令天下之将相，相与会于洹水之上。”《战国策》即有这样的记载。那时“天下”小，洹河就是中央。洹河与附近的漳河、卫河一样，虽不及南边的黄河之大、之长、之深、之浓，但也像血管一样，滋养着一辈辈的豫北人。在海洋文明远未到达的时代，安阳一直是不可小觑的中原重镇，除了作了200多年的商之都城之外，前后还有大小六个朝代在此设国都或畿辅。春秋战国时这里是“邺”，不信邪的西门豹把那些装神弄鬼的人统统扔进河里的故事就发生在这里——那位西门先生可真叫智慧，愣是把那些自欺欺人的巫婆、神汉一个又一个地“派”到水里去请“河伯”出来！淹死几个可怜虫后，这一带再也没人敢传播邪教了。秦军攻克这里后，此地改称安阳；晋代时置彰德军，金代始改彰德府，明、清两代依旧制。所以，这块地处冀、鲁、晋、皖四省交界的豫北之地，成了“四省通衢，九州咽喉”。至清末，京汉铁路修经此地后，安阳变得益发重要，中国历史上规模空前的军事演习与阅兵式，就是在这里举行的——光绪三十二年九月初五至初七（1906年10月22日至24日）举行的“彰德秋操”，让朝中那些不谙时事的王公大臣们第一次见识了新建陆军（简称“新军”）的军威。新军的创建者袁世凯因这场重要的“军演”而一跃成为令朝廷内外都刮目相看的实力派人物。

你看，说安阳，道安阳，安阳本是大地方嘛！

这是1999年的10月3日，我和几位同事以实际行动响应共和国的第一个国庆长假的号令，借了朋友单位一辆老式的日产面包车，从青岛一路西进，越济南，过聊城，风尘仆仆赶到河南安阳。

想象中的安阳，是个不错的地方——远有太行耸立，近有洹河环绕，虽非游人云集的名山大川，但中原固有的苍凉之历史美、淳朴之田园美，还是很可一赏的。

有袁世凯的诗为证：

曾来此地作劳人，满目林泉气势新。
墙外太行横若障，门前洹水喜为邻。
风烟万里苍茫绕，波浪千层激荡频。
寄语长安诸旧侣，素衣蚤浣帝京尘。

老袁虽一介武人，终生戎装，但毕竟是落榜秀才，早年甚至曾在乡里组织过群众文学社团呢！所以，他能以诗言志。尽管他写诗的水平远不如其领军和为政那么令人瞠目，但总比后来同为军人出身的民国最高统治者们胜出一筹，从黎元洪、段祺瑞、冯国璋、曹锟、张作霖，一直数到晚辈的蒋介石、李宗仁，一路数下来，都不及老袁有文采呢！上面引用的那首律诗，就是袁世凯被朝廷赶回安阳后写下的。

从文与从政是两副脑筋，能逐鹿中原却不一定能留下佳句。中国之人君，文武双全者寥寥无几。汉高帝刘邦只喊了一嗓子“大风起兮云飞扬，威加海内兮归故乡，安得猛士兮守四方”之后，就再也没词儿了；汉朝的冤家曹操倒是个写诗高手，但他不是名义上的国君；南唐的后主李煜算得上是“诗人皇帝”，可又惜为亡国之君；清乾隆皇帝倒绝对是君主里的写诗冠军，可他老人家到处乱题的“诗海战术”却并没让后人把他划归诗人的行列，因为他留下的上万首诗实在太平庸！像“文革”年代那样能于残酷厮杀中吟着优雅诗文、推敲豪放意境时不忘革命斗争的最高领导人，即使在世界历史上也极为罕见。

扯远了，再说安阳。眼前的安阳，却全不似老袁诗中那么引人入胜。

面前的洹河，流动着的是说不上什么颜色来的浊波，而沿河途中的民居，也多在风尘中蓬头垢面,怎么也想象不出“满目林泉气势新”的诗意来。所以，你也就想象不出这样一个至今还比较穷的小地方，怎么平地就冒出个不可一世的大总统来。

此时，已是过晌，一车人都饿了。见洹河岸边的柳枝像帘一样遮着前边的路，一时望不透，我们便在出城的路边停下车。这儿，是城乡接合部，一大片街头饭店生意正火。下车逐家看过后，才觉得这一溜设在人行道上的小饭店实在太脏！

我见马路对面河畔上一家有几磴台阶的新馆舍，一体的新瓷瓦贴面，加上蓝玻璃的铝合金门窗，显得很有品位，便一个人先去那儿打探。拾级而上，推开弹簧门，正面是一张人造皮的长沙发，一位中年男子正坐在那里吃盒饭。见里面过于清静，且无别的顾客，我便问他:“这里有饭吗？”那人把脸一沉：“这是茅房！”我连称对不起，同时注意到了他左右两边的内屋的玻璃门上，的确贴着“收费厕所”的字儿和标准卫生间男女人型的剪影。该公厕管理得够水平，一点儿异味儿没有，难怪人在其间就餐如坐春风。

回来后，我把奇遇告诉了同伴们，众人咸为“殷”之厕所大大高档于饭店的文明现象而啧啧称奇。喊我们坐下的饭店老板娘却不以为然，她边麻利地用一块看不出颜色的抹布转圈儿擦着油腻腻的圆桌，一边撇嘴说 :“花那么多钱盖个没人去的茅房，瞎弄！都在旮旯里尿，谁去花那个钱！”

想不到，袁氏老家之旅，就是这样别开生面地开始了。

袁 林

再前行时，天开始飘起若有若无的雨。

真怪！我觅时代巨子的遗踪的时候，老天爷总是要朝我头上撒点雨丝，似乎为了让我的思古之幽情更富有诗意。真的，无论是在福州看林则徐和严复的故居，还是在天津和平区找那连片的民国名流的旧居，也不管是在重庆高攀红岩村，还是徜徉在上海淮海中路历览风云人物的花园洋房，更不必说一次次在古都北京的寻找，记忆差不多总是和雨——而且多是小雨——连在一起。

前行没多远，就见到了路边的“袁林”标志牌。

官员人等在此下车。

中国帝王及其后之坟，谓之“陵”。可袁世凯的墓为何不叫“陵”而叫“林”？虽说他短暂的“洪宪皇帝”名分因不合游戏规则而被历史取消了资格，但他毕竟是在任上死的民国大总统，这可是两千多年以来第一位用选票统计出来的国家最高领导人啊！他之后的那位中华民国临时大总统在南京的墓不也就叫“陵”吗？此地不叫“袁陵”而偏称“袁林”，莫非因为眼前这一片茂密的林子？

袁世凯是民国五年农历五月初六（1916 年 6 月 6 日）那天一命归西的。尽管总统府的医官称，大总统因患尿毒症不治身亡，但人们更愿称其为“忧惧而死”，因为自从上一年从他执意要做“中华帝国”的始皇帝开始，就得罪了天下人。四面楚歌的老袁，又惊、又恨、又怕，肾病猝发，而他偏偏又不信西医，不准洋大夫在自己身上动剪子动刀，结果从发病至咽气，只有短短的几天。都知道他生来身强力壮，饭量超常人一倍，更因终生习武，腰不弓背不塌，实不应一病致死啊！袁氏生于清咸丰九年八月二十日（1859 年 9 月 16 日），卒时 57 岁，正是一个秉国者的最好时候。

是金子一样光灿灿而又沉甸甸的皇帝梦魇生生把他压死了。

1918 年 6 月，袁世凯的墓园竣工。树是其遗属出资种植的。这是当时拍摄的照片。

袁林由德国人设计，后半部墓葬区是开放型的，一目了然。

他死了，倒是“废物利用”，自此，安阳有了一个比殷墟更招揽人的景点。虽说游客并不太多且要专程赶来，但总能为安阳带来一些旅游收入。

袁林能保存至今，完全缘于毛泽东的一句话。1952 年 11 月 1 日那天，当家做主刚三年的毛泽东视察黄河沿岸。路经安阳时，河南地方官员安排主席先看殷墟，再看袁林。看过之后，地方官员赶紧说：袁林是要平掉的。不料，党和国家最高领袖不以为然地说：不要平嘛，还要保护好，留作反面教材。

正是这一言九鼎的最高指示，才使权威史书里所指称的“近代最大的反动封建军阀头子”的陵寝得以保存下来。

隔着黄土，共和国首任主席看望民国首任总统的陵墓，“俱往矣”豪情一定又陡然而生。只是，博古通今的毛泽东也有像普通游人的疑惑，他问陪同的中共安阳地委负责人：袁世凯的老家是项城，他为什么不回项城下葬呢？

是啊，“袁项城”为什么不让后人把他送回老家安身呢？弥留之际，儿子们听他嗫嚅了一句：“扶柩回籍，葬吾洹上……”为什么偏偏是安阳的洹上村而不是项城故里？原籍究竟怎样让这位不可一世的大人物伤透了心？

项城是河南的一个县，不在豫北，而在安阳以南数百里的地方，与安徽省搭界。我在河南地图上找了半天，才把这个因为老袁的发迹才屡被史书提起的豫东小县“打捞”出来。真的，若不是袁世凯，外省人很难知道还有这么个地方。

古时中国人爱把某人的原籍当成其别称，至清代，此风尤甚，如叫左宗棠为左湘阴、李鸿章为李合肥、张之洞为张南皮、康有为是康南海，如此，袁世凯也就被叫成袁项城了。不光朝中的衮衮诸公这样叫他，连皇帝也如此称他——有野史称，光绪皇帝在被囚禁以后，曾“日书项城名以志其愤”——天天在纸上写着袁世凯的名字以泄心头大恨。

“项城”不回项城的原因，毛泽东不知道，河南的干部们也语焉不详。

只有袁世凯的后人知道得很清楚。袁的三女儿袁叔桢（字静雪）在《我的父亲袁世凯》一文中道出前因后果：

我父亲的兄弟姐妹，一共九人。除了我的大伯世敦是嫡出的以外，其余兄弟五人、姐妹三人都是庶出。我父亲的生母是刘氏。……

后来，我祖母刘氏死在天津。当时我父亲任直隶总督。他请了假，搬运灵柩回转项城安葬。但是我的大伯世敦，认为刘氏不过是一位庶母，所以不准入祖坟正穴，可是我父亲却和他争执了很多次，由于大伯坚决不答应，最后只得另买了新坟地安葬。从这以后，我父亲和大伯世敦就不再往来。还由于这个原因，以后就定居在彰德的洹上村，不再回项城老家，直到我父亲做了总统，他们老兄弟俩还是不相闻问的。

原来如此！袁世凯并非其父袁保中的正妻所生，所以，他的母亲，亦即生父之妾，死后便没有资格进入袁家祖茔正穴。别看你已官至正二品的总督大人，而且还是全国八大总督排名第一的直隶总督，但正妻所生（所谓“嫡出”）的大哥还很坚持原则愣是不尿你呢！

袁世凯因生母未被尊重而愤然迁籍，从此一去不回。

如此看来，这个人还有点儿骨气。

但就是这样一个烈性子的人，回到官场后，竟会表现出婢女一般的驯顺！同僚们背后讥笑过：老袁不惜屈尊与慈禧太后身边的太监们交往，除了按惯例晋见前给御前太监们的袖里塞钱不说，他见了大总管李莲英时居然单腿下跪！这破了规矩的大礼虽让同僚们笑冷了齿，但却挺管用。

有人记下了这样一段逸事——

某日，慈禧太后召袁世凯入宫奏对。袁提前问计于李莲英，称自己有一事想禀报，但怕太后心情不好不敢提及。李公公说：看“老佛爷”脸色行事呗！但“老佛爷”乃“天颜”，跪在地上的人哪敢仰面观“天”？于是，李公公又授意袁大人：你老哥伏在地上汇报工作时，不就在我脚下嘛，只看我的双脚可也——双脚分立则暗示主子心情不错，有话快说；双脚合起则示意太后已面呈不快之色，请免开尊口。老袁唯唯诺诺。

你看，匍匐在领导脚下、阉人跟前的袁世凯哪有什么骨气？专制体制下的官场，实在是销蚀脾气、摧残个性的泥淖。

喏，又扯远了，话题还回到安阳吧——老袁因兄弟之阋而拒回家乡，安阳因老袁在此而声威显扬。

一进景点的门，就看到了似曾相识的古陵里所特有的一些建筑，如照壁，如神道，如玉带桥。只是，袁墓的规模比隆然于华夏大地上的那些帝后陵寝小多了。毕竟不是君权时期了。

比比漫长的君权时代，北洋时代终究是进步一大截子了！历史的长河如同袁林门前的这条洹河，总在或疾或缓地向前流淌着。

现在我们看到的，是经历过“文革”洪水洗劫后的袁林。

高大的石牌楼只剩了石梁石柱的骨架，应有的门扇全不见了，虽说每根石柱上都覆着一层水泥，但斑驳破损处总是露出荒唐年代的破绽——每根柱上都有用黄色油漆喷涂着的“文革”的口号。神道两边的石像也不规矩了，虽然也有石柱、石马、石狮、石虎，但到底不若从未被破坏过的明清皇陵那般井然有序；而且，多数石像是被重新修补过的。

“史无前例”的人类文明浩劫之痕，又哪是水泥所能弥盖的！

有意思的是民国式的翁仲，文官均是高冠博带的古士打扮，而武官则全是过膝军装、圆筒高帽、外加一绺鸡毛帚的北洋军官模样。逝去了的时代一下子通过这五对有些滑稽的石像再现于世。更耐人寻味的是，这些守陵者个个都是五短身材，且都身长腿短耸肩无脖——是洋设计师独具匠心地要表现一种艺术上的古朴美呢，还是有意将矮胖的墓主人的尊容显形于阳间？

神道之北是锁起来了的碑楼，楼内循例有巨大的赑屃托起的巨大碑石，碑文为其老友徐世昌所题的“大总统袁公世凯之墓”。既无谥号，便不似皇帝们的碑文那么复杂，像那个窝窝囊囊的光绪皇帝的谥号，就是长得让人读不下去的“德宗、同天崇运、大中至正、经文纬武、仁孝睿智、端俭宽勤、景皇帝”，若不加上顿号断句念，非把人憋死不可。

碑楼的外墙涂着厚厚的朱砂色涂料，但依稀能读出斑驳的“毛主席语

袁林里的武翁仲，穿着、身材一如其墓主。（1999 年 10 月摄）

袁林里的文翁仲，祭天时高冠阔袍打扮的文臣。（2010 年 6 月摄）

录”，这边是“凡是反动的东西，你不打他就不倒”；那边是“人民，只有人民，才是创造历史的动力”。最高指示已有好多年不背诵了，现在竟在这里让我来重温。

牌楼后有殿堂一座，应是供奉墓主人的享殿，虽雕梁画栋蛮精致，但其间空空荡荡。袁林自建成后，历北伐战争、抗日战争、国共内战，特别是经历过“文革”洪涛的冲决，岂能不空荡？

出一旁的圆门，绕过殿堂，刚拐过来，便被那座与中国帝陵截然不同的墓台震了一下——

高大而宽绰的石台上，赫然入目的先是两扇铁栏门，门虽残败且已锈得不可开关，但铁骨犹坚，其造型也精美，实为中华大地所罕见；而绕墓台一圈儿的护栏，大都只剩一垛垛矮柱分散孤立，不过从仅余的粗铁链来看，那时的冶炼、翻砂技术还是十分高明的。宝顶（坟丘）很大，据书上称有一丈二尺高，五丈二尺圆。大则大矣，但比之小山一样的帝陵却又小得多。墓室周遭都是钢筋混凝土砌成的匝墙，若是特意来破坏，也够费劲的。

果然，安阳文物管理所的所长朱女士告诉我说：“文革”时，当地的“红卫兵”来掘过袁墓，但因没有炸药，全凭镐刨锤砸，所以，“造反”很不彻底，忙了一阵子只好撤走了。

空荡荡的享堂里值守的一位中年的管理员则告诉我：当时要是照死里弄，还能挖不开？只因为有个人忽然想起最高指示，说：毛主席他老人家好像说过，要留作反面教材。正累得精疲力竭的学生们这才顺坡下驴，鸣金收兵。

呜呼！幸亏安阳是远离大城市的地方，“土著”红小将们的“革命干劲”又不甚大，而且在关键时刻想起了英明指示，所以，中国近代头号大坏蛋居然极为侥幸地保留了全尸，“阴魂”至今未散！

墓圹上方是一周探出头来的青石块，正面一方石块上镌着这样几个字：

中华民国五年八月兴修

超二年六月望告成

袁林墓徽。（2004 年 4 月摄）

袁林石狮。（2010 年 6 月摄）

袁林前的超大影壁，上有内战时留下的累累弹痕。（2010 年 6 月摄）

徐世昌题写的袁林墓碑。（2010 年 6 月摄）

袁林侧门柱。（2004 年 4 月摄）

袁林牌坊。（2010 年 6 月摄）

也就是说，袁墓是墓主人死后两个月开始施工的，耗时两年，至民国七年（1918）才完工。

查史料，袁林的设计师为死者本人生前聘请的一位德国人。能请洋人为自己的陵寝绘制蓝图，这起码表明了百年前的那个矮胖的河南老头儿思想并不如后人想象得那么保守。这可是中华大地上第一座由外国人设计的君主陵园。

按中国人“入土为安”的规矩，袁世凯的儿子们并没等墓地全部完工后才将亡父下葬——那样的话，老袁岂不要遗臭两年？而是早在当年——1916年8月24日，就将那个阴沉木的大棺材送进了墓室中。

到底是老外设计的建筑，墓丘正面上竟探出了一尊十分逼真的石狮头像——这难免让人想起欧洲那些老房子门口上方的装饰性动物雕塑。设计师真的把这里当成了死者的家。

不过，说来也真是和狮子有点缘，袁世凯待过的地方，门口无不有石狮庇佑。至少我见过的就有这几处——天安门城下有两尊石狮，民国二年（1913）10月10日，他宣布就任中华民国首任大总统的仪式就是天安门身后的太和殿前举行的，然后，他登上天安门检阅他的北洋大军；铁狮子胡同的前清海军部门前也有一对石狮子，他从天安门下来后就去了那里办公——最早的总统府就设在那个大院里；天安门西侧的中南海门前也有两尊石狮，逊清王室把西苑（即中南海）让给民国政府后，老袁就把总统府从铁狮子胡同搬了过去，并把南海南岸的宝月楼破墙改为“新华门”，把该门西侧的那条街改叫“府右街”（总统府右边的大街），使这些“袁氏之名”一直叫到了现在。

然而，张牙舞爪的东方神话里的狮子没能保佑他，所以，灵魂出窍的他被用专列运抵安阳，又被八十人的“皇杠”抬到这里后，便又有了这尊西洋式的逼真的狮子相伴。

石狮上方，墓草萋萋。

但袁墓称“林”，不是因为树多，而是另有故事。这是我在袁林里的小摊儿上买到的一本小册子上读到的。

此书说，“袁林”是后来也当过民国大总统的徐世昌命名的。老袁入土后，袁的长子袁克定理所当然地请“世伯”徐世昌题写“袁陵”二字。

当过中华民国第三任大总统的徐世昌，是出生于附近的卫辉县书香世家的布衣寒士，早年在豫北、豫东各县以当私塾老师和县政府文书为业，偶然游历袁家花园时，与慕名已久的袁世凯相识，两人“纵谈古今成败、中西奇异”后，遂结金兰之好，成为异姓兄弟。他大袁四岁，当时就认定，小友必将是个大人物。据说，他曾对别人说过：“他日治天下者，必斯人！”后来，是仗义疏财的袁世凯出资供他去北京赶考，他才一步登天，成为帝都里的翰林。在翰林院坐了十年冷板凳后，又是奉命办新军的袁世凯奏请徐翰林来当自己的“稽查全军参谋军务营务处总办”，即参谋长兼秘书长，徐才走运于官场，从袁氏的头号军师起步，官至东三省的首任总督、邮传部尚书、协理大臣，授太傅太保。因其精明过人，袁克定背后持赠的“水晶狐狸”的绰号得到了官场的一致认同，其为人可窥一斑。

精明的徐世昌告诫老侄：“陵”乃帝王之墓，令尊生前称帝未成，且已自行取消“洪宪”年号，故非帝王，称“袁陵”不妥。袁克定争辩说，亡父大敛时即身着皇帝的冕服嘛！但老徐明白，一来因老袁死时正值初夏，其粗胖的尸身暴胀得没合适寿衣可穿了，不得已才罩上了称帝时做的冕服；二来老袁着帝制服饰入殓是藏在棺内的事，但若堂堂正正把其未做完的皇帝梦摆在阳间炫耀，却万万不敢。所以，徐世昌又引经据典地告诫袁克定：“《说文解字》中，陵与林可相互借用，避陵之嫌，却有陵之实，就称袁公林，如何？”

做不成新皇帝的跛足袁大公子还能“如何”？只得允之。

继任大总统黎元洪主持的民国政府为先大总统批了 50 万银元在安阳购地建墓。6 月 28 日，即袁氏过世 22 天之后，袁氏的灵柩从改作灵堂的中南海怀仁堂起灵。出新华门时，黎元洪总统暨一干文武大员守候在此，向灵柩行鞠躬礼，与故人做最后之告别。然后，袁氏遗属在两千多人的陆海军仪仗队的护送下，扶灵东行至天安门，再拐向南面的中华门，即清代的大清门（20 世纪 50 年代拆除，即今毛主席纪念堂位置），出正阳门至京汉路火车站。是时，军队鸣礼炮 101 响。在没完没了的礼炮声中，灵柩被抬上专列，专列缓缓开动。当日，京汉铁路全线停止运营。因每经大站都有各地官员路祭，故专列开开停停，第二天才抵达彰德站。

此时，经勘测确定的“吉壤”，即袁墓，其建筑工程尚未竣工。袁灵被安放在他的洹上村的最后一进院内的正房中央。等了近两个月，砖砌的墓圹才匆匆完工。本应再等陵墓的全部配套工程完工以后再安葬，但袁克定虑及“时局不靖”，遂于 8 月 24 日举行了袁氏的安葬仪式。

当年主政河南的，是袁氏早年在庆军的部下田文烈。

民国初期，省级行政首长名称屡变，由民政长而巡按使而省长，田氏一样没落地都干过。他自然参加了袁氏的下葬仪式。而袁氏的盟兄徐世昌，当时正在故里辉县隐居，也理所当然地参加了老友的葬礼。因经费有限，袁氏墓圹为砖砌的。见墓圹难经风雨，徐、田二人遂相商，应筹款以混凝土将砖墙罩之。二人认为，“袁公遗产不丰，未忍轻动；而库帑奇绌，难再请求”，所以，他俩便和段祺瑞、王士珍、段芝贵、张镇芳、雷震春、袁乃宽、阮忠枢等北洋系的文武要员联名发起倡议，吁请各位曾受恩于先总统的“诸公”，“萃袍泽三十年之谊，竟山陵一篑之功”。如此，募得现款 232700 元，经招商投标，历时一年半，将袁林的配套工程完工。

以上引文，均得自田文烈事后向北洋政府的报告。

至少从加固袁墓一事上看，北洋巨头们做事还是守规矩的——既不动国库的钱，又不让死者遗属破费，更不给地方政府和绅民增添负担。你想，徐世昌是前清时当过大学士的政坛头号耆老，民国初年做过国务卿，后来又接替黎元洪当上民国的第三任大总统；段祺瑞乃领衔于将军府的陆军上将、内阁陆军部长，国内第一军头；王士珍当过陆军大臣，阮忠枢做过总统府秘书长。其他那几位，个个都是封疆大吏，哪个不能影响政府拨点钱为老袁修墓？可是，他们都没有假公济私，掏的都是自家账上的钱，尽管这些钱的来路可能不敢晾于阳光底下。

袁家人也懂规矩。见亡父的旧友纷纷解囊，袁克定便主持袁家出资收购了袁林周边的1000亩地为祭田，并购买了大量的松、柏、槐等树遍植于墓区。如此这般，袁墓才成了名副其实的“林”。

袁静雪女士告诉人们：其父有10个妻妾，32个子女，49个孙子孙女。若每个儿孙种上10棵树，那就是800多棵树啊！单从绿化工程上来讲，还真是多子多荫。

本来政府购地139亩，加上这1000亩林子，袁林成了中原大地上空前壮观的墓园。

我见过不少散落在华夏大地上的君主之墓，袁墓是独一无二的。中国式的墓讲的是封闭——大门紧关，高墙屏障，外头人无论如何是看不到里面的；而洋式的则是开放型的，铁栏门和铁链栏杆只为界定范围，却不是为遮挡人们视线的。

袁墓为洋式，一目了然。

虽说袁世凯生前即请风水先生在此选定了位置，不过，没等破土动工，他就一命呜呼了，他和所有的人都没料到，故土会提前召他回来长眠。因是洋工程师所绘的蓝图，但又要表现出中国君主的气派，所以，中西合璧的袁林的前后部分成了完全不同的两种风格——前半部祭奠区是传统中国皇家式的，后半部墓葬区是典型西洋国王式的。

老袁不正是这么一个半土半洋的矛盾统一体吗？

皇帝梦

说袁世凯，怎么也抛不开“好人”“坏人”这个古老的命题。袁氏这一生，真是越活越是坏人。细读他的一生，其实至少有大半生是未失大格的。人们在评价历史舞台上的“角儿”时，往往依据他谢幕前的扮相而认定其一生的角色——只要末场扮了回大白脸，这骂名就算是留下了，且辈辈沿袭，谁也不改口。

当初，袁世凯是怎样动了称帝的念头的？一个以“缔造民国元勋”而被时人推崇的国家第一把手，普天之下莫非子民了，何苦再讨天下人的嫌，落得个身败名裂，遗臭后世？以我今人之想，一生精明的老袁此举实在不值。

今人已经看不出近百年前的“大总统”和“大皇帝”之间有什么不同了。

其实，二者之间绝不仅仅是名分上的不同。

从君主专制到共和国体，从“真龙天子”到“民国公仆”，从向来一人专权变成议会政治与责任内阁制，这一切，对昨天还是大清国臣工的衮衮诸公来说，尤其对袁世凯这个前朝的内阁总理大臣来说，是多么的不适应啊！不能指望习惯于跪地咚咚磕头的人们会适应比肩而坐投票表决国是，须知，西式黑呢高帽罩着的是刚刚剪掉辫子的脑袋。现在的人们，若不静下心来，恐想象不出当年的天大的不同。

对袁氏何以称帝，袁的亲属及亲信都说，主要是吃亏于他的大公子袁克定。

与所有的专制者一样，袁世凯到晚年最相信的也是自己的儿子。但就在其长子极力鼓动他当“中华帝国”始皇帝的最热闹的时候，他才猛悟出自己陷入了绝境。

事情败露于偶然。

就在袁世凯屁颠儿屁颠儿地忙碌着登基的时候，全家女人们也都跟着乐呵呵地订制娘娘和公主服饰的时候，未来的三公主袁静雪瞅着丫鬟买回来的五香酥蚕豆傻了眼——老袁家法很严，自家的女人，无论大小妻妾还是哪房女儿，一概不准上街抛头露面。所以，袁静雪想吃蚕豆，只能令下人上街去买。这一天，袁静雪无意发现包蚕豆的《顺天时报》，竟然与自家的《顺天时报》完全不一样！外边的报纸上多是反对父亲称帝的报道，而自家看到的“舆论导向”，却全是拥戴老爸当皇帝的消息！三小姐懵了，当晚例见父亲时，就把包蚕豆的报纸递了上去。

《顺天时报》是日本人在北京办的一张销量很大的中文报纸，老袁公余之暇时常读之，借以了解社情民意。原来，老袁这段时间看到的，一直是袁克定为他单独印制的假报！联想到这一阵子老有“请愿团”到“公府”（总统府）门前“劝进”，甚至连妓女们也自组一团到新华门外嚷嚷着请大总统当皇帝，至于各地拥戴他当皇帝的好消息更是一篇接着一篇，老袁恍然大悟：都是他娘的大儿捣的鬼！第二天，盛怒的袁世凯召来袁克定，越说越气，最后甚至于亲自动手用皮鞭狠狠抽打了不肖之子，且边挞边痛骂其“欺父误国”。

迟至此时，袁世凯才明白：他将国体改为帝制，并非“天下归心”。

也有人替他惋惜，说，他是上了“筹安会”的当。杨度、孙毓筠、严复、刘师培、李燮如、胡瑛，这六位风云人物组成的“筹安会”，和本政府内的几位要员，一心忙着把老袁往御座上推。他们欺上瞒下，大造气氛，终于使得整日待在深宫里的老袁头脑发热，“勉顺舆情”，放着牢固而舒适的西式高靠背椅不坐，偏要改坐满人让出来的又硬又冷的御座。他成了新朝的皇帝，那班人不就是开国元勋了吗？

斗胆称帝，天怒人怨，老袁自此人心丧尽！他追悔莫及，一病不起。

袁的第七子袁克齐，详细回忆了袁的弥留之际：

> 记得我父亲死的那一天，曾把我大哥叫到里屋去，我们在外屋听见我父亲说：“这个事我做错了，你以后不要再上那几个人的当！”过了半小时，他就死了。

看来，在生命的最后一刻，老袁后悔了。“那几个人”显然是指杨度等筹安会的帝制干将。

还有人说，老袁还曾于昏迷中嗫嚅：“杨度害我……”

徐世昌应召从隐居的河南卫辉赶来，见到相交四十年的好友在病榻上命悬一线，不禁老泪纵横。

当着在场的袁克定、段祺瑞的面，徐世昌轻声问老袁：“总统有什么交代的？”

老袁喘息着，吐出了两个字：“约法。”

这就是袁氏的政治遗言。

就在袁氏尸骨未寒时，徐世昌、段祺瑞、袁克定等人打开了他生前写就继任者名字的“金匮石室”——这套由上一任元首指定传位于某某人的方式，还在沿用清室的老办法，但中华民国的约法（袁氏授意的“新约法”）上就是这么规定的，只不过候选名单不止一人，而是三个，即大总统可以指定三个人为其继任者。所以，老袁是在依法办事。

看来，至少在最后的时刻，这个辜负过中华民国的首任国家元首，总算尊重并维护了国家根本大法的权威。

稍微出人意料的是，那张纸上并没有传言中的“袁克定”，倒是依次写着“黎元洪、徐世昌、段祺瑞”三位。

老袁总算还明白，天下不是自家的。

翌日，总统府发布了死者的遗嘱：

先大总统遗令

本大总统遵照《约法》宣告，以副总统黎元洪代行中华民国大总统职权。

副总统忠厚仁明，必能宏济时艰，奠安大局，以补本大总统阙失而慰全国人民之望。

所有京外文武官吏以及军警士民，尤当共念国步艰难，维持秩序，力保治安，专以国家为重。昔人有言：“唯生者能自强，则死者为不死。”本大总统犹此志也。

袁世凯

正所谓“头头是道”也！可怜的是，精明一世、糊涂一时的袁氏，再也没有机会展示其过人的政治才干矣！

袁世凯至死没弄明白的是，逆历史潮流而动的“称帝”大蠢事，实在怨不得“那几个人”！要怨，只能怨你自己——在宦海沉浮几十载了，难道不知道别人支的梯子不能贸然爬？是你自己灵魂深处爆发皇帝梦了，想尽享个人崇拜了，想独裁天下事了，才扭扭捏捏半推半就地往回头路上跨了一步。

这一步，就让自己掉入了万劫不复的深渊中。

想想就知道了，对袁世凯这样一个满脑子封建意识且个性极强的人来说，他怎么会喜欢上七嘴八舌的政治局面？一次次不得不面对政客们的攻讦与议员们的掣肘，他实在腻了！

他不止一次地对身边的人表示过这种茫然：总统、总理、总长（部长），都是“总”，到底谁说了算？

当过大总统府军事谘议官的王镜芙老先生回忆过，袁常对人说：“我愿意采取美国的总统制，不愿意采取法国的总理制。”

当年接替被逐出京城的他出任清国外务部尚书、当任的交通部总长梁敦彦更曾精辟地大发牢骚：“民主就是无主，共和就是不和！瞧着往后大乱的吧！”

这话太中听了！

民国以降，政团林立，党祸连绵；政客奔突，党人肆虐。尤其孙文、黄兴的国民党，一党独大，民国二年（1913年）2月初，参、众两院开会时，国民党籍议员多达392席，民主、统一、共和各党及无党派人士加起来才获480席；由60位参、政两院议员组成的宪法起草委员会，国民党占了33席！如是，该党便足以操纵国会，阳倡责任内阁，阴谋一党专政。更有甚者，袁派往国会说明起草宪法意见的四位代表，竟被国民党议员们轰出会场！难怪冯国璋等各地大员纷纷通电中央，要求取消国会、“搜捕乱党”。因国民党籍的江西、广东、安徽三省都督李烈钧、胡汉民、柏文蔚公开通电反对中央政府向五国银行贷款，他下令免了三人的职。孙文却借机发起“赣宁之役”（即革命党所称的“二次革命”），由被免的赣督李烈钧率先称兵发难，一时间，南方革命党控制的数省纷纷响应。好在此次“革命”不得人心，仅一个多月即被冯国璋所统辖的政府军扑灭，孙、黄与李烈钧、胡汉民、柏文蔚等国民党要人成了政府通缉的要犯，纷纷避往日本。老袁因祸得福，随着北洋军进占南方各省，其威势空前，使中华民国真正实现了全国范围内的政令统一，并一举当选首任民国大总统（之前与孙文都是临时大总统）。“共和就是不和，

从晚清进入民国，袁世凯一步步走到独裁的道上。

民主就是无主”——梁总长所言极是!

再是舆论,不仅随口指责政府,甚至对堂堂大总统肆意进行人身攻击——有报纸公然刊登了一组题为《老猿百态》的漫画，其中一幅，画着一只猴子举起写有“专制”两字的大刀横跨于北京城头,题曰“刀大杀人多”。猿即袁。如此放肆地攻击国家最高领导人，实是恶毒之极！若在前清，岂不要判你个满门抄斩？让你言论自由，也不让这么自由啊!

满口河南乡音、一直习惯用衣袖擦鼻涕的庄户老汉一样纯朴的袁大总统，终于战胜不了自己的中国农民的天大愿望——自主天下事。内心一直涌动着这种蠢念，旁人再一扶一推，他的下水也就势在必然了。

看看他进入民国后的足迹，一步步都是往独裁的道上走。

孙文在南方起兵“叛国”之时，他未把孙氏及少数追随者与坚持走议会道路的国民党籍国会议员剥离开来，反倒下令取缔了国民党，收缴了该党籍议员的证书,导致国会瘫痪。为此,他不得不搭建了个不伦不类的“政治会议”代替之，结果，国家立法机构成了“本大总统”的谘议部门。后来，他又觉得内阁总是掣肘，便干脆把国务院取消，降为总统府里的政事堂，内阁总理沦为国务卿，各部悉成“公府”里的办事处。最后，他索性授意由新一届国会修改总统任期，从 5 年延长到 10 年，且可以连任——那时，他已是五十开外的花白胡子老头儿，再干几届，不就等于终身制了嘛!

本还有能力为中国做出更大贡献的历史上首任民选大总统，就因一个皇帝梦，终于走到真正孤家寡人的绝境。

袁世凯因称帝而成为全民族的罪人。前云南都督蔡锷将军称病离京潜回滇省首举义旗誓师“讨贼”,西南各省立时群起响应。“护国战争”成了比“二次革命”更得人心的正义之战。

京城的军政要员也无不怨恨老袁，因为帝制一恢复，这些从青年学生时代即投身于推翻清朝的半生努力就全废了。

刚搬出中南海不久的副总统黎元洪竟然杜门谢客，即使面对他派去的说客,也一如既往地当起了“黎菩萨”——此公在鄂省当新军协统时即有此绰号,面慈心善，面对敏感话题，每每一言不发。

被从青岛德国人的租界里请回京城当国务卿的徐世昌，则以不吱声来表示内心的不满，后来坚决辞职回到原籍辉县做起了隐士。

他一手拉扯起来的北洋军首领、陆军大臣段祺瑞，更是急脾气一个，当即拉长了脸兼气歪了鼻子——据说，此人一激动鼻子就向一侧微倾，他很无礼地回禀大总统兼干岳父说：这阵子风湿病犯了，穿不上鞋了。老袁一怒，正色道:芝泉！我看你气色不好,去西山养病吧！段氏这一去,就再怎么“召”也不来“见”了！

派去南方弹压国民党反叛的江苏督军冯国璋，不光按兵不动，反倒联络各地督军来了一篇要求取消帝制、惩办杨度等祸首的通电！

他最信任的政事堂机要局局长张一麐（同麟）则私下里对人说：项城既受清廷诏旨建立共和,又被各省代表推举为大总统,就应恪遵朝旨,顺天应人。

还可恼的是东交民巷里的外交使团，竟也对中国恢复帝制不表示赞同，本身就是君主立宪国体的日本国的公使，甚至称现时不认为中国恢复帝制时机适宜！

他四面楚歌，他万般无奈，他穷途末路。他只好在宣布实行帝制仅 83 天之后——民国十五年（1916）3 月 22 日，通电全国：取消帝制，废除洪宪年号。

为时晚矣！各路人马不依不饶，非要袁世凯退出大总统位子来不可！皇帝没当成，总统竟也保不住了，这一下，袁世凯绝望了！此时，死对他和对所有的人来说，都是一个最好的结局。

在此之前还算是英雄的袁世凯，由是成了“窃国大盗”“独夫民贼”“乱世奸雄”。这些头衔人们让他一直戴到现在，而且，还将继续戴下去，诚所谓“骨朽人间骂未销”。

历朝中国多少雄杰，为圆一个皇帝梦，成了令后世冷齿的跳梁小丑！

侧身西望长咨嗟：皇帝梦，做不得！

朝 鲜

朝代兴衰，过客毁誉，一部中国近代史真够人细细观赏、品味的。

纵观袁世凯的一生，无论是在他崭露头角的朝鲜生涯，还是在平定“拳匪”内乱的督抚任上，尤其在胁迫清皇退位的关键时刻，他都表现出了一个汉族政治家、军事家应有的机敏与勇气。这种机敏与勇气导致的后果，也可以称作“功劳”吧？

先说老袁早年。

那时，老袁还是小袁，不爱念书爱骑马，所以也就考取不了功名。第二度乡试失败后，他既羞且愤地把自己所作的诗文付之一炬，慨然道：“大丈夫当效命疆场，安内攘外，焉能龌龊久困笔砚间，自误光阴耶！”随后，他便带着几十家乡的弟兄们跑到了山东的登州府，投奔嗣父袁保庆的好友、“庆军”统领吴长庆当兵了。那一年，是光绪八年，即西历 1881 年，袁世凯 22 岁。

你看，袁世凯“参加工作”的动机称得上是高尚嘛！

吴长庆乃淮军领袖李鸿章的皖省同乡与老部下，随李大人抵御太平军时起家，与当过江宁盐法道的袁保庆是生死与共的铁哥们儿，时任从一品的广东水师提督，但却一直在山东登州驻守。提督与总兵，被人尊称为军门。

清时，出于“定缺”（编制）原因，吏部提请皇帝任命的官员，经常出现名不符实的现象，即名义上任命为甲地某职，但实际上却让此人在乙地工作。吴长庆即一例，因为在创建南、北洋水师前，清国只有三个从一品的水师提督空缺，即福建水师、广东水师和长江水师，鲁省只有陆路提督一职，却还由山东巡抚例兼。吴氏带起的袁世凯也是一例——袁氏成了“人物”以后，奉旨在天津郊外督练新军，但他的职务却是温处道，即驻浙江省温州的道员，可他至死也没到过浙江省啊！此为后话也。

一开始，被小袁尊称为“吴大叔”的老吴显然未意识到袁世凯是个有远大抱负的热血青年，还以为不过是已故的结拜兄弟的不争气的嗣子跑来找碗饭吃呢！因而，弃笔从戎的袁世凯入伍后并未受到重用。

空有一腔抱负的袁世凯，某天对吴提督的总文案、南通人张謇大发牢骚，而正是这一番抱怨，改变了袁氏的一生。

当时，他对张秘书长如许喟叹："我家中有田可耕，衣食无缺，并不是吃不上饭才来从军的。中国现在正受到列强压迫——法兰西侵略安南（越南），扰及我南洋沿海，中法战争迟早必起，如对法战败，列强或将群起瓜分中国。我当初因吴公把守海防重镇，亟需人才，正是大丈夫报国之秋，不料到此以后，见吴公温雅如书生，并无请缨杀敌、投鞭断流之气概，所以我也没有久居此地之意。"

这话说得真够慷慨激昂的。这一番表白传到吴司令的耳朵里，他能不惊喜吗？于是，未久，袁世凯就开始受到重用，成了营务处帮办。

按清代官场排序，帮办是第三等级的佐官，之上有会办，即二把手，一把手叫总办。庆军有六营共三千名官兵。从来没打过仗更没带过兵的袁世凯，靠他干爹和吴军门的关系，突然被军门大人指定加塞站到了行伍的前列，这怎么会不令庆军的"老人"们感到愤然？

考验这个官二代的真实能力的机会来了——朝廷谕旨到军营：着庆军即刻赴朝鲜驻扎。

不知是无人可用了，还是有意要考察一下袁氏的能力，吴长庆竟让从军才一年多的小袁领衔前敌营务处，随全军赶赴高丽。

那时的朝鲜，与西南边陲外的缅甸、安南（越南）、暹罗（秦国）等周边小国一样，属大清国的藩邦。因该国第二十六代国王李熙年幼且性情懦弱，故国政先由其生身父亲，即兴宣大院君李昰应主持，亲政后由其妻闵妃掌握。末期朝鲜王朝的历史，其实就是大院君与闵妃的翁媳争权史。其实他俩还是亲戚，闵妃是李昰应妻子闵氏的远房侄女。

农历壬午年六月（1882 年 7 月），不满闵氏外戚擅权的朝鲜军方头目突然发动兵变，叛军冲进宫中，诛杀了闵氏集团的多位重臣，闵妃则化装成宫女趁乱逃走。因闵氏集团日渐疏离中国而亲近日本，故兵变殃及日本人，日本使馆被焚毁，12 个日军卫兵被杀死。叛军拥戴大院君重掌国政。此即朝鲜近代的“壬午兵变”。

但亡命于忠州的闵妃并没认栽。她急忙托人告诉正在清国天津的本国某大臣，速向宗主国的北洋大臣求救。

有清一朝，朝鲜事务归北洋大臣主管。根据直隶总督兼北洋大臣李鸿章的提议，清廷借机派距朝鲜最近的驻山东登州的庆军进驻朝鲜。

于是，吴长庆率本军官兵三千，乘坐丁汝昌统辖的北洋水师“济远”等三艘战舰，火速赶赴朝鲜，抢在日军问罪之师抵达前，一弹不发地进驻了汉城。

吴长庆坐定朝京后，根据各方禀报，认定李昰应要为兵变负责，遂按李鸿章的指令，将前来拜谒的李氏羁留，并于第二天由“济远”舰押回保定。由于宗主国的力挺，闵妃集团重新主持了朝政。

兵变给日本人造成的财产和声誉上的双重损失，已是不争的事实。但因汉城已经被清军占据，故率舰前来朝鲜问罪的日本代表，只能在济物浦（后称仁川）与朝鲜政府代表签订了索赔条款，却无法驻军朝鲜。在这一回合的中日较量中，中国抢得了先机。

尘埃落定后，清廷奖叙有功人员。前敌营务处总办的表现，令吴长庆欣慰不已，他向李鸿章为袁世凯请功曰：小袁“治军严肃，调度有方，争先攻剿，尤为奋勇”。于是，以前无品无级的袁世凯，一下子被破格晋为五品同知衔，并戴上了花翎——清制，只有五品以上的官吏才有资格在红顶子上加戴一根珍禽的尾毛。

一直耻于没有正式学历的袁世凯，凭自己的实力，实现了为国效力的理想，并获得多少读书人奋斗多年而不可得的地位。

在朝鲜，袁世凯很快就成为吴长庆所倚重的主要佐将。那时，袁世凯才23岁，却表现出了卓尔不群的治军才干和灵活而又不失原则的处世手段。

抄两个有关袁世凯在朝鲜的故事可为佐证。

第一个故事：小袁随军入朝后，负责军风纪的纠察与执行，即宪兵司令兼执法处长。他命令前敌营务处的书记（文书），组建了执法稽查队，凡违背军规者，一经查实，严惩不贷。自恃天朝上国的大军，刚入朝时，庆军官兵们一时不能把持自己，故每有掳掠百姓财物、骚扰官民生活的举报传到袁世凯案头。某日，执法稽查队查获了七名严重违纪的兵勇，袁氏毫不留情地下令将他们统统斩首。由此，庆军军纪为之一变。未久，又有一名军官因严重违纪而被抓获归案。按军律，此罪当斩，但此人与吴长庆有亲戚关系。老吴闻报，匆忙屈尊进入小袁帐中，也不开口求情，却坐着不走。小袁也不多说，只请吴公闲阅案上的书籍，自己借故出去一下。等他回来后，翻身便向提督大人叩头请罪，禀报执法队已经把那个军官斩了。吴长庆倒也不愧为领军人物，非但不责怪小袁不给自己面子，反而大笑赞曰："执法当如此！"过后，吴大人常告诫在营中的亲戚们：可别以为在我手下干事就可以胡来，即使我能饶恕你们，袁某也不会饶恕你们！

对了，那位当了执法稽查队队长的前书记，即民国初年成了河南省一把手的陆军上将田文烈。

回国后，袁氏在天津之郊的小站练兵，只四年就带出了一支海内第一劲旅，即北洋新军，靠的正是他和部属的这股子六亲不认、执法如山的狠劲儿！

第二个故事："壬午兵变"平息后，闵妃又成了她保守势力的代表。一批到过日本参观和学习的年轻贵族们结成政团，即开化党。开化党以解除与清国的宗藩关系、借助日本力量实现朝鲜富强为目标，很快就与骑墙于中日之间的闵妃产生了不可逆转的矛盾。

日本的崛起和朝鲜开化党的坐大，让颇有远见的李鸿章忧心忡忡。光绪十年（1884），清国被法国人拖进一场争夺安南的战争，即"中法战争"。安南也是清国的藩邦，却被入侵的法军强行逼迫签订了受其保护的条约。清国忙于应战法国，无暇东顾，遂让朝鲜开化党人看出破绽，加紧了脱藩行动。为防倭人趁机入侵我辽东半岛，李鸿章奏请朝廷让吴长庆率三营人马回辽东布防，余下三营庆军由署天津镇总兵吴兆有统辖。排名吴兆有之后的还有个叫张光前的总兵。吴、张二人都是李鸿章的老乡兼老部下，淮军的老人。不过，虽说二位都是正二品的总兵，职衔也均提升为记名提督，但相比于后起之秀袁世凯，他们的权力被明显地缩水了——

按吴长庆的保荐，李鸿章奏请朝廷这样任命了从军仅三年的袁世凯:“总理亲庆等营营务处、会办朝鲜防务、兼办转运史、兼带庆字副营、并办一切留防事宜”。如此一来，军龄只有三年的袁世凯，一步跨越了庆军那些打了二三十年仗的副将、参将们，成了驻朝清军的名义上的第三把手，但其权力却实为军政统辖的第一把手也！

如果说有所谓“贵人”的话，吴长庆就是袁世凯人生中的第一个贵人！

撤走一半驻军后，朝鲜在开化党人鼓动下，脱离清国的倾向愈来愈明显。

从当年袁氏上呈李鸿章的一纸报告上，即可知当时情势之不妙：

> 朝鲜君臣为日人播弄，执迷不悟。每浸润于王，王亦深被其惑，欲离中国，更思他图。探其本源，由法人有事，料中国兵力难分，不唯不能加兵朝鲜，更不能启衅俄人，欲乘此时机，引强邻自卫，即可称雄自主，并驾齐驱，不受制中国，亦不俯首他邦。此等意见，举国之有权势者，半皆如是，独金允植、尹泰骏、闵泳翊等意见稍歧，大拂王意，王浸疏远。似此情形，窃虑三数载后，形迹必彰。……自中法兵端既开，人心渐歧，举止渐异，虽百计诱导，似格格难入。

须知，当时的袁世凯，年仅25岁，却表现出了大大超乎其经历的政治家的禀赋。

到了是年年末，高丽人内部的“亲清派”与“亲日派”到了图穷匕首见的程度。风传开化党近欲发动政变，诛杀亲清派大臣。一旦政变发生，则中国地位岌岌乎矣！

当年12月4日，是朝鲜邮电总局落成的日子。出任邮政总办者，为洪英植，一个开化党的重要人物。有野史称，前二日，洪氏曾宴请清国驻军的三位长官。吴兆有、张光前二位军门认为，洪氏乃有名的开化党人，心怀叵测，去不得也。但小袁却以不能失国格为由执意前往。他怀揣一把手枪，带上两个亲兵，提前一小时突现筵席，令对方措手不及。酒席开始不久，袁世凯又突然借故起身告辞，并手牵与他素有交情的朴泳孝一路谈笑出了大门。朴乃先国王的驸马，比袁氏小两岁，也是开化党的一员大将，前汉城府判尹（市长）。袁与朴携手同行，埋伏于途中的“士官生徒”自然无法下手。士官生徒即朝鲜政府派往日本士官学校留学的百余名学生，当时被开化党用以发动政变。

袁世凯于政变的第二天，在给其堂叔袁保龄的信中写过，他与开化党的朴泳孝、洪英植等人“俱熟”。

不过，据袁氏过后写给北洋衙署的报告可知，当时，他们三人都应邀参加了洪氏的夜宴，却平安而归，想必因留朝清军均为久经战场之兵，而他们三人又各带众多卫士，朝鲜政变分子有所顾忌，才未轻举妄动。

12 月 4 日晚，洪英植等朝鲜大臣如期为庆贺邮政总局设厅而夜宴招请各国公使。清国驻朝鲜的最高代表——总办朝鲜商务委员陈树棠，自然是位于上首的贵宾。酒过数巡后，突有人进来通报：附近民宅失火啦！在场的前营使韩圭稷以职责所在，匆匆外出。右营使兼军务局总办、闵妃的侄儿闵泳翊也起身出去指挥灭火。彼时，谁也不知道，火灾竟是在场的外衙门协办（副外长）、开化党领袖金玉钧布置的政变信号！

稍顷，被砍得一身是血的闵泳翊踉跄而归，扑倒在地。满席人见状，大惊失色，一哄而散。在场的海关总税务司兼外衙门协办、德国人穆林德（又译莫伦道夫）将闵泳翊带到自己家中救治。24 岁的闵泳翊也曾是开化党人，但近年却成了亲清派的主要大臣，由此而成了开化党政变要诛杀的人物之一。

金玉钧亲率士官生们闯进国王居住的昌德宫中，控制了国王李熙，并以暴乱为由诳国王写下“日使来卫”的手令。得此手令后，日本公使竹添进一郎立即亲率日军赶来，护送政变者劫持李熙、闵妃等人迁到景佑宫。其间，亲清的六位大臣被害，其中包括刚才还在酒席上把酒言欢的韩圭稷。

第二天，被开化党控制的李熙下令改组政府，新政府立即公布了金玉钧起草的 14 条政纲，其第一条，即“立即送还大院君，废止对清国的进贡”。因 1884 年为甲申年，故是次政变史称“甲申政变”。

“甲申政变”实为高丽人宴席政变的发轫之作。韩国总统朴槿惠女士的父亲朴正熙，即在1979年被其一向信任的中央情报部长官金载圭当席枪杀的。不过，那是近百年以后的事了。

1884年12月4日当夜，仓皇逃回来的清国商务委员陈树棠，向袁世凯讲述了宴席上的血案。袁世凯立即带兵赶到邮政总局查看，那边却已人去楼空。吴兆有也亲率军队出巡街面，但也是不得要领而回。第二天上午，袁在德国人穆林德住处见到大难不死的闵泳翊后，方知昨晚发生了政变。

至于穆林德这个"歪果仁"为何要拯救闵泳翊？这是因为他和袁世凯一样，也是李鸿章派驻朝鲜的中国代表——他曾在上海海关和汉口海关任职，是李中堂的北洋幕府中的"洋弁"之一，前年被清廷派来，主持朝鲜的海关。

吴兆有、张光前、袁世凯率清军前往王宫欲见李熙，却被金玉钧矫诏不得见。三军头遂与陈树棠紧急相商。

当时，汉城发到天津的电报，须派兵舰先送到旅顺口，再从旅顺口的"北洋总埠"拍发到津门。小袁的堂叔袁保龄正是主持旅顺工程的总办。汉城到天津的电文往来一次，需要好几天。李鸿章得到报告以后，还要上报北京。如是这般，等朝廷的命令传达到汉城，生米早就做成熟饭了！

时不我待！尽管吴、张二位军门和陈委员都坚持要等李中堂回复后再做行动，但袁世凯力排众议，主张立即出兵弹压叛乱，以弥祸患。他慨言：如中堂和朝廷怪罪，则本人独负其责！当晚，他便秘散600两黄金给他督练过的朝鲜亲军左、右营，约定翌晨一同入宫保卫国王。随后，他又找人授意亲清的老臣、正一品的右议政沈舜泽致函清军，恳请弹压政变，解救国王。恰好，京畿道观察使沈相薰本日自宫中秘密潜来求援。有了法理上的依据以后，12月6日上午，袁氏即亲率清军与朝鲜亲军攻入宫中，伤毙日军卫队和朝鲜叛军多人，并满城追讨政变头目，洪英植等被乱兵杀死，金玉钧、朴泳孝等则"断发易服"，跟随竹添进一郎亡命日本。竹添亡命之前，下令焚毁了驻朝使馆，愤怒的朝鲜民众则杀死了保卫使馆的若干日军士兵。在关帝庙里，袁世凯找到了国王李熙及其家人。

一场流血政变，因袁世凯的果断出手而终结。

从那时起，袁世凯就成了日本人必欲除之的眼中钉。

政变平息后，袁氏用军费接济了被难大臣的遗属，稳固了朝鲜人与中国的关系，不过也为自己遭构陷埋下了隐患。

在日本人的强烈要求下，也在吴兆有等庆军“老人”的弹劾下，清廷派两位钦差大臣吴大澂和续昌赶到汉城，调查袁世凯“对外擅开边衅，对内擅挪饷款”一事。好在,北京来的钦差大人并没冤枉小袁,在查清“启衅”与“挪饷”的真相之后，他们肯定了小袁在紧急关头的作为。

正在天津与日本特使伊藤博文谈判朝鲜善后事的李鸿章，据此坚决驳回了日方坚持惩办袁氏的无理要求。

只是，袁世凯自感无法继续留在庆军工作。于是，借得嗣母过世之机，袁世凯恳请随钦差大臣之舰返回国内,回籍奔丧。得到朝廷准许后,袁始回国。

岂料，山不转水转。袁世凯回河南不过一个月，就接到了圣旨:着为“驻扎朝鲜总理通商交通事宜全权大臣”，即清国驻朝鲜的最高官员；官擢三等，由“以同知用”升授“以道员用”；衔加四级，即由五品升为三品。

之前，袁世凯已经从堂叔袁保龄的信中得知了这一消息，是李鸿章向朝廷保荐了他，称他“胆略兼优，能持大体，足智多谋，足可胜任此职”。

德高望重的李鸿章乃清王朝里地位至崇的汉臣，因有最高一级的太子太傅和文华殿大学士头衔而被称为李傅相、李中堂。清朝不设相位，大学士即相当于前朝的宰相。李相国对袁世凯的评价无法不让朝廷动心。于是，圣旨降下，小袁腾达。

袁世凯诚惶诚恐，曾七度求叔父大人代向李中堂辞却。李鸿章大概被袁保龄的左一道上书右一通电文唠叨烦了，终于怒了，斥责袁氏叔侄：“何不以国家大局为计！”于是，26 岁的袁世凯，成了“太后留意，诸亲王、军机大臣、中堂推重”的驻朝最高代表。“太后留意”等语，是袁世凯在给二姐的家书中自己写上的，可见其内心还是十分自得的。

接到叔父的最后一道信函后，小袁辞别慈母与故里，立即套车上路，日夜狂奔。国内权威的袁世凯研究专家骆宝善先生说，赶往卫河换乘去天津的船的途中，袁曾累死一头骡子！

在天津得李相国训示，袁世凯以护送朝鲜兴宣大院君李罡应回汉城的名义重返朝鲜。因为他的到任，前驻朝最高官员陈树棠卸任回国，另有任用。

在汉城，袁世凯苦心与朝鲜各方应酬，更与日本人小心周旋，安抚住了局势，可谓煞费苦心！袁世凯凭其超人的胆识和能力维护了朝鲜的国政，受到国王的信赖与多数大臣的拥戴，该国的内政外交，一时悉遵袁意。

袁世凯曾向李鸿章上书，建议“我政府应立即彻底收拾朝鲜，建为一个行省”。颇值一提的是，当年，正是袁的另一个堂叔袁保恒最早上疏皇帝将台湾建省的，袁少时曾被叔父带到北京住过一段时间，当然知道台湾建省与自家的某种关系。

但了解世界大势的李鸿章，正遭受“清流党”言官的无妄指责，哪有心思把属下的大胆倡言转奏朝廷？而且，南陲的法国，北疆的俄国，正在纠缠我中华的领土，朝廷也实无精力三面应付。所以，朝鲜没像新疆、台湾一样建省，这便留给了野心勃勃的日本人以极大的想象空间。

试想，若彼时慈禧太后目光远大，朝廷内外同心同德，决然将藩邦设为省，则后来的事就要完全另说了！

但李鸿章对袁世凯的赏识是毋庸置疑的，他向慈禧太后和光绪推荐袁世凯时，写下了十六个字评语，这十六字评语，也决定了袁世凯的一生：

> 血性忠诚，才识英敏，力持大局，独为其难。

但是，在狐假虎威的朝鲜亲日派的欺凌下，小袁的日子越来越不好过，除了他一连娶的两房高丽姨太太尚能稍解忧烦外，清国在朝鲜的影响力已经越来越萎缩。后来，亲日派大臣竟把大炮架到了袁的官署门口，名为保护，实为羞辱中央帝国！

从一幅署名“袁世凯”的书法上，我们可以罕知，当年的小袁将军当年是怎样的不易。此联曰：

大日本如枫星使，于客岁来韩驻扎，笃念邦交，人咸重之，与世凯交，尤相得。因撰数语，以志其概，即命雅正。

称史勋宜留玉策；论交谊和重金兰。

甲午新正 中州袁世凯书并志

“新正”，即正月，甲午年即1894年。是年，袁世凯在朝鲜已经待了九年。这副字、辞俱佳的书法作品，如真是中州（河南）袁氏亲书，则袁氏的文采确实令人啧啧称奇！不过，笔者以为，此幅书法，字体过于完美，且与现存的袁氏遗墨风格相迥，似更像是袁氏托人代笔。不过，即便是托名之作，也是以己之名为国酬酢。驻外生涯，委实不易！

一个袁世凯岂能挽住既倒之狂澜？可怜的老大帝国，连自己的疆土都保不全了，哪有能力保护自己的属国？苦挨了一些日子，即到了甲午年六月（1894年7月），日本人压迫朝鲜政府向袁世凯提交了最后通牒：解除对清协约，撤走驻朝清军。因闵氏拒绝听从亲日派大臣的劝谏，日本人竟直接出面囚禁了闵氏，并强行逼迫李罡应主持国政。是为朝鲜历史上的“甲午政变”。

这一来，袁世凯终于到了撑不下去的时候了。在得到朝廷的批准以后，六月十五（1894年7月17日）那天，这个已经没有任何权力的宗主国全权大臣，心情无比忧愤地下令降下了大清国的龙旗，黯然启程返国。正月里送春联，五个月后，清日两国就在黄海开战了。袁将军“和重金兰”的心血化为硝烟随风飘散矣！

袁氏一行撤离后，日军即占领了王宫，胁迫朝鲜国王发表声明：“自兹脱离中国，独立自主……”

袁世凯在朝鲜的经历，若编成戏文传唱下来，岂不妙哉？只可惜主角晚年不保，“卖国贼”的腐恶名声早就熏臭了整个人生，谁还会记得其早年壮举？

袁世凯数度驻守朝鲜凡十二年，在越来越困难的境地中，他有胆有识，有智有勇，竭力维护了大中国的利益。正是在朝鲜半岛的尊俎折冲，使这个并无科举功名的职业军人成为18世纪黄昏中国政坛上的一颗冉冉上升的新星。世人皆谓“小站练兵”是袁氏崭露头角的舞台，殊不知，漫长的不辱使命的驻外经历才是他走入慈禧太后视野的根本原因。

小站练兵，是袁世凯从朝鲜回来的事。回到国内，清日甲午战争爆发。他被李鸿章安排在直隶布政使周馥手下，办理奉天至山海关一段的后方粮台，即关外战区的后勤部长。他的两位顶头上司记名提督吴兆有和记名总兵张光前，一个率所部驻防金州，一个统兵参与了凤凰山的防御。结果，甲午战争以清国惨败而告终，向日本割地赔款。凡有血性之国人，莫不痛感耻辱，在藩属国受够了日本气的袁氏岂能例外？

战前，李鸿章即根据德国军事顾问汉纳根的建议，奏请朝廷速练精兵十万。朝廷诏令李鸿章和两江总督张之洞两别于北南两地着手实施。谁都知道，大清国的国防力量已不可依恃！八旗军、绿营早在与太平军、捻军交锋时就溃不成军，曾国藩的湘军也渐显疲态，唯李鸿章带起的淮军尚可指望，若再不练成一支精兵，则国将不保矣！

于是，李鸿章派淮军大员、时以广西按察使衔在天津“督粮台”的胡燏棻，招募了近千名壮丁，编为10营的“定武军”，在津南马厂（地名）建置，后因马厂地方局促，遂移师交通便利的新农镇，借淮军废弃的旧兵营操练起来——因该镇有天津至大沽口铁路上的火车站，是个小站，后新军官兵便以“小站”代称新农镇。久而久之，“小站”竟出了大名儿，成了袁世凯及手下若干人走向军事政治巅峰的大站！

稍后，张之洞则在南京编成2800人共13营的“江南自强军”。

不过，为时太晚！等是年岁末，两支新建部队刚编制完毕，战争胜负已经分晓。

战争结束后，为救亡图存，朝廷匆匆设立了督办军务处。此“处”级别极高，由位尊望重的恭亲王奕訢领衔，庆亲王奕劻为会办，军机大臣李鸿藻、翁同龢和步军统领荣禄、户部右侍郎长麟组成，唯独长期“坐镇北洋，遥执朝政”的第一汉臣李鸿章因战败而被排除在外。光绪帝授予了该“处”最大的军事干部调动权——“所有各路统兵大员，均归节制”。

就是在此时，从奉天省凤凰城的前敌营务处回到天津的袁世凯，给朝中排位第一的汉族军机大臣李鸿藻写了一封信：

> 此次兵务，非患兵少，而患在不精；非患兵弱，而患在无术；其尤足患者，在于军制冗杂。

真够放肆！他指责的不是战争期间军事部署的失当，而是现行体制的落后！问责体制，说到底，不就在指责朝廷嘛！在一个处处讲究规矩的中国官场，这可是要有足够的勇气。

话锋一转，他写到了具体的建议：

> 为今之计，宜力惩前非，汰冗兵，节靡费，退庸将，以肃军政。亟检名将帅数人，优以事权，厚以饷糈，予以专责，各裁汰归并为数大枝，扼要屯扎，认真整励。并延募西人，分配各营，按中西营制律令参配改革，着为成宪。必须使统帅以下均习解器械之用法、战阵之指挥、敌人之伎俩，冀渐能自保。仍一面广设学堂，精选生徒，延西人著名习武备者为之师，严加督课，明定官阶，数年成业，即检夙将中年力尚富者分带出洋游历学习，归来分殿最予以兵柄，庶将弁得力而军政可望起色……
>
> 似应速派明练、公正、真知兵大员，除将著名骄、饱、疲、懦诸军即须遣散外，仍将拟留各军认真点验，分别减汰，务期养一兵即得一兵之用。

有病乱求医的朝廷，读到了这个披肝沥胆且卓有见识的“药方”后，马上将袁氏调入军务处，职与称是“温处道，留京兼充军务处”，即温州道员，但留在京城军务处工作。前一项是实职，解决了袁氏的职级待遇；后一项是没有编制的临时性质的岗位，为的是让他具体经办新军。

有清一朝，特别是非常时期，常以这种虚实结合的人事政策来解决一些干部的待遇问题，前面提到的那位胡燏棻也是如此。后来，袁氏还曾任直隶按察使和工部右侍郎，都是为解决省部级待遇问题，其本人一直在小站督练新军。此乃后话也。

进入军务处以后，袁氏便有了向更高层进言的机会。国家危机让这位有“非唯知兵，且谙外交”名声的36岁的政治明星走出直隶，也走出李鸿章的阴影，进入中央。

一边是编练新军的进展并不理想，一边是有“知兵”之誉的袁某被闲置在军务处。所以，在皇上颁诏要封疆大吏广荐人才之际，几位重量级的总督，不约而同地向朝廷推荐了袁世凯。

且读两江总督刘坤一在给朝廷密上的《荐贤书》中的一段话：

> 际此时局艰危，知兵文臣甚少，如袁世凯者，伏愿皇上擢以不次，俾展所长，及其年力正强，得以功名自奋，庶立尺寸之效。

湖广总督张之洞的荐举理由更是直截了当：

> （袁世凯）志气英锐，任事果敢，于兵事最为相宜。若使该员专意兵事，他日有所成就，必能裨益时局！

在朝中重臣与外省疆吏的共同举荐下，光绪二十一年六月（1895年7月），光绪皇帝破格召见了这个声誉鹊起的少壮派将领，并命军务处五大臣责成他起草一份新建陆军的详尽方案。

好一个袁世凯，深思熟虑后，将一整套全新的建军思想和可行性报告呈送五大臣。袁氏建军思想可概括为：聘请外国军事顾问，按外国军队编制、装备与规章制度，新建一支陆军。

五大臣随后上疏皇上：

查有军务处差委、浙江温处道袁世凯，朴实勇敢，晓畅戎机，前驻朝鲜颇有声望。因令详拟改练洋队办法，旋据拟呈聘请洋员合同及新建陆军营制饷章，臣等复加详核，甚属周妥。相应请旨饬派袁世凯督练新建陆军，假以事权，俾专责任。

救亡心切的光绪皇帝登时降旨批准。

于是，袁世凯奉旨离京，去了天津郊外70华里的新农镇，接任定武军。他的前任“胡司令”（胡燏棻），则转任芦津铁路督办去也。

小站成了袁世凯大展身手的舞台。他接手胡大人留下的4700余人，又新募得2500余人，聘来众多德国军事顾问，按全套德式建制与装备重建了这支新军。发愤图强的袁司令，就以7000多人的新式军队为基础，练成了北洋常备军，人称“北洋军”。段祺瑞、王士珍、冯国璋、曹锟、吴佩孚、张勋……那些并无显赫出身的北洋军人们相继成了袁氏的骨干，后来，竟成为呼风唤雨的军政巨头。这些人对袁氏的崇拜和拥戴，多年未曾改变，即使在袁被迫下野后。以致当时有过一句对袁十分不利的流言，曰：北洋军人“只知袁宫保，不知大清朝”——袁曾被皇上授予太子少保头衔，故官场人称“袁宫保”，他也一向喜欢部下这样称他。

小站练兵时的袁世凯不仅狠抓军事训练，而且也做“思想政治工作”，两手都很硬。但他不是靠频繁开会、组织官兵学习皇上各类批示来收拢人心，而是亲自动手编写了一道通俗易懂的《劝兵歌》，让士兵们边唱边领悟“咱当兵的人，有啥不一样”。歌曰：

谕尔兵，仔细听：
为子当尽孝，为臣当尽忠。
朝廷出利借国债，不惜重饷来养兵。
一兵吃穿百十两，六品官俸一般同。
如再不为国出力，天地鬼神必不容。

自古将相多行伍，休把当兵自看轻。

一要用心学操练，学了本事好立功；
军装是尔护身物，时常擦洗要干净。
二要打仗真奋勇，命该不死自然生；
如果退缩干军令，一刀两断落劣名。
三要好心待百姓，粮饷全靠他们耕；
只要兵民成一家，百姓相助功自成。
四莫奸淫人妇女，哪个不是父母生？
尔家也有妻与女，受人羞辱怎能行？
五莫见财生歹念，强盗终久有报应；
纵得多少金银宝，拿住杀了一场空。
六要敬重朝廷官，越分违令罪不轻；
要紧不要说谎话，老实做事必然成。
七戒赌博吃大烟，官长查出当重刑；
安分守己把钱剩，养活家口多光荣。
你若常记此等语，必然就把头目升；
如果全然不经意，轻打重杀不容情。

你瞧，袁世凯早年写诗的爱好还真用上了！

唱着他的歌儿的那些北洋官兵们，走出了小站，走出了津门，走出了直隶，成为国内最有实力的武装力量，也因而成为袁氏走向权力巅峰的资本。盛年的袁世凯就是凭着这支军队，由武卫右军（新军的正式名称）总统而山东巡抚，而练兵处大臣，而直隶总督兼北洋大臣，而军机大臣兼外务部尚书，终至内阁总理大臣。权倾一时，位极人臣。

小站成了袁世凯走向权力中心的一个大站。

人们总说袁氏靠出卖、靠投机、靠行贿而飞黄腾达，恐有失公允。“乱世之奸雄”和“治世之能臣”往往是同一个人。史学家笔下的曹操是这样的人，近代的袁世凯难道不也算是一个吗?

我曾分别去过朝鲜半岛上的那两个国家。

出于历史原因，那两个同民族的国家一直同我中华有着割不断的关系，在朝鲜和韩国的纪念馆里，我从二战前后的报纸上都看到了一大片汉字。最大的汉字，是在当时称汉城的韩国首都见到的——“景福宫”三个大大的汉字就高悬在重檐之下、宫门之上。

景福宫是李氏朝鲜的王宫，也是韩国之游的重要驿站。此宫是中国式宫殿的缩号版，无论从占地规模还是从建造工艺，都远不会让我等中华儿女景仰。中国人曾经沧海难为水，看罢长安北京不说宫，所以我对女导游啾啾而谈的景福宫兴趣不大，倒是老在四处打量，这儿是不是当年袁世凯攻打过的那座王宫?这些显得挺粗糙的朱门、红墙上，是否还有清军与日军激战时的弹洞?从二十几岁到三十几岁，袁氏在这里耗了将近十年的时光，这对他性格的形成究竟有多重要?倘若当年他在此街头战死或遭日本人的杀害，我们会不会在读伤心百年史的文字里，发现一个叫袁世凯的民族英雄?即使他侥幸不死而身陷敌狱多少年，我们会不会以“近代苏武”或“清代文天祥”一类的桂冠来追念他?

> 周公恇恐流言日，王莽谦恭未篡时。
> 向使当初身便死，一生真伪复谁知?

一想到这些深不可测的话题，我便记起那首唐诗。

是啊，假若袁世凯在称帝之前身亡，今人对其究竟如何评价，还真的很难说哩!

法华寺

这些年，每去北京时，我总想去抽空找找法华寺，也就是谭嗣同深夜来找袁世凯密谈的那座古庙。

袁世凯之所以成为中国近代剧中的大白脸，这座京城名刹应该算是他的第一个舞台。

从被指责出卖光绪皇帝与维新变法志士，到弹压“义和拳”“红灯照”等民间排外运动；从恃武力逼清帝退位，到坚持留在北京当中华民国的国家元首；与日本签订“二十一条”，到悍然宣布取消共和国体恢复帝制，彼时中国的几乎每一件大事都与袁世凯有关。这其中，最富传奇色彩的当属戊戌年的背叛行径——人们说，不是他在“变法”关键时刻的卑鄙出卖，中国近代的第一次全面政治改革就会一举成功，年轻有为的光绪皇帝就不会遭黜，反倒会在康有为等维新党人的辅佐下力挽汪澜，让中国走进新时代。果若如此，中华民族与现代世界的差距也就不会拉得太大。

这桩历史公案太刺激！

北洋军首领袁世凯奉旨晋京，再次破格受到光绪皇上的召见，且一连两次，并被加授兵部侍郎衔（等同于从一个精锐师师长上兼了国防部副部长）。回到旅居的法华寺里后，忽有不速之客登门造访，且不待门人通知客人，就闯进内宅！看名片方知，此人乃军机处的章京（秘书）谭嗣同。

然后，两人闭门密谈。一个是不顾一切要拯救被困于深宫中的明君、并决心以暴力强行推进改良大业的热血党人，一个是手握精兵、且身为维新圈儿里的“强学会”会员的壮年将领；两人一文一武，均是受“圣上”信任的汉人精英，岁数相差也不大（时谭 32 岁，袁 39 岁），故应能谈得来。

不期，古庙夜谈之后仅两天，慈禧太后即从颐和园返回宫中宣布亲政，而主持新政仅百天的光绪皇帝却戚然被囚——“戊戌变法”惨败。

两位夤夜密谈者，一个和其他五位维新同志头滚菜市口刑场，成了千古凛然的烈士；一个则在民间的骂声中不断被拔擢，直至位极人臣的第一汉官。

两位密谈者的结局真是相去天渊！

我尽管自忖对北京有些熟了，但对谭、袁密晤过的法华寺究竟在何处却一无所知。读到的相关书中，说起发生在那座古寺中的密谈，已十分翔实，但说起其具体方位，均语焉不详。

某次去潘家园淘旧书，满载而归途中，驱车经过天坛路，蓦然见到路牌上有“法华寺”的地名。但箭头指处,是一座大棚化的农贸市场。停车暂借问，或恐有遗存？一位老人遥指楼群里，慨叹：有座古庙来着，早没啦！那是什么时候的事啊！

我遂对袁世凯与谭嗣同密谈过的法华寺不存念想，只道是该寺已在火柴盒式的居民楼群中与世长辞矣。

然而，就在全然无意间，2000 年冬天，我结识了北京市东城区文物管理所的所长李志诚先生，他的一番话让我顿感柳暗花明。老李点拨道：你要看的法华寺不在南边，就在我们东城，老北京的法华寺不止一处。

他不光很热情地接待了我，而且还马上安排属下李继宝专程陪我前往其“势力范围”内的法华寺旧址探看。于是，原以为早已辞世了的古刹，瞬间复活了。

对了，不能不交代的是，这一次，老天爷还是没忘朝我头上洒点阴雨，而且，这回已经是酸雨了——滴在身上和车窗玻璃上的，都是泥黄色的点子。大自然虽宽大无边，但偶尔也会朝无休止地折腾他老人家的某个地区的人类来点小惩戒什么的。

文管所的司机轻车熟路，一会儿就把车开到了王府井大街的北口，向东稍拐，便转到了华侨大厦的停车场。

正疑惑，小李已领我从停车场后门出去，走进一条小巷。

“到了，就是这个大杂院儿。”他停在了一个极不起眼的小门儿口。

我留心了一下破门框上的小红门牌——多福巷 44 号。

中国的寺庙都是坐北朝南，法华寺应不例外。只是，眼前的一排排乱七八糟的老房子挤在一块儿，分不出个东西南北来了。往院里走走，我才明白，我们是从最北边进入了原先的法华寺——我走历史的后门了。

从后往前看，满目伤心景。

早没了大雄宝殿和东西配殿，只通往东边院落的廊门上方有些失了色的画梁。一户挤一户的陋室把个当年的京都名刹塞得满满当当。从昔日神祇们住的殿堂飞檐往上看，北面的华侨大厦岌岌乎压在头顶。

小李三拐两拐就把我领到了大杂院儿的最南端：一条只容一人通行的细巷里。躲过身旁一辆辆自行车和头顶一件件晾着的衣衫的羁绊，他驻足一方巨石前，指点：这是整个庙里留下的唯一文物了。

侧看不知何物，近前方知是碑，且是“大清乾隆四十三年仲秋吉日”所立的龙首大碑。

碑身稍前倾，似有一臂之力即能推倒。石趺半埋土里，正是沦落风尘状。旁有废弃的大缸、破桶、煤池相伴。

此碑一旁，尚有半截古碑，显然是故意砸断的，埋在土里，碑身上什么字也看不出来了。

碑后褪了色的木门吱呀开启，一位妇人探出头来问：干吗的？小李申明：文物检查。妇人乃退回宅中。

我长长地吁了口气：法华寺已经破败至如此模样了！

> 东华门外二里许，豹房巷有古刹法华禅林，明正统间，内监刘通舍宅创建……

我艰难地摸识着那块完整的大碑的碑文，约略明白了法华寺的身世。

豹房巷即如今的报房胡同，即法华寺正门所在的那条东西向的小街，因明朝皇家曾在此豢养豹子而得名。该庙是明正统年间一位叫刘通的太监舍弃自家而兴建的寺庙。明正统年间至今，已有五百五六十年的历史了。“国朝二百余年间中间迭有废兴……”已经漫漶了的刻字隐约透露出其身世的磨难。

法华寺旧址。戊戌变法期间袁世凯在此居住，谭嗣同曾来此夜访袁世凯，上演改变历史走向的一幕。图右为引我初访法华寺的李继宝先生。（2000 年 12 月摄）

二度探访法华寺遗址，已是 11 年后。院里半数居民搬迁了，两座古碑依然残存小巷深处。图中这位张老先生是此处老住户，每天清晨到碑前诵经。（2011 年 8 月摄）

旁边那块已经被毁成半截的古碑，也许正是刘通当年创建此寺时的遗物。

法华寺最富神秘色彩的，当然不是它当年是如何如碑文所称的“规模宏敞”和“焕然增丽”，而是光绪二十四年八月初三（1898 年 9 月 18 日）深夜的那次引人遐想的密晤。

君权时代，外省高官晋京汇报工作，若无自己的房产可居，就只能栖身于庙堂里了，那些为数不多的客栈车马店，自不是这些大人们寄身的地方。清代，王府井一带，距紫禁城东大门东华门很近，所以此地的寺庙也就成了不少大人物的落脚地。隔这儿不远的现在已经消失了的贤良寺，就是当年李鸿章李大人最后的住处。一向谨慎有余的袁世凯奉诏来京后，就在这王府井东边的法华寺里住下了。

其实，若论此庙接待过的要人的级别，只具武卫右军统领头领衔的袁某还不上数，早在他来此下榻的几十年前，就很有几位亲王、大臣屈尊假此设巡防处——因为咸丰爷已经被蛮横的英法联军打得跑到热河“避暑”去了，留下的他的弟兄们不愿在别处接待前来谈判的可恶的洋大人，便选择了规模“为东城诸刹之冠”的“敕建法华禅林”与敌酋会谈。有人考证说，这是中国领导人第一次在国都里与老外进行交涉，此前，他们都像乾隆爷一样的德行，以为夷人们来华只为想做我泱泱中华的藩属，他们的通商要求不过是为了纳贡的借口。这会儿,羞汗涔涔的大清王公们终于在这座古庙里知道了“番夷”不是吃素的，模模糊糊明白了后世的邓小平先生总结出的“落后了就要挨打”的硬道理。

如此说来,我面前的这幢石碑的额题“万代流芳”四个大字就该改改了，实为“万代铭耻”之地。

与东洋人打了无数次交道的袁世凯，也曾立于这座碑前怅然而叹过吧！

但他更多的时间应该是在猜测：正在忙于推行新政的年轻“圣上”为何会对我这般厚爱？初一在颐和园里接见了一次，紧接着第二天又要召见！为什么？皇上为什么给并无显功的自己加授兵部右侍郎之高位？金口玉牙说的那句“此后可与荣禄各办各事”是什么意思？皇上的话让人诚惶诚恐，不知正对他疑虑重重的顶头上司荣禄大人会怎样看他！官场无人不知，文渊阁大学士荣大人乃慈禧太后最信赖的满族皇戚，以当朝第一要臣之位被下派到了直隶总督任上，不就是为了确保京城的安全嘛！直隶总督，名列全国疆吏之首，直接拱卫京畿，位置何等要紧！他袁世凯的新军才是荣禄麾下的一小部分！据传，荣大人和大批朝臣们对光绪爷在康、梁等人鼓动下的“变法”并不十分“感冒”，而一直在颐和园颐养天年的“老佛爷”也越来越为儿皇帝的一味胡闹感到头痛。时局相当微妙，他袁世凯不能不惊悚。

的确，当时宫廷内新旧两派的斗争已到关键时刻，两种风言搅得人心惶惶：一是说皇上已默许维新党人采取非常措施，即“围园劫后”——包围颐和园劫持在那里安度晚年的慈禧太后，并诛尽老臣；一是说下个月太后将与皇上一道去天津阅兵，届时在荣禄营中宣布废黜光绪另立新帝。无论怎么说，皇上地位岌岌乎！

袁世凯有所不知的是，正是在康有为的建议下，光绪皇帝才公开召见了袁世凯，并赐以重恩。皇上和维新党领袖都希冀，在紧要关头，让手握精兵、思想进步的袁世凯挺身前来保卫改良大业。这几天，可怜的皇帝已经看到了危机的迫近，接连两次召见袁世凯委以高位，期待袁能做自己和新政的坚矛与厚盾。这一切，袁世凯哪里知道？

就在这样的时刻，公认的皇上身边的红人谭嗣同神色异常地出现了！

关于谭、袁二位的夤夜密谈，世上一直流传着两种版本，一是维新党首领康有为和大将梁启超的流传甚广的追记，一是袁自己于民国时期发表的《戊戌日记》。人们宁肯相信康、梁的说法，也不愿听信袁的时过境迁的辩白。

康、梁不仅是一代改良领袖，还是一代文化巨擘，他们的文字自然极富魅力。

试看康有为对这一天的记载（括号内文字为笔者所注）：

初三日早，暾谷（即林旭，字暾谷，时与谭嗣同同任四品“军机章京上行走”）持密诏来，跪诵痛哭激昂，草密折谢恩并誓死救皇上，令瞰谷持还缴命，并奏报于初四起程出京……

（康写道：此时，几位党人赶来）筹划救上（皇上）之策。袁（袁世凯）幕府徐菊人（徐世昌，号菊人）亦来，吾乃相与痛哭以感动之，徐菊人亦哭，于是大众痛哭不成声，乃嘱谭复生（谭嗣同，字复生）入袁世凯所寓，说袁勤王，率死士（敢死队）数百，扶上（皇上）登午门而杀荣禄，除旧党。

袁曰："杀荣禄乃一狗耳！然吾营官皆旧人，枪弹火药皆在荣禄处，且小站去京二百余里，隔于铁路，虑不达事泄。若天津阅兵时，上（皇上）驰入吾营，则可以上命诛贼臣也。"

梁启超的文字则更是绘声绘色，像亲历一样生动：

初三日夕，君（谭嗣同，下同）径造袁所寓之法华寺，直诘袁曰："君谓皇上何如人也？"

袁曰："旷代之圣主也。"

君曰："天津阅兵之阴谋（意即太后将把皇帝骗至荣禄兵营宣告废黜），君知之乎？"

袁曰："然，固有所闻（老袁不掩饰自己已经知情）。"

君乃直出密诏示之曰："今日可以救我圣主者，唯在足下，足下欲救则救之。"又以手自抚其颈曰："苟不欲救，请至颐和园（慈禧太后处）首仆而杀仆，可以得富贵也。"

袁正色厉声曰："君以袁某为何如人哉？圣主乃吾辈所共事之主，仆与足下同受非常之遇，救护之责，非独足下，若有所教，仆固愿闻也。"

君曰："荣禄密谋，全在天津阅兵之举，足下及董（董福祥，掌'甘军'）、聂（聂士成，掌'武毅军'）三军，皆受荣所节制，将挟兵力以行大事，虽然董、聂不足道也，天下健者唯有足下。若变起，足下以一军敌彼二军，保护圣主，复大权，清君侧，肃宫廷，指挥若定，不世之业也。"

袁曰："若皇上于阅兵时疾驰入仆营，传号令以诛奸贼，则仆必能从诸君子之后，竭死力以补救。"

君曰："荣禄遇足下素厚，足下何以待之？"

袁笑而不答。

君乃曰："荣禄固操（曹操）莽（王莽）之才，绝世之雄，待之恐不易矣！"

袁怒目视曰："若皇上在仆营，则诛杀荣禄如杀一狗耳！"

因相与言救上（皇上）之条理甚详。

袁曰："今营中枪弹火药皆在荣贼之手，而营哨各官亦多旧人。事急矣！既定策，则仆须急归营，更选将官，而设法备贮弹药则可也。"

乃丁宁（叮咛）而去。

时八月初三夜漏三下矣。至初五日袁复召见，闻亦奉有密诏云。至初六日变遂发。

单从这两段文字上看，手握精兵的袁世凯真是大义凛然的伟丈夫——你们党人拿我袁某当什么人了？保护我们共同的圣明君主，不光是你们的事，我也会随你们之后拼死去做的！杀荣禄算什么？还不就像杀条狗一样简单？但是，要有前提，即必须是皇上到我的营中来当面命令我。

康有为和他的弟子们都相信，袁世凯是新派人士，他不光曾捐给维新组织强学会五千银元，而且还在风云突变之际派幕僚徐世昌专门到康的住处表明其政治态度，所以，他们必然地选择了袁世凯。

那么，当事人袁世凯是怎么记述是夜密谈的呢？民国初年，公开刊出的袁氏《戊戌日记》里，是这样写的：

（初三日晚）正在内室秉烛拟疏稿（为写给皇上写奏折在思考），忽闻外室有人声，阍人（看门人）持名片来，称"有谭大人有要公来见，不候传请，已下车至客堂"。急索片视，乃"谭嗣同"也。

余（袁自称）知其为新贵近臣，突如夜访，或有应商事件，停笔出迎。

渠便服称贺，谓有密语，请入内室，屏去仆丁。

心甚讶之。延入内室，叙寒暄，各伸“久仰”“见晚”周旋等语。

寒暄过后，谭嗣同先讲了一通他与康有为曾怎样向皇上力荐袁、但都因荣禄阻碍，所以袁虽“辛苦多年，中外钦佩”却升迁甚慢的大有挑拨意味的话，之后，话锋一转，出示了一纸“如名片式”的救驾方案：

内开“荣某谋废立弑君，大逆不道，若不速除，上位不能保，即性命亦不能保。袁世凯初五请训，请面付硃谕一道，令其带本部兵赴津，见荣某，出硃谕宣读，立即正法。即以袁某代为直督，传谕僚属，张挂告示，布告荣某大逆罪状，即封禁电局、铁路，迅速载袁某部兵入京，派一半围颐和园，一半守营，大事可定。如不听臣策，即死在上前”各等语。

予（袁自称）闻之魂飞天外，因诘以：“围颐和园欲何为？”

谭云：“不除此老朽（太后），国不能保！此事在我，公不必问。”

予谓：“皇太后听政三十余年，迭平大难，深得人心。我之部下，常以忠义为训诫，如令以作乱，必不可行！”

谭云：“我雇有好汉数十人，并电湖南招集好将多人，不日可到，去此老朽，在我而已，无须用公。但要公以二事——诛荣禄、围颐和园耳！如不许我，即死在公前。公之性命在我手，我之性命亦在公手，今晚必须定议，我即诣宫（到皇帝那儿）请旨办理！”

“魂飞天外”的袁世凯又受到了谭嗣同的生死胁迫，若换了个庸人，真也该活活被吓死！好在老袁在朝鲜时就经历过泰山崩于前而色不变的考验，所以，他虚与委蛇——

> 予谓:“此事关系太重,断非草率所能定。今晚即杀我,亦决不能定,且你今夜请旨,上亦未必允准也。”
>
> 谭云:“我有挟制之法,必不能不准,初五日定有硃谕一道面交公。”
>
> 予见其气焰凶狠,类似疯狂,然伊为天子近臣,又未知有何来历,如显拒变脸,恐激生他变,所损必多,只好设词推宕。

见袁推托,谭又出示了一件在袁看来是非常可疑的“圣上”的“硃谕”抄件,并“再三催促”,“几至声色俱厉”,甚至有意无意地显示出腰间藏有凶器!

> 谭云:“自古非流血不能变法,必须将一群老朽全行杀去,始可办事。”
>
> 予因其志在杀人作乱,无可再说,且已夜深,托为赶办奏折,请其去。

传统的说法是,袁世凯骗取了谭嗣同的信任,天一亮立即乘火车返回天津向荣禄告密。荣禄大惊,火速晋京面见慈禧太后。于是,戊戌政变发生,光绪皇帝惨遭囚禁,谭嗣同等六位维新党人横尸街口,轰轰烈烈的“百日维新”猝死于血泊中。

不过,看老袁的记录,却是另一种说法,即他一开始就反对他们的过激谋划。他坚持认为,是这班成事不足败事有余的激进分子离间了太后与皇帝的关系,激化了两位最高领导人之间的矛盾;而且,一旦事发,必然“内忧外患一时并起,中原疆域立见瓜分”!所以,他理应向上司反映实情以求“诛锄误君误国之徒”。

静下心来读读袁氏的表白,其实有他的道理。尽管他的过于详细的记录与过于流畅的行文让人怀疑其事后的作伪,但对一个正受宠于朝廷的正统的军人,一个精明过人、深谙宫内权势消长的政治新秀,在狂风大作乱云骤起的紧要关头,他只能做出这样的抉择。用他的话说,他是不忍坐视疆域被瓜分;而身为人臣,他又何敢犯上作乱弑太后诛上司?而且,即便他的“为国避祸”的动机是事后的贴金之说,那他也异常清楚贸然用兵的结果——那天晚上，他当面告诉过谭先生：

> 天津为各国聚处之地，若忽杀总督，中外官民，必将大讧，国势即将瓜分。且北洋有宋、董、聂各军四五万人，淮、泗各军又有七十多营，京内旗兵亦不下数万，本军只七千人，出兵至多不过六千，如何能办此事？恐在外一动兵，而京内必即设防，上（皇上）已先危！

平心而论，他说的是实情。

且不说袁氏当时“出兵至多不过六千”的实力，即便曾比他更拥有政治与军事资本的前辈汉臣曾国藩、李鸿章两人，又何尝有过发动政变的“邪念”？传统文化教化出的人臣只能选择“正统”。

近年，关于戊戌变法的研究越来越引人入胜。史料已经证实了：“康党”围攻颐和园谋害慈禧太后一说，并非清廷保守派捏造出的谣言，而确有其事。而且，史学家也考证出，袁氏根本无时间告密——在交通条件不发达的清朝，在等级制度森严的君主专制时代，京津之间，是无法想到就到的；君臣之间，是无法想见就见的。慈禧太后显然另有渠道洞悉了儿皇帝的举止。所以，她匆匆赶回皇宫，指着儿皇帝的鼻子痛骂：“我抚养了你二十多年，你竟然听小人的话想害我？”见光绪嗫嚅着欲辩白，她气不打一处来，竟一口唾沫吐过去：“痴儿，今日没有我，明天还能有你吗？”若光绪不知有此等阴谋，他何以面对母后的责骂哑口无言？

尽管老袁费了些口舌，但从那时一直到现在，人们从来不屑于听一个出卖正义的叛徒的申辩。想想囚禁多年的可怜的光绪皇帝，想想身首异处的谭嗣同他们，何人不起怨袁情？

所以，法华寺里的仅存的古碑，与其说是数百年古刹的唯一见证，倒不如说是袁世凯的耻辱柱。

从法华寺里走出去的袁氏，自兹背负起了骂名。

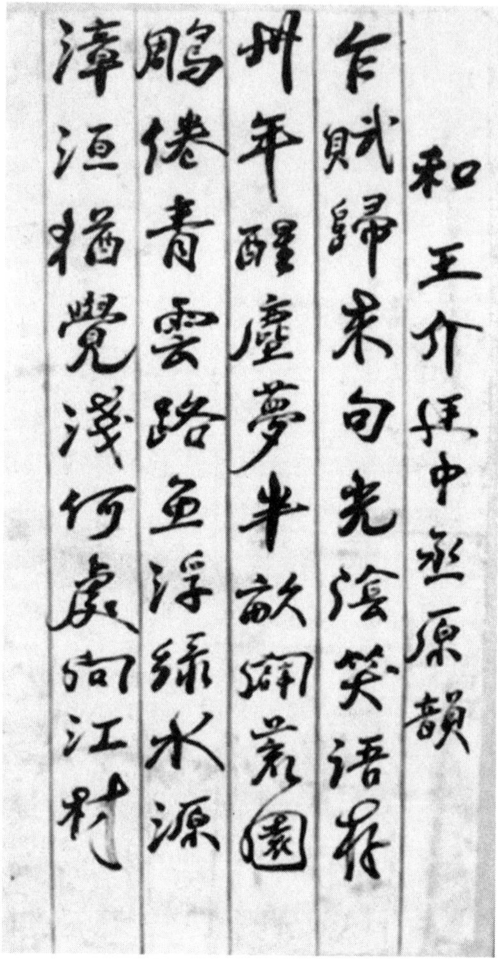
和王介廷中丞原韻
乍賦歸來句光陰笑語存
卅年醒塵夢半畝闢叢園
鵰倦青雲路魚浮綠水源
漳洹猶覺淺何處問江村

袁世凯《和王介廷中丞原韵》手迹，其尾联为“漳洹犹觉浅，何处问江村”。

2011年8月3日清晨，我第二次去了多福巷44号，即法华寺遗址。熟门熟路，依旧是从王府井大街北头儿的华侨大厦楼下走进去。时隔11年，大杂院愈发破败了，半数以上的人家已经迁出，许多房屋已经被拆除得没了屋顶。但两座古碑却依然残存于院子的最深处。一位姓张的老先生从对面踱来。他说，他是本院的老住户，这个院子要拆了，他每天这个时候要到这座大碑前诵经。原来，他是一位居士。

倏尔又过了四年，如今，法华寺最后一点遗痕应该早被抹掉了吧？那两块记载着历史的碑呢？

洹上问

洹河水从袁林前静静地淌过。这条河并不深，也不清，但挺长。

清光绪三十四年底(1909年初),袁世凯被朝廷赶回到河南时,正好50岁。

宦游近三十载，且年已半百，因功高震主被黜，囫囵着身子回籍，换个人来说，这结局也算不错了。但对袁项城来说，却极难忍受。三年前，他曾和满臣铁良以观操大臣身份入住彰德府，主持中华历史上最大规模的军事演习——彰德秋操。33000多官兵的金戈铁马，连天接日的动地炮声，令他这个新军的创建者何其骄傲！万不料，半生公忠体国，处处小心谨慎，只因老太后过世，他竟被当政的大清皇族少年们给废了！

伫立洹河边，他愤然赋诗发问：

> 漳洹犹觉浅，
> 何处问江村？

只有汩汩河水在为他叹息。没人给他回答。

其时的背景恕我再唠叨一遍。

1908年11月14日黄昏，没有生育能力的载湉（光绪帝）突然驾崩，年仅 38 岁。气息奄奄的慈禧太后指定醇亲王载沣（载湉之弟）的 3 岁的长子溥仪继位，载沣摄政。不出一天，慈禧老太太也一命呜呼。

皇帝与太后仅隔一天相继过世，自然使皇室内外弥漫起种种可怕的猜测。有人说是垂危的“老佛爷”通过大太监李莲英之手毒死了先皇帝，因为她怕光绪在自己死后掌握实权报复自己；也有人传言，是李莲英自作主张弑杀了皇上；还有人说，恐怕是袁世凯买通了皇上的某个贴身太监毒死了光绪爷，他深恐皇上主政后要报戊戌年间的深仇大恨。种种说法，都有道理，却都没有实据。

其实，光绪帝之死和袁世凯没有半毛钱的关系！虽说皇上被软禁在瀛台，但除了皇后和几个御前太监，谁能走进西苑？更不用说迈过那道绿黄琉璃瓦筑就的桥了！哪怕你贵为“宫保”了，也无由接触禁宫中的御前太监。况且，以袁氏满脑子的儒家传统观念，他哪里会有弑君之滔天恶念？

载湉被毒死的实据是在百余年后无意发现的。2003 年，中央电视台纪录片《清史》摄制组去易县清西陵拍摄外景时，无意获知该陵区管理处文物库房里保存着载湉的一缕头发、几块遗骸和几片衣物，是该处的工作人员 1980 年进入墓室清理后带出的。摄制组遂联系了北京市公安局和中国原子能科学院，人们以最先进的方法和最精密的仪器，对载湉的头发、骨块和衣物进行了仔细研究，得出的结论是惊人的，即其体内的砷含量是正常人的 2000 倍以上！砷，即民间所称的砒霜。国家清史编纂委员会遂根据这一发现结果，正式宣布：载湉死于急性砒霜中毒。至于主谋者，人们普遍指向慈禧太后。

只是，当年，载湉的弟弟载沣并不知道。据说，他听信了隆裕皇后在整理光绪爷的遗物时的一个发现，决定斫袁颅以祭亡兄。皇后见到先帝的遗墨是“必杀袁世凯”。

不过，载沣与远房叔父、军机大臣庆亲王奕劻相商时，奕劻反问了一句：“杀袁世凯不难，不过，若北洋军造起反来怎么办？”这则秘闻，是载沣之子宣统皇帝成为共和国平民溥仪时告诉我们的故事。另一位与袁世凯同时高任军机大臣的张之洞，也不赞成于先皇帝升天的非常时期诛杀大臣。满汉头号重臣的一致反对，让宅心仁厚的载沣放下了举起的屠刀。

不杀归不杀，但新朝廷已容不下袁。

宣统元年（1909）1 月，摄政王即以宣统皇帝名义颁谕旨：

> 军机大臣、外务部尚书袁世凯，夙承先朝屡加擢用，朕御极后，复予懋赏，正以其才可用，俾效驰驱。不意袁世凯现患足疾，步履维艰，难胜职任。着即开缺回籍养痾，以示体恤之至意。

袁世凯侥幸活了下来，被撤销一切职务，而且要马上离开京城回老家去，原因是“现患足疾，步履维艰，难胜职任”。

说他有“足疾”并非毫无由来，因为袁世凯的确曾崴过脚且一直没好利落。那是上一年他过五十大寿（古人过虚岁），因场面过大收礼太多而被御史江春霖奏了一本，慈禧太后召见时，他“饱受懿训严斥”，以致他谢罪出宫时，“惊惶失足，从殿阶坠地，跌伤右腿”——他给正妻于夫人的家书如此写道。

现在，只有 27 岁的摄政王就拿他的这个无关紧要的毛病说事儿了。不是朝廷不用你，是你连路都走不成了，才让你回家歇菜吧——官场上的文字游戏玩儿得真让人哭笑不得！

他被淘汰了。“回籍养痾”？实不能回原籍了！出于生母遭冷遭的原因，项城老家他发誓不回去了。好在，彰德秋操时，他在安阳住过五六天，知道安阳城北门外的一处天津大盐商何某的旧别墅要卖，回京后，他便让袁克定买了下来，以备晚年养老时居住。此次遽然遭贬，修建不及，他便带众多家人与下人到彰德府南边的卫辉府住下。三个月后，袁克定主持重修了那座旧别墅，选了个吉日，他才搬了进来。他把这座大院子全名为洹上村。

200 亩地是多大的面积？ 133000 多平方米啊！这么大的洹上村里，自然有足够多的房子了——每个妻妾及子女都有一座单独的院落，每个院落里有 20 多间房舍。正中，当然是主人的住处，堂号为“养寿堂”，对了，这座

洹上村的“养寿园”。内有核心建筑“养寿堂”,门前的楹联是集龚自珍诗:“君恩彀向渔樵说，身世无如屠钓宽。”（1999 年 10 月摄）

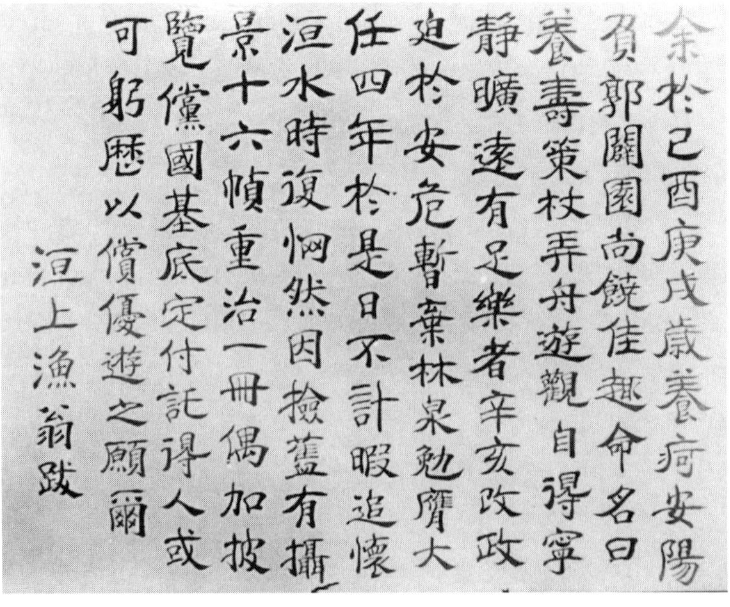

余於己酉庚戌歲養痾安陽負郭闢園尚饒佳趣命名曰養壽策杖弄舟遊觀自得寧靜曠遠有足樂者辛亥改政迫於安危暫棄林泉勉膺大任四年於是日不計暇追懷洹水時復惘然因撿篋有攝景十六幀重治一冊偶加披覽儻國基底定付託得人或可躬歷以償優遊之願爾

洹上漁翁跋

洹上渔翁跋。

占地面积超大的庄园也有了新名，叫“养寿园”，堂号和村名都得自上一年他五十大寿时慈禧太后的赐字“养寿”。

他将“养寿园”的横匾高悬于村门外，并把自己与接来一同养老的兄长、因病挂职而归的前徐州道台袁世廉的垂钓的照片送往上海的报馆刊发。他以这种方式转告朝廷，自己已经安心“回籍养疴”，照片不过是“吾将老死泉林决不重出江湖”的软性广告。读到这些信息，朝廷就不会死盯着自己了。

他是从摄政的醇亲王的杀机下逃出来的。惊魂未定地跑回河南，只是为了避杀身之祸。避祸的人只能随遇而安。后来人们每每说起袁氏退回洹上村是“窥测方向，以图东山再起”，这实在太抬举他了，似乎他未卜先知。

回到这洹水河边的老袁，不知什么时候就会被朝廷赐死或谋害——在封建时代，下野的显宦又被追杀的事例多得就像这洹河岸上的树，他哪还有什么韬晦之闲心？至于后来，国内形势骤变，各方不得不将目光盯上了蜗居此地的袁世凯，正所谓天下归心，舍袁其谁了，他才重抖精神，频繁会客，密设的电报房也越来越热地嘀哒着他的不满和计谋。此一时也，彼一时也。

是啊，袁世凯到底不是蛤蟆精——当时满京城都传说其父在他出生时梦见过一只硕大的癞蛤蟆，只能看懂眼前却看不透未来。他哪知道有朝一日命运之神又起用了他，而且，一举升天。就像是一条被晾在旱地里过久的苍龙，正在奄奄等死时，却极为意外地遇上了一场瓢泼大雨。

这场豪雨就是南方的革命党人于清宣统三年八月十九日（1911 年 10 月 10 日）在武昌发动的武装反叛。

武昌首义，南方各省响应，一时间，风雨飘摇。驻防各地的大清的八旗、绿营兵勇们早已毫无战斗力，而精锐的北洋军却全掌握在袁的旧部手里。气数将尽的大清朝廷迫不得已，只得厚着老脸请出被轰回老家的袁世凯。

那些年轻的爱新觉罗亲王们先是让袁世凯出任钦差大臣、湖广总督。哪知，这个从来不开玩笑的河南老头儿竟然大大地幽默了一把——他给朝廷覆奏，说：我不是“步履维艰”吗？你们怎么忘了？而且，回豫省这两年，毛病越来越多了！

朝廷无奈老袁何，只得一再加码，委任袁为钦差大臣兼湖广总督，节制全线所有水陆军，即前敌总司令。袁氏这才动身南下。

火车昼夜南下，直至孝感站才停下来。老袁的专列成了前线指挥所。11月30日，大帅到岗，似在应验北洋军“只知袁宫保，不知大清朝”一说，冯国璋军长指挥的大军迅即击溃湖北叛军（革命军）的抵抗，第二天就杀进了汉口。

就在政府军攻克汉口那一天，袁氏被授予内阁总理大臣。谁也没想到，只在前进指挥所待了一天的袁总司令，突然就成了一人之下、四万万人之上的袁相国！

载沣也实在没办法了，只好先把整个国家的军政大权都让给了他，最后，干脆连自家的王朝也让给了他。

对一条复苏了的龙来说，漳洹实在太浅了啊！

今我来思，也在洹河岸上问：我是否把这条蓄纳了沿岸太多的脏水的大河看得太浅？

老袁在世时，没有人小觑他。

试想，在那个风云际会龙争虎斗群雄竞起的纷乱时代，一个屡屡失意于科考的落魄举子，一个远在海外的下级军官，能赢得时代的认可，成为收拾江山第一人，何其不易！

在本朝享有至尊荣誉的李鸿章垂死时，向太后和皇上推荐了自己的继任者：“环顾宇内者，无出袁世凯右者”——须知，那个翘着白胡子的合肥老头儿可不是会轻易看得上别人的。

湖北武昌的兵变爆发后，晚清政府知道，唯有“回籍养疴”两年多的袁世凯方能剿灭革命党人。而影响着中国政局的外国势力也把眼光盯到了安阳，东交民巷里传出的消息更干脆：“大多数国家的代表均表示愿意看到袁氏出来掌权。”

最先“闹革命”的湖北革命军政府，竟然也把袁当成推翻清廷的第一人选。被造反的革命士兵强拥为军政府首领的黎元洪甚至许诺：只要你袁大哥回到革命路线上来，未来的国家一把手就是你的啦!

有黎致袁信为证：

公果能归来乎？与吾徒共扶大义，将见四百兆之人，皆皈心于公，将来民国总统选举时，第一任中华共和大总统公固然不难从容猎取也。

南方各独立省推举的代行大元帅、革命党领袖黄兴，则通过在北京内阁当局长的同乡杨度转告老袁：

（只要袁）与民军一致行动，迅速推倒满清政府，令全国大势早定，外人早日承认，则中华民国大统领一位，断推举项城无疑。

那会儿，中国人把西方共和制的国家元首称作大统领。

其他的革命党人也致电洹上村，称只要袁“回旗北上，犁扫虏廷”，则“汉族之华盛顿唯阁下是望”。

更让今人感到不可思议的是，已被南方独立各省推举为临时大总统的孙中山，在接到袁赞成共和的电文后，大喜过望，竟然对袁说出如此颂语：

文（孙自称，下同）以菲材，辱膺国民推戴，受任以来，拮据张惶，力不副愿。……幸得清帝逊位，民国确立、维持北方各部统一，此实唯公一人是赖。语云：英雄造时势。盖谓是也。文徒何功？过蒙奖誉，曷胜愧汗。新旧交替，万机待举，遗大投艰，非公莫办。谨虚左位，以俟明哲，曷胜伫立，翘望之至!

把他捧得多高啊!

南方的革命党和立宪派说话算数，在此后的民国首任大总统选举中，代表全国17个省的17位议员，所有的票上都写着一个名字：袁世凯。要知道，这是连孙中山也未曾享过的一致首肯——先前选举临时大总统时，禀性各异的各省议员们就只让“国父”得了16票，另一票有人投给了黄兴。

所以，民国元年（1912）2月15日，在南京的临时参议院在大总统选举结果出来以后，当即致电远在北京的袁世凯：

> 查世界历史，选举大总统，满场一致者只有华盛顿一人，公为再现。同人深幸公为世界之第二华盛顿，我中华民国第一华盛顿。

民国成立后，孙文与黄兴两位革命党首领应袁世凯之邀，先后抵达北京与之共商国是，这是近代中国三巨头的第一次相见。多次密谈后，孙文的感慨是：“今日之中国，唯有交项城治理。”黄兴见过袁后，也对党内表示：袁总统“实为今日第一人物”。这和前清李鸿章的遗言“环顾宇内者，无出袁世凯右者”有什么两样？

后来，国民党人称孙氏不做民国大总统是出于革命家的博大胸襟与谦让精神，而回溯历史，孙氏既没有把握坐稳江山，各省代表们也不都会把票投给他。不然，他何必牺牲自己和同志们浴血奋斗多年争来的胜果，而让一个前清的备受争议的人物去独享？

> 故欲治民国，非具新思想、旧经练、旧手段者不可，而袁总统适足当之。

这是孙文当时的说法，虽内蕴激励袁氏的含意，但又何尝不是孙氏政治观点的坦白？从来没在体制内待过的人，遽然上岗，能治理好一个国家？这是谁也不敢打保票的事啊！于是乎，孙氏就由衷地说了这么一句话。既然中华民国的开国领袖都这样讲了，你能说这漳洹水既浅薄又粗俗吗？

看来，满天下传闻是老袁出卖了谭嗣同，捎带着也出卖了“旷代之圣王”光绪皇帝，但他的声誉在当时并未受太大的损失；而且，尽管他悍然称帝得罪天下人，但以他的侧面头像为标志的民国货币银元——俗称“袁大头”——却一直使用到他死后的好多年。中国人不光在货币流通上需要他。

北洋军阀集团只是在这个首领死了之后，才分化了，而且被人分化成以籍贯划线的“系”，即安徽籍的段祺瑞的皖系，直隶籍的冯国璋、曹锟的直系，乃至外围的奉天籍（今辽宁）张作霖的奉系，此三“系”相继成为袁世凯身后的北京政权的统治势力。

极为巧合的是，各系独霸北京政府的时间竟和袁世凯秉政的时间完全一样，各领风骚整四年——

袁氏：1912 年 4 月—1916 年 6 月。

皖系：1916 年 6 月—1920 年 7 月。

直系：1920 年 7 月—1924 年 10 月。

奉系：1924 年 11 月—1928 年 6 月。

袁世凯之后，他的军阀小兄弟们明争暗斗为的是权力，轮流执政凭的是武力。他们脾气不同政见不同手段不同，但自始至终有一点他们是共同的，即他们谁也不能不高举着袁世凯的思想旗帜。尽管他们也知道老袁晚年犯糊涂得罪了天下人，但其统御天下的思想和手段却是继任者们离不了的宝贵遗产。他们自愧弗如，他们一脉相承。

就在北洋政府眼皮子底下，著名的北大教授陈西滢先生在《现代评论》上直言不讳地写过对老袁、孙中山和其他军阀们的评价：“民国以来，有实力的，只有袁世凯有雄才大略，是个了不得的人才。中山先生是新世纪（即未来时代——引者注）政治家，现在的中国实在配不上有他。所以限于实力，什么也行不通。其余的军阀，都是时势造成的草包，是什么东西呢？所以他们完全是政客的傀儡，弄得身败名裂还不知道什么一回事。”

多变的冯玉祥自认为不是草包，所以对先大总统颇不客气，在独揽河南省军政大权之后，下令将“袁氏逆产”全部没收，其洹上村成了安

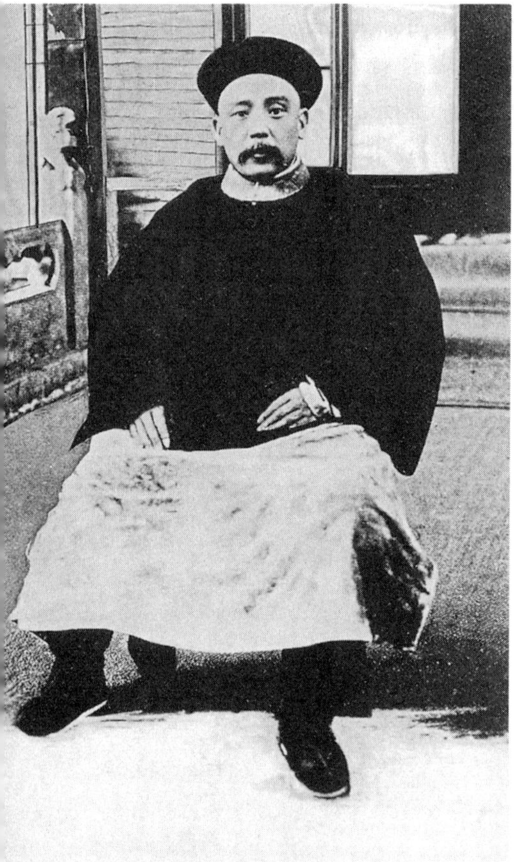

晚清政坛上的一颗冉冉上升的新星——袁世凯。

戎装盛服的北洋时代第一人——袁世凯。

阳高级中学，部分袁氏珍宝和家具被他下令拉到开封的省政府里陈列和使用了。

到了20世纪30年代初，国民政府将该校改称河南省第二高级中学。抗战初期，有人趁兵荒马乱之际哄抢了洹上村。日本人占领安阳后，在附近建机场，又伐掉袁林的不少大树，拆除袁家的不少建筑材料。抗战结束后，共产党与国民党的数百万军队展开了人类史上规模空前的内战，河南安阳一带乃“淮海战役”（国民党称“徐蚌会战”）的必争之地，战火无情，最终把这个中西合璧的豪华建筑群炸成一地残砖碎瓦。

洹上村没了，只有瑟缩于洹河上的袁林孤零零地留在中原大地上，任流年慢慢剥蚀，几近被世界遗忘。

袁林前的超大规格的青砖影壁，倒是幸存下来了，趋前近看，才知，在巨大的嘉禾勋章砖雕的旁边，布满了内战时期的累累弹痕。

袁氏一生，骂名累累，而最为国人所诟病的，就是他竟然批准与日本人签订了丧权辱国的“二十一条”。我一直跟着人们骂，但从未自己解读过当时的文字。直到有一天，读到当事人曹汝霖晚年撰写的回忆录后，才知道，事情并不那么简单——干脆说吧，即“卖国贼”并非无缘无故而“卖”；而且，我还新知道一点，就是人们所辈辈指责的“二十一条”并没悉数签订，最丧权辱国的第五号各条，均未签。

援引曹氏的话，可知一二：

> 世人不察，混称“廿一条”辱国条件，一若会议时已全部承认者，不知“廿一条”之第五项各条，不但辱国，且有亡国可能，已坚拒撤回不议。而所议定者，不满十条。世人对此交涉不究内容，以讹传讹，尽失真相。

关于当时的背景不可不交代：

民国三年（1914），第一次世界大战在欧洲爆发，中国宣布中立。日本

袁世凯就任大总统时接受外国驻华使节祝贺并与他们合影。

国内纷争，列强环伺，袁世凯也不得不倚重外籍顾问。前排左是其法律顾问，日本人有贺长雄，在袁世凯头痛“二十一条”时，据说曾多次探刺日本政坛的动向。这一张外籍顾问的合影，被后排左三的澳大利亚出生的苏格兰人莫理循收藏。

人正想在中国攫取更大的利益，便瞄上了德人在远东的租借地青岛，遂与英国人联手出兵山东，向青岛的德军宣战。德国无暇东顾，日本如愿战胜。但日本人却在我的家乡青岛及胶济铁路沿线赖着不走，袁命人交涉从山东退兵事，日本人反向袁出示了一个极不平等的“觉书”，即外交文书，有五项共二十一条款，故时称“二十一条”。日本人瞅准了时机——列强们正忙于在欧洲战场厮杀，一时谁也顾不上东方，而虚弱的中国自身又定然打不过日本，所以，他们乘虚而入。

曹汝霖时任中国政府外交部次长（副部长），因参加此项条约的谈判而一生都被“亲日派”和“卖国贼”的恶谥死死压着，“五四”那天怒不可遏的学生们火烧赵家楼，烧的就是他的家。该“贼”居然一直活到了1966年！

他生前在美国发表的《我与廿一条》是这样记述的：

> （1915年春）日置公使（日本驻华公使日置益）回到北京，即请见总统。总统以为回任之仪式访问，令我同见。岂知日使寒暄后，即说：“本国政府为谋两国永久亲善和平起见，拟有觉书一通，希望总统重视两国关系之切，速令裁决施行。”

本应向外交部递交的文书，却要当面交给驻在国总统，且敢令其“速令裁决施行”，可见日本人对我国之蔑视。

对这等如此无礼之倭国使节，袁世凯早在朝鲜见过，所以，他以国家元首之尊，不软不硬地顶了回去——

> 总统答言：“中日两国亲善，为我之夙望，但关于交涉事宜，应由外交部主管办理，当交曹次长带回外部，由外交总长与贵公使交涉。”言已即将日使觉书向桌上一搁，并未展阅。……
>
> 翌晨，总统即召集外长孙宝琦、秘书长梁士诒、政事堂左丞杨士琦及余（曹自称）四人到府（总统府）。总统说：“日本这次提出的觉书，

意义很深，他们趁欧战方酣，各国无暇东顾，见我国是已定，隐怀疑忌，故提此觉书，意在控制我国，不可轻视。至觉书第五项，竟以朝鲜视我国，万万不可商议！”

日本人提出的“觉书”到底都有哪些条件呢？曹氏云：

揣日本所提廿一条，包罗万象，集众大成，势力由东北、内蒙以至闽、浙，权利由建铁路、开矿产以至开商埠、内地杂居。甚至第五项要求政府机关设立日本顾问，两国用同一军械，警察由日本训练，小学用日本教师，日本僧人到内地传教。凡此苛刻条件，思以雷霆之压力，一鼓而使我屈服。若使遂其所欲，直可亡国。

难怪袁世凯忿忿地在日本人的觉书上批注：“荒唐荒唐！”“实堪痛恨！”

遵照大总统的指示，外交部正、次部长与日本公使等举行谈判，从冬谈到春，前后三十多次会议，谈判殊为艰难。曹氏的回忆文章中屡屡出现这类记载：“彼此辩论很久，直至散会，没有解决”，“会议多次，各执一词，终未获解决”，“争到舌敝唇焦”，“遂于不欢中散会”，等等。

为让国际社会与本国民众知道日本人的亡华野心，精明的老袁借其英籍顾问莫理循之口透露了中日正在秘密交涉的消息。此招儿果然奏效，列强使节们立即奉命发表声明：严重关注中日谈判；国内民众的抗议风暴更是平地而起，强烈反对日本逼迫我国签订“二十一条”。老袁再一次用他习惯且奏效的“拖延战术”，欲把日本政府的强盗胃口拖小——清季洹上村复出时，他就曾密电统兵南下平叛的冯国璋：慢慢走，等等看。拖的结果就是国家避免了大规模和长时间的内战，南北和解，清廷垮了。

然而，从来弱国无外交。这一次，袁氏的拖延战术不灵了——5月7日下午，日方突然向我政府提交了最后通牒，要中方必须于两日内接受除第五项条款之外的其余几条，日本政府公然声称：“如到期不受到满足之答复，则帝国政府将执认为必要之手段……”

此前，日本已经在山东、奉天增兵，在渤海沿岸派军舰游弋，关东宣布戒严，日侨准备撤退，战争迫在眉睫！

高压之下，袁世凯召集副总统以下的政府要人开会。老袁问段祺瑞：“中日交战，有无把握？”性情刚烈的段将军，此前曾表示“宁为玉碎，不为瓦全”，但此番却只能实事求是地禀报：“三日即亡。”其余各位皆默不作声。外交总长陆徵祥迟到，因为英国公使朱尔典（John Newell Jordan）方才找他，要他务必传话给袁大总统，以他在中国四十年、与袁三十年的交情，特来劝中国忍辱接受日本人的通牒，陆总长说，这位当年掩护过康有为成功逃离京城的英国老外交官甚至声泪俱下，要中国忍气吞声待十年后再与日本一较高下。须知，早在日俄战争之前，英日就结成了同盟。盟邦的驻外公使不帮盟国说话，反劝敌国忍耐十年，这只能说明日本实在欺人太甚！

事已至此，袁世凯流泪了，他只能衔恨宣布：

> （日本）现在即已撤回（第五项）。议决各条，虽有损利益，尚不是亡国条件。只望大家记住此次承认是屈于最后通牒，认为奇耻大辱，从此各尽各职，力图自强，此后或可有为，如朱使（朱尔典）所言。若事过辄忘，不事振作，朝鲜殷鉴不远。我固责无旁贷，诸君亦与有责也。

这番痛切的表示，让我看到了一个更符合历史真实的袁世凯。

根据大总统的指示，外交部发布中日交涉之经过，详述日本国对我之种种压迫乃至最后发来最后通牒之过程，公报最后表明：

> 此次交涉相持至三月有余之久，正式不正式会议至数十次之多，中国政府期期以争者，实只限于有碍中国主权之独立、领土之完全，以及与条约及各国机会均等主义相冲突之条款。
>
> ……不幸日本政府仍不惜取最后手段以相胁迫，此则中国政府所深

为可惜者也！

老袁能不大感耻辱？从青年时代驻守朝鲜，到人生暮年主政中国，他一直在日本人的欺凌之下生存。没有一个丈夫愿如此苟活，况且是一个大国的最高领导人！

果然，批准签约后，袁氏向各级文武长官颁发了《大总统密谕》，他晃动着过早花白的头颇颇为动情地告诫各地属下：

经此次交涉解决之后，凡百职司，痛定思痛，应如何刿鉥（刿，音桂，伤、割，鉥，音术，长针，穷思苦索之意）心神，力图振作。傥仍复悠忽，事过辄忘，恐大祸转瞬即至，天幸未可屡邀！神州陆沉，不知死所。

予（袁自称）老矣！救国舍身，天哀其志，或者稍缓须臾，不致亲见灭亡。顾此林林之众，齿少于予者，决不能免，而子孙更无论矣！予为此奇痛之言者，万不愿予言之竟中！诚以存亡呼吸，断非予一手足之力所可转旋。

持危扶颠，端资群策。我国官吏，积习太深！不肖者竟敢假公济私，庸谨者亦多玩物丧志。敌国外患，漠不动心。文恬武嬉，几成风气；因循敷衍，病在不仁；发墨针肓，期有起色。所望凡百职司，日以“亡国灭种”四字悬诸心目，激发天良，屏除私见，各尽职守，协办程功。同官为僚，交相勖勉，苟利于国，死生以之。

……

京外各官，当规劝僚属，申儆人民，忍辱负重，求其在己。切勿妄称意气，空言谩骂；非徒无益，反自招损！务各善体此意，努力为之！

……“其亡其亡，系于苞桑。”唯知亡，庶可不亡！

凡百职司，其密志之。

此谕！

“其亡其亡，系于苞桑”，语出《易经》，意为帝王经常思危忧国。

此外，袁世凯还授人写就《中日交涉失败史》印行五万册，秘存于正处于日本人占据的山东境内的一所监狱里。藏之鲁境，无异埋下仇恨的种子。

总统府秘书长梁士诒曾回忆，当时，大总统咬牙切齿地说：终有一天我们翻身，会将此书公开发行！

掩卷沉思，我忽然想到这样一个不合时宜的问题，即最应该对日本人有深仇大恨的袁世凯，哪有什么卖国之动机？若要亲日卖国，早在山高皇帝远的驻朝时期即可大卖特卖，何苦等成为一国之君后再倒手？他死前写下的最后一纸，竟是自题的一副耐人寻味的挽联：

为日本去一大敌；
看中国再造共和。

他认为，自己死了，日本就会少了一个大敌。你看，他给自己的定位与后人对他的定位实在差得太远。

不过，有道是“翻案不得人心”，故老袁再发牢骚也没用，他和他的部下曹汝霖等参与过谈判的外交官们还是永世不得翻身的“卖国贼”，没人愿意听他们的唠叨，沾在他们花白胡子上的那几滴可怜的老泪早就让世人的唾沫给淹没了。

书读多了真是麻烦！就如走在草深林茂的山上，突遇多条小径一般，一时不知哪条才是正道，倒不如一直走在前人踩实的大路上，只管跟着走到底就是了。读书多了，就不再愿老是遵从别人踏过的路前行，有时难免想冒一点险另辟蹊径，哪怕是条死路，但独自发现尽头的不同别处的风景又有何不可？书读多了，思想之脚就往往不老实。

说到袁世凯吧，就不再跟着别人一味地骂他从小坏到老、从头坏到脚。依我不愚之见，袁世凯该骂的，还不是他在戊戌变法时的“告密”，更不是

河南项城袁氏故里的两尊栩栩如生的袁世凯蜡像。（2010 年 4 月摄）

他对山东境内的义和拳运动的无情镇压，也不是他的妻妾成群、生活腐化、儿子不肖，甚至也不是以不太光彩的手段当选了中国历史上第一任民选大总统。至于当年众口铄金的袁氏主谋刺杀宋教仁案，近年已经被越来越多的人所质疑：袁与宋案并无关系，那是革命党内部的一次定点清除。

他让自己真正成为一个历史罪人的是，他当上国家元首之后，因一己私欲而阻碍了中国的民主政治的发展——他用收买与武力的交叉手段扼制着襁褓中的民主制度，取消党派、解散国会、钳制言论，终至悍然恢复帝制，从而使近代中国的民主政治之旅一上路就崎岖艰履，阴谋政治却大行其道。始作俑者，罪责难逃！

离开袁林时，正遇几位壮汉在一个干部模样的人的指挥下，往西廊房里挪一尊半人多高的石菩萨像。粗绳网住不知哪朝哪代的新出土的这尊文物，但它却永远神情恬和，任你把它挪到哪里，它似乎知道己身不由己。

抬头看檐下，才知这排廊房是“安阳市文物保护管理所”。

跟进去一看，除了甲骨文之外的历代文物还真不少呢！

靠墙一溜全是神像，刚刚请进来的菩萨将被塞进其中的一个空档里。

肌肉结实的农民们在不大的空间，随着一人喊着奇特的号子：“南边的走！”“北边的走！”左右扭着，生生把这尊沉重的昔日神像挪到了想安置的地方。

屋里展示最多的当然是袁氏的图片。

有一幅很眼熟的照片被放大了挂在墙上，是落魄的袁世凯与其兄袁世廉在船上的写真。这是典型的一幅表明自己无意于政治的闲云野鹤照。

照片下面有袁的题诗二首：

其　一

身世萧然百不愁，烟蓑雨笠一渔舟。
钓丝终日牵红蓼，好友同盟只白鸥。

袁世凯（左立者）与胞兄前徐州道台袁世廉在洹上村所拍的《蓑笠垂钓图》。世人多将垂钓者误认为袁世凯。

这一帧闲云野鹤般的照片，易被人读出隐居故里的袁世凯已无心政治的意思。

投饵我非关得失，吞钩鱼却有恩仇。
回头多少中原事，老子掀须一笑休。

其　二

百年心事总悠悠，壮志当时苦未酬。
野老胸中负兵甲，钓翁眼底小王侯。
思量天下无盘石，叹息神州持缺瓯。
散发天涯从此去，烟蓑雨笠一渔舟。

这诗写得真不错！若出自别人笔下，或可为传诵至今的近代佳句，可惜竟是袁氏所赋！然而，不是胸负兵甲、蔑视王侯的大丈夫，又焉能写下这般铿锵作响的律诗？

话既至此，不妨多说几句。人们长期将袁氏题写的《蓑笠垂钓图》中的兄弟俩弄反了，即把披蓑戴笠的钓鱼者当成了袁世凯，而把左侧站立船头的人当成了袁世廉。其实，弟弟为哥哥划桨才是正理。

那天，在“南边的走！”“北边的走！”号子声中，咂摸着这首诗，我不知这尊早被定位了的北洋时代第一石像，是否会如同那位无奈的菩萨一样，不知什么时候再被后人挪动位置。

一时竟忘了身置何时。

2000 年 9 月 5 日
2005 年 7 月 3 日
2011 年 5 月 30 日
2016 年 6 月 21 日

黎元洪（1864—1928）

第二章

东厂胡同有遗德

对黎元洪故宅的寻访

北京的王府井大街无疑是当今中国最有名的商业街之一，尽管它现在既没“王府”也没有“井”了，但历史留在这条街上的遗痕，何止琳琅满目的商品所能掩尽的？王府井大街改造后，气象一新，很有点国际大都市的模样了。我不爱逛店，但每次从那几尊传神的街头人物雕塑跟前走过的时候，就像迎头遭遇到清末民初时代，留长辫的洋车夫和剃头匠，以及那个穿旗袍正唱着京韵大鼓的女子，似乎专门在等我这个对近代历史有点兴趣的旅人。每次看到他们，我总要还一个会心的微笑。

但要体味真切的历史，还不是在这条从早到晚总是人潮汹涌的现代化大街上，而是在它两侧的那一条条深不可测的小胡同里。密密地住着小户人家的巷子里，没准儿会藏着一幢旧日豪门，让你眼前为之一亮。纵横的胡同如同经纬，而那些豪门往往是改变历史走向的坐标。所以，我告诉过北京的朋友：在北京，我喜欢钻胡同就像女人喜欢钻商店一样的不可理喻。

东厂胡同就是王府井大街北端的一条让我期待一游的胡同。

2000 年元月 18 日那天下午，北京市东城区文物管理所的李继宝先生领我看过面目全非的法华寺后，回到了车流不断的王府井大街。我告诉他：我还想再到马路对过儿的那个大院子里去看看。

于是，我们站到了王府井 27 号大门前。

还是那道西洋式的长长的灰墙，还是那个深奥莫测的大门。只是，我最早看到的由郭沫若氏题写的“中国科学院考古研究所”的大木牌，不知何时被换成了“中国社会科学院考古研究所”的小铜牌。

想入其间久矣！因为，此地曾是明代的令人恐怖的东厂，还曾是中华民国第二任大总统黎元洪的私邸“大德堂”。

据说，黎氏寓此时，曾在大门上贴上一副自己题写的对联，因颇有英雄气势，故很招世人观赏：

大泽龙正蛰；
中原鹿正肥。

不过，那时的大门，是在南边的东厂胡同北侧，因为“大德堂”的门牌是“东厂胡同壹号”与“东厂胡同叁号”。现在，那边已经是中国社科院考古研究所与近代史研究所的办公楼。

寻古时，有时不得不从旁门左道进入。

遥想 500 多年前，此胡同甚是了得，哪有普通百姓们安身的份儿！颇有心计的明成祖朱棣为提防皇亲国戚中的敌对势力，特意在这有诸多亲王居住的皇宫东侧设立了一处秘密警察机构——东厂。该“厂”只生产恐怖，而全体“职工”悉为嘴上无毛的太监，他们直接对皇帝本人负责，受命绕开正常的司法检察官署，如都察院、大理寺等，秘密侦缉、审判有可能对“当今圣上”的地位和声誉造成威胁的任何人。所以，无论皇亲国戚，还是老臣勋将，莫不望而生畏。深受帝王信任且又失了男根的大小阉人们，折磨起人来只会感到快慰，所以，在太监业达到顶峰的明代，东厂狐假虎威，广置耳目，滥用酷刑，大造冤狱，致使惨案不绝于世。恶贯满盈的大太监魏忠贤就曾当过东厂的领导。

如同设在西安门那边的“西厂”一样,“东厂”也是因位于东安门而得名。有了东厂，无名小巷也就有了留传至今的名字。

到了清代初始，满人帝王们不屑于沿用前朝皇帝们的恐怖统治法，就把东厂这座“阉人特务处”给废了。这座大院，成为大清王朝一位开国重臣的府邸。新主人毁牢建屋，填坑凿河，一番折腾后，葳蕤的草木覆盖了先朝的凝血，流淌的碧水漂洗着瘀痂的冤魂，明明一座人间地狱，居然蜕变成一处有华宇、亭阁、假山、曲溪的绝美之境。至咸丰朝，文渊阁大学士瑞麟入住此园。后来，此宅成了军机大臣、礼部尚书兼总理各国事务衙门大臣裕禄的家园。大清覆灭前的最后一位主人，是深受慈禧太后信任的荣禄。荣大人乃当朝的实权人物，因思想守旧而遭后世诟病。其实他并非一味保守，而是有选择地接受西方文明。从不远处的菊儿胡同搬来后，他即将电灯引进家来，让光明无比的洋玩意儿取代了黯然而呛人的煤油灯与烛台，使此宅成为皇宫之外的第一个有电灯的宅院。其院如同主人，其焰真是灼人!

清时，大学士位同宰相。如此说来，这儿竟是两代相府!

到了民国初期，这里成了黎元洪的宅第。

因有文物官员作陪，我轻松地迈进了这座被灰墙圈得一丝春光不泄的深院。

一进大门，即是一座又一座毫无美感可言的灰砖办公楼。往右，是临街的灰色院墙，锅炉房与煤堆筑起的黑压压的风景很是扎眼。只有往左，才有飞檐挑起的旧貌在等着我去看。

我知道，明代阉党们施虐的痕迹早不可寻，清朝豪门的美轮美奂也不会保存得比紫禁城或恭王府里更多。我只想来看看，当年受尽军阀们的窝囊气的黎元洪经常徘徊仰叹的那座假山是否还在？山上那座接待过许多贵客的八角亭还能承受八面来风吗？那道企图超越乱糟糟现实的空中长廊还残存几许?

绕楼南去，拐过楼角，嘎！还真有座不大的假山！上面居然还保留着一座八角亭！而亭旁的清代长廊，也十分稀奇地尚存一截!

我有些难以置信地怔住了。

黎元洪，一个不大被现今的人们提起的名字。但写中国近代史又不得不提到他，因为他是推翻大清的“武昌首义”的首领，那次军事叛变引爆了全国各地武装反抗大清王朝的炸弹，直到大清国被迫宣布退出历史舞台，此起彼伏的爆炸声才渐渐消停。因是年为中国传统的干支纪年法的辛亥年，那一年的武装暴动便成了名垂青史的“辛亥革命”。

但从民国十一年（1922）6月之后，二度下野的黎元洪就在中国政治舞台上消失了，直至沦落成今天的一个可有可无之人。现在，说到北洋时代，人们想起的是袁世凯，是袁世凯旗下的段祺瑞、冯国璋乃至独成一系的张作霖等强悍的军人执政者，而同样也是起步于老牌北洋军校的黎元洪，反倒成了被遗忘的局外人。

北洋是武人的，也是文人的，但归根结底是武人的。所以，徒有武人外形的文人黎元洪就吃不开。

北洋时代的顽劣性质，的确没有因这个人的存在而变得文质彬彬起来。

“文革”正热闹时，上海人民出版社出过一套“中国近代史丛书”，不足百页的《辛亥革命》即其中一本。小书印数高达80万册，定价却只有0.17元。我至今保留着15岁那年买的这本我的中国近代史的启蒙书。

该书是这样提到黎元洪的（括号内为引者注）：

> （1911年）十月十一日清晨，经过一夜激战的革命士兵，聚集在武昌市阅马厂湖北谘议局开会，成立革命政权，推举都督。在资产阶级革命党人所散布的“先知先觉”论和英雄史观的影响下，很多人认为参加起义的士兵，谁也不够资格当都督。……混入这次会议的立宪派，看准了苗头，就乘机举荐黎元洪，要他出来当都督。
>
> 黎元洪，湖北黄陂人，北洋水师学堂毕业后，在北洋海军中任职，后来投奔张之洞，任湖北清军马队营官，一直升到陆军第二十一混成协协统（旅长），是张之洞（时已赴京任军机大臣）等湖北统治者最得力的帮凶。十月十日晚间，他坐镇军营，亲手杀死一名回应起义的士兵，

后来革命党人派来的联络人员，又被他枪杀。直到听说瑞澂（湖广总督）已经逃走，武昌已被革命军占领，他才慌慌张张躲到一个参谋家里去。因为他平时装得厚道、宽大、伪善的面孔欺骗了不少人，加上同盟会在《革命方略》等文件中，散布了对汉族地主、官僚的大量幻想，使相当部分人认为黎元洪“声望高”，让他充当湖北军政府首脑，一定有很大的“号召力”。……后来，他被革命党人用手枪逼着上台，就一言不发，还坚持不肯剪去辫子,表示对清朝的忠心。革命党人只得另组“谋略处”，负责军事指挥。至于政务交涉等事，大家也没有足够的重视，立宪派的头目、湖北谘议局议长汤化龙，于是又被推举出来担任民政部长……新诞生的湖北军政府，军政要职一开始就被两个反动家伙窃据。

后来革命形势一天天发展，钻进革命政权的反动分子，也看出清朝政府是保不住了，于是加紧活动，窃夺权力，从内部瓦解革命。……就这样，湖北反动势力逐步扩大，革命力量日益削弱，以至后来黄兴到达武汉，还不得不屈居黎元洪之下。资产阶级革命政党的领袖，在第一个革命政权中，地位竟不如反革命刽子手黎元洪。……

“统治者的帮凶”“反动家伙”“反革命刽子手”——这就是以往时代的史学家教给我们对黎元洪的认识。

天下大乱的年代，只在书上骂遍古人还不算过瘾，掘了“反动头子”的坟才是最彻底的革命。早在风雨苍黄的1966年，黎元洪的后辈乡党，“宜将剩勇追穷寇”，一举捣毁了在武昌的国民政府修建的“前大总统黎公墓”。

沉梦被惊破的黎元洪一定会对阳间的胡闹而大感震惊与惶恐，但若闻知同时发生在距武昌千里之外的另一桩毁墓壮举后，那他则一定会顿感庆幸——不管怎么样，他还留了个囫囵尸首，浩劫过后还能被本地政府重新筑墓安放；而在河北省南皮县那边，他的恩师、清末最主要的汉臣之一张之洞的墓穴，就不光被当地的革命小将捣毁，而且，其尚未全腐的遗骸竟然被拖出阴沉木的棺椁并被其后裔拖在地上“游街示众”！於呼！这绝非天方夜谭，

位于武昌的华中师范大学校园一角的黎元洪新墓。（2013 年 5 月摄）

而是当事人张遵埏老人亲口对我讲的。

20 世纪 80 年代初，我还当工人的时候，张之洞的重孙张遵埏老人与我成了忘年交，那时他刚自原籍河北南皮被“落实”回青岛原单位。1957 年他被划为“老右”是天经地义的，因为他既有严重的历史问题——除了曾祖父为张之洞外，他本人还在中华人民共和国成立前担任过天津广播电台的公职，而且他还有现行的反动言行，即他曾和妻子把一位哭哭啼啼的乡下女人领进家中管了顿饭，而那位女人竟是被他的邻居拒之门外的厂长的前妻！在车间里，这位民国时代毕业于北京朝阳大学的名门之后对我讲过，“文革”中他被遣返原籍后，曾眼见曾祖大人的带着枯黄发辫的头颅被当地“红卫兵”从墓中掘出来并满大街地踢来踢去。张家祖茔好大一片，其祖辈、父辈的墓里均有不少陪葬品，唯最大的张之洞墓，棺木里却什么珍宝也没有，这当然很令革命小将们失望。在场的张之洞后人，只有他和他的一个有些疯癫的老叔——张之洞的一个孙子。他说，因为他是从外地押回去的张之洞的后裔，所以连当地的“四类分子”（即受管制的地主、富农、反革命分子和坏分子）都瞧不起他。他奉“红小将”的命令用一张席子卷埋了这位老叔，再后来，又用同样的方法埋了自己的妻子——贤妻实在受不了贫下中农对自己和对丈夫的无休止的折磨，趁他实在熬不住昏睡片刻之时，自悬于梁上了。话到“文革”时的经历，老人每每摇晃着花白的脑袋哽咽起来。

是哟，比比满街碎骨枯肉的“张南皮”，浩劫过后重获礼葬的“黎黄陂”真的算是劫后余生了——1981 年，为纪念辛亥革命 70 周年，武汉市人民政府在原黎墓后侧重建了黎墓。不知是选址有误还是施工时偷工减料了，反正墓丘不久即塌陷了。四年后，武汉市又拨款重修了黎墓，并在墓前立起了“大总统黎元洪之墓”碑。

如今终于承认死者是上一朝代的大总统了——此前的“中华民国”似乎是不存在的，“解放前”“旧中国”“北洋军阀时期”“国民党统治时期”即是共和国的人们对 1912 年至 1949 年的表述方式。所有在那个朝代任职的人身份前面都要加“伪”字，大如蒋介石的“伪总统”，小至村子里的“伪保长”。

黎元洪并非“伪总统”，他是根据中华民国约法和议员们的选票走上国家元首位子的。比比民国山头上相继出现过的那几个人影，待得最久的当然是蒋中正，而“闪回”频率最多的则是黎元洪了——他居然当过三届副总统、两届大总统！

其实，黎元洪不是命里注定的“真龙天子”，他的一生，饱经磨难。他的卓然超众，除了天资与人格外，最要感谢的，就是那个死后被其后世乡亲们拖拉成一地碎骨的张之洞——当初，若不是封疆大吏张大人慧目识才把个落魄的北洋水师下级军官收留并逐步委以重任，他黎元洪怎会有日后的出人头地？

生于清同治三年九月十九日（1864 年 10 月 19 日）的黎元洪，本名黎秉德，字宋卿。父亲黎朝相在淮军仁字营中当兵，四处征战，顾不上家。小秉德自幼和姐姐随母亲在湖北黄陂乡下生活，幸有做小买卖的祖父拉扯，才勉强温饱。他四五岁时，祖父过世，一家人陷入困境，他跟姐姐甚至做过乞丐，还曾到亲戚家当过一段时间牧童。此人一生待人宽厚、生活俭朴，想必与童年的不幸遭际不无关系。幸好父亲退伍，带回一笔钱，在汉阳置地购房，一家人才过上比较舒坦的日子，他也得以入私塾读书。几年后，父亲经族人介绍，二度从军，北上直隶北塘（今属天津滨海新区），成了一名小军官。清军的待遇是很高的。成了军官，就有了养活家眷的能力，所以，黎元洪就跟着母亲陈氏被父亲接到北塘。不幸的是，到了北方没多久，母亲就因产后溽热而过世。

关于他迁居北方的年龄，我看过两种说法，一种是说他 8 岁时奉母同行，还一种称他 13 岁时带上年仅 7 岁的汉阳籍的未婚妻吴敬君一同北上。

黎元洪到了北方以后，父亲已经官至正七品的把总，管辖着四百多号官兵，收入自然更高了，有能力让黎元洪到束脩不菲的名师李雨霖家馆求学了。在李雨霖家中，黎元洪用了五个春秋，读完了四书五经等科考必读科目。肄业时，他已经是虚龄二十的成人了。

不过，他没按读书人固定的人生轨道前行，即他没有参加科举考试，所以，他连生员的名誉也没有。生员，俗称秀才，必须通过童生试才能获得，童生试也称童试、小试，是科举制的最低一级考试。

黎元洪弃考从戎的原因，我读过的黎氏传记都是这样写的：某天，黎秉德去父亲的兵营，被正在那里操练的队列迷住了，顷刻之间，他改变了人生理想——与其走科考老路，何如弃文修武以效命疆场？父亲听完他的陈述后，欣然同意。于是，黎氏就报考了北洋水师学堂。我也曾认同并转述过这个说法。在前两编的本书中，均写过类似的文字。

不过，现在看来，说黎氏因看了一场军训就毅然决然地华丽转身的说法，也许并不靠谱。似应从更高的层面看 19 世纪 80 年代的清国从军热乃至海军热。

本来，专制国度的军人待遇就高于地方上的同级别官吏。以黎父黎朝相为例，可窥一斑。黎朝相本是没有功名的一介武夫，从当兵开始，由司务员而司书，而都司，而游击，成了统辖好几千兵马的将领。游击为从三品，比地方上正四品的道员还高一级呢！走传统的科举之路，要由童试而乡试而会试而殿试，最后金榜题名，何其不易！而当兵就简单多了，只要老实听命，一不怕苦，二不怕死，再有幸遇上个有良心的好上司，就有可能进入军官序列。上了路，就有盼头儿了，只要不出大事儿，几年一磴台阶，十几年就能做到中级甚至高级军官了。对那些不爱读书或不擅读书的人来说，当兵未必不是一条改变人生命运的选择。随着外寇的一次次入侵，国家对军人的需求不断加大，军人的待遇也不断提高。所以，到光绪一朝，许多读书人不再像以前一样千军万马过科考的独木桥，而是转身走进了军营。那句流传了上千年的“好铁不打钉，好汉不当兵”的俗语，自然也在从军热中渐渐熔化了。

再说“海军热”。早在同治末年，即黎元洪还是孩童的时候，大清君臣们就已经就优先海防还是优先塞防达成了共识，即以日本为头号假想敌，优先发展海军，尤其是首当其冲的北洋海军。进入光绪时代，清廷全面开始实施创建海军的宏大计划。汉臣中地位最高的太子太傅、文华殿大学士、直隶总督兼北洋大臣的李鸿章，奉旨创建北洋海军，因此又兼了海军事务衙门会办，即中国海军副司令。等黎元洪赶到天津郊外当学子时，天津已经被李鸿章经营成了中国洋务运动的中心城市和中国海军实际上的统帅部之所在。天津城外，各类洋式的军事学堂陆续出现。北洋水师学堂是洋学堂中地位最高的一座专门培养海军人才的高等军校。为了鼓励更多的读书人投身海军，在李鸿章的主持下，清廷出台了高得令人瞠目的海军军官待遇——水师提督（舰队司令），为从一品的正统领衔，相当于西方的中将；各主力战舰的管带（舰长），均为正二品的总兵衔，相当于少将；即便舰上最低一级的少尉级军官协军校，也是正七品的把总衔。国人皆称知县乃七品芝麻官，而区区一个海军少尉，其阶级竟然等同于在官场上熬了多少年的县太爷，这待遇能不让读书人怦然心动吗？

北洋水师学堂是李鸿章于光绪七年三月（1881 年 4 月）奏准设立的，只设一个专业，即驾驶科。那一年，黎元洪还是天津郊外李先生家的一名摇头晃脑的学子。一年多以后，李鸿章沮丧地发现，第一批生源不怎么样。在光绪八年九月（1882 年 10 月）的第二期招考告示中，这位老迈的中堂大人坦然地告诉世人：第一期未招满员，“细揣情由，似由赡银稍薄，未足招徕”。也就是说，津贴太少，是好学生不来投学的主要原因；第一期“投考者或资质平庸，或年纪过大，终少出色之材”。所以，他慨然许诺：“今本大臣将该学堂原定章程学生月给赡银一两改为月给四两，俾一经入选，八口有资。庶寒畯之家，咸知感奋。”

哇！“月给赡银”由一两猛提至四两啦！李大人替大伙儿算过账了，四两即意味着可以养活八口之家了！庶乃平民，寒畯（音俊），即贫寒而有才能的人。也就是说，只要考上该校，平民和清贫人家就从此咸鱼翻身，进入小康家境了！

月银四两，即年入四十八两。四十八两是个什么概念呢？清国官吏收入，分年俸、禄米和养廉银三部分，年俸即基本工资，禄米是有职务的人的以粮食为形式的另一种收入，养廉银则是防止你贪污受贿的岗位津贴。还说距老百姓最近的知县吧——正七品的知县，年俸四十五两，禄米四十五斛，养廉钱一千二百两。单说基本工资“俸”，一个北洋水师学堂的学生，竟然收入高过县太爷，这怎能不让人为之神往？而且，毕业以后，就是正七品的协军校，相当于正县级官吏了，这是多么诱人的光辉前程啊！不用说庶寒畯子弟了，即便殷实人家，包括黎元洪这样的官二代，也不能不在李大人的这张招生布告前心猿意马啊！

而且，中堂大人进一步许诺道：“此间学生若果卓有成就，本大臣定当从优奏奖，破格录用。”

笔者不学，没有仔细解读过黎元洪放弃科考走入军校的史料，只是凭直觉认为，光绪初年的书生黎元洪，置身于李鸿章治下的津门与大沽口之间，不可能不受到当将领的父亲的影响，也不可能不受到“海军热”的辐射。况且，他似乎也不是个学业超众的学习型人才——从他留下的遗墨看，其字如人，敦厚规矩，但却没有更显其文采的诗词传之于后世。一般而论，是人才总会发光。但在科举入仕的时代，是人才未必能中举。因高考而成为国家栋梁的例子固然不胜枚举，但因名落孙山而改换人生方向并一样成功的例子也颇有几个。多数落榜生知耻而发愤，或再接再厉继续报考终于遂愿，也有人索性弃笔从戎厕身军界成了统兵校尉，比如比黎元洪大 5 岁的袁世凯，当时就已经是受李鸿章信任的驻藩邦朝鲜的清军首领之一了。当然，也有极个别的人因落榜而迁怒于国家体制，最甚的例子就是祸害了大清国十余年的那个广西“天王”洪秀全。

窃以为，当年，在人人争说救亡的氛围中，黎元洪弃笔从戎的原因，或确有保家卫国的精神层面的高大上动机，但也不能排除其对海军军官的优厚待遇的追求。况且，他是个从小受过穷的人，而且还可能是个不爱读书的人。

总之，无论形而上的还是形而下的原因，反正，光绪八年九月（1882 年 10 月），他报考了北洋水师学堂。

中国人习惯于对站在权力顶峰的人无条件地称颂，凡成为“人物”者，往往都是一好百好，自小就卓尔不群，甚至第一声啼哭就不同凡响。说黎元洪因志在报国而弃文从武，大概也属此类例证。

不过，且慢！黎秉德同学报考北洋水师学堂，不够格！

且看李大人公布的招生标准——

> 无论直隶本籍或外省寄居良家子弟，年在十六七岁以内，姿、质聪颖，能作论文或小讲半篇，情愿投考者，开明年岁、籍贯、三代，自赴水师学堂报名，由该堂总办随到随考，秉公录取。

论长相（姿）和禀赋（质），他都属上乘；论写文章和讲古籍，他也能过关，关键是年岁！是年，他已经18周岁，实实在在地超龄了！

然而，他竟以黎元洪的新名，以周岁17岁的虚假年龄，蒙混过关，有惊无险地通过了天津道和水师学堂总办的两度面试。不知是因该学堂对军界袍泽子弟另有特殊的招生政策呢，还是他老爹托人打通了关节，抑或，干脆是他一个人铤而走险完成了这一欺师而不灭君的曲线入学工程？反正，他如愿成为该学堂第一期管轮班的学子。

他入学的底蕴无人知晓，但他以优异的成绩毕业于该校却是不争的事实，不然，学堂总办（校长）周馥、总教习（教务长）严复和教习兼官轮班监督（班主任）萨镇冰就不会一直惦记着他了。周馥，李鸿章的安徽同乡和主要幕僚，时任津海关道兼天津营务处会办，李鸿章过世后当过山东巡抚和两广总督。严复，留学英国的福建船政学堂教习，被李鸿章聘来，黎元洪毕业后升任北洋水师学堂会办和总办。萨镇冰，和严复同样来历的福州海军名师，只比黎元洪大5岁，是名副其实的小老师。谁也想不到，20多年后，小萨老师成了复建的清国海军提督（司令），而黎同学则成了反叛朝廷的“革匪魁首”湖北军政府都督！噢，这个话题，留待后面详说。

有幸入学，却不幸丧父——黎元洪入学后，突接父亲病危噩讯！他请假回到北塘营地时，父亲已经魂归西天。在北塘，黎元洪安葬了父亲，并一直赡养继母崔氏至终。因居丧，他告假至年终。进入民国以后，身为副总统的黎元洪曾请京城的风水大师到津郊北塘为父母重选新址立墓，了却了当年无力厚葬亲人的遗憾。

光绪十四年（1888），北洋水师学堂管轮班第一期学子毕业了。黎元洪因学习成绩一贯优良、舰上实习表现突出而获赏六品顶戴。李大人果然说话算数。

正所谓“好事成双”，就在这一年，他与一直跟着母亲生活的未婚妻吴敬君圆了房，一番张灯结彩之后，24 岁的海军军官娶下了 18 岁的娇妻。

毕业后的半年内，他在北洋水师的主力舰上实习，从天津到广州，他随战船把南北洋各港口走了一遍，也对清国海防有了直观的了解。实习结束后，他被海军衙门分配到南洋水师的“广甲”舰上任三管轮（俗称“二车”）。当上二车，月俸即高达六十两。又因广甲舰的锚地在上海，所以他在“十里洋场”也颇多见识。服役期间，因表现优异，他被晋为二管轮，赏换五品顶戴。

甲午年（1894），是中国历代海军耻于回首的一年。因为这一年，爆发了中日战争，号称“亚洲第一舰队”的清国北洋水师，竟被实力明显差一截子的日本海军打没了！

这一年，黎元洪正好而立之岁。在国产的旧式小型巡洋舰上服役 6 年，这个忠厚老成的下级军官没有出人头地的机会。该舰管带吴敬荣是同校的学长，而且是李鸿章的安徽小老乡，更是李大人亲自选拔送到美国留过学的海军骨干。黎元洪似乎没跟着吴学长沾什么光，倒是跟他受了累。此事后面再说。

是年 5 月，李鸿章在黄海检阅北洋水师，南洋水师所属“广甲”“广乙”和“广丙”3 艘奉调北上参加演习。演习结束后，因倭人入侵的动静越来越大，李鸿章奏准将“广乙”“广丙”留在北洋，“广甲”单独南返。未久，因解送“岁贡”荔枝，“广甲”奉调再度北上，把一箱箱上好的荔枝运抵津门口岸大沽口。瞧瞧！给京城皇家送荔枝，竟要动用一艘巡洋舰，大清王朝的谱儿已经比“一骑红尘妃子笑”时的大唐王朝大多了！这样腐朽的国家，能打败有备而来的外寇才怪！

送完岁贡，李鸿章奏请“广甲”舰也留在北洋备战训练。

果然，当年 7 月 25 日，日本人在朝鲜丰岛海面向运输淮军的英籍商船“高升号”发起突袭，并与护送“高升”的“济远”舰与“广乙”舰交战。中日战争自此爆发。

9 月 17 日中午，运送完又一批清军登陆朝鲜，返航时，包括“广甲”在内的 12 舰中国战舰遭遇了日本联合舰队的进攻。双方互轰一个多时辰后，“济远”舰竟率先撤离，与“济远”编为一队的“广甲”亦随之逃跑，仓皇中在大连湾三山岛附近触礁搁浅。因见日本鱼雷艇追来，管带吴敬荣下令沉船。战舰轰然沉沦，将士全部坠水，多数官兵在苦海中殉国，吴敬荣却乘救生艇逃生。水性不佳的黎元洪，靠一个救生圈在茫茫黄海里漂流了几个钟头后，才被浪潮冲到岸上。所幸当时怀里尚有一块怀表和 6 块银元，黎元洪便从路遇的农民那儿换得了衣物和食宿，勉强让自己活着走到了旅顺口。后来，章太炎在《大总统黎公碑》上说，黎元洪当年“愤甚赴海”，可见当时场面之悲壮。

按说，有这样一段为国浴血奋战史的国家领导人，一定是值得后人尊敬的历史人物。但事实恰恰相反，现在我们所熟悉的是，黎元洪只是反动的北洋军阀时期的全体坏人中的一个，至于他早年是否有过报效国家的光荣履历，负责注释历史的人从来不告诉我们。

威海的刘公岛就不告诉我们。

我曾两登刘公岛。第一次是 1994 年，恰是千古伤心“甲午海战”爆发的第一百周年；第二次上岛是翌年，亦即中国海军被矮壮的强邻堵在自己的司令部里被捣毁的第一百年。我是忍着一个中国人的屈辱来触摸北洋沉锚的。

说实在的，我很失望，恕我不再提及在原北洋水师公所里看到的那些糟践自己先人的展览内容——从苦撑残局的中方统帅李鸿章，到仰药自尽的水师提督（舰队司令）丁汝昌，从一艘艘军舰的管带（舰长），到那些模样陌生的外国军事顾问，除了一个壮烈殉国的邓世昌之外，展览文字把战时的主官几乎骂遍了——“无能”算是好的，“贪生怕死”是一般称谓，“卖国贼”

是最高头衔。而恰在这一年秋，我去了趟日本，在李鸿章被迫签订《马关条约》的那座城市（今下关市），参观过藏品中有北洋水师遗物的下关美术馆，发现日本人对他们自己的哪怕是失败了的军人前辈也充满敬意而绝不轻慢！

黎元洪在战争中只是“广甲”炮舰底舱里负责维修轮机的技术员，论级别还不够挨骂的份儿，所以，刘公岛就没顾上唾骂这位至少算是“贪生怕死”的日后的大总统。

作为公认的忠厚人，黎元洪却并不贪生怕死，这在以后的从政生涯中会一再体现出来。

因“济远”与“广甲”的擅自撤逃，导致黄海海战的失利。李鸿章极为恼怒，奏请朝廷将率先临阵脱逃的“济远”舰管带方伯谦阵前处决，将随后脱离战场的“广甲”舰管带吴敬荣革职留营。两位舰长犯的是同样的罪，但方伯谦遭严惩而吴敬荣被从轻发落，这难免让人嘀咕李中堂是在念及乡情，有意放皖籍的吴氏一马。其实，朝廷依据李鸿章的奏请对两位逃跑舰长的处罚是有道理的，因为“济远”乃国家斥重金从德国购回的铁甲快舰，排水量为 2300 吨，舰炮均为亚洲一流，而“广甲”舰是福建自造的铁肋木壳船，排水量只有 1300 吨，火炮也比较陈旧，船体几乎毫无防护装置。

李大人并不姑息，除两位舰长分别受到处罚外，两舰的各级军官皆受到追究。因此，“广甲”舰上的二管轮黎元洪也没能幸免，被在天津监禁数月后才获释。

北洋水师覆灭了，专业海军技术人才失业了。回到上海滩的黎元洪茫然四顾，陷入人生的谷底。未久，听一位水师学堂的同窗说，署两江总督张之洞在南京城里设立了个“延才馆”，招揽各路才俊，他动了心。

延才馆这个名儿起得就有意思，延既有延聘之意，又有延缓之意。请来的人才储备着用，这倒正是张之洞的真实想法。

黎元洪到南京以后，经人介绍，很幸运地拜见了自号香涛的“香帅”张之洞，而且，他的一番诚实而有见地的谈吐，又引起了张大帅的共鸣。于是，他没被延缓使用，而是从海军的二管轮“转业”，转身成了陆军专台官，即炮台指挥官。该专台官不负老帅期望，尽职尽责地督建好了一个炮台又一个炮台。张之洞对这个并无官场背景的湖北佬儿非常器重，甚至赐给他一纸条幅：“智能深沉”。这四个字，算是把黎元洪何以受重用的原因说到家了。

光绪二十二年（1896）春，上一年，调到辽东指挥地面战争的老帅刘坤一回任两江总督，张之洞则回任湖广总督。张大人向刘大人交卸了职务及他创建的江南自强军，但却又奏准把这支军队中的一部分官兵带回湖北当组建新军的种子。黎元洪就是种子之一。于是，阔别20多年后，黎元洪跟着张之洞回到了湖北老家。

尽管回到武昌城的黎元洪只是马队营帮带，即骑兵营副营长，但却极受大帅重用。本着“能者多劳”的用人原则，张大人不断地派黎元洪干这干那，如到炮厂监修快炮，如与外籍顾问研制湖北新军的编制，如让他接触“六楚舰队”。所谓六楚舰队，即湖北本省的长江舰队，计有楚材、楚同、楚豫、楚有、楚观、楚谦六舰中小型战舰。黎元洪出身海军，且参加过实战，自然比湖北当地的水面作战部队的官佐更为在行。黎元洪得到的最重要的使命，是以湖北军界代表的身份去日本考察，而且一连去了三次！

“香帅”从本国被日本打败的残酷事实中看出了门道，即倭人是凭着从西洋舶来的制度才以小胜大战胜中国的，而中国之败，不仅败在湘、淮军的将士不用命，武器不先进，而更是败在政治与军事制度的全面落后。或许，这个思想并不守旧的汉臣太想亲往东洋看一看了！但碍于身份，他不可能成行。于是，他巡视身边，看到了忠诚而务实，并且在北洋水师学堂学过英语的黎元洪。

于是，黎元洪有了第一次东渡日本的机会。

据研究者葛培林先生在《黎元洪家族》一书中记载，黎元洪访日的“第一次是在1898年春”，他在日本待了“三个多月”。但作者在该书末尾的《黎元洪生平大事记》中另写道：“1897年，33岁，2月，奉张之洞命，赴日本考察军事教育，中秋时返国。”两处记载并不一致。

令今人难以想象的是，当年日本国内，有一股“还债中国”之思潮。有开明的日本政治家认为，日本文明乃自中国传入，“日清战争”（即甲午战争）让清国付出了极大的代价，日本理应还债于中华帝国。这种理论因是担任了外务省大臣的大隈重信最先提出，故被称为“大隈主义”。正是在这种气候中，日本政府向诚心认输又虚心求教的清国敞开了国门。1896 年，亦即战后第一年，日本就接纳了 13 名清国的官费留学生。一批清国地方官员也登上岛国，考察甚至亲身体验到了令日本崛起的各种制度。其实，日本政界第一巨子伊藤博文之所以愿意于战后到清国访问并接受光绪皇帝的垂询，日本驻华使馆之所以甘冒违反国际准则的外交风险掩护受追捕的中国维新领袖人物潜逃本国，其隐因尽在于斯。

黎元洪有幸成为第一批战后进入日本学习的地方军事官员。他被日本军方安排在东京的近卫师团骑兵联队学习与考察。近卫师团亦即天皇的禁卫军，是日军最老牌的陆军主力部队之一，其骑兵联队组建较晚，没参加过“日清战争”。海军出身的黎元洪一生爱骑马，想必与他初到日本时在日军骑兵部队受训数月不无关系。

作为中国的一名中级军官，除了学习与考察，他也曾在假日里郁闷过，即在东京的上野公园里，陈列着北洋水师第一主力战舰“镇远”舰的锚链与炮弹，日本人以缴获自清国的战利品在炫耀他们的“武运”与国运。黎元洪曾联络华侨与日方交涉过，希望撤走这些让中国人感到不愉快的展品，但却无济于事。

黎元洪回到湖北后，张之洞当即开始向日本派遣军事留学生，第一批 20 名学子中，就有他的孙子张厚琨，可见老帅对向日本学习寄予了何等的厚望。知情人称，“香帅”此举，是采信了黎氏报告的结果。

1899 年 10 月，黎元洪二度受命访问日本，计划为期一年，考察重点是陆军步骑兵的教育、军纪和战术。不过，这一次，黎元洪在日本只待了八个月，即应张大帅之招提前回到武昌，被授予护军马队第一营管带，以应付国内日益不安的局势。

原来，黎元洪出国后，北方即闹起了义和团。朝廷一班守旧大臣为保住既得利益，竟利用慈禧太后的排外心理，将一场民间的骚乱变成了一场仇杀一切外国人的国家行为！张之洞与被贬到广州做两广总督的李鸿章、两江总督刘坤一、闽浙总督许应骙、四川总督奎俊（满人），和山东巡抚袁世凯等督抚审时度势,以老成的李中堂的“矫旨不奉”为借口,拒不执行朝廷的命令。所谓“矫旨”，意即被人篡改过的谕旨。如此一来，南方各省保护了外人的生命与财产安全,维护了地方的平定。此即中国近代史上的“东南互保”事件。

不料，康有为、梁启超、唐才常等上一年被弹压的维新派人士却趁八国联军入侵京津、“两宫”和朝廷逃离京师之战乱之际，在湖北发动了名为“勤王”的自立军起事。勤王者，救援君主也。康梁党人一直认为，支持维新的光绪帝已经被万恶的慈禧太后所幽禁，他们要拥戴皇帝重新掌权，独断乾纲。

身为世受国恩的封疆大吏，张之洞允许改良朝政，却不能容忍颠覆国家。于是，老帅一声令下，在大通县的暴动被官军迅速扑灭，从日本士官学校偷着跑回来领导起事的吴禄祯只好又偷着跑回了东京。在汉口自立军总部的唐才常等人相继被捕,只二日,就被张之洞下令处决。从在平定自立军的起义中，刚刚回国的马队管带黎元洪奉命四处缉捕自立军成员，以实际行动报效了栽培他的张之洞。翌年,张之洞奏保手下员弁,黎元洪被保荐为尽先补用的都司,他成了正四品的将领了！

光绪二十八年春（1902 年 5 月），张之洞奏准将湖北武备学堂和防营将弁学堂改为武备高等学堂，并另设了武备普通中学。据研究者说，这次湖北并校及升格的建议者，即黎元洪。

是年初秋，日军在其东北的仙台市举行陆军大操，即秋季演习和阅兵式，各国军方获邀派代表观摩。张之洞第三次把出洋的机会给了黎元洪，让他以陪览官的身份陪同在日本留学的其孙张厚琨“观操”。演习结束后，他与张厚琨一道继续考察日本军事。11 月份,黎、张二人回国。岂料,在武昌登陆后，在部队的欢迎仪式上，与黎元洪并辔而行的张厚琨的坐骑突然受惊，高高跃起，把张摔下马来，而张的一只脚却在马镫里抽不出来！惊马一路狂奔，竟让年纪轻轻的张厚琨一命呜呼！好在，张香帅是极宽容的大人，非但没迁怒于一路陪护爱孙的黎元洪，反倒更加重视这位都司对湖北新军建设的意见。

1904 至 1905 的日俄战争期间，我满洲成了两大强邻厮杀的战场。清廷出台了在全国扩编新军 36 个镇的强军计划。镇，相当于外军的师。北方波诡涛汹，南方风平浪静，张之洞趁机在湖北大练新军。当年夏，张之洞奏陈将湖北新军红编为两镇，两镇各欠一协（相当于旅），以总兵张彪为第一镇统制官兼摄协统，以黎元洪为第二镇协统兼护第二镇统制官。注意！正二品的总兵张彪是以师长下兼旅长，已经晋升为从二品的副将的黎元洪是以旅长上代师长的。但由于饷力不足，至 1905 年 12 月，湖北新军只有 17259 人。兵力不足，自然不能给湖北以两个镇的番号。所以，到翌年 4 月，经练兵处核议，将张之洞奏请的湖北第一镇改为暂编陆军第八镇，官兵为 12071 人；而将湖北第二镇改为暂编陆军第二十一混成协，官兵为 5188 人。第八镇由张彪任统制官，简称镇统；第二十一协由黎元洪任统领官，简称协统。如是，黎协统成了驻鄂省的国字号军第二军头。

光绪三十二年十月（1906 年 11 月），为检阅南北新军的训练水平，清廷练兵处在河南举办了“彰德秋操”。秋操，即秋季军事演习与阅兵。河南乃奉旨担任两位会操大臣之一的直隶总督袁世凯的老家，而彰德府更是袁氏打算终老的地方。参加演习的北军，正是老袁一手带起的北洋新军，由袁氏的第一爱将段祺瑞为总统官，第五镇统制张怀芝任统领。南军则以湖北新军为主，由张彪任总统官，黎元洪任统领。3.3 万人和 5000 多匹马参加的这次大演习，创了中国军事史上的纪录。

演习结束后，袁世凯和另一位会操大臣、户部侍郎铁良联名向朝廷奏报称：“至就四省（直、鲁、鄂、豫）军队分析密论，湖北一镇，经督臣张之洞苦心孤诣，经营多年，军容盛强，士气健锐，步伐技艺均已熟练精娴，在东南各省中，实堪首屈一指。”

谁都知道，湖北新军的实际指挥者是黎元洪而非张彪。张统制出身不咋地，是当年张之洞当山西巡抚时出面救过驾的一介武夫，似是个有勇无谋的草根将领，他因娶了张之洞家的丫鬟为妾而被人背后称是香帅的“丫姑爷”，

湖北军政大员与驻鄂清军将弁在黄鹤楼前合影。第一排右三为黎元洪，右四为湖北盐法使冯汝骙。冯氏后晋为江西巡抚，武昌首义后被驻赣新军推为革命政权的都督，被其峻拒，得放行后，行至九江，仰药自尽，成为以身殉清的唯一汉籍疆吏。

湖广总督瑞澂携子与湖北新军将校合影。第一排中央留胡子者为瑞澂，右三为黎元洪，右四为张彪。

名声欠佳。黎元洪的研究者称，张彪一度很嫉妒连年提升的黎元洪，当众罚其军前下跪，并将其军帽掷地，以辱其誉。不过，黎元洪偏偏是个异常隐忍的人，他并不与蛮霸的顶头上司计较，反倒逢事将功劳推到领导身上，让对方无由继续刁难自己。加上张之洞在背后不断呵斥，张彪这才接受了黎元洪。

张彪与黎元洪孰优孰劣，湖北新军的许多人都心知肚明。曾在黎氏的第二十一混成协当过兵的汉口《商务报》编辑、革命党人何海鸣，于武昌起义25周年之后，即1936年10月10日，以“求幸福斋主”为笔名，在《越风》第二十期上发表了如下文字：

> 做第八镇统制的是张之洞的丫姑爷张彪（丫姑爷者，丫头的女婿也——原注）本是个庸庸碌碌毫无军事学识的人，就是办新军，也绝不会做出什么好事情来的。但第二十一混成协的协统黎元洪，是由海军改到陆军来的，却还有一点新思想。这因为他曾经过甲午的中日海战，在战败后落在海里，逃出了性命，于中国的国耻，实有深切的感触，所以他当了协统。自己虽赋性忠厚，却甚能援引新人才，常勖勉部属爱国。

“彰德秋操”两年后的深秋，清朝在太湖一带举行了一次以湖泊地区作战为目标的“太湖秋操”。这一次，黎氏的第二十一混成协成为南军的主力。是次“军演”结束后，黎元洪赢得了担任会操大臣的陆军部右侍郎荫昌和两江总督瑞方的青睐，并再度获得朝廷嘉奖，成为朝野刮目相看的著名将领。

两次“军演”，让历任会操大臣记住了第二十一混成协的协统其人。三年后，武昌兵变猝发，荫昌奉旨南下指挥北洋军弹压，途经彰德府时，他下车看望并请教被迫在此地“养疴”的老袁。不知深浅的清军统帅说：“武昌系乌合之众，无人主持，不难扑灭。”袁世凯却正色提醒他：“湖北以黎元洪为将，何谓无人？”可见黎氏虽非军界大佬，但早已是朝野共瞩目的人物。

黎元洪在仕途上进步慢，似与其一贯谦让有关。恩师张之洞上调中央当军机大臣后，新任总督赵尔巽到任，很快就发现第八镇的张师长似不如第二十一混成协的黎旅长能干，遂动过换将的念头。黎元洪闻知此事后，力辞不就；而张彪也赶紧写信给老领导兼干岳父张之洞求援，这才使得湖北军界波澜不惊。赵尔巽调任川督以后，新来的总督是陈夔龙。恰巧陈大人的女儿不幸夭折，湖北官场照例掀起了一场既轰轰烈烈又扎扎实实的进献抚恤金的高潮。黎元洪看不起腐朽官场趋炎附势那一套，这当然与他早年在北洋水师学堂接受西方文明和三次到日本考察不无关系。据说，张彪筹集了十万银两向总督大表忠心，其他同僚也纷纷用重金孝敬领导，而黎元洪却仅凑上寥寥数元“意思意思”，转过身来，却为饥寒交迫的汉口灾民捐出了多达三千两银元的善款，一时大得人心——他月薪为五百两银子，三千元是他半年的工资啊！这可不是作秀，历来大小官员们作秀总是花公款。

对上级不卑不亢，对下级却关爱有加。黎元洪的儿子黎绍基在共和国时代写过《回忆我父亲黎元洪二三事》，其中就有写到其父何以受兵爱戴一节：

> 那时候，在军队中，普遍存在着克扣军饷、中饱私囊的情况，而我父亲所部军饷按期照发，而且还设立了一个被服厂，士兵被服也较整齐，不像其他部队破破烂烂，因此士兵对他有较好印象。
>
> 与部下比较接近。别的军官经常住在家里，而我父亲经常住在营中，就是在过年时他也不回家，记得每逢新年我们还到营中去拜年，这说明他与士兵的关系是比较好的。

有关黎氏的传记上，有这样一个故事：一位士兵闻母亲在家砍柴时坠入山谷而亡后，恍惚欲以身殉母。黎元洪闻知，亲往该兵班上慰问并致送八十银元嘱其归家安葬亡母，后还保养其进入军校。刚才说了，协统大人的工资不薄，拿出六分之一的工资帮助一个无名小卒倒也不算多么了不起，但这却体现了一个长官的情操。

更加了不起的是，他对有“政治思想问题”的下属的宽恕。他的一个护兵，暗中参加了革命党，某日收到革命党领袖黄兴的一封密信。黎元洪无意看到这封隐语颇多的信后，已经猜出大概，却并未深究，反倒让该兵赶紧回家“养病”。还一次，撞见一个擅自剪去发辫的学兵，他非但没发怒，反倒极出众人意料地说了句“去豚尾之讪笑，导文化之先机”——呵呵，去掉这让人笑话的猪尾巴，你这是领导了文化上的风头啊！一句话，在场所有人的惊恐涣然冰释。更有甚者，他索性对官兵们说过很不“讲政治”的话，他说：“剪发自便。”按说，暗中勾结“乱党”与妄自剪掉清朝标志的辫子，这可不是有违军纪的大过，不是关几天禁闭、打几十军棍就能了结的小毛病，而是罪在不赦、难逃杀身之祸啊！但谁也想不到，天大的“反动行为”，到了黎协统大人这儿，却是大事化小，小事化了。

是啊，正是其开明与宽容，才使黎氏在湖北军政界博得了极好的口碑，不然，武昌起义的枪声打响后，革命党与立宪派哪会一下子想到黎协统？

按在黎元洪的手下当过兵的何海鸣所写，湖北新军倒向革命的诱因，是黎氏招进了“一个很精干的广西人”吴元泽当上四十一标的标统（即团长），而此人“极力想拉拢些有学识的文人志士来当军人，实现他的军国民主义的理想。……于是老兵逐渐淘汰出伍，新文人们呼朋引类，一天天来得更多”。这些新兵中，就有不少革命志士。正因此，黎氏统辖的第四十一标成了武昌首义的骨干部队。

关于黎元洪被迫参加武昌起义一事，长期的说法很有传奇性，人们总说他是被起义士兵从别人家的床底下拿枪逼出来的，故有“床下都督”之谓。

早在民国初年，亲历者写过，武昌首义当晚，是驻守在武胜门外的第二十一营营长张正基用电话向协统黎元洪报告了工程第八营哗变的消息。

按黎氏长子黎绍基所记，黎元洪的住处正在中和门正街，起义军攻打的楚望台军火库，距他家“相距不过半里，枪声清晰可闻”。他极度恐慌，连忙赶往第四十一标第三营坐镇。当时，该标第一营已调往沙市，第二营出防岳州，留在武昌的只有第三营。正当他进入第三营营部的时候，一个叫周荣棠的革命士兵翻墙而入前来传信。极度惊恐与愤怒的黎元洪问明情况后，当即亲手处决了周荣棠！在四周乒乒乓乓的枪声中，手上有了革命党血债的他愈发地慌乱了。身边的参谋刘文吉、执事官王安澜和护兵们遂强拉他撤离第三营营部，一路疾行到了黄土坡的刘文吉家。绝望中，他向参谋刘文吉交代过后事：部下兵变，朝廷必拿我是问。若革命党成功，我亦生死未卜。我有金钱几许，田地若干，均有契据，更有金表一只，现款几何，暂为拜托。我若不幸，家眷儿女烦君照料，云云。刘文吉和王安澜安抚了他。

第二天上午，见城里没了动静，黎元洪遂派身边的伙夫前往自己家取些衣物过来。该伙夫着便衣挑着三个衣箱从黎府出来时，恰逢一队正在巡逻的革命士兵！于是，黎协统藏身之所败露了。

巡逻队立马押解着伙夫赶到起义指挥部所在的楚望台。总指挥吴兆麟立即下令把黎协统请来。

原来，早在三个月前，起义领导人蒋翊武等人秘议起事时，就拟定推举口碑颇佳的首长黎元洪为革命政权的首脑。

于是，大兵们包围了刘参谋家，并不顾官兵的阻拦强行闯入搜查。此时，护兵知大势已去，便不再作声。革命士兵搜至卧室时，在床帐后面，找见到换了一身便服的黎协统。

亲历者回忆说，面对全副武装的乱兵，黎元洪第一句话是问：你们想干什么？

大兵答：奉起义总指挥吴兆麟命令，请协统到楚望台！

至此，黎元洪知道了，工程营左队队官（连长）吴兆麟已经成了革命士兵的头儿，中和门那边的军械库楚望台已经成了革命党的指挥所。

他应付道：畏三是我的学生，富有军事学识，有他，足可以支持一切。畏三是吴氏的字。

一位革命士兵发怒了，冲他吼道：因为你德高望重，总指挥才请你出来号召部属归来，壮大革命队伍。今日之事，从则生，不从则死！一语而决，望协统立即同行！

黎元洪无可奈何，只得起身，被革命士兵押解着离开了刘文吉家。刘参谋与护兵都不敢上前，只有他的执事官王安澜坚持跟随着。

看革命党人编纂的武昌首义专辑，当时奉吴兆麟命去黄土坡请黎元洪的汤启发、程定国、马荣等革命士兵，均未写过曾对黎氏动手一事。但黎元洪自己在数日后给老师萨镇冰的劝谕信上，却白纸黑字地写道：

> 党军驱逐瑞督出城后，即率队来洪营合围搜索。洪换便衣，避匿室后，当被索执，责以大义。其时枪炮环列，万一不从，立即身首异处。洪只得权为应允。

瑞督，即湖广总督瑞澂。起义的枪炮一响，他即从总督署后院早已挖开的墙洞处逃到长江的船上，而第八镇统制张彪也闻风丧胆，逃到了江对面。

不知黎氏所写的“索执”——用绳索捆绑起来——是否属实，但至少“枪炮环列”属夸大之言。

总之，黎元洪是被迫赶到距黎公馆不远的楚望台的。

想不到，吴兆麟安排士兵们举枪吹号迎接了他！

坐定后，他责怪吴队官：万不该与革命党同革命，这是要诛戮全家的事。

一位革命士兵立时拔刀逼近，大喝他是汉奸，要讨还昨晚被他杀死的同志的血债。吴兆麟及时喝止了愤怒的士兵，黎元洪才未在那一刻身首异处。

在吴兆麟的劝说下，黎元洪只得骑上马，很不情愿地随着吴氏等起义官兵来到阅马场，即省谘议局所在的红楼。此时，已是10月11日下午1时40分。

在谘议局，他意外地见到除起义士兵代表之外的若干位鄂省名流，他们都是谘议局议员，有名的立宪派。原来，他们已经与革命士兵站到了一起。见他到场，人们竟鼓起掌来！

随后开会。吴兆麟率先提议：公举黎协统为湖北都督，汤化龙为湖北民政总长。两公均系湖北人，资望颇高，如出来主持大计，号召天下，则各省必易响应！

黎元洪连忙推辞道：我不能任，休要害我！请另举贤能。完全是一副当代宋江的模样。

鄂军都督府旧址。(2010 年 3 月摄)

起义门近影。(2010 年 3 月摄)

在场者有人苦口相劝，有人严词威胁，但黎元洪就是不为所动，拒不接任。最后，在场的连、排长代他在布告上写了一个大大的“黎”字，将布告贴出去以后，他还是不肯就范，就像一尊泥菩萨一样端坐在那里，一动不动。

湖北方言，黎、泥同音。也许，从这一刻得起，革命党人就把他谑称为“泥菩萨”了。

革命报人何海鸣写过，当天，在汉口，起义军与清军发生了激战，他赶到武昌去求援——

> 及到了谘议局，已是夜间，大众公举我陪伴黎都督，劝他不要绝食，与我们一齐革命，做我们的领袖。好容易费了许多唇舌，才劝得他老人家毅然肯和我们这些小孩子拼上一拼，干这斫头的大事了。

当时在场的黄鹤楼道小学教员张振武，当下训斥黎氏不识抬举，他情绪激烈地建议：不如就此杀掉这个“满奴”，以免贻误后事。吴兆麟等起义军首领理性地制止了张振武的极端言行。

这就是黎元洪参加革命的短促而富有戏剧性的经过。与床无关。

人们早已经考证出，“床下都督”说源头乃民国初年湖北的《震旦民报》，先是一个叫蔡寄鸥的人写了一篇社评，无中生有地说黎元洪于起义时匿避于人家床下，是“床下都督”。过后，又有人在该报以纪实手法连载了《床下英雄传》，一时为武汉三镇读者津津乐道。

当时在场的黎元洪的执事官王安澜曾愤然写过：

> 说黎元洪是他们从床底下拖出来的，这完全是糟蹋人！……这些家伙都是玩掉了脑袋还要去捡帽子的亡命之徒，不听我们阻挡就冲进天井了。黎都督先在厢房里听动静，看见有人进来就闪到床里边帐子后面去了……

黎元洪当年就在武昌城里当民国副总统，虽对此糟践自己声誉的假新闻甚感郁闷，却也并没下令封报馆抓作者与编辑，倒正显示出其为人之厚道。

不过，“床下英雄”说经国民党元老邹鲁主编的《中国国民党史稿》等正史的确认，遂成了“史实”。

与长期不屈不挠地从事反清武装斗争的革命党领袖孙中山、黄兴相比，黎元洪头上戴着的“民国元勋”高帽实在有些大，与孙、黄相比，他的革命履历最浅，只有短短的几天。

履历最浅，性情也最温和，那二位，都是咬钢嚼铁的硬汉子，他却温暾而谦和，完全不是政治强人的模样。

然而，敦厚的人，一旦认定目标，就会死心塌地去做；而这样的人入了伙，凭原先在江湖上被传颂的为人，往往很快又后来居上，成了群英中的首领。北宋末年山东郓城县的宋江就是这样的人，清朝末年湖北黄陂的黎元洪差不多也是这样的人。

黎元洪就属于一旦决心下定便义无反顾、永不反悔的那种人。

被革命党和立宪派关在湖北谘议局里的两天里，经过慎重考虑，他终于像被他放过的那名学兵一样决然剪掉了那根“猪尾巴”。男人的发辫一直是大清强加给汉人的一根自缚的绳索。

辫子从这个人的后脑勺坠落以后，从整个武昌城里坠落以后，各地的武装反叛便和剪辫子运动同时迅疾开始。

在起义后的第三天下午的军事会议上，留着短发的黎元洪清楚地表明自己不再是效忠清朝的统兵之将，他正式宣誓就任革命军首领——湖北军政府都督。那一天，他的宣誓算得上慷慨激昂：

> 众意难辞，自应受命；成败利钝，死生以之；决心革命，毋庸有贰。

黎元洪遂在中国历史上留下大名。

因正处战争时间，他还主动兼任了位于军政府12部之首的军令部部长。

其余各部为参谋部、军务部、内务部、外交部、理财部、司法部、交通部、编制部、总监察部、教育部和实业部。

其实，风云突变的那几天，逼他革命的人只看到了他表面上的冷漠，却难窥他内心澎湃的激情。且看他的一封私信：

> 谁无肝胆？谁无热诚？谁非黄帝子孙？岂甘作满族奴隶而残害同胞耶？洪（黎自称）有鉴于此，识事机之大有可为，乃誓师宣言，矢志恢复汉业，改革专制政体，建立中华民国，维护世界和平！

这话说得很实在，也很感人。他的这番表白，既不是对报馆发表的，也不是在公开场合宣称的——这个务实的军人政治家很不爱当众“作秀”。他只是在给自己的北洋水师学堂之恩师萨镇冰的私信里说出上述的话的。这段话，出现在上面笔者所引用的那段被“索执”参加革命的文字之后。

其时，海军统制萨老师正率庞大的舰队溯江而上前来弹压学生统率的叛军。得黎元洪的信后，萨司令便下令全舰队撤往九江。不料，航程中，各舰纷纷悬起了白旗，响应起义。萨氏无奈，只得背叛大清国，弃职赴沪，到洋人地界上当寓公去也。

“统治者的帮凶”？“反动家伙”？“反革命刽子手”？——发高烧的荒诞岁月里，史学上对黎氏的定论全不可信。

辛亥革命以清王室的退位而告胜利，古老的华夏第一次把“中国”两个响当当的汉字用作了国名——民国元年（1912）1 月 1 日，中华民国宣告成立。武昌首义的那一天成了民国的国庆节，孙中山与黎元洪分别当选临时政府的大总统与副总统。2 月 15 日，南北两军议和成功，清王朝寿终正寝，袁世凯全票当选为临时大总统，而黎元洪的二把手地位丝毫未撼。

当初武昌的革命士兵们没有看错人，黎元洪确有声望。

说起来，黎元洪这种性格的人是不适宜做中国的一把手的。在依然被封建传统包围着的“民主”国度当家，要有诡计，更要有铁腕，必要时要不惜杀戮。而黎元洪恰恰是被人称作“黎菩萨”的老好人，这样的人哪能在最高位上坐得住呀！

这尊菩萨，若生于民主国家里，没准儿是个不错的国家领导人。但上苍不悯老实人，偏偏把黎元洪降生在专制之国的风雷激荡时期，又偏偏把他捧上了亿民之主的最高座椅。于是，他的不幸也就一直忽忽悠悠相伴左右。

黎元洪非常明白，强悍的袁大总统绝不是传说中的癞蛤蟆转世，而是一只非常瘆人的巨兽。所以，他磨蹭着不去北京就职，宁愿以副总统兼湖北军政府首脑的身份继续待在武汉。

但足智多谋的老袁不急不躁，不光同意自己的副手继续兼任鄂省的一把手，还让他当了名义上的全国最高军事长官——参谋总长。因为他执意不去北京，参谋总长的权力就由次长陈宧代为主持了。

在武昌当副总统的短暂时间里，他似乎无所事事。4月10日，他发了个通电，主张军政、民政分治，以杜乱源。

哦，不对，他干了一件大事，一件人命关天的事，即他主谋将湖北都督府的军务部副部长张振武灭了。

他毕竟不是真的泥菩萨。来京前，他即借用老袁对自己的讨好心情，请大总统处决了湖北军界反对派首领张振武，此事虽得罪了参加武昌首义的一部分人，但确实震慑了一些胡作非为的“首义元勋”。

借老袁之刀杀张振武一事，是黎元洪履历中的不光彩一笔，也是他仅有的一次以非常手段消灭政敌之事，但对他来说，却又是万般无奈之举。

张振武是参与武昌首义的主要人物之一，在日本早稻田大学留学期间加入同盟会，武昌首义时以小学教员担任军政府军务部副部长，在部长蒋翊武未到任之前，他代行部长职。还记得吧？他就是当初坚持要杀黎元洪以警示天下“满奴”的主要人物。

革命尚未成功之时，张振武奉派携鄂省巨款十三万五千两赴上海购买枪械。但湖北得到第一批武器后，才知这是一批从日本偷渡而来的旧式军械，多不能用。黎元洪写信告诉他，称今后须经湖北试验后再付款。张氏本来就看不上黎元洪，曾当众对黎很不客气地说过：不是我们把你拉出来，你哪有今天？收到黎都督的信以后，这个张副部长竟然擅自把留在上海待运的一批枪械送出一半给了烟台革命军！革命成功后，他一直以“首义元勋”自居，领衔“湖北将校团”，桀骜不驯，令黎元洪颇为难受。

远在北京的老袁可真是老“猿”，猴儿精！他早就猜到了“首义元勋”们对黎氏的搅局，遂电请孙武、蒋翊武和张振武“三武”晋京，授以总统府军事顾问官的虚衔。岂料张氏并不买账，公然称“湖北人只配做个顾问官？”老袁闻报，又单给了他授了个“蒙古屯垦使”的头衔以应付之。不料，他却当真，在申请不到“本使”的开办费以后，居然擅自跑回湖北，利用关系弄了笔钱，在与蒙古相距千山万水的武昌城里开起了“蒙古屯垦使事务所”。

这一来，老袁也知道了此“元勋”的难缠了。于是，总统府再召张氏入京。这一次，黎元洪打定了主意，他前脚给了张振武一大笔旅费，后脚即亲自给袁大总统拍发电报称：“张振武以小学教员赞同革命，起义后充当军务司副司长，虽为有功，乃怙权结党，桀骜自恣。赴沪购枪，吞蚀巨款……近更蛊惑军士，勾结土匪，破坏共和，倡谋不轨，狼子野心，愈接愈厉……元洪爱既不能，忍又不敢，回肠荡气，仁智俱穷。伏乞将张振武立予正法。其随行方维系属同恶共济，并乞一并处决，以昭炯戒。”

老袁接副总统的亲自来电后，不敢大意，竟然自己对照密码翻译了电文！看完电文后，他一时不敢相信，又把最信任的赵秉均、段祺瑞、冯国璋三位心腹召进中南海，会商此事。三人建议再向武昌方向密询一下。在得到了确切回音后，袁下令军法处抓捕并连夜处决了张振武和方维，其余 11 个跟随张振武来京的湖北将校则由军法处赠以旅费礼送回鄂。另外，老袁还以“有功于民国”为由，下令以大将军礼为张氏治丧，随张晋京的小妾鲁氏为此得了 3000 大洋的抚恤金。

制裁了张振武以后，以“首义元勋”自居的那些愿意闹腾的人倒真的老实了许多。

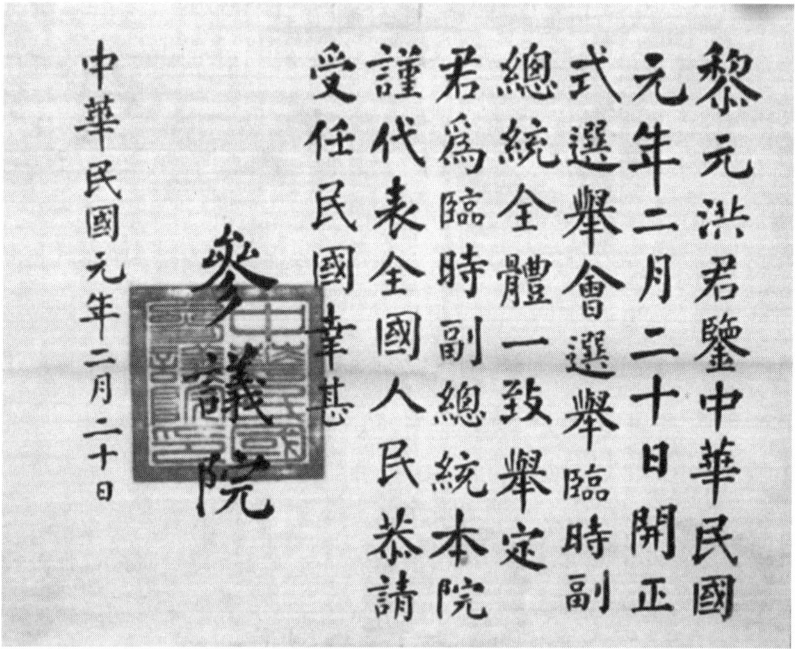

黎元洪君鑒中華民國元年二月二十日開正式選舉會選舉臨時副總統全體一致舉定君爲臨時副總統本院謹代表全國人民恭請受任民國幸甚

參議院

中華民國元年二月二十日

钤着“中华民国参议院印”的对黎元洪的委任书。

民国既立，烧制着民国总统与副总统头像的茶壶开始在民间传开。

不过，不老实的是几个为张振武打抱不平的笔杆子。《震旦民报》上诬指黎元洪是“床下英雄”的连载，就是那个时候发出来的。黎副总统在自己治下的武昌，既没有授意司法部门将作者以污蔑公民罪关上几年，更没有上纲上线以颠覆国家政权罪将其打入死牢，其肚量之大，实在让人意外。

按黎元洪的意见处置了张振武以后，老袁继续等候下去。

老袁也够有耐心的，竟然让副总统在湖北待了几乎两年的时光！从1912年1月3日黎元洪当选中华民国临时副总统，到1913年12月8日黎元洪动身北上，老袁一直在不动声色地等待着。袁毕竟是个政治智慧极高的大政治家。他曾写给黎元洪一纸“民国柱石”的题字和100万元军饷，从精神到物质，都让黎老弟感动一把儿；后来，他又挥笔题写了“中华民国副总统府”的大匾派专人送达武昌，那块挂了一年半的“中华民国湖北军政府都督府”旧匾自然被取而代之。

不过，让黎元洪难受的不是这块新匾，而是大总统推荐来副总统府当差的来路不明的人，受之难受，却之无由，黎元洪不得不苦笑着将这些有可能负有特殊使命的人照单收下。

身边有了大总统的人，副总统的日子就过得不自如。所以，当某日岑春煊和章士钊联袂前来拜访时，他便吓出一头冷汗。

黎元洪知道岑春煊与袁世凯在前清时即有过节，袁曾与庆亲王奕劻联手打击过岑，害得岑丢了两广总督的官位。而且，黎副总统也知道眼前这位名满南北的章士钊乃袁跟前的红人，章妻吴弱男女士是袁之恩人吴长庆的孙女，向以“四伯父”称袁，两家有世交。现在，此二人居然联袂来鄂，定有大事交底！

果然，主客坐定后，章士钊即称：袁世凯正在北京走向专制，意欲帝制自为，成为窃民国之大盗，他们已在上海与革命党领袖孙中山、黄兴达成共识，共同拥立副总统起兵讨袁！

估计那会儿的副总统又犯了“菩萨”的本性，他乐呵呵地接待了客人，但却沉稳地表示：袁大总统断不会称帝，君等尽可放心。

然而，等客人们怏怏离开后，他又急遣手下为二位说客各送去 500 银元敦其从速离汉，因为方才会谈时，屏风后面有耳！

这就是黎元洪在大是大非面前的选择，你说他圆滑也罢，精明也罢，他总有自己的原则——不冲动，不盲从，有后手。

无论袁世凯是否知道发生在武汉的那场倒袁密谈，一旦平定了南方的军事反抗，江山坐稳，大总统就不容副总统继续留在湖北了。的确，一个正常的国家，副总统不可能长期不在京城办公。三番两次请不来后，袁世凯索性将自己的第一爱将兼干女婿、陆军总长段祺瑞上将派到湖北担任代理湖北都督，迎请副总统到北京赴任，且连第二天北上的专列都准备好了！这一回，可真是黎（泥）菩萨过河——自身难保矣！

民国二年（1913）岁杪，黎元洪只得愀然告别故里，赴京当他的副元首去了。他显然没有料到，他会一去不还乡！

入京以后，他曾给鄂中父老驰电：

> ……元洪不德，滥握军符，义旗一举，蒙鄂中军、学、绅、商各界推举都督一席，力辞不获，勉竭绵薄。……今者燕京之行，原因磋商要政，将来驻都、回鄂，两难预揣。

你看，他以为还有可能回湖北呢！

直到整整 20 年后的民国二十二年（1933），他回来了，却是躺在巨大的楠木棺里回来了，是被取代了北洋政府的南京国民政府隆重地自天津运回武昌的。是年，黎元洪在津门过世已五载矣！

再说回黎氏初到北京的时候。

在崇文门火车站，黎副总统受到了高规格的迎接。袁大公子袁克定和总统府侍卫长荫昌等人代表大总统到车下迎候。隆重的欢迎仪式过后，他被接上了那辆中国最高规格的金漆朱轮双马车，而这辆大总统的专车，最早是慈禧太后的专车，除袁本人偶尔乘坐外，只在上一年夏天拉过来京的孙中山。

黎元洪被袁大总统像迎国宝一样地迎进了新华宫，即通常人们所说的中南海。

民国时代的北、中、南三海，不再是清王室的“西苑”，北海辟为国民公园，但中海与南海却成了总统公府暨总统官邸。袁大总统从铁狮子胡同把繁多的政务和同样繁多的家眷一道搬进了中南海后，改名新华宫，中南海遂复为禁地。

不过，北洋政府时期，人们不称中南海为总统府，而称公府。

老袁差人把“副总统办公处”的牌匾挂在了南海最优美的瀛台上的庆云殿大门上方——黎元洪的家，自然也被老袁安置在了瀛台上。

凡进过中南海的人都知道，新华门与瀛台一南一北，隔一汪碧水（南海），遥遥相对。

1983年春，我曾有幸进入中南海参观。在被称作“拨乱反正”的那个时期，中南海东侧的主席旧居一带曾悄然向人们开放过。给我提供参观券的人，是当年在共青团中央的《中国少年报》工作的一位发小。

瀛台的确很美，不大的人工岛上，有宏殿琼阁，有奇石异木，而且，它的色彩十分瑰丽，岛上的皇家建筑不再是单调的明黄色与朱红色的交响，在黄与朱之间，古建筑师巧妙地加进了一方方绿莹莹的琉璃砖瓦的音符，使壮丽的瀛台既不失帝王之气，又不乏人间的平实。

20世纪50年代，毛泽东常从自家的“菊香书屋”小院儿里步出，经过曾是袁世凯住处的丰泽园，往西没多远，就踏上了登瀛台的宽桥。

这座用黄绿琉璃砖与瓦砌成的桥，是登瀛台的唯一通道。

光绪皇帝被困岛上时，没有这座桥，慈禧老太太让她的过继儿子老老实实待在仙境里悔过，如需下岛，则由太监们划船“接驾”。若不是想到可怜的载湉人生的最后十年一直困在岛上并最终死于岛上的涵元殿里，我还真要在垂柳依依波光涟潋的瀛台上沉醉呢！

从清国海军官佐，到民国副总统，各个时期的黎元洪像。

在前清军界地位不算太高的协统，因缘际会成为民国首任副总统，且为强人袁世凯之副手，黎元洪调入中南海后，无所事事。

那会儿我并不知道，光绪之后的另一位大人物也曾是这美丽岛上的孤寂囚徒，只不过他没像前任主人一样死在这里罢了。他定居瀛台时，也没有这座桥，他与家人上岛下岛，或来宾进进出出，都需要乘六座的渡船，冬天则是人推的冰船。

瀛台乃凡人们想象中的仙境，但仙境中的孤寂与清冷又哪是凡人所能忍受的！清季的光绪帝深知瀛台之凄苦，民初的黎元洪也体味到了被闲挂于琼岛上的难耐滋味。贵为一人之下、亿人之上的副总统大人，竟然发出过“遥望汉江，不禁泪下”的喟叹。他对前来拜访的故交喟叹：“我做了光绪的替身。”

单从道理上说，袁世凯的安排无可非议：既是“公府”，就该正、副两职比邻而居；正职人多事杂，办公点就大些，副职事少幕僚少夫人也少（黎只有一妻一妾），居住地就小点嘛！大总统在陆地上班，副总统在孤岛起居，这简直就是前清统治者们提前为民国正副元首备好的官邸嘛！

但实质却远不这么简单，是老袁不放心黎元洪待在外头，他要把资望颇高的“民国元勋”搁在眼皮子底下天天看着他。为羁縻这位寡言而不乏睿智的副手，老袁甚至让第九个儿子袁克玖给黎家二女儿黎绍芳当了夫婿。

为大局计，也因门当户对的传统婚配理念，黎元洪答应了这桩政治联姻，但却依然与老袁保持着距离。

从瀛台到丰泽园，下了船只有一箭之地，但他在公府居住期间，却只见过大总统兼亲家不到十次。国家一二把手相见，国事、家事、天下事，事事都谈，却事事都似与他无关。两次大席，五次便宴，这就是他与袁同住中南海里时的全部交往。

比泥菩萨有思维的黎元洪对袁氏的用心一眼就看懂了，就像每天看瀛台上的庆云殿里的那几幅清代的皇帝遗墨一样，他早熟知了其中的每一道笔画。整日在飘浮着前朝阴谋与死亡气息的殿堂里喘息，在大权独揽的枭雄跟前参政，哪有愉悦可言！

民国三年（1914）8月，被袁大总统誉为“旷代逸才”的杨度突然登瀛台造访。原来，杨大才子是来解释筹安会为何成立的。

不料，客人刚开口说，筹安会的成立，是大总统的意思，“泥菩萨”就开口了，而且一开口就把人家噎个半死：“我身为民国副总统，对此违背民国事，非愿所闻。”

得，人家连听都不愿意听，你还说什么？于是，筹安会发起人和理事长杨度先生只好讪讪告辞。

稍后几天，黎元洪突然写信向袁世凯告辞了。他写道：夫人体弱，瀛台过于寒冷，不宜养病，请另觅住处。

在这人人向往的仙境里，他只待了一年多的光景。

不是他不想为民国干事，实因他清楚“伴君如伴虎”的道理，老袁太专权又太想“家天下”了！他身为民国缔造者之一和副元首，岂忍坐视共和国变回君主国？那样一来，他一生最值得骄傲的武昌首义的历史功勋岂不全化为乌有？

为表示抗议，他提出辞去参政院院长和参谋总长职务的请求，并自 9 月 6 日起，不复往参政院与会——院长都不来主持最高国务会议了，参政员们还怎么开会？

比鬼都精的袁世凯立时一拒一允：坚决不准其辞职；同意迁往他处居住，且连新宅都替你打点好了——袁氏让袁克定出资 10 万元，从荣禄后人手中买下了东厂胡同的那处名宅，然后，无偿转送黎元洪。

这就是黎元洪入主东厂胡同的由来。

但有谁知道，黎元洪不是“不拿白不拿”的人！待老袁死后，黎元洪致送奠仪，恰好也是 10 万元。明眼人一看即知，他这是偿还老袁的房钱呐！

其实，当个光拿钱不干事的副总统有什么不可以？据黎的长女黎绍芬著文称，黎元洪在任时，每月副总统的俸金加参政院的补贴等，一共 5 万银元。天！这么多的收入啊！

我匡算过，民国初年的银元与 20 世纪末的人民币比值大约为 1 ∶ 100；而房地产，又大大超过了这个比例，差不多是 1 ∶ 10000。如在黎元洪时代的教育部做小官儿的周树人（鲁迅），凭自己两个月的收入800元（月薪加讲课费、稿费），就能买下白塔附近的那处已被辟为“鲁迅博物馆”的宁静的小四合院，而时下在京城二环路以内想买那样完整的住宅，岂止800万元人民币？一个北洋大兵，每月6块大洋，就能活得比较像样，除了自己天天能吃上肉以外，还能按月寄回家去几块钱，这比黎家的厨子收入还高呢——黎的厨役每月工资为4块钱。正因此，也就理解了毛泽东在成为职业革命者之前为什么会当了几个月的北洋大兵，后来为什么会为在北大图书馆打工的8银元月薪而自喜。那时的大学教授们，学问与月薪均如泰斗一样令晚生高不可攀，哪个先生的月薪也得几百银元。像年轻的周作人，刚到北大任教就有200银元的工资，陈独秀是系主任，月薪300元。但是比比国家第二公务员黎元洪，教授们统统是小巫见大巫了。

然而，黎元洪宁愿不要这一切。他要的是自己的独立人格。

“淡泊名利”，说说可以，真要拒绝唾手可得之巨名与暴利，得有多大的意志和多高的品位啊！

黎元洪搬出中南海后，老袁加快了走向专制的步伐。他先是让一班政客操纵国会把总统任期延长至10年一届，而后又改为终身制。总统成了终身制，那继承者是谁？若以老袁的长子袁克定为新总统的话，那还和帝制有什么两样？听说老袁下令在中南海的卐字廊建了一座小石屋，里面只放置一个带三把锁的金匮，金匮里有下一任总统的名字。人们猜测，纸条上只会写着一个名字：袁克定。咳！不管是不是小袁，在位时就把继承人都指定好了，那中国还算是共和国体吗？

黎元洪退到了王府井大街一隅的东厂胡同里。离袁氏远了，离政坛远了，离自我却愈来愈近了。

入住东厂胡同后，黎元洪就开始拒领副总统月俸及公费，并自请裁撤“副总统办公处”。他自我“下课”了，不当这没滋没味的副元首了！他不再去参政院主持会议，更不再回中南海拜见“老大”——那边，帝制的鼓点越敲越密。他以消沉来表明一个天良未泯的政治家对窃国者的愤然。

他为自己的家取了个堂号，叫“大德堂”，此后，在此向左邻右舍前院后街扩展的房地产买卖中，就均用“黎大德堂”名义进行了。在东厂胡同住着的几年里，他前后出资12000多银洋购得附近的房产，他家成了黎家花园。在自家花园里做个有“大德”的人，不再趋炎附势迎合谁，这样活着，何其畅快！

就在他刚刚在这“大德堂”安顿好后，老袁探听他的口气了。

黎绍基记下了袁氏与父亲的问答，有意思的是，私下里，两人以“亲家”互称：

> 有一次，袁问我父说：“听来有许多人要我做皇帝，亲家，你看怎么？”接着马上表白：“这些人当然是胡闹。”我父就告诉他：“革命的目的是推翻专制，建立共和。亲家，如果你做了皇帝，怎能对得起武昌死难的烈士？”从此以后，他就不再与我父谈起做皇帝的事了。

然而，黎元洪的消极反对并没有阻止老袁的一意孤行。未过仨月，中南海里传出“登基”的喧嚣，他参与创建的“中华民国”，竟变成了袁氏的“中华帝国”，首任民国大总统，居然摇身变成了“洪宪皇帝”！

袁“天子”颁布的第一道诏书，就是册封黎元洪为新帝国的“武义亲王”，位居所有的“公”之上，似乎是在奖赏不争不抢的副总统乃“威武侠义”之人，不过，在别人听来，竟更像是提醒人们：此公乃“武昌首义”的首领！

次日，新朝的衮衮诸公，奉袁大皇帝之命，浩浩荡荡赶来东厂胡同致贺黎氏荣膺“亲王”。王府井一带，一时为之路塞！

好一个黎元洪，只着中式便装出面，以示对新朝的不承认。他不卑不亢地告诉恢复了峨冠博带的文武百官：

> 大总统虽明令发表，但鄙人决不敢领受！盖大总统以鄙人有辛亥武

昌首义之勋，故优予褒封。然辛亥革命起义，乃全国人民公意，及无数革命志士流血奋斗，与大总统支持而成。我个人不过滥竽其间，因人成事，决无功绩可言，断不敢冒领崇封，致生无以对国民，死无以对先烈。各位致贺，实愧不敢当！

说完后，他转身入屋，甩下的满院子贵客面面相觑不知如何是好。

这番名副其实的“推辞”，绝对是篇经典的骂贼书。你看，黎元洪开口闭口称袁为“大总统”，而绝不称其为“皇上”或“吾皇”，当然也就更不会自称是“臣”；而且，他单刀直入地提到武昌首义，为的是让在场的文武百官牢牢记住，“辛亥革命”胜利是怎么来的，别忘了他袁世凯也曾为之努力过！袁氏斗胆称帝，就是“生无以对国民，死无以对先烈”！

这时的黎元洪，不再是一声不吭的泥菩萨，简直成了怒目的黑金刚！

当天下午，有人衔君命来为黎元洪量制亲王制服。平素和蔼的黎元洪却黑着脸表示：“我非亲王，何需制服？”一句话，把来人打发出门。而那个袁皇帝题写的“武义亲王”御匾，则被他命下人丢到了后院的马厩里！

数日后，尴尬的袁世凯又派要员手捧“诰令”请其接受王爷之封。倒霉的“钦差”，竟然被一向温文尔雅的黎元洪骂出门去！

就在此时，海军总长刘冠雄的儿子结婚，黎元洪不便出门致贺，便派女儿黎绍芬代为赴宴。没想到，有人一见到黎大小姐，立马恭维道：“亲王格格来了！”年仅14岁的黎姑娘真棒！她当即起身推席，告辞回家——父亲不做什么亲王，她也不是什么格格！黎元洪听说后，非但没怪女儿失礼，反倒直说那些恭贺的人“可恶”！

黎家对袁氏称帝的每一个传闻，传到中南海里，都变成一记记耳光，狠狠抽在了新皇帝的那张老脸上。

没几天，潜出京城的蔡锷将军在云南首举护国大旗起兵讨袁。黎元洪闻讯，击节赞曰：“松坡（蔡锷，字松坡）不愧英雄本色！”这是英雄惺惺相惜的夸赞，又何尝不是黎元洪个人在大是大非面前的写真？

黎元洪在东厂胡同的旧居，后为中国社科院考古研究所。庭院里树立的是考古学家夏鼐先生的雕像。（2000 年 1 月摄）

黎元洪题字“大同先导”。

黎元洪题字“懿行延龄”。

黎元洪宅花园旧影。

半年后，恼羞成疾的袁世凯一命归西。黎元洪按法律程序，于袁氏辞世次日，在东厂胡同住宅中宣誓接任大总统。

忠厚者往往执拗。为了维护民国政体，黎元洪以誓不从逆的执拗捍卫了正义的尊严与个人的纯洁。如此“大德”，难道不该在这东厂胡同的名宅里有一尊不大不小的雕像吗？

绕过假山，我还真发现了一尊雕像！

我将信将疑，有点近“像”情更怯地走上前。

其实我知道，共和国的研究所里，断断不会有民国先总统的雕像，尽管是考古单位。但我又多么想在这个院落里一睹这位周旋于各军阀巨头中的文弱元首的神姿啊！

雕像立于北边那排清代旧房的门前空地上，黑色的大理石基座上，一位穿西服的中年男子在凝思。

像下，一方铜牌，趋前读过，方知果然不是黎氏尊容，而是已故夏鼐先生的座像。

我这才模糊记起，夏先生乃我中华著名考古学家，曾长期任该所所长。也许，身后这排房子就是他生前的故居或办公室吧？尽管此像和黎元洪无关，但能在本单位院内为自己的学者型的领导竖碑立像也是一件令人高兴的事。

不过，为什么不是黎元洪的雕像呢？

先前的“大德堂”内院里，空空如也，没有人回答我的疑问。南边的那座圆月门那边时有学者模样的人出入，但他们与我相距甚远！

雕像后那排灰瓦红壁的老房子，已被封条闩紧了门缝。门两边的红柱上各悬一方我们常见的那种挂着小锁的小木箱，上有“举报箱”仨字。东侧的方箱之上，钉着一竖条小木牌，“图书室”三个有些歪扭的字告诉了我这所厅堂现在的用途。

从这排房子在整个大院中的位置和其不凡的气度猜，它也许就是当年的内院客厅？

黎元洪自我放逐后，并未门前冷落车马稀。恰好相反，比他孤零零地待在瀛台时更为热闹了。高朋满座，鸿宾接踵，东厂胡同，冠盖盈门——不怕别人讥讪泡妞上瘾的蔡锷将军在秘密南下前来过，许多看不惯老袁称帝的政客们来过，湖北原籍的同乡故交也来过。人们来谒副总统，不为溜须拍马，只为互通声气，相泄牢骚。

有人回忆过，不吸烟也不喝酒的黎元洪先生待客也是既无烟亦无酒，只白水一杯。君子之交，十分清淡。

民国五年（1916）3月，老袁被迫宣告取消帝制后不久，就病倒了。黎元洪闻之，曾几番考虑是否去探视，但最终未成行，只派女儿黎绍芬到中南海代为探看。在“海”里居住的时候，小绍芬经常出入袁的内宅，与袁的女儿们一起玩耍，熟得很。女儿回来说，袁左右的人还称他“皇上”呢！

到了6月，“公府”送来了老袁“病恐不起”的报告。国务总理段祺瑞和北洋派元老王士珍，乃至远在青岛的徐世昌，都被袁匆匆召进了中南海。但黎元洪依然像泥菩萨一样，不闻不问。

6日晚间，各省将军、巡按使、护军使都接到了标着“万急”的总统府电报：

> 袁大总统于本月六日巳正因病薨逝，遵奉遗令，依约法第二十九条，宣告以副总统黎元洪代行中华民国大总统之职权。各省地方紧要，务望以国家为重，共维秩序，力保治安，是为至要。

这封电报，是段祺瑞主持发出的。

不过，黎元洪不知道这封电报。

第二天下午，一向不上门的总理兼陆军总长段祺瑞，在国务院秘书长、湖北蒲圻人张国淦的陪同下，忽然登门造访。

按说，段总理既是来向副总统报丧的，也是按礼仪向继任领导请示工作的。然而……

这时发生的事，《北洋军阀史话》里有段非常有趣的记叙：

> 段祺瑞和张国淦的车子驰抵东厂胡同黎寓的门口，张抢先进入内院向黎报告："总理来了。"接着又仓皇地喘着气说："总统过去了。"
>
> ……黎走入客厅像个木偶似的坐在主位上，段、张分坐两边，段向黎三鞠躬，黎也欠身答礼，段不开口，黎也不出声，张更不敢讲话了。这幕哑巴戏做了四十分钟，段站起身来向黎半鞠躬告退，黎茫然站起身来送客。段临走时向张交代说："副总统方面的事，请你招呼！"张这才抢着问："国务院方面的事呢？"段答："有我。"一面说一面跨上了汽车，车子就开动了。

其实，黎元洪当天已经听说了袁氏过世的消息，但这个谨慎的人不敢轻信，遂派女儿绍芬前往中南海打探。待女儿回来说，她亲眼在怀仁堂见到了盖着黄缎子陀罗经被子的袁的尸身以后，他才确信一代枭雄兼亲家，真的"过去了"。

然而，一切尚没来得及筹划，段祺瑞就堵上门来演了出哑剧，并且，一句"有我"，把自己打发得远远的了。在其位，谋其政。身为国家最高领导人，却被属下如此轻视，黎元洪即使再谦和，也不会无动于衷啊！

是的，自认是北洋第一继承人的段祺瑞根本没把继任总统放在眼里，北洋军头们都没把他放在眼里，在讲面子的国度里，一个前清的协统（旅长），因夤附时当上了民国的大总统，确实令许多军界大佬难受。

黎元洪知道军人们会集体难受。所以，当晚，他便与又赶来看望他的湖北老乡张国淦坐守了一夜，时时让手下人关注段公府那边的动静。直到雄鸡唱白，才安下心来。

当天上午，黎元洪到中南海宣誓就任大总统，随后，就把"公府"秘书长的位子留给了陪坐了一宿的乡党张国淦。

后来，这个张国淦对黎元洪的长子黎绍基说过：

> 段曾召集幕僚整整开了一夜会，商讨要不要让副总统黎元洪继任总统。段拿起笔，考虑了一夜，想不出好主意，最后把笔向地上一甩说:“好吧！去接他吧来吧！”

黎与段在清朝时并无交集，段虽职权高于黎，但一个在北京，一个在武昌，两人井水不犯河水。不过，段带兵赴鄂逼黎来京就职以后，两人关系就微妙起来。现在，黎成了大总统，而段仍然是国务总理，从老段来黎府打哑语的这一天起，两人的矛盾就表面化了。

其实，黎元洪继任大总统以后，曾打开过老袁留下的那个小石屋里的金匮，里面确实有一张老袁写在泥金纸上的手迹，上面是一行“兆民托命”，底部是一行“民国万年”，中间写三个名字：黎元洪、段祺瑞、徐世昌。没有传说中的袁克定。也就是说，无论按法统还是按老袁的遗志，都该黎元洪继任大总统。段祺瑞的郁闷实在是多余的。

而且，鲜为人知的是，日本政府也在第一时间力挺黎元洪上位。

《中华民国史资料丛稿 · 大事记（第三辑）》在1916年6月6日条目下，有关于日本的记载：

> 日政府以袁死黎任大总统，急电驻京公使日置益，速见黎元洪，要求其主政后，“采取中日亲善政策”，并与“南方妥协，削除动乱祸根，恢复国内和平”，照此进行，则日本将给予“直接或间接之援助”。同日，日外务大臣电饬驻上海、南京、广东、云南等地领事，迅将以上内容通知张继、冯国璋、岑春煊、唐继尧等，务请“支持黎元洪，努力收拾时局”。
>
> 11日又电令日置益会见段祺瑞，转达上述对华方针。

日本人的态度当然不会被各实力派所漠视。果然，自6月7日起，陈宧即在成都宣布服从中央命令，取消独立，9日，孙中山致电黎元洪祝贺，敦促其“恢复约法，尊重国会”，并分别复电山东、广东、福建、四川的国民党统兵大员“按兵不动”，商候黎元洪解决。本日，黄兴也致电黎元洪，请求速开国会，严惩帝制祸首。6 月 10 日，唐继尧致电黎元洪，称一旦国务院成立，其军务院即行撤销。

正因有了国内外的一致拥护，6 月 17 日，上任第十天的黎大总统才发布了停战令：所有军队，“克期撤退”。

6 月 19 日，各国驻华公使分批到中南海觐见了黎元洪，代表各自的国家向黎大总统的就任表示了祝贺。

国际社会的认可，表明黎元洪已经顺利接任了中华民国元首的职位。

上台后，黎元洪裁撤的第一个袁记机构，即陆海军大元帅办事处。本来全国军事由陆军部、海军部和参谋本部负责，但老袁为了独裁指挥权，竟在中南海里新设立了这个只对他负责的军事幕僚部门。

被他裁撤的第二个袁记机构，是他当过第一任议长的参政院。老袁解散国会以后，于民国三年（1914）1 月成立该院以为代行立法机构。一个现代国家，竟没有独立的立法机构，岂非咄咄怪事？

6 月 29 日那一天，除了宣布裁撤参政院之外，黎氏还颁布了一道大总统令：特任段祺瑞为国务总理。

如此，袁记的第三个机构政事堂亦随之化为乌有，被老袁强请回来当政事堂国务卿的徐世昌他老人家，自然也就下岗离京了。

8 月 1 日，国会复会。自从民国三年（1914）1 月老袁解散国会以后，参、众两院竟然长达两年又七个月没有开会！这一天，参、众两院议员 368 人到会，黎元洪与段祺瑞及内阁各部总长，均出席了开幕式。会上，黎元洪宣誓就任中华民国第二任大总统。从而，黎氏的上位走完了法律程序。

不过，虽说黎氏极力笼络段祺瑞，但在以段为首的北洋派的军头们看来，至少在对待袁世凯的丧事上，黎元洪的表现显然不能让他们满意。

老袁过世以后，段总理以下所有的政府官员都尽职服丧——连周树人这样不信邪的教育部官员都被派去守过灵呢！

出殡那天，80 人的“皇杠”抬着老袁从当了 3 个礼拜灵堂的怀仁堂出来，

民国第一次国会开院式当日留影。

黎元洪曾兼民国首任参政院院长。图为北洋时期的国会旧址。旁边的高楼为新华社编辑部大楼。（2003 年 10 月摄）

已经诵了 21 天经的和尚、道士们，拼尽最后一点力气为这个要回老家的亡灵大声超度。新华门外搭的 3 座素彩牌坊下挤满了貌似悲伤的各级官员，出人意料的是，本应亲自执绋的继总统黎元洪却并未露面，只是在灵柩运出新华门的那一刻，他才姗姗而至，且一言未发，只向那具沉重的棺材行了一个鞠躬礼——至少差了两个，便转身回他的办公室上班去了。

本该由继任总统主持的先大总统公祭仪式，也由段总理代表了。

黎元洪知道，自己的这番轻慢态度不可能不激怒欲化悲痛为力量的老段和那一班北洋军阀们。他一直是“他们”之外的一个。

他当然更知道，老段在清朝时就是军统（军长）和提督（军区司令），属封疆大吏一级的人物，在论资排辈的官场上，这足以让段祺瑞很看不起自己。虽然自己也是科班出身的北洋军人，但却是李鸿章的北洋水师派，与袁世凯“小站练兵”的那个北洋陆军不是一个“派”。所以，他一个南方人，因部下的哗变而当上副总统，进而当上了大总统，这一切，全是以老段为首的北洋军人们的抬举，自己要坐牢元首之席，必须让着段总理点儿。

开始时，两人关系表面上看，还算融洽。这位“好人政府”的倡导者和力行者，天真地以为袁时代的专制将葬送在自己手中，一个西方式的中国将统一起来，并摆脱困境，走向强盛。为此他恢复了议会与被取缔的政党，还想按美国模式在中国实行地方分治；为此他延请北大著名的法家教授李大钊等人参与起草了相关法案；他还把袁时代的总统府预算从 190 多万元一下子降至仅不到 59 万元。北京政坛上,居然有了点“无边光景一时新”的气象了！

须知，蔡元培先生正是被黎元洪亲自任命为北大校长的，由是而使陈独秀、胡适、周氏兄弟、刘半农、李大钊等一代知识分子精英成为一呼百应的时代巨子。

回溯北洋时代，没有哪一任最高统治者能比黎元洪在台上时表现得更为开明与从容。

不幸的是，温文尔雅的黎总统偏偏遇上了个性情刚愎的段总理。老段是个不要名分要实权的人，他认准的事，就要做，而且还要别人跟他一起做。

这就很让大领导伤脑筋。

先是为国务院秘书长一事，“府院之争”的政坛闹剧开始上演。段提名其最信任的弟子、时任陆军部次长的徐树铮为国务院秘书长，黎元洪嫌小徐锋芒毕露得罪人太多而不同意，公府（府）与国务院（院）的人事拉锯战终以大总统愤然退让而结束。那边老段遂愿，而这边的“菩萨”就必须咽下一口恶气。

果然，13岁即中秀才的政坛奇才徐树铮“傲岸自是，开罪于人特多”。这句话，是老袁在世时对小徐的评价，可谓深刻。

徐树铮当上国务院秘书长以后，依恃段总理的信赖，不光不把其他阁员放在眼里，竟也不拿国家元首当回事儿！

一桩极端的例子令黎大总统恼怒得无以复加——

那天，徐树铮前来“公府”呈送一份福建省三位厅长的任命书。黎元洪要留下审阅，不料，盛气凌人的小徐将军居然颇不耐烦地说：“总理那边已经定了，总统就不必看了，只管盖上章就行了。”瞧瞧！这哪是秘书长对大总统应持的态度？

黎元洪绝不当盖章机器！在当政第二年的春天，为中国是否对德国参战一事，内阁通过了与德国绝交书，段总理咄咄逼人地亲率全体阁员来“府”请总统盖章。黎以“事关重大当再考虑”为由，未允盖章，老段竟愤然递了辞呈，一甩手去了天津！在身边一帮政客的鼓噪下，黎元洪终于忍无可忍——不干拉倒！遂下令免去段的国务总理兼陆军总长的职务。

黎段之争，或曰府院之争，终于白热化。

府院之争的种子，其实在东厂胡同打哑剧时就开始萌芽了，黎元洪当总统后与国务院总理段祺瑞的一次次争执，成了民五、民六年间（1916—1917）政坛上最引人入胜的格斗表演，是彬彬文人对赳赳武将的过招。无论当时谁败谁胜，其结果总是两败俱伤，没有赢家。

温和的黎元洪很少拍案而起，但每次忍无可忍“拍”过之后，都惹来巨大的麻烦。与段祺瑞反目，算是他从政史上的第一次大麻烦。他二度出任大总统时，也曾糊涂一“拍”，把时任财政总长的罗文干拍进了监狱，只因听信了众议院议长的“有罪推定”，他竟下手谕把当过大理院院长、司法总长的财政部老大关起来审查！半年后，京师地方法院的对罗案的无罪宣判书，其实也是对刚刚下野的黎氏的冲动一“拍”的问责讨檄书。

权力从来因人而异，对性情刚烈的强人来说，只要有实力，名义可有可无；反之，则名实难副，要么当个舒舒服服的傀儡，要么活活被气死。不信，你看，光绪贵为一国之君，却连自己最爱的女人的性命都保不住，更管不了襄助他改良大业的维新党人的死活，最后，连自己的命也丢了；而老袁当权时，却管他是议会制还是责任内阁制，最终都是他一个人说了算。

黎元洪自忖不是铁腕袁世凯，但又绝不愿做光绪第二。于是，就难受，就幽恨，就每每在这假山上下踱来踱去最后终于踱不下去了。

民国六年（1917）初夏，让他不得不逃出此宅的，竟是他请来北京“调处国是”的长江巡阅使、人称“辫帅”的张勋！众所周知，彼时，一直留着长辫以示对清王朝依恋的张勋率所部4300名定武军抵达北京以后，竟然上演了一出“宣统复辟”的历史闹剧！

原来，张勋一直是身在民国心在清，借黎元洪请他进京调处“府院之争”的机会，竟要恢复大清帝国！为此，寓居青岛德国租界里的劳乃宣、刘廷琛和康有为等一班前清遗老纷纷出笼，在“辫帅”的保护下，忽悠居于紫禁城后宫的前清逊帝溥仪再度君临天下！为了自圆其说，复辟党们竟然以黎元洪的名义伪造了一道“上奏”，称愿将政权奉还给宣统皇帝！

大是大非面前，黎元洪再一次表现出了忠厚人的执拗——他正告前来劝他奉还政权的张勋的说客：

> 民国系国民公有之物，余受国民付托之重，退位一节，当以全国国民之公意为从违，与个人毫无关系！

复辟闹剧上演的第一天，他即命人从上海通电全国：

> 天不悔祸，复辟实行。闻本日（7月1日）清室上谕，有元洪奏请归政等语，不胜骇异！吾国由专制为共和，实出五族人民之公意。元洪受国民付托之重，自当始终民国，不知其它。

“始终民国，不知其它。”真是“一句顶一万句”，在原则问题上，黎元洪一步也不让！

第二天，他在亲随的护送下，出新华门，绕道至东交民巷的日本使馆自保。在日本使馆里，他连下两道大总统令：一、依照《约法》的相关条例，任命在南京的副总统冯国璋代行大总统职务；二、任命段祺瑞为国务总理。

好在段祺瑞大事不糊涂，以国家为重，当即在天津郊外的马厂举兵誓师讨伐张勋。

复辟不得人心，“辫子军”不堪一击。7月5日段氏的讨逆军分两路向北京挺进，当天即占领了卢沟桥和黄村；7日，两路大军前后夹击，很快就击溃了定武军，进入丰台。按与外交团约定的攻城时间，12日，讨逆军进入城中，未经激战，辫子军即纷纷缴械，张勋则与家眷仓皇跑进荷兰公使馆躲藏起来。参与复辟的那些旧朝老臣也纷纷逃离京城。

闹剧结束了。

讨逆军统帅段祺瑞进京，亲往东交民巷迎黎元洪回到东厂胡同的“大德堂”，诚所谓“相逢一笑泯恩仇”。

不过，回到东厂胡同的黎元洪已心灰意冷，当天即通电引咎辞职，即使冯国璋来电表示奉还代行的大总统职权，他也复电不受。在冯氏回到北京宣誓就职以后，他便携家眷亲随黯然离开东厂胡同，赶往天津当寓公去也。

查史籍，民国六年（1917）7月1日晨，张勋拥溥仪复辟；2日晚，黎元洪赴东交民巷避难；3日，段祺瑞马厂誓师，14日进入北京，并迎大总统回东厂胡同私宅；8月28日，黎迁居天津。

不到两个月的时间里，中国和黎氏的命运发生了如此大的变化！

天津的黎宅有两处，我去看的只是其中的一处。

但这已经是不复存在的一处了。1976 年夏夜的那场惊天动地的大地震，不仅使唐山、天津一带瞬间死难了近 30 万条鲜活的生命，而且，还使数不清的老房新宅轰然变成一地残砖碎瓦，这其中，就有黎元洪遗下的那幢十分漂亮的洋楼。

2000 年 6 月的一个下午，我在天津的解放南路探看原黎公馆故地。原德租界的威廉路中段，只有一幢可望而不可即的雄伟巨楼矗立在先朝副总统的废址上，门口有两位立得笔直的士兵在站岗。士兵身后的红漆大字标牌赫然注明："中国人民政治协商会议天津市委员会"。

黎元洪先后寓居天津两次，换言之，亦即他曾两度出任大总统又两度辞职回津——第一次是因理不好与段祺瑞的关系，结果把政局搅得乱七八糟自己不好意思再干了；第二次是被急于取自己而代之的直系军阀曹锟压迫得走投无路不得不灰头土脸地回到这海河边上。

说来生气，民国十一年（1922）不是那个打败了奉系的曹锟一个劲儿地央求，自己哪会再度出山？曹锟的头号大将吴佩孚以少胜多，赢了直奉战争，曹氏便想登上大总统的宝座，只因一时觉得分量不足，加之吴佩孚的反对，才不得已请出了前总统黎元洪。当时，是前清军机大臣、袁世凯的盟兄徐世昌当大总统。

于是，民国十一年 6 月 11 日，在各方的拥戴下，阔别京城五年的黎元洪专车入京，二度就任大总统。这一次，他的就职仪式很简单，只是摄影留念而已。巧的是，上一回当总统，也是 6 月份。

五年的赋闲，使他已无意于政治。这位爱吃西餐、爱穿西服、爱骑洋马、爱打网球的欧美思想与方式的崇尚者，此时已成为谁也不敢小觑的大实业家，当寓公的这些年里，他在房地产、金融、矿业等方面的大商海里弄潮戏浪，居然如鱼得水。他辞退了代总统冯国璋按月发给他的 3000 元生活津贴，继续表明他一贯清高的为人准则。这一次，他是在各路军阀们答应"废督""裁兵""整理财政"三项复职条件后才回到东厂胡同的。

其实他明白自己为何能卷土重来。曹锟的资望不够，南方割据政权“军政府”又一直存在，只有他才合适做直系灵魂人物吴佩孚认可的国家元首。

老友章太炎也看出了这点，连袁世凯都敢骂的“章疯子”写道：

> 吴佩孚此次行事，颇效项城（袁世凯），但以资格未充，又于南方绝无信用，故不得不借公笼罩。

有趣的是，书生气十足的章大师，怕老实巴交的朋友受直系军人之制，竟想出了“迁都武昌”的奇怪主意！他告诫老友说：

> 必欲复位，请南都武昌，无滞宛平中。

首都是不会迁的，但态度是要表的。黎元洪对记者们发表了如下谈话：

> 余为中华民国一分子，既是各方面迫于救国之诚，为促余复出任职，余岂能再事高蹈？亦只得牺牲个人前途。

临危上任，对明白人来说，当不是什么值得庆幸的好事。所以，中国古人就有了那句“苟利国家，生死以之”的名言，老外也经常有人说“我不下地狱，谁下地狱？”的悲壮豪言。复出的黎元洪，也许正是以这种心态坐回中南海居仁堂里的。

倒霉的是，这次刚好干了一年，就又饱尝了军阀的颟顸与欺压，他不得不赍志而归。真是应了一年前的预言：牺牲了个人前途。

这一次，直系军头们很蛮横地赶走了他。

民国十一年以后的直系，是何等的威风！他们先后将老段的皖系和张作霖的奉系打败，成了北京政坛的新霸主。吃饱了撑的，津门布贩子出身的曹大帅想过元首瘾！尽管手下第一爱将吴佩孚颇不赞成，但拥曹派——多数直军将领和部分北京政客——已经等不及了，只让黎元洪在中南海当了半年的大总统，他们就开始软硬兼施地逼黎让位了。

执拗的黎大总统又犯了“民国系国民公有之物”的老毛病，坚决不向恶势低头。头顶鸡毛帚的中国军人们在洋人跟前“一地鸡毛”，但收拾一个手无兵权的国家元首还有大有招数的。

且看可怜的黎大总统民国十二年（1923）6月间通电全国时的悲惨自诉：

> 本日（6月7日），十四机关军警长官三百余人到府（总统府）索薪。……
>
> 八日，即有军警官佐数百人，佩刀入新华门，围居仁堂（总统办公室），借口索饷，经当面再三开导，始自散去。……
>
> 九日清晨，城郊警士一律罢岗。
>
> 领袖公使（即驻华“外交团”召集人、葡萄牙公使符礼德）来宅质问。
>
> 天安门前复有数百人，说开“国民大会”，散发传单，并构罪名。新华门外及东厂住宅，守卫尽撤。比午，住宅数处电话不通，直系军警派人监视，不许接传。……
>
> 本日（10日）军警各官百余人，无故闯入住宅，借名索饷，百喻不散。复有号称北京市民请愿团及国民大会约千人，手持旗帜要求退位，围宅喧嚷，屡请步军统领、警察总监等来宅不至。……

6月12日，被逼急了眼的黎大总统第二次致电给住在保定的曹锟和住在洛阳的吴佩孚，除说明当前的尴尬处境外，更表明了自己的政治态度：

> 本日又有军警官佐多人，麇集门外，复雇流氓走卒数百人，手执“驱黎退位”等纸旗，围守住宅。……元洪何难一去以谢国人？第（但是）念职权为法律所寄，不容轻弃！
>
> 两公畿辅长官，保定尤近在咫尺，坐视不语，恐百喙无以自解，应如何处置，仍盼示！

这一切，都是在保定的直鲁豫巡阅使曹锟导演的，他哪能理会黎的紧急呼吁？而在洛阳的吴佩孚也不愿得罪有知遇之恩的曹锟，所以，尽管知道是本军袍泽在胡闹，也没吱声。

于是，闹剧演至极致——“大德堂”的水与电悉被切断了！

6月13日下午1点20分，黎元洪愤然乘专列赴天津。但车至天津总站时，直系大将、直隶省长王承斌竟率军警将专列拦住，并摘走车头，声称要他交出大总统的印信方能回英租界的家！

所谓总统印信，即三颗大规格的图章：“中华民国之玺”“大总统印”和“陆海军大元帅之印”，是中华民国元首须臾不离身的最重要的物件。若交出这三颗图章，即意味着总统名存实亡矣。

黎元洪执意不交，但又动弹不得，总统专列成了困在铁轨上的囚车！羞愤之极的黎元洪拔出手枪欲自尽，却被同车的外籍顾问死命拦住。

那时的人憨，以为只要图章在谁手里，国家就是谁的。这种迂病居然一直持续到“文化大革命”轰轰烈烈开始之时，少年的我，眼中满是唱着《造反有理》等“战歌”的“夺权”者，只要抢到了某单位的那柄小圆木头，该单位就轮到这一派“问苍茫大地，谁主沉浮”了。那时，街头私刻公章者居然一个也没有，不然，哪用得着威力无比的军人们这般耗神费时？

执拗的黎元洪想继续主沉浮，就誓不交权。想不到，那时，“走资派”憨，“造反派”也憨。如此僵持着，一直到了半夜，黎元洪绷不住了，他打电话通知躲在东交民巷法国医院里的爱妾危文绣（后改名黎本危）把随身携带的三颗总统印信交给了一直在一旁等着的北京警察总监薛之珩，薛是曹锟的心腹。天津这边，在得到薛之珩的确信儿以后，王承斌才下令重新挂上车头，把黎元洪送到了目的地。

回自己家以后，倍感窝囊的黎元洪愤然发出通电，称：因“印被劫夺，所有北京发出之非法命令概行无效”！

不料，曹锟方面也不含糊，马上召集参众两院过半数的议员们开会，议决：“自 6 月 13 日起，黎元洪所发命令文电概不生效”，大总统职，由直系的国务员高凌霨摄行。

回到天津的黎元洪曾去上海欲联络各方，组织合法政府继续挥舞他的元首令牌。无奈曹锟他们已经迫不及待地开始工作，而国人和列强使节们又只认实力。于是，黎元洪真的心灰意冷了。他去日本待了一段时间，中日两国之间不需要护照。本来还想去他一直向往的欧美转一圈儿，无奈他没有护照，而办护照就得求北京的“伪外交部”，黎元洪绝不愿求那些人。所以，他只好回到天津专心做他的生意了。他厌极了龌龊的政治，自兹不复见任何当政者。之后几年，随着北京秉政者的更替，还曾有机会复任总统，至少是续完被强行中止的任期，但他，无论如何也不会再上当了。

当年，黎元洪继袁世凯任大总统时，不少政坛人士咸以为强人时代已经结束，老实人开始新的时代，天下将从此太平，因而奔走相庆。

政坛耆宿严复却捋着白花花的胡子冷笑道：“黎黄陂是德有余而才不足。”实话好说，就是难听。黎元洪二十几岁在北洋水师学堂读书时，严复就是学堂监督，校领导的话十分入骨地阐明了黎之优劣——德高，才疏。

的确，在中国，光有德还玩不了政治。

由于不擅权术，也由于不像段祺瑞、冯国璋、曹锟、张作霖等人那样一直拥有重兵，所以，黎元洪只能被军人部下们看不起。就连东交民巷也一样，从来都是功利主义的使节，他们不会维护没有实力的国家元首，而宁愿与他

下野后任中兴煤矿董事长的黎元洪（右一），与该公司总经理朱启钤（右三）、奉系少帅张学良（右四）等人合影于北戴河。

20 世纪 20 年代中期，黎元洪（前排左八）在日本神户的中华会馆前，与当地华侨合影。

底下的各派系保持往来。这倒也好，使他不像其他人一样被后世骂为“帝国主义的走狗”。

在政坛的格斗场上，黎元洪是一个伤痕累累的输家，但在生意场，他却意外地成了大大的赢家。成为寓公的他，先后投资实业竟达 70 多个，尤其是他大做房地产生意，不光在武昌、北京、天津有三处连片的私宅，而且还凭眼光与财力开发了许多别人看不上的房地产并大获其利。在天津当寓公的要人很多，成了富翁的也不仅他一个，但有的是靠当军阀时不断克扣下来的巨额军饷起的家，有的是凭从前的社会关系致了富，黎元洪却是完全靠遵从经商规律大胆运作而成功。失之东隅，收之桑榆，上帝让他的政治抱负惨淡夭折，却使他的经济才干大放光芒。说他是民国第一批最成功的房地产商不算溢美之词吧？

饶有意味的是，黎的经营活动多是以“大德堂”名义进行的。他要矢志不移地把“大德”弘扬到底吗？

有德的富豪会把赚得的钱回报给社会。黎元洪就并不像其他下野同居天津的军阀巨头那样当守财奴，他还真有点像八百年前的“及时雨”宋江，仗义而又疏财。在繁多的善举中，他特别热衷于投资教育，尤其是故籍湖北的小学、大学，只要有求，他都捐款，且动辄成千上万。

他告诉过天津的记者：

> 政界人物除素旧交外，概不接见。至教育界、实业界新旧人物，俱所乐与交游；而此两界之后进，更愿竭力提携。

天津南开学校举行开学典礼那天，赞助人之一的黎元洪亲临学校祝贺，并欣然与学子合影留念，他的爱女黎绍芬也在那群学子中。与女儿同班的一位叫周恩来的英俊少年或许不会引起他的注意，但周却对黎说过的话耿耿于怀——1949 年 11 月某日，共和国政务院总理周恩来在中南海怀仁堂里宴请一些实业家们时，得知邻座的中兴轮船公司老板黎绍基即黎元洪的长子后，

黎元洪、吴敬君夫妇与家人合影。左一次女黎绍芳，左二长女黎绍芬，右一长媳唐闳律，右二次子黎绍业，右三长子黎绍基。

黎元洪、吴敬君夫妇合影。

黎元洪长子黎绍基（左侧立者）、次子黎绍业（右侧坐者）家庭合影。

黎元洪从政坛退隐后转而从商，大获成功。图为寓居天津时的黎氏在骑马。

科学启蒙之际，黎元洪总统曾带着女儿和儿子，亲自参加外籍教授的科普讲座。

主动提及与其姐黎绍芬是南开第一批男女同班同学的往事，而且还风趣地回忆起黎元洪当年说过的“有饭大家吃”的名言。不知周恩来先生是否知道，当他在广东成了国共两党都十分倚重的一代俊杰之时，开明的黎元洪曾下令敞开黎公馆大门，让躲避兵燹的南开的女生及部分教员家属入住家中。

后来，我曾找过天津河北路283号，史料上记载，那是原英租界茂盛道上的黎元洪旧居的地址。但见车流湍急如汛期之海河——此址已拓宽成了天津市内的交通干线，哪里还有半点民国建筑的影子！

黎元洪在天津的另一处遗宅也不复存在，据知现址是烟台道上的儿童影院。

那座在原英租界里占据了好大一片地的黎公馆，是黎元洪的第一处天津住宅，有关史料记载，该院有4幢小楼共171间屋，可见其公馆之阔绰。几座小洋楼中，最有名的是戏楼，每到传统节假日与辛亥革命周年日，主人便广请宾朋来家看名家唱戏，他念念不忘他是“民国一分子”。后来，那条街上的北洋旧人的寓所越来越多，抬头不见低头见，使他不得开心颜，他才又往德租界另购地皮建起新宅。新公馆建成后，他和危氏搬了过去，旧公馆由元配夫人居住，他只在逢年节时才回来邀请故旧赏堂会。

历数津门豪宅，没有哪一个下野了的国家领导人能比黎元洪过得更潇洒也更从容。

我是个半点功名也没有的白丁，得不到他的邀请，所以就不去他的硕果仅存的戏院——今天的天津小光明影院——探看了，即使去了，相信也看不到任何黎氏遗迹了。现今的观众，谁还能在萧条的银幕上隐隐看出迭印着的一个老古董的身影呢？

天津的黎公馆面目全非，但北京的东厂胡同里却大致如旧。不过……

我有些心惊地发现，考古学家夏鼐的雕像后有一包捆着的对象，而其西侧也有什么东西被塑料袋扎得紧紧的，像要搬家的模样。看看窗上的蒙尘和门隙间的封条，再看看枯死的老藤和被劲风折断的满地碎枝，我忽然感到瑟瑟风中分明透露出的一丝丝让人发冷的不祥信息。

莫非，这座著名的大院也要被“改造”？

2000 年岁首的北京王府井大街，只有那座洋教堂，即清时的东堂，得到了安慰性的照料，从南头看到北头，谁能再说这是一条举世仅有的东方皇城里的王公宅第群？拆掉的不仅是陈年老屋，还涉及一个民族的文化，而拆掉就永远不再重现。患了“统一模样症”的新建筑们好则好矣，但你能知道这一座摩天厦与那一片光幕墙是矗立在哪国哪地，又体现着一种什么文化？

我欲因之祷上苍：保留东厂胡同这座庞大的名宅吧！

怅然登上风骨嶙峋的假山。山上一棵楸树已经很有些气势，却不知是否黎氏当年手植。偶一打量，极意外地发现了两块石上居然还有先前的刻字！一曰“岭崎磊落”，一曰“崖半亭高”。是从前的清代某大人寓此时所镌呢，还是黎元洪购得此宅后刻石明志？旧时代的遗存居然还有这么多，我一时喜欢莫名，不觉忘了方才满腹的郁闷。

登上了假山，却走不进那座著名的八角亭。90 多年前黎大总统经常接见贵宾的风雅之地已被砌了灰砖垒成“亭子间”，且各面的窗上尽糊着白纸，让人怎么也看不透里面储藏着什么。

八角亭该是储藏着许多奇闻轶事的。比如说当年主人如何在此接见各方俊杰商讨建立“好人政府”的主张，中共早期领袖李大钊正是因为拥护这一主张而在党内饱受指责并不得不一再检讨；再比如说逃离京城前的蔡锷怎样坐在亭子里向主人发下豪语：“四十日后必有佳音”；还有，我的踌躇满志的胶东老乡吴佩孚如何走出亭外对主人畅抒安邦鸿志……

俱往矣！凉风打着胡哨掠过，席地掀起一道看得见却躲不过的沙尘潮。

我沿八角亭走上当年的空中长廊。

长廊已不长矣，只余半截，就颓败至山下。残存一段，柱栏朱漆斑驳不堪，窗台和地面积尘盈寸。廊房一间间被临时门框隔开，似前几年还各有所用，但现在又统统舍弃。

黎元洪故居里的假山与八角亭，黎元洪经常在此接见贵宾。(2000年1月摄)

第二柱内的墙角，竟有一铁制保险柜弃置地上！它显然是北洋时代的旧物，床头柜一样大小的笨重的个头，坚实的构造，厚厚墩墩地承受着近百年的风雨侵浸。虽那时尚无密码锁附着其上，但两片又大又粗的铁活页也足以使内藏物品安然无恙。保险柜正面的六瓣花造型之上，依稀看出“025”三个阿拉伯数码。

我费力地掀开保险柜的顶盖，空空如也，只一柜底的积尘随风而旋。

我知道，他的政治遗嘱是不会残留在这保险柜里的，那十点《最后的意见》其实很有考古价值。

比如，他说：

从速召集国民大会，解决时局纠纷；

革命为迫不得已之事，但愿一劳永逸，俾国民得以早日休养生息，恢复元气；

参酌近今中外情势，似应采用国家社会主义。

再比如他说：

毋率尔破坏社会组织及家庭制度，俾免各趋极端；

以法治范围全国；

以法律保障人民权利；

毋忘数千年立国之根本精神，道德礼教，当视物质文明尤为注重……

所有的文物，都有收藏价值。但大部分旧朝的遗产，或未能被妥善收藏并精心研究之。物质的文物的流失一直是泱泱大国的心病，那么，精神的文物的废弃呢？

我有些怅然，便轻轻合上保险柜的铁盖，还好，总算没被里面的厚厚的尘土呛着。

法国画刊曾经跟踪发表黎元洪辛亥首义的大幅照片。

当年各国元首摄影，民国大总统黎元洪亦在其内。

黎元洪第二次下野后，就再也没回来过，他把这座已经扩展至四十八亩地足有五百多间房屋的偌大院落，缴了经办实业的学费——他任董事长的中兴煤矿因连年遭遇新旧军阀的混战，终致亏损，为还银行贷款，无奈只得把这“大德堂”卖了 30 万元以偿债。

新买主是中日合办的“东方文化事业委员会”，有文章称，这是一所特务机构。若果真如此，那东厂胡同又可能恢复了大明王朝时的社会功能。抗战结束后，日本人走了，这所院落成了文化人的聚落，其中一位清名远扬，他叫胡适。后来我才听说，胡先生的大批弥足珍贵的藏书和笔记，一直尘封在这个院子的某个角落里——也许，正是我所见到的那个凋敝的图书室中？

民国十七年（1928）6 月 3 日晚，黎元洪在英租界寓所里因脑出血猝逝，享年 65 岁。

那一刻，正是末任北洋政府元首安国军政府大元帅张作霖离开北京的时候。次日晨，张作霖被日本人预埋的炸弹所毙命。

两位北洋时代的元首，竟死于差不多同一时刻！

中华民国陆海军大元帅之死，被普遍视为整个北洋时代的实际终结，而天津英租界里的前总统的噩耗就成了无关政局发展的局外事。

在一阵紧似一阵的北伐军的枪炮声中，黎元洪的遗体被安放在漆着黑漆的楠木棺材里，他的寿衣既不是传统的长袍马褂，更不是一身北洋将军的戎装，而是那身大总统礼服，胸前还缀着大总统的金质徽章——他自认是无愧于这一职务的。

他的死，何尝不也是北洋时代寿终正寝的象征？

他死后的第五天，国民革命军进入北京；第十天，国民政府通知中国驻外使馆改挂青天白日的新国旗；第十七天，直隶省改称河北省，北京市因失了京城地位而改叫北平。尽管奉军还在张作霖之子张学良的统辖下，但是，北洋时代真的结束了。

推翻了“反动军阀政府”的国民党政权，独对担任过这个政府的首脑的黎元洪表示出了敬意。因为，他们与这位下台元首之死有难逃之责——北伐军打到鲁南时，先要没收黎元洪任董事长的中兴煤矿（今枣庄煤矿），后又向该矿摊派军饷 100 万元并限期缴清。在北伐的大本营广州的国民党中宣部代部长后来说过："革命不是请客吃饭。"对黎氏等中国大资产阶级来说，革命就是绑票。遭绑的黎元洪受此重创，心绪大坏，在马场看赛马时忽然昏迷，几天后便溘然辞世。

6 月 8 日，北伐的战火尚未熄灭之时，国民政府就颁布了优恤令：

> 前大总统黎元洪，辛亥之役，武昌起义，翊赞共和，功在民国。及袁氏僭号，利诱威胁，义不为屈，凛然大节，薄海同钦。兹闻遘疾弥留，犹廑国计，追怀遗烈，怆悼尤深。
>
> 所有丧葬典礼，着内政部详加拟议，务示优隆，以彰崇报元勋之典。此令。

他的那位国士朋友章太炎则以一副挽联说尽故人一生：

> 继大明太祖而兴，玉步未更，绥寇岂能干正统；
> 与五色国旗同尽，鼎湖一去，谯周从此是元勋。

"绥寇"指的是陕西绥德籍的李自成，"谯周"则是三国蜀汉的一位大学问家，写《三国志》的陈寿即其弟子。章夫子暗指段祺瑞等干政的军人为绥寇，而把故友奉为光复汉业的博学智慧的谯周。

令人意外的是，同在天津洋人租界里当寓公的段祺瑞也赶来吊唁。两位北洋老人，互不原谅久矣，虽说同居一地，老死不相往来。但闻黎元洪过世，刚强的老段却再也不能无动于衷，他面对长眠了的政敌，不禁老泪纵横！

用国民政府提供的万元丧葬费，家人们把这位喜欢西方文明的前总统安葬于他在德租界特别一区中街的"黎氏容安别墅"院里，墓为西洋式的。

大殓之后，国民革命军总司令兼第一集团军司令蒋介石，及二、三、四集团军司令冯玉祥、阎锡山、李宗仁共同在北平发起公祭仪式，中南海墙外的北海公园成了吊唁场所，新扎的素彩牌坊上缀满白花，牌坊上的横批没什么新意，就是这种场合常见的“名垂千古”四个大字，倒是两边的挽联言简意赅，分别是“首义”和“护国”，只四个大字就把他毕生的功劳都浓缩在里面了。蒋总司令用一场庄重的祭奠弥补了自己对共和元勋的亏欠。

五年之后，黎元洪与正妻吴氏的灵柩迁往武昌暂厝，两年后，即民国二十四年（1935）11月24日，国民政府以国葬的最高礼遇安葬了这位前政府的元首。是日，全国下半旗，停止娱乐活动。国民政府主席林森题写“民国元勋”匾，国民党中央、军方、各省市代表、外国人士，以及多达5万名武昌民众参加了这一迟到的葬礼。

九泉之下的黎元洪，终于受到官方和民间的一致褒奖。

离开东厂胡同1号的中国近代史研究所，回到王府井大街，我不由自主地沿当年“大德堂”的后院墙北行了几步。

此墙居然还保留着一段原貌，起始的一段是清末民初颇为时兴的西洋式院墙，雕花装饰与基础均十分别致，只是后面改了模样，平庸地顺着胡同向西伸延。

蓦回首，见一方红色路牌在无言昭示——翠花胡同。

原来，这条并不起眼的细巷，就是北洋时代大名鼎鼎的翠花胡同呀！

虽不知翠花胡同深浅，但我知道，里面有一座当年热闹一时的宅子，即中国国民党北京市党部的办公地。袁世凯统治后期，这条窄窄的胡同是危境，因为孙文发动“二次革命”以后，袁氏取缔了国民党，当时，政府的密探、军警们一定像他们的老祖宗魏忠贤公公他们那样尽职地从事着特殊工作。幸自黎元洪执政始，党禁解除，国共两党的北方大本营才重又活跃起来，成了北京国民运动的火源地。革命党的党部与大总统府邸比邻而居，和平共处，国内民主政治才渐渐复苏。只是，好景不长，到了段祺瑞出任临时执政时，

破败的长廊里有一弃置的保险柜，当是北洋时代的旧物。（2001 年 1 月摄）

在王府井大街和翠花胡同交叉口，有一块不起眼的界碑，搓上雪后辨识出，这就是“黎大德堂界址”。2011 年夏，笔者再度寻找时，此碑文已经被水泥抹平。（2001 年 1 月摄）

因喋血的“三一八惨案”，国民党与共产党的北方领袖徐谦、李大钊等人悉为政府通缉犯，市党部被查封，翠花胡同才复归无声无息。

因天冷，翠花胡同行人稀落，正好可由我细细觅找近百年前的历史遗痕。

果真是苍天不负有心人，在那段硕果仅存的民国原貌的墙脚处，我极意外地发现了几个模糊的刻字。俯身辨识，十分难解，但待我把地下的积雪搓上那块小碑后，那几个字便逐一变得清晰起来。

这几个字出现在这个位置上，真正是这所历史名宅的注脚：

黎大德堂界址

其中，“黎”与“址”两个字已经被后来修复此墙时的水泥抹得看不太清楚了，“德”勉强可识。

识“德”难，识一个污烂时代追求“大德”的故人，尤其难。

11 年后，即 2011 年 8 月 3 日，我再次来到翠花胡同找这块仅存的界碑时，却发现，原碑犹在，只是上面的字被人用水泥抹平了。

一切已不复存在矣！

需要多说几句的是，就在这段残存的灰墙后面，我看到的不再是连片的明清建筑的屋山和飞檐，而是一座新型的宾馆巨厦。以这样一座看似时尚的商业大楼，覆盖了一座颇具人文价值的历史名宅，让记忆清零，这种事，这些年，一直在发生。

2000 年 10 月 13 日

2005 年 7 月 12 日

2011 年 6 月 17 日

2016 年 7 月 8 日

段祺瑞（1865—1936）

第三章

凄雨中的末路英雄

段祺瑞旧居及其他

上海篇

冬日的雨，总是不大不小地淅沥着，而且，没完没了。

江南的冬，其实比北方还难过。它没有诗意的雪，却有俗气的雨，一天到晚没个停，淋得人浑身上下湿漉漉、潮乎乎的，心也发冷。

没有火炉或暖气的南方，往往让人无法躲避寒冷。

没完没了的雨。而且，数这一次最惨，2000 年 1 月 7 日这天，我从上海的新亚之星酒店一出门，就被霏霏冬雨追上了，没走多远，已头脸如洗，鞋袜湿透。走在淮海中路上，越走越冷，越走越狼狈，心中本来挺旺的希望之火，竟也随着淫雨的浸润而幽幽欲熄。我忽然对自己的上海之行感到有些后悔了，因为我想看的这个人总是躲在历史的阴影之下，让人只能感受到其存在，却看不到其真实的面孔。

你，段祺瑞，北洋时代的强人，风雨中，我找你干吗？

通行的权威史书也几乎都将段祺瑞认定是历史的罪人——反动的北洋军阀代表、皖系军阀首领、日本帝国主义的走狗、残酷镇压了“三一八”爱国

段祺瑞历年戎装像。

暗藏玄机的青岛芝泉路路牌，它的后面，恰巧有一方镌刻着“阿弥陀佛”的卧碑。（2005年7月摄）

运动的刽子手。因为中学语文课本上有鲁迅的《记念刘和珍君》，我牢牢记住了大军阀段祺瑞的名字。学而优则“农”（下乡插队务农）的时候，我整天翻阅县里发给知青点的十几册单行本的鲁迅作品集。在背诵了一堆警句的同时，我也加深了对段祺瑞的憎恶。因为鲁迅在若干篇传世的杂文中，对下令屠杀学生的段氏痛责不已，甚至称 1926 年 3 月 18 日是“民国以来最黑暗的一天”。

在只能听到一种高分贝吼声的时代，人们失去了正常的辨听声音的能力。

返城就业之后，我曾在驻军家属院里住过几年。江山是军人打下来的，所以，驻军机关和家属院往往占据着每座城市最好的位置。我所在的大院就在青岛有名的风景疗养区东端。门前一条土路，从市区唯一的佛庙湛山寺蜿蜒下来，直通大海。

这条路叫芝泉路。

芝泉路是青岛仅有的几条不以国内地名命名的路。它曾让许多对青岛历史有兴趣的人感到困惑，因为岛城的路几乎全是用省、市、县名命名的，而中国并无“芝泉”县。直到某一天，我忽然悟出这定然与段祺瑞有关时，疑惑才涣然冰释——段祺瑞，字芝泉。

“放下屠刀，立地成佛。”这似乎成了下野后北洋要人们不约而同走上的一条黄昏路。从“一将功成万骨枯”的凛凛屠夫，到终日吃斋念经的佛门弟子，失意了的将军们极为难得地静下心来，让袅袅香火填充因屠戮太多而产生的内心空虚。

青岛的湛山寺，就是当过北洋政府交通总长的叶恭绰发起募款兴建的，现在崂山名景“潮音瀑”那三个大字，即叶氏来青时所题。20 世纪 30 年代，主政青岛特别市的市长沈鸿烈，正是北洋时代的东北海防舰队司令。因而，晚年自号“正道老人”的段祺瑞便应湛山寺住持倓虚法师和叶恭绰、沈鸿烈等北洋故交之邀，从上海专程来青岛，为这座正在筹建的新刹捐款。为了纪念段氏的这次施善，青岛当局便把湛山寺前的新路命名为“芝泉路”。我自以为是。不过，仅因区区 200 元捐款，便把一条修在青山碧海间的新路名回赠给施主，显得太过慷慨了吧？后来，我才想明白，当年的青岛主政者执意要把“芝泉”雕刻于路名中，还有更深的酬谢之意。

于是，青岛市区就有了两条以人名命名的路，一条是全国哪儿都不缺的中山路，一条即绝无仅有的芝泉路。

嵌着“反动军阀”的字的路名竟然一直保留至今！显然，共和国时代的人们从来没意识到岛城的数千条路名里会隐藏着这么一个险恶的“千古罪人”！历任主政者的无意竟然也能让历史真相幸存。

上海的淮海中路也曾暗藏“历史罪人”。这条位于旧时法租界内的十里长街，曾以“霞飞路”扬名四方。“霞飞”不是一种美丽的自然景观，而是一位法国元帅的名字（Joffre）。第一次世界大战期间，这位法军总司令率法军战胜了强大的德军，为法兰西和自己都赢得了巨大的荣誉。欧洲人爱以名人为路名，于是，上海法租界里这条最长的大街，就被租界当局命名为“霞飞路”。抗战胜利后，中国政府收回法租界，此路改名“林森中路”——林森乃抗战时死于车祸的国民政府主席，和段祺瑞一样，在共和国的语境里，也是反动政府的头面人物。到了 1949 年春天，解放军华东野战军挟淮海战役大胜之“剩勇”（毛泽东诗“宜将剩勇追穷寇”），一举攻占了大上海，“华野”司令员陈毅成了共和国首任上海市市长。为向解放军致敬，此路遂改为“淮海中路”。

在叫霞飞路的半个世纪里，上海一直是远东最大也最繁华的国际化都市，这当然与长期存在的外国租界有关，洋人不光把美丽的悬玲木（俗称法国梧桐）栽进了这条大路的两旁，还把各种先进的理念——包括“人权”等——也都栽进了上海的土壤里。那时候，无论外面政局有多乱，租界一直是中国各类持不同政见人士的避风港，到了全面抗战开始后太平洋战争爆发前，在此躲难的人们干脆称租界是“孤岛”了。

然而，人称“段合肥”的段祺瑞与上海无缘无故，其一生的政治舞台都在北京，晚年为何抱病来上海定居？晚年的老段，患有严重的风湿病与胃病，常年吃斋无疑更加重了这位居士的病情。既吃素，何来沪？沪上远非清净处。

我对这个人知道得实在太少！

淮海中路上，车来车往，阴雨天让大上海的泥点子满城飞甩。躲着飞溅的污水，侍茹女士陪我从西向东慢慢找了过来。她所工作的报社就在这条路上，大院里那幢精致的别墅，据称是民国一级陆军上将何应钦的故居。

淮海中路上，这种前朝的洋房太多了，且都保护得不错。它们悄然而立，各据一方，正在栉风沐雨梳理着各自的大家气度。叫霞飞路和林森中路的时代，这条路一直是“上等人”才住得起的地方。从何应钦的旧家出来，与宋庆龄、蒋经国等人的故居擦肩而过时，人或有一种走进民国时代的错觉。

当侍茹把她的花伞向上一擎，说声“到了”时，马路对面一座黑黢黢的大门便在我眼前定格。直到这时，我才想起，这趟到上海，最想看的，其实不是俄罗斯莫伊谢耶夫国家模范民间舞蹈团在上海大剧院的演出，而是民国时代的名人故居，这其中，就包括袁世凯之后最有影响的北洋巨头段祺瑞的宅邸——淮海中路 1517 号。

查到这处地址，得感谢在上海结识的年轻朋友华健雷。她在一本书中得知，日本驻沪总领事馆，即民国时的段公府。知道了这个地址后，我很想亲眼看看，性情刚烈的老段的最后的时光，究竟是在什么样的环境里打发的？他怎样把自己的火性在每个晨昏的诵经声中一点一点销蚀没了的？

这些年，我在各地看过不少时代巨子的旧居，所以，我太知道吃闭门羹的滋味了！住在老房子里的现主人可不管来看什么历史遗痕，只要素不相识前来打扰，他就不高兴，不由分说往外轰人。居民如是，单位亦然；北京如是，南京亦然。当然，如果我住在哪所名人住过的宅子里，没准儿也是这德性。在丧失了友爱与信任的社会里，人际相处，冷漠拒绝比宽容接纳更符常态。

所以，当马路对面那两扇紧闭的大门肃然出现在眼前时，我已经预知了自己的下场。

淮海中路 1517 号花园洋房原貌。段祺瑞晚年寓居此宅，直至过世。

上海淮海中路上的原段祺瑞寓所。（2000 年 1 月摄）

长长的灰墙高得像狱墙。墙上有一排橱窗，趋前近瞅，窗里面全是日本总领事馆的各种通告，关于如何办理赴日留学、探亲等的，关于新领事馆的方向和电话的。原来，日本国驻沪总领事馆已经迁往虹桥新址了。

我犹豫片刻，按下门铃。

小铁门开了，一个保安员探出半个身子来，还没听懂我的话，便连说不行。

紧接着又闪出一个“眼镜”，瘦瘦的，穿一件毛背心，典型的上海中年男人模样。他一脸威风，连我的话都不屑于听完就峻拒：不行，这里已经是日本总领事的家了！不可以的！说完就要关门。

我退而求其次，问能否站在门内拍几张这座洋房的外景照片。

“眼镜”毫无表情，“啪！”的一声关死了小铁门。

于是，我的面前一片漆黑。

我本来还要告诉他：其实，即使总领事本人“在家的干活”，也“大大地没关系”，因为他未必知道自家租住的这幢房子曾住过一位近现代中国的重要人物，而且，此人至今还顶着“亲日”的“桂冠”呢！知道门外有位对历史有心的中国人想入内看一眼，总领事先生也未必会不同意吧？

然而，尽职的现代门房不屑于听我唠叨了，倒是听他在里边与保安员讥笑起来：嘁！蛮可笑的嘛，也不看看这是什么地方……

想来也有趣，他老段一直被称为“投靠日本帝国主义的卖国贼”，借贷日本银行的巨款武装国家军队的行径正是他洗刷不清的罪名。下野后，他从北京跑到了天津，本来是为了躲避“亲日”的骂名，但却偏偏住进了日租界里，明摆着让自己往狗屎堆里钻，弄得身上“卖国贼”的恶臭越黏越牢。再后来，为了摆脱日本人的纠缠，他移居上海，但万万想不到，在死后的这么多年里，日本人竟又追上了他，与他的影子同居一室。一想到新一代倭人的全家天天踩着这介硬汉的阴魂在踱步、跑跳，我就对冥冥中的命运安排颇感无奈。

其实，在被拒之门外的那一小会儿，我已看到，大院里绿树很大也很多，正面的洋房是红筒瓦黄砖墙，即高又阔的两层，古罗马式的。半圆石阶、高大圆柱、雕花阳台和满院的葳蕤草木，都在很完美地告诉你，这是当年大上海的一流洋房。

事后回忆，多次沪上行，名宅看了不少，包括孙中山、黄兴、蒋介石等的旧宅，但像原段公府占地这么大，且一直保存得这么好的，却并不多见。

在原段公府东面，也有高墙圈起的一幢大洋房。侍茹说，那是现在的美国总领事馆，前些日子美国人炸了中国驻南斯拉夫大使馆后，上海的大学生们天天在这里游行示威，有个学生甚至爬上了几米高的大墙，当然被众多值勤的警察硬拉下来了。

大学生们的爱国热情历来可歌可泣，而上街游行是他们最能表达情绪的一种方式。但若超过秩序的底线呢？我突然很不合适地想起北京，想起让段祺瑞背负千古骂名的那个著名事件——“三一八惨案”。

不不，并非“千古骂名”，只是写在以往权威史书里的半个多世纪的骂名。鲁迅在共和国的万丈光焰把此人的真实面容全部熔化，把其影子拉得太长太长！其实，段祺瑞晚年，附着于他身上的唾骂已经风干，他依然是德高望重的政坛元老，不然，国民政府就不会以国家元首的礼遇迎请他南下安度晚年并为其送终。

民国二十二年（1933）元月 21 日凌晨，段祺瑞在亲信吴光新、魏宗瀚与三女儿段式巽、侄儿段宏纲的簇拥下，出现在天津火车站，与诸位送行者揖别后，登上了专为他加挂的一节专车。本次列车的终点站是浦口，即位于首都南京对岸的江北铁路。

汽笛大叹一声，蒸汽弥漫开来，云山雾罩地裹走了这个长期在北方叱咤风云的政坛元老。

段氏南下，与他早年在保定当校长时的一个学生有关。

清光绪三十二年五月（1906 年 6 月），奉旨在天津郊外督练新建陆军的袁世凯奏请创办陆军速成学堂，奏请段祺瑞任督办（校长）。知耻图强的朝廷马上批准。首届招收的各省学生中，有一位来自浙江奉化的 20 岁的学生，姓蒋，名志清，或可会引起校长大人的注意。因为在蒋同学身上，42 岁的段校长看到了自己当年的模样——同样形态精瘦而健壮，同是在20岁时考入国内一流军校——段氏当年考取的天津武备学堂（亦称北洋武备学堂），即陆军速成学堂的前身，同样学的是炮兵科——那会儿学炮兵，如同现今学"二炮"（导弹），都是为了掌握最具威力的战争武器。

不过，且慢！在校期间，段校长认识蒋同学吗？小蒋只在保定待了一年，即通过了留学预科考试去了东京留学。查资料可知，陆军速成学堂每届招收旗籍及各省汉人学生一千余人。如此众多的学子，若非出类拔萃，能被校长大人记住吗？我是说，小蒋认得老段，老段对小蒋却未必认得。

但蒋介石却对暮年的段氏仁至义尽！他亲自写信将其接到南方供养起来，为其治病，直至为其送终，即便孝子，亦无过如斯也！

民国二十二年（1933）的蒋介石，已经不做"国府"（国民政府的简称）主席一年多了——前年岁末短暂下野后，国家元首的桂冠被年龄与资历均比他老的林森戴上了。复出政坛后，他专心当起了国府军委会委员长，以集中精力应付越来越纷乱的内忧外患。然而，虽不再担任国府主席，但中外咸知，蒋委员长才是中国的No.1。正是这位与段氏同样精瘦的前保定陆军速成学堂的学生，危难之际，耿耿于国事兼私谊，才决定以最高礼遇将前政府的前元首请到本政府所能控制的地盘上，以不让敌寇乘隙利用。他亲笔写下邀请函，委派没有官方身份的银行家朋友钱永铭为特使，于1月19日赶到天津，密访段祺瑞。

两天后，"芝泉老"即起身南下。蒋氏长舒一口气。

车过济南时，山东省主席韩复榘将军亲自上车迎送。韩乃冯玉祥旧部，冯氏对老段先恭迎、后加害的行为很让人不齿。此番韩主席登车致敬，不知是奉国府之命的职责行为，还是代冯氏表达歉意——冯玉祥时任国府委员、军委会副委员长，"党国"里的第二号军头。

沿津浦线从起点到终点，段祺瑞一路上的心神不宁自不待言。且不说当年在保定他与蒋氏到底有多少交情，就凭传闻中蒋氏的处世手段强悍且阴骘，就难免令他忐忑。作为被推翻的"反动政府"的头号"大军阀"、反对中国"赤化”的最高统治者，他曾空前绝后地以国家的名义——执政令——通缉过国民党北方领袖们，除了一个跨党的共产党人李大钊后来死在张作霖手中外，其他几位被通缉者都是“党国”大员，且南逃后多是部长级人物了，他们会不会秋后算账？更让段氏担忧的是，“九一八事变”以后，日本驻奉天特务机关长土肥原贤二曾几番去他家拜访，而他也专程到北平醇亲王府与逊清皇帝溥仪见过一面——本来他与溥仪同住天津日租界的一条街上，只因一个是前朝的国君，一个是前国家元首，双方谁也不愿屈尊到对方府邸作访客，遂经手下人磋商，改为北平会晤。到前朝摄政王、溥仪的父亲家里相见，算是段氏让了一步。虽说大特务土肥原贤二劝他出面组织华北伪政权的游说被他直言拒绝（此公从来不会婉言对话），虽说与少不更事的溥仪的会面因对方的摆谱而匆匆结束（段的亲信说：溥仪还以为是皇上召见湖广总督呢），但凭蒋的多疑与其手下军统人员的精干，这几桩极有可能是“通敌”嫌疑的证据难保不给他惹上杀身之祸！后来，当过北洋政府首任总理的唐绍仪，就因在上海租界里与日本军方频繁接触而被蒋氏下令由军统“制裁”！如今，溥仪已经被土肥原贤二忽悠到东北去了，日本人撺弄北洋各派人士闹“华北自治”的风声一阵紧似一阵，蒋氏接自己到他身边，何尝没有就近约束甚至劫持之意？像太多的国人一样，老段听多了蒋氏杀人如麻的“正面”传闻，却不识此人也有宅心仁厚的一面。

令段氏万万想不到的是，浦口站台上，国民政府为他举行了隆重的欢迎式！寒风中，立着乌压压一片列队欢迎他的人，领章金闪闪的国民党军将领占了一半！原来，蒋委员长有令：所有在京少将以上军人，一律过江迎接“三造共和”的段祺瑞老先生！于是，浦口车站上出现了空前绝后的一幕——首都的陆海空将军们全体过江列队，只为迎接一个人，一个手中无一兵一卒的下野了的老人。

欢迎仪式结束后，这位尊贵的乘客与家人、部属被迎上了渡江的专艇。南京长江上有大桥，是几十年以后共和国时期的事了。有大桥以前，所有南下过江的旅客，无论身份贵贱，都只能在浦口站下车，然后，换乘轮渡过江，再继续前行。

专艇抵达下关码头后，当他被人搀扶着走出船舱时，见到第一个登船迎接的人，竟然是一身陆军上将戎装的蒋志清同学！

20 多年未见过的学生，快步趋前恭行军礼向老校长致敬，并亲自搀扶着他介绍起诸位迎宾者。其著名的美丽夫人宋美龄，随之上前笑吟吟地对“芝泉老”表示欢迎。再是如过江之鲫一般的党国衮衮诸公，上来或作揖或行军礼向老人致敬……

当晚，蒋委员长偕夫人为他的回归举行了盛大的欢迎宴会，文武百官共同把盏，热烈欢迎寄身天津日租界的民国元勋回到祖国的怀抱。次日，国民党《中央日报》以“共和勋臣段芝泉氏莅京”的大字标题报道了此事。

精明的蒋委员长显然在借老段南下一事来打击日本人的气焰，并借老段的号召力召回更多留在北方的北洋军政名流。

老段虽远疏政坛，但毕竟是政治家，他知道他的国家需要听到什么样的声音。所以，在欢迎仪式上，他向记者散发了对时局的书面谈话：

> ……当此共赴国难之际，政府既有整个御侮方针和办法，无论朝野，皆应一致起为后援。瑞虽衰年，亦当勉从国人之后。……

抵达“党国”中心的前“反动军阀头子”深知，成王败寇，现在他的学生最需要他做什么。于是，他主动提出去谒中山陵。

他知道，自己最让国民党人恼怒的，不光是他最后一次出山时通缉过他们在北方的领导人，更因他慢待了他们的终身总理孙中山。

孙中山抱病北上并逝于北京，都与他有关。

民国十三年（1924），为推翻直系政权，割据两广的孙中山和崛起于奉天的张作霖（时称“奉张”）同时找到他，推他为盟主。他则派心腹徐树铮前往桂林与孙氏会面。由是，段、孙、张三角同盟结成。是年秋，借江浙战争，奉军率先入关挑战直军，直系灵魂人物吴佩孚亲自指挥反攻。战事正在山海关前线胶着之际，被三方花钱买通的直军第三方面军司令冯玉祥猝然倒戈回师北京发动政变，肘腋生变，直军由此大败，时任大总统的直系首领曹锟成了中南海里的高级囚徒，吴佩孚则从天津登船南逃，三角同盟夺取了军事与政治的全面胜利。因孙中山迟迟未能北上，本着“国不可一日无君”的治国惯例，段氏便在冯玉祥与张作霖的联袂劝说下重返京城，以“临时执政”的名义，担任了过渡时期的国家元首。到任后，他力邀孙中山尽早到京，与“奉张”、冯玉祥共商国是。

岁杪，孙中山绕道上海和日本后，姗姗抵京，但已病入膏肓，而且，为“善后会议”事与老段公开反目！老段主持的善后会议如期召开，其间，孙氏辞世，两个执拗的人终没再度见面——民国元年（1912）孙应袁世凯之邀北上时，段曾陪袁见过孙中山，他和其他陪同要员一样，既跟着孙中山喊过“袁大总统万岁”，也跟着老袁喊过“中山先生万岁”。

自南京政府取代了北京政府之后，国民党人对老段在两个多月的时间里没去探望中山先生而颇感愤然。其实，从礼节上讲，老段所为无可厚非。按官场规矩，客人先要拜主人，然后主人才能回拜客人；你不先来拜访我，我就不能给你洗尘，这叫“行客拜坐客”。况且段氏正以“临时执政”名义行国家元首职责，对待比自己年轻的盟友，更不便破此规矩。

为了接待孙中山这位国内最有分量的在野政治家，老段安排得够周到了！孙氏乘船抵达天津港时，他派国务总理许世英专程在码头上迎候。12月31日，孙之专列抵达北京时，他派长子段宏业为代表，与许世英及全体在京内阁总长们共同在正阳门火车站热烈欢迎之，各界代表更挤满车站内外。第二天，即西方人的洋历年，他又让段宏业代表自己，和执政府秘书长梁鸿志一起到北京饭店，向下榻于斯店的基督教徒孙氏夫妇祝贺新年。原定由他为孙举行的盛大欢迎宴会，因孙的病情加重而被迫取消。孙中山到协和医院做手术之前和之后，他都派担任陆军总长的前妻弟吴光新及侍卫武官代表自己登门探望。闻孙中山已处弥留状态，他又安排许世英总理率全体在京总长赶到距执政府不远的顾维钧家，向住在那里的孙先生一一握手诀别。从礼节上讲，这位临时国家最高领导人做得无可挑剔。

只是，功亏一篑！孙氏发丧那天，他本应出面扶柩执绋，以示尊重故者兼慰国民党。但出于某种考虑，他最终没出现在中央公园（今中山公园）的公祭现场，且借口极其“小儿科”：脚肿得穿不上皮鞋了！这自然极大地惹恼了国民党人。

段、孙的真正过节，在于“善后会议”与“国民会议”之争。结果，老段力主的善后会议遭到了孙氏的抵制，国民党则自行操办了国民代表会议。因对方的抵制，谁也没达到预期的目的，诚所谓两败俱伤。

有关令段、孙失和的“善后会议”，本文后面详说。

在国民党看来，无论什么借口，老段始终没登门看望过病中的本党总理，而且还拒绝为其送葬。此事不可原谅！

解铃还须系铃人。抵达“党国”之都后，老段主动要谒中山陵，以借机向故人及国民党致歉。蒋氏岂不喜出望外？他向以孙总理最忠实的信徒自居，闻此请求，赶紧叫上孙中山的独子、时任行政院院长的孙科，和军政部长何应钦上将，当然还少不了他的优雅而得体的夫人，亲自陪老段去了中山陵。

祭礼如常，但各人的心事谁都清楚。

之后，蒋介石很周到地请老师在南京和上海两座城市中任选一地定居。

低调惯了的老人不爱热闹，不爱待在首都与国民政府的军政要员们应酬，便选择了上海。

于是，就有了我前面看到的那所豪华的花园洋房。

段祺瑞入住上海后，很快有《申报》记者登门采访。谈及时局，老人如是作答：

> 日本暴横行为，已到情不能感、理不可喻之地步。我国唯有上下一心一德，努力自救。语云：“求人不如求己。”全国积极准备，合力应付，则虽有十日本，何足畏哉？

这就是一直被骂为“亲日派”的北洋老人交给国家的一份政治答卷。合格乎？

国民政府送给段祺瑞居住的这座前法租界里的花园洋楼，最早是一位德国富商的豪宅，后被晚清大官僚和大实业家盛宣怀购得，但似乎手续不完备，故给后人留下了麻烦。盛宣怀过世后，此房便以涉嫌“非法交易”而被上海当局查封，是否与盛氏在前清时的政敌、当朝大总统袁世凯有关，尚不得而知。其子无奈，只得将其转让给了一位叫陈调元的将领。这位陈调元也是当年的保定学生，段执政时提拔他为军长兼督办（省长），后率部投降国民党，历任国民革命军的军团总指挥、安徽省省长、山东省省长，时任国府委员、军事参议院院长。将德高望重的芝泉老安排住在北洋旧部的房子里，想必既是国府的意思，也是陈上将的愿望。

在战争与政坛的枪林弹雨中冲杀了一辈子的段合肥，至晚年才有了风平浪静的锚地。

有回忆文章说，段祺瑞每天清晨绕房前的大草坪散步，直至身出微汗时才回屋洗濯。然后，上佛堂，面对释迦牟尼像虔诚诵经。再之后，家人把藤椅搬至草坪向阳处，他便静心读报，下午，与客人下围棋。

段祺瑞乃围棋高手，下围棋是早年办军校时跟日本人学的。据说其长子段宏业的棋道更高一筹。有人写过，段宏业视与老爸下棋为苦事：如胜，就被责以“什么都不会，就会下棋”；如不胜，又被责以“什么都不会，连棋都下不好”！总之，不管输赢，在爹眼里，儿子都是“什么都不会”！

其实，亲历者薛观澜说过：“芝老弈时，态度甚佳，向无厉色，见棋即笑逐颜开。”可见迷棋之深。正因如此，这里也就成了上海滩的一处高等级的棋馆，总有高手前来与段氏父子过招。据称，老段的围棋水平已达七段。

在北京的日子里，即使治军治国再繁忙，他也忘不了找人下棋放松一下。当时国中的围棋高手，多到段府下过棋，并捎带着接受主人的资助。段府的棋客中，最小的是一位是 10 岁刚出头的吴泉，人称“围棋神童”，曾在中央公园的来今雨轩让一流棋手蒙羞，故被老段的一位棋友引进段府。小小少年，聪慧绝顶,每每杀得老段愁眉苦脸。老段惜其天分,怜其清寒,知其有名无字,便亲为起字，并按月赏其大洋百元。民国初年的100元，按实际购买力折算，至少等于现在的1万元人民币。可以想见，这笔源源不断的巨额收入对一个正在成长的天才少年有多么重要！段氏定居上海后，当年的“神童”已寓居日本学棋5年，虽不满20岁，但国内早无敌手矣！闻段老定居沪上，年轻的大师专程到新的段公府与老人博弈，谢恩之意尽在其中矣！此人入籍日本后，几经历练，竟见谁灭谁，被日本人惊呼为“昭和棋圣”！这就是以段氏所赐的“字”而享誉世界的一代围棋巨匠吴清源。

打了一辈子仗的段祺瑞,总把战争当棋局。谈及旧事,也爱以棋局作比喻。比如定居下来以后,有感于蒋委员长的恭谨周全,也有感于国事,就曾对人说:他和我下的那盘棋,他赢了,赢得有风度;我希望他和日本人下,也要赢才好。

老段说的“那盘棋”，是指国民党的北伐与执政府的反赤化之战。

段祺瑞的最后时光，就是在这个足够舒适的空间里度过的。

虽然远离了他曾叱咤风云的北方，但毕竟是北洋军人集团里至高无上的元老，所以，前来这里探看的新贵与故旧便一直没断过。他们叩门时，必然受到老辈门房的谦卑接待，肯定比我受礼遇。

哦，不、不，我说错了。鲁贵永远是鲁贵。这里有一个现成的例子——

老段安居此院后的某天，一辆轿车停在这道漆黑的大铁门前。或许有一位精干的藏青“中山装”从副驾驶座上下车，趋前叩门。旁门开启，穿长衫的门房探出头来（呵呵，这个动作我已经比较熟悉），没等问清来客姓甚名谁即表示很不高兴：为何事先没预约？“中山装”赶紧代车里的客人递上名片（那会儿叫名刺）。门房看也没看就关上了铁门。车后排那位坐得笔直的光头男子微笑着示意不必介怀。于是,这辆高级汽车就在段公馆外等了起来。或许，此时，周围树下，已于不经意间多了些陌生而敏捷的身影……

往下的故事，还是听当年的亲历者、寡居后一直跟着父母一起生活的段式巽女士自己讲吧：

我从二楼遥见似有客至，下楼向仆役询问，接过名刺，则赫然蒋氏！急忙迎入，并扶老父出见。

门房这才知来客之尊、之贵、之高、之威——

是蒋委员长登门拜访来也！

喏，连说一不二的蒋介石也曾在此门外遭受冷落，况且我辈乎？我立时觉得自己被这所房子拒之门外是很正常的事了。

往下接着看段女士的回忆：

蒋氏向老人先致问候之意，坐定后又对老人的起居寒暖、身体现状及医疗情况等，询问甚详。情意殷勤，言词亲切。坐了一个多小时方辞去。

蒋介石知道老师已无心重返政坛，而且，素有清廉之名，便留给了段祺瑞一个可以光拿钱不干事的虚衔——国府委员。老段曾经沧海难为水，一直没去南京参政议政。

由于蒋的关照，生平不攒钱的老段的晚年过得像在津门一样，优雅而从容，政府按月拨给段府生活费1万银元——在20世纪30年代初期，这可是个巨大的数字。

蒋氏对他所看得起的军政前辈真够意思。也是这一年，国民政府以国葬的最高礼遇重新安葬了逝去多年的北洋时代的前总统黎元洪。

南京之夏，热得待不住，蒋委员长爱到九江的庐山上去处理军政要务。当年酷暑来临后，蒋宋夫妇便在山上派人请芝泉老及家人一同上山避暑。老段想必不爱与“党国”的军政大员们频繁相遇，便派儿子段宏业上庐山辞谢了蒋委员长。第二年夏天，他做完胃溃疡手术后，就被安排到庐山上静养了一段时间。在山上，每天只有两件事——诵经，下棋，优哉游哉。

段祺瑞在上海生活了三年半，民国二十五年（1936）11月2日，因胃溃疡复发而在宏恩医院谢世。报载，他是因“忧虑国事”而致病情加重的。

经英国医生诊治，稍能坐起读报，但阅知“国事紧张”后，病情急转直下。

是时，俄人与我外蒙地方政权擅自签订了军事互助协议，日本华北驻屯军开始以北平为攻击目标进行大规模军事演习。曾任执政府财政总长的李思浩南下看望老段时，忧诉北方国情，令老段心情大坏！

除外寇欺凌之外，国内的局势也颇令他担忧。大批国民党军被调往西北参加围剿共产党军队的最后一役，而蒋介石正为此役飞往西安亲自部署。

“正道老人”虽久已退出政坛，但却无法不关注中国政局。空前沉重的内忧外患压在老人衰弱的心头，终致无药可医。

自知不起时，老人留下了遗嘱。

因段氏遗嘱算得上是“佶屈聱牙”，故笔者不揣冒昧，将其加注、加标点，并分行。试读之：

余年已七十有余，一朝怛化（音达化，源自《庄子》，人死之意），揆（猜度）诸（各种）生寄死归（成语，生如暂寓，死如归去，意将生死置之度外）之理，一切无所萦怀。

唯我瞻四方，蹙国万里（蹙，收缩；国，国土。国土沦丧之意，源自《诗经》“蹙国百里”），民穷财尽，实所痛心！生平不喜多言，往日曲突徙薪（源自《汉书》，把烟囱弄弯，把柴草移走，以免火灾，即防患于未然意）之谋，国人或不尽省记。今则本识途之验，为将死之鸣，愿我国人静听而力行焉！则余生虽死犹生，九原（墓地）瞑目矣。国虽微弱，必有复兴直道，亦至简单——

勿因我见而轻起政争；

勿尚空谈而不顾实践；

勿兴不急之务而浪用民财；

勿信过激言行之说而自摇邦本；

讲外交者，勿忘巩固国防；

司教育者，勿忘保存国粹；

治家者，勿弃国有之礼教；

求学者，勿骛时尚之纷华。

本此“八勿”，以应万有，所谓自力更生者在此，转弱为强者亦在此矣！

余生平不事生产，后人宜体我乐道安贫之意，丧葬力崇节简，殓以居士服，毋以荤腥馈祭。

此嘱。

众所周知，行伍出身的老段不喜文墨。这通遗嘱，应该是他所信任的某位笔杆子代拟，实在让人看得累！

其时，“蹙国万里”，更兼内乱不止，谁还顾得上咂摸一个过气了的垂暮老人的谆谆留言？所以，“愿我国人静听而力行焉”的殷切期望，成了一通无人理会的自说自话。逝者“九原”难瞑目矣！诚所谓“言者谆谆,听者藐藐”。

坚信“攘外必先安内”才能救中国的蒋介石，其时已从西安返回洛阳，当天收到了段宏业的报丧电报，即刻复电：

闻芝老夫子长逝，国伤耆贤（耆贤：年高贤德之人），世丧坊表！闻耗痛悼，宁唯私恸，敬电致唁，节哀为盼。

军务缠身的蒋委员长意犹未尽，又致电上海市市长吴铁城转段宏业云：

上海吴市长译转段骏良先生礼鉴：

冬（二日）电敬悉，昨发唁电，谅达礼次。

老夫子令德考终，薄海永悼。中正行役在外，不克亲临视殓，除托铁城兄代表致唁外，并已呈请政府优议追恤，以示崇报。

我兄孝思笃至，遭此大故，务望节哀自重。勉承公志为盼！

蒋氏所说的“呈请政府优议追恤”，是他领衔多位国府委员提出的《关于段芝泉先生赞成共和再造民国遽尔逝世宜报哀崇，拟请予以国葬案》。随后，蒋又派专人到段公府致送“私房钱”2万元为抚恤金。离开洛阳后，蒋氏复飞西安，督促东北军与西北军从速出兵剿共，不料却被与两军司令张学良与杨虎城发动兵变劫为楚囚！“西安事变”距段氏过世仅40天，国事一时大乱！所幸党国的“芝泉老”已魂归西天，无法为国分忧矣！

段公府大门搭起素彩牌楼，院内高搭大棚，以为灵堂。国府主席林森为逝者题写了“元老微猷”的额匾悬于正中上方，匾下是逝者的大幅遗像，蒋氏送来的花圈挽联上，写着“芝老夫子处士千古”，两旁悬满政要、故旧们题写的挽联，有人甚至称逝者为“一代完人”，其中，国府委员、军委会副委员长冯玉祥氏的那幅格外简约，但却耐读：

自发乡人空余涕泪；
黄花晚节尚想功勋。

“自发”，即古意“启发自己”之意。因启发过自己的老乡过世，冯副委员长涕泪横流，也算忏悔了一把吧！冯氏是安徽巢湖人，正宗的北洋派军人，但直到当上陆军巡阅使时，也没攀上老段。后来“北京政变”成功，想起了“乡人”，便亲自跑到天津，与驻军那里的张作霖携手到“芝泉老”家里一番恳求，请出了老段。但一年多后，冯军又发动兵变，直欲加害段氏，由此冯上将军留下了“倒戈将军”的恶名。如今，死者长已矣，冯氏署名的挽联让人颇有些感慨。不过，副委员长本人并没专程到上海吊唁。

国民党中央政治委员会主席汪精卫的代表褚民谊、军委会委员长蒋中正的代表吴铁城、军事参议长陈调元（段公府的主人）、外交部部长张群、具体负责政府与逝者联系的蒙疆委员会委员长吴忠信（合肥籍同乡）等众多党国要人，与专程南下的一批北洋政界人物，络绎抵沪。本在申城的上海闻人们，如三年前接他南下的银行家钱永铭，如虞洽卿、杜月笙、张啸林、王晓

段祺瑞灵堂。近前是蒋介石敬献的花圈，上书“芝老夫子处士千古”。（段君宜女士提供）

浩大的段祺瑞送葬队伍。

籁等民间社会的大佬，更捷足先登，接踵而至，吊唁逝者。凡段氏亲属、管家、仆役及学生，一律着白布孝服，引人注目的是，保定速成军校毕业的外交部部长张群也以学生的身份穿着孝服站进了弟子行列，其他各界，均以黑衫、深蓝马褂到场，场面极尽肃穆。那份寄语生者“八勿”的遗嘱，被摆放在了遗像前，令每位读罢的凭吊者唏嘘不已。

三日之后，段氏按佛教礼仪大敛。

就在上海的段公府里举行烦琐的宗教仪式之时，南京的国府第二十五次常会如期召开。会上，冯玉祥主持通过了国葬段氏的提案。前面说了，整整10年前，正是冯发动了一场欲加害段氏的未遂军事政变，今天，他却成了国葬段氏的提案人之一；国府委员于右任也是提案人之一，12年前，正是他作为孙总理的特使到天津说服了老段，才使段、张、孙三角联盟组成。另一位提案的国府委员丁惟汾，则是“三一八”当天到执政府院里找领导对话未果的四位学生代表之一。盖棺论定，党国要人们对“段芝泉先生赞成共和，再造民国”（提案语）的钦敬显然已经超越了个人恩怨。

当日（11月5日），国民政府公布了“国葬前临时执政段祺瑞令”：

> 前临时执政段祺瑞，持躬廉介，谋国公忠。辛亥倡率各军赞助共和，功在民国。及袁氏僭号，洁身引退，力维正义，节概凛然。嗣值复辟变作，誓师马厂，迅遏逆氛，卒能重奠邦基，巩固政体，殊功硕望，薄海同钦。
>
> 兹闻在沪溘逝，老成凋谢，惋悼实深，应即予以国葬，并发给治丧费一万元。生平事迹，存备宣付史馆。用示国家笃念耆勋之至意。
>
> 此令。

这一天，全国下半旗志哀。老段身后，诚可谓“哀荣之极”。

巧合的是，段祺瑞是与当年痛骂自己不已的原教育部官员周树人（鲁迅）同年同季死于同一座城市的，只是比段氏年轻16岁的周氏早走了二十几天，年仅55周岁。众多的左翼文学青年们走上大街，给故去的思想导师的遗体上覆上了“民族魂”的挽旗，悲愤地把丧礼当成了又一次反政府的游行示威。这是当代的国人已经十分熟悉的史实了。

然而，人们只知民间操办的鲁迅之死曾轰动上海滩，却根本不知道官方发丧的段祺瑞之死也曾是大上海乃至古都北平的盛极一时的场景。权威史书对史实的记忆从来都是有选择的。

本来蒋先生对“芝老夫子”的归宿是有安排的，政府已经出资 20 万元在安徽黄山购得一方“风水宝地”，想让段氏叶落归根。不料，死者长子段宏业不同意此方案，执意要将父亲送回北平安葬，理由很正当：故大人平生多在北方生活，一世事业，均在京师。国府遂不再坚持原议，以最高规格将段氏之灵以专车送往北方。

段祺瑞终老在日本侵略者还未到达上海之际，晚节未受污抹，生命的句号还算圆满。

段氏死后，上海淮海路上的这座偌大的房子顿显空荡。段公不在矣，段公府自然无法按既定待遇维持下去了。于是，国府又为其遗属在别处安排了新居，每月致送 5000 元补助，继续保持着政府对逝者的敬重。

蒋氏对段氏的关照，堪称完美故事。对昔日的师长的敬重，与对退出政坛的元老的礼遇，搅和在了一起，让人看到了蒋氏的不为人知的另一面。

段祺瑞走了，霞飞路上的这幢收藏着北洋巨头之謦欬与足音的老房子，又归了盛家。抗战胜利后，逐年衰落的盛家把这座花园洋房卖给了蒸蒸日上的著名的荣家。直到共和国时代，此房产才不再为私人所有，成了上海市政府外事办公室的辖地。等到我来时，这里已是日本总领事租赁的家了。

上海人做事心细，在不少名宅前嵌有小铜牌，注明某某名人曾寓居此处。但淮海中路上的这座豪华的洋房，门前却未见任何标志牌。什么时候把这房子也保护起来，注明在近代中国甚是了得的盛家、段家、荣家先后寓此，让行人经过这里时能稍驻片刻，则大上海可看的风景就会更多一些。

合肥篇

与“十里洋场”的大上海相比，合肥是个小地方。清末安徽省会是安庆。合肥只是庐州府治所在的县。

不过，生长于小地方的人并不一定就没有“人精”问世。在黎民匍匐的平川上，偶尔也会冒出个超凡脱俗的山头来，他们似乎把本土的前后多少代的运气都独占了。一旦风云际会，天空在他们头顶晴了一刻，他们立时就会绿意盎然，招风揽雨，成为影响半壁江山气候的巨峰。

北洋时代，这样的山头还真有几个——当过大总统的直系军人首领曹锟，早年是津门的布贩子；当过陆海军大元帅的奉系老大张作霖，原先是辽宁海城县的乡间兽医，后来给土匪钉马掌钉上了瘾，干脆也落草成了“胡子”（土匪）；山东蓬莱的秀才吴佩孚，从军前曾是沦落北京街头的算命先生；当过国务总理的另一位山东籍军阀靳云鹏，小时候曾跟随母亲沿街叫卖煎饼……

数数这几座北洋时代的山头即可窥知，那个时代，看重的是个人能力而不是家庭出身。

与上面提到的那几位北洋大佬相比，段祺瑞的出身要光荣许多，他是正宗的将门之后，其祖父段佩官至大清国的正二品的总兵。

《合肥段氏族谱》上说，段家系明代自江西饶州迁至安徽的。但段祺瑞的三女儿段式巽却听父亲说，段家是清道光年间才从饶州到安徽的。段女士对其父的种种回忆，是我从合肥市政协的文史专家戴健兄那儿听来的。因工作关系，戴健曾于段女士生前到上海采访过她。

段氏落户皖省后，世代以农耕为生。到了段祺瑞祖父段佩这儿，命运发生了改变，段家由寻常而显赫。附近大潜山好汉刘铭传，贩卖私盐兼打家劫舍，日子过得快活。段佩看得眼热，便入了刘氏团伙，在保家卫乡的同时，该团伙也干过杀人越货的勾当。太平军汹汹北上荡涤皖省时，刘铭传响应国家号召大办团练，借机洗白个人及属下的历史污点，段佩随之成为一名官军小头领。同治元年（1862），刘铭传所部被回省招募子弟兵的本籍李鸿章编入淮军，段佩也由此成为“铭字营”里的一名中级军官。同治四年二月初九（1865年3月6日），段家添丁，启字辈的启瑞出生。其时，祸及半个中国的太平天国王朝在安徽人（淮军）的不懈击打下刚刚崩塌，而捻军尚在被追剿中。平乱尚未成功，段佩仍在营中。

因段佩曾跟刘铭传杀死过本地刘枬、刘枢两个土豪，其子段从文（段祺瑞之父）为避仇家报复，遂迁徙至邻县寿州定居，时段启瑞方4岁。翌年，已是“铭军”直属马队三营统领的段佩衣锦还乡探亲访友，段家不再惧怕刘家，便又迁回肥西县，在大东郢置地建房，并购田产百余亩。段家从老实巴交的农户一举成为靠出租耕地为业的地主。

段启瑞没遗传父亲的软弱性格，倒是承受了祖父的刚烈尚武的基因，自幼便向往戎马报国兼富家的生涯。7岁那年，他便被爷爷接到苏北宿迁营房，并在附近村里始读私塾。未来的结发妻子吴氏，也是那会儿爷爷看好的，是宿迁一位举人的闺女。然而，14岁那年，已是提督衔记名总兵的祖父猝然病故。他只得中断学业，扶柩回籍。六百里路辛酸泪，少年初识愁滋味。

回乡后，他把名字改成了“祺瑞”。祺者，吉祥也。段氏希望吉祥罩运之意不言而喻。

改名却并没带来吉祥，因家道倏然中落，父亲段从文也够窝囊，坐拥百余亩良田的段家，日子竟越过越差，到后来竟连段祺瑞在附近村里续读私塾的束脩也拿不出了！于是，断了科考念想的段祺瑞只好另觅出路，16岁那年，他怀揣一块银元，步行了两千华里，赶到了山东威海，投奔在那里当管带（营长）的族叔段从德，当了一名补营哨书。在传统社会，从军是没能踏上科考之路的军人之后的最好选择。

数算一下，段祺瑞在合肥前后总共才住了4年，且是童蒙时代，但却一辈子被人称作了“合肥”。其实，合肥并没给他带来太多的欢乐。

就在他到山东威海当兵的第二年，父亲千里迢迢去探营。万不料，带着他节省下来的银两返乡的途中，就在离家乡只剩几十里路程的时候，夜间，两个同伴起了歹意，竟将其害死，把他藏在腰带里的银两洗劫一空！段祺瑞闻噩耗痛不欲生，欲请假回乡报案并料理后事，却没被上司批准。晚清的军纪显然比我们想象得严，即便有个当官的叔叔段从德也无济于事。他只好驰函合肥知县，恳请缉凶正法。母亲范氏遭此巨变，心身俱伤，在凶犯落案被正法后不久，便扔下十几岁的女儿启英和两个不到十岁的儿子启辅、启勋忧悒而殁，与亡夫相距半年相会于黄泉之下。这一次，上司终于准假段祺瑞回籍发丧了。半年之内，父母双双死于非命，骨肉同胞寄养人家，试想，血气方刚的段祺瑞该怎样的悲愤与苦恼！

假满后，17 岁的段祺瑞返回威海营中。

到了这会儿，就该说说“李合肥”李鸿章了。

近百年，中国有两位“合肥”权重一时，而且，都在生前和身后就被骂为“卖国贼”。“李合肥”比“段合肥”大 42 岁，是爷爷辈的乡贤。出自同一片土地，同为一代人雄，同样风光了大半辈子，却又同在国难当头之际含恨而终，真是殊途同归。若论文化素养与治国才略，段合肥面对李合肥不知要自惭多少回！因为李鸿章乃久负清誉的乡间大才子，京城名翰林，更是大清国的中兴之名臣、国家之栋梁，充满政治智慧且深谙为官之道，生前即得到了大清国的最高政治待遇，如文华殿大学士、太子太傅、一等肃毅侯等等，乃有清一代至尊至崇的汉臣；而段祺瑞则是个不擅言辞且不喜文墨的耿耿武夫，性情刚直意志坚定但却缺少圆通韧性，对一个身置乱世且对手往往不按套路出牌的政治家来说，这实在是致命的缺陷。

段合肥对李合肥的感戴是不言而喻的。作为后来的治国者，段祺瑞深知，不是当年李中堂帮清廷设计出“以夷制夷”的外交政策，并身体力行苦撑危局，列强或可会吞掉中国更多的领土和利益；身为淮军这一既得利益集团的末梢成员，段祺瑞心里当然清楚：若不是李大人回籍组成淮军并带领子弟兵东西征战，也就不会有他段家的出人头地。

李鸿章对段祺瑞的直接影响，是在小段从军 4 年之后——正是李鸿章在直隶总督兼北洋通商大臣任上创办了天津武备学堂，招收品学兼优的军人入学，这才一举改变了 20 岁的段祺瑞的人生轨迹。发愤图强的段祺瑞，以第

大清国留学生段祺瑞（前排右五）等人在德国留影。

左一为德国教习瑞乃尔，右二为段祺瑞。余者为商德全、吴鼎元、孔庆塘、滕毓藻。1890年摄于德国埃森梅喷射击场。（段殳女士提供）

一名的超好成绩考取该学堂第一期预备生，在步、骑、炮、工、辎五个专业中，他选了最具技术含量的炮科。

当然，“小合肥”也很给“老合肥”争气。这个李中堂的小老乡，“每届学校试验，辄冠其侪辈”。某次，李中堂检阅学生们军事操练，发现炮科成绩最优者段某，正是当年跟自己征战的部将段佩的孙子。当即，李大人颔首赞曰：“可用之才。”

入校一年后，21岁的段祺瑞到江苏宿迁娶回当年祖父为他订好亲的吴氏——瞧见了吧？早在130年以前，在校大学生就可以结婚了。22岁时，段祺瑞以“最优等”的成绩从武备学堂炮科毕业，被派往旅顺口督修炮台。仅一年，机会再次光临——李中堂欲派优秀青年军官赴德国研修，段祺瑞再次以第一名的优异成绩考取。于是，李中堂大笔一挥，段祺瑞和吴鼎元、商德全、孔庆塘、滕毓藻五位优秀考生就跟着督学荫昌去了德国。

在德国，段祺瑞有一年半的时间与四位同学在帝国柏林军事学院攻读现代军事课程。学业结束后，段祺瑞奉命一个人在克伯虏兵工厂实习了半年。

两年的时间，使段祺瑞读懂了德意志帝国的历史。该国是从松散的39个小国统一而成的君主立宪制联邦国家。统一不是谈来的，而是原先的普鲁士王国通过若干场战争打下来的，包括改变欧罗巴版图的普法战争，普鲁士王国一举战胜了强大的法兰西帝国，德皇威廉一世的加冕式，竟是在法国最著名的凡尔赛宫里举行的！

只有出现普鲁士的俾斯麦那样强硬的“铁血宰相”，才能统一祖国，并打赢与奥地利、法兰西的国家战争——这就是年轻的清国军官段祺瑞看到的德国复兴的现实。

正是在德国，本就沉默寡言的段氏奠定了一生务实较真的作风，更打下了日后倚恃武力统一国家的思想基础。

学成归来后，段祺瑞回到天津，任北洋军械局委员（章京之下的实职）。将留德学炮兵回来的段氏安置在军械局，显然与李中堂当时正在大购德国军火以备迎战日本有关。一年后，段被下派至山东威海武备学堂任炮兵教习，自兹开始其长达 16 年的培育军事人才的生涯。

屈指算来，从早年步行来威海投军，到如今回威海任教，正好 10 年。尽管他既有祖父在军界尽瘁的不凡背景，又有被李中堂赏识的光荣履历，但说起来，他在军中晋级的速度不算快也不算慢，属正常进步。

三年后，中日甲午战争爆发，战火逼近威海时，段祺瑞参加过刘公岛保卫战，并忍看李中堂经营多年的北洋水师在家门口被小日本打得稀里哗啦。那一年，他正值而立之年，有心杀敌却无力报国的遗憾心愿自可想见。

战后，痛定思痛的清廷决意重建陆军，机会也由此降临到了段祺瑞头上——他与北洋武备学堂的优秀同窗王士珍、冯国璋等奉诏到天津郊外的新农镇向袁世凯报到，成为组建新式陆军的第一批骨干。他从左翼炮队第三营统带（营长）做起，历任随营武备学堂炮队兵官学堂监督（炮兵学校校长）、炮队统带（炮兵司令）、三品衔北洋各学堂总办（即北洋炮兵学堂、北洋测绘学堂、北洋马队学堂等所有军校的总校长）、二品衔练兵处正使（司长）、北洋陆军第三镇统制官（师长）、汀州镇总兵（闽西军分区司令，仍留北洋原任）、头品顶戴的侍郎兼江北提督（国防部副部长兼长江以北军区司令）、北洋陆军第二军总统官（军长，亦称军统）、署湖广总督（湘鄂两省的代理第一把手），至清末，已经是威名赫赫的军界大佬。

有清一代，段氏从军整 30 年。从 16 岁的站岗放哨的士兵，到 46 岁的军界巨头，可谓相当不易！即使走科举之路，以 30 年的历程走到封疆大吏的督抚位子上，也算走到头了。按清朝制度，“行伍出身”乃武将之正途，正如科举出身才是文官的正路子。像曾国藩、李鸿章那样的文官，因带兵而成为军界统帅，地位虽崇，却属半路出家，来路不正；同样，没通过科考的武夫，也永远得不到大学士的至尊称号。像袁世凯，尽管声望极高，但却因非科举出身而无法被授予“学位”——大学士的尊位。君主时代是很讲秩序的时代，从不因人而改变规矩。

总之，在大清国，“行伍出身”是武将引以为荣的金字招牌，况且段督办还是所有北洋军校的大校长，他因之赢得了清末民初大部分职业军人——

包括蒋介石在内——的尊敬，那个时代的高级军官，多半是他的学生。

再说回到两个“合肥”之比较的老话题吧。若比桑榆晚景，“李合肥”远不如“段合肥”云蒸霞蔚。因为李中堂最后以年近八十的老迈病躯被迫复任直隶总督，与洋人谈判时，猝死在寄身的古庙里，至死也不过是大清江山的第一汉臣而已。而段祺瑞却在权力之途上登峰造极，并全身而退，晚年受到国家无微不至的照料，悠然颐养天年，直至寿终正寝。

我曾为两位“合肥”而到合肥探访，同伴都是皖籍朋友范学军。

合肥闹市中心有一座重修的“李公府”，说是李鸿章的故居，游人很多，位于繁华的步行街上，进进出出的多是跟在旅行社小旗后的团队。陪同的安徽省文物局的朋友说，只因辟为景点之前为市百货公司和银行的宿舍，所以才保留下来这几进老房子。不过，朋友有些迟疑地说，“其实，有专家说，这儿是李鸿章一个弟弟的宅子，所以，我们叫它李公府而不叫李鸿章故居”。

合肥总算给李鸿章的在天之灵一点安慰了，因为这些年不光重修了其家族的故宅，而且还重建了他的墓园。

但对另一位曾给合肥带来莫大荣耀的游子，家乡就很绝情。换言之：现在的合肥，段合肥的所有遗存已经毁掉了。

朋友告诉我：段氏家族的宅子，早被夷为平地。省政府东边的那一带，就是原来段宅所在。

倒是在城南重建的李鸿章墓园里，立着两幢从段氏祖墓（即段佩、段从文与范氏墓）那儿找来的残件。段氏祖墓早就夷为平地，只有两块几米高的“下马柱”劫后幸存，不过却被莫名其妙地迁进了新建的李鸿章的墓前，孤零零地分立于草坪上。石柱正面，有几个勾勒的正楷大字，细辨之，是：“文武官员军民人等至此下马”，比常见的下马石多了“文武”和“军民”几个字，让人稍感新鲜。仅此而已。

不过，与李合肥身后的悲惨遭际相比，段合肥没回故乡安葬还是很侥幸的——在 1958 年全民大炼钢铁的昏头时代，李鸿章陵墓竟被本地人民公

“文武官员军民人等到此下马”，放置在新修建的合肥市李鸿章墓园里的两幢残损的下马石，是段氏墓地仅存的旧物。（2004 年 5 月摄）

社组织社员捣毁了，厚实而珍贵的棺椁当成了炼钢用的燃料，棺内所有的东西——包括十二块金砖、死者亲笔写的一册自传、一把宝剑，当然还有死者的遗骸，都被毁墓队伍或哄抢或丢弃。那面裹着尸身的金丝陀罗经被，完好如初，是慈禧太后赏赐的，被一户最穷的公社社员拿回家洗洗干净又当被盖了；那柄精美的宝剑，被县剧团拿去当了道具，后下落不明；至于李氏与爱妾的两具遗骸，早就七零八落不知所终！

现在的“李鸿章陵墓”，是个完全新建的“文物”，而且，比较粗糙。墓中无棺倒是其次，地表建筑即光鲜得让人摇头——从光绪皇帝题匾的石牌坊的朝向，到墓前翁仲与石像生的雕刻，实在乏善可陈。真的原物，只有三座残损的御制巨碑，但被摆在了一起，由原先的赑屃们驮着。重黏起的碑身上，字全都漫漶难辨矣！

我突然想起在北京看过的段合肥的墓，不由得替老段暗自庆幸——幸亏没归葬故里！

天津篇

段祺瑞南下上海前，一直住在天津日租界里。

他四任国务总理，一任最高执政，五度下野。每一次下野，人在津门，情系京华，胸中依然千军万马乱蹬踏。可能与青年时代在德国留学不无关系，像德国人一样严谨的他，也像德国人一样喜欢鹰的形象，北京的段公府大院里，就有雄鹰展翅的雕塑立于院内的假山之上。不过，退到天津的他，已经是一只折断翅膀的鹰，虽盼有朝一日重上九霄去擒尽他眼中的兔鼠之辈，可气力已经耗尽。上苍不让一个并不具备足够体魄的生灵在政治的天空上盘旋得太久。

段祺瑞等北洋军政要人们，和逊清的帝王将相一样，喜欢天津，除了因这里有连片的外国租界可以保障其人身安全外，还有地利之便，即它距北京最近，可进可退——进可当日抵京，退可放洋南下。对段祺瑞他们来说，还有更深一层，就是感情上的原因，即他们这伙人都是从天津起家的。当年，跟着袁世凯在津郊的小站练兵，才有了飞黄腾达的后来。所以，北洋军人们对海河畔的这座充满洋味儿的城市有着割舍不尽的情愫。

段祺瑞一生最佩服的人，即袁世凯，当然除了袁氏帝制自为的最后那一年的光景。与袁相识，实是段氏人生之大幸。北洋人士回忆过，大到为人处世，小到言谈举止，段氏都在有意无意地模仿老袁。

安徽的段祺瑞与河南的袁世凯本无关系。能到袁世凯手下当差，要感谢他在北洋武备学堂的翻译教习荫昌。正因袁世凯奉诏小站练兵，请荫昌推荐得力之人，段祺瑞才有幸成为比他大 6 岁的袁世凯的部将。

荫昌，满族正白旗人，13 岁即入京师同文馆学习德语，是清国出外学习军事的前辈。据说，在德国留学期间，曾与时为皇太子的威廉二世同窗，留学一年后返国，历任北洋武备学堂翻译、监督、帮办、总办。他与创办北洋武备学堂的袁世凯同庚，也比段祺瑞大 6 岁。得袁氏请求后，他便将本校优秀毕业生、人称“北洋三杰”的段祺瑞、王士珍与冯国璋一并推荐给了袁氏。“三杰”中，人们按长相与性情将段称为“龙”，将王称作“虎”，而将冯称作“豹”，后不知怎么传的，冯又成了“狗”。袁世凯用人，不论是否河南籍，也不论他长相与性情，只要有能力，皆视若股肱，各委以重任。

在小站的旷野上，北洋新军按全新的德式建置迅速组建，数年后，成了清国最具战斗力的武装力量，其核心人物进而成为清末民初最有影响的军事政治集团，即所谓的“北洋集团”。段祺瑞为该集团主要的支柱之一，并在袁死后成为核心，最终登上了国家权力的巅峰。这个结果，是早年从安徽来山东当兵的那个艰苦跋涉的小伙子怎么也没料到的。

在袁氏手下，坚毅且寡言的段氏不仅改变了官运，而且也改变了“家运”——36 岁那年，他随出任署山东巡抚的袁统领到济南任职时，原配吴氏在济南病故。袁大人于痛剿拳匪之余，成人之美，将一直住在自家的干女儿张佩蘅许配给段氏为继室。张姑娘乃名门之后，其祖父是已故江西巡抚张芾，其父随袁世凯的叔祖袁甲三剿捻时阵亡，故她属大清国的烈士遗孤，被袁氏收养家中，一直未逢合适郎君，嫁给段祺瑞时，已经 26 岁，在那时已经是超级剩女了。段祺瑞与张佩蘅的结合，使段祺瑞成了袁世凯的干女婿。老袁最疼爱的女儿袁静雪回忆说，袁家的兄弟姐妹都称段为“大姐夫”。亲不亲，一家人，在外人看来，袁与段公私难分矣！

其实不然，段祺瑞虽感戴袁世凯，但也有自己的做人底线。在大是大非面前，他没有被知遇之恩和赐妻之恩所融化。只看袁氏称帝时他拒不合作的种种强硬表现即可窥知，在原则问题上，段氏绝不退让。

段祺瑞注定是个末路英雄。他怎么也想不通，他豁出身家性命来“三造共和”，但“共和”却总是难以实现。老袁死后，南方割据政权“中华民国军政府”没了反对中央的口实，但就是不肯服膺北京的领导，反倒动员军队开始“北伐”。南方国民党的反抗倒也不意外，意外的是，为了统一国家，他和北洋兄弟冯国璋、曹锟也开始说不到一块儿了，到头来，他竟会稀里糊涂地被徐树铮等追随者推戴成所谓“皖系”的首领，最终竟与北洋弟兄们兵戎相见了！

在北洋时代的三大势力中，先是皖系不可一世，再是直系问鼎中原，最后是奉系把持中央。

所谓皖系、直系与奉系，都是政客、文人们给当国军人巨头们生造出的名分，是对各从政、从军者的“政治成分划分法”——无论你籍贯是哪，只要跟着某籍的巨头干事儿，就成了某系的人。倾力维护安徽人段祺瑞的，便被划归皖系；冯国璋与曹锟都是直隶人，那他们的部将和政友就属直系，哪怕后期的直系首领吴佩孚是山东蓬莱人，也不得另立“鲁系”；到了奉天张作霖那儿的，管你是不是奉天籍的人，如沈鸿烈是湖北天门人，于学忠是山东蓬莱人，统统都属奉系。这系那系的整天叫着，就成了真事儿。

民国初年军人巨头们轮番主政时，没像南方的革命党一样以严密的组织、无情的纪律和崇高的奋斗目标来召集、规范和驱使团队。传统士大夫阶级固有的治国理念和既定的国家法律，即足以管理国家。但是，他们谁也没有老袁的政治智慧和容人雅量，所以，一遇纷争，即想到了嫡系军队；一动用军队，政治格局就失衡，就出现了现代京剧《红灯记》里李奶奶念白的“军阀混战，天下大乱”的时代。无论你认不认账，都得戴着舆论颁发给你的“系”的黑帽子，且终身不得脱帽，就像佛祖强加给孙猴子脑袋上的那道箍儿，想摘下来？呵呵，门儿都没有！所以，尽管段祺瑞从来没自认过“皖系”，但却不得不以“系主”的身份治军与治国。

袁世凯过世后，因段祺瑞的地位使然，其所谓皖系势力曾最大，但是，垮得也最早。民国九年（1920）7月，直系曹锟以反对段之心腹、西北筹边使徐树铮为由，悍然起兵犯上，段总理不得不动员军队迎战，是为直皖战争。然而，政府军只四天就被吴佩孚指挥的叛军打得落花流水。老段绝没想到，自己乃北洋军人的祖师爷，居然打不过犯上作乱的学生兼部下——曹锟的灵魂吴佩孚是保定武备学堂测绘科的学生，现任的陆军第三师师长也是他老段批准提拔的。为让京畿免遭战火涂炭，他下令双方停火，并辞职回到天津，恨恨地嘟哝：“吴佩孚学问不错，兵练得也不错，学会打老师了！”

许多人都想，像段祺瑞这样个性刚烈的人，哪能忍气吞声地当什么寓公？他领军与为政时间均长，旧属、学生甚多，哪能闲得下来？来客频繁问计，一旦时机成熟，只消他一挥手，说声：“走！”一行人就为重新出山的段大帅忙碌起来。待那两扇厚重的大红门开启后，几辆小轿车便鸣着笛一溜烟消失在拐角处——对了，车两侧的踏板上，一定站着几个威风凛凛的佩短枪的卫士，那可是北洋时代大军阀出门时必不可少的一道风景。于是，乱纷纷闹哄哄的北京政坛因这个人的复出而暂时清静了一会儿，不过，未久，便更加混乱起来——事实一再证明，老段出山总不逢时，总也赶不上命运的步点儿。

2000年6月7日一大早，我和朋友在北京站买了最近一班经天津的特快车票赶往津门。

此次访津，一举两得——白天寻访民国时代的名人故居，晚上观赏齐秦专场演唱会。我把一件陈得发霉的事与一件新得耀眼的事搅在了一天。

我在拥挤杂乱的天津卫只认识几个人，但他们对我的要求却一个比一个热心。先是这一年春天在欧洲结识的年轻朋友徐夔，后是《今晚报》的杜仲华和谭诚东，他们接力一般把我们从一辆车子安排到另一辆车子上，让我颇为顺利地找到若干处民国豪宅。

我刚才已经说了，每次找段祺瑞遗址时，老天爷总是设法给我阴下脸来。真是奇了，这次小谭驾着他的“切诺基”刚一上路，车窗上就密密地浮起了一层水点儿。他用略带天津味儿的普通话说告诉我们：“今年的天儿热得早多了，昨天还摄氏三十四五度呢！今天你来了，好嘛，带来雨了，天儿凉快多了！”

我们的车从堵得七扭八歪的南京路上拐了过来，一入鞍山道，即可见两边各式的狼狈不堪的旧朝洋房。

我已经从《天津文史资料选辑》上淘出了要找的地址——日租界宫岛街38号。

民国时代的宫岛街，就是现在的鞍山道。

车经过一处紧闭着的大红门时，我忽然有预感：这可能就是我要看的地方！忙喊停车，稍倒，再看门侧标志牌，果然是38号！

凹进去的墙上挂着一条“天津市和平区教师进修学校”的长牌。

噢，当年的段公府，如今是让小学老师们当学生的地方了！

老段在天津住过多年，在这最后的和居住时间最长的地方，就是眼前这座建于1920年的洋楼。

木制大红门森然壁立，使人只能看到里面建筑的顶部。大门旁，仅开一道小门容人出入。

我们走了进去。

那一天下午，我和同伴们还在雨中转过徐世昌、孙传芳、孙殿英、小德张等几位人的旧宅，但都不似看望老段家这般顺利。

院内，该校总务科的杨先生面对我们这群冒雨而来的不速之客并未怫然作色，反而当起了向导。毕竟学府，斯文在此也。

相对于其他沦落为民居的名人旧宅，段公府保存完好。老段最后一次下野后，寓居此宅6年多。但其故宅保存完好却不是缘于这位晚年自号“正道居士”的老人修得了正道，而是因为一直在文化人手中。

赫然在目的一幢很气派的米色欧式建筑，在近百年前的天津卫，应算是一座比较气派的洋楼了，在整个日租界里，也算是不可小觑的一座豪宅。楼正门朝东，多级石阶上矗着高大的罗马列柱，其后是高大的雕花木门；二层是圆柱与矮栏构成的廊房，廊外沿的浮雕图案完整如初；三层为阁楼。古典的西方建筑风格使人记起曾在德国学习军事的主人的履历。

进入楼内大厅。当年的护墙板、天花板等竟一样未毁，只是两壁多了张衡、黄道婆、蔡伦和牛顿、居里夫人的五幅画像；厅内多了一张乒乓球桌。正面楼梯口处，一方紫绒标志牌上有“敬业求索，谨严奉献”八个金字，梯口另一面转角上，则是一方“保持安静，讲究卫生”的木牌。一楼确也安静，一边是会议室，一边是接待室，加一间厕所，均空空荡荡。

当年肯定不是这样安谧，早已冷透了的壁炉可以作证，依然生动着的雕花四壁可以作证，下野的段祺瑞使这座洋房一下子热闹起来，高朋满座，盛景空前。有亲历者回忆过：当时南来北往的各色人士，仍不断出入其门，讨计问策；段也常派代表外出，联络各方势力。政客、棋客、食客，每每人满为患，为的都是让老段再度出山，重新掌权，在帮助主人完成统一中国的宏愿之余，来客们也捎带着完成自己的各种私愿。

扶梯登高，我等一行人咚咚的足音很有一些历史感，让人恍若回到从前。

二楼，原先是主人的起居室，现在自然被充分利用了——右侧两个门分别是“校长办公室”和“党总支”，闻屋内有人语，我们未便打扰；左侧是两间大教室，空无一人。正面是临街的房间，门口嵌着“演播室”标志牌，无疑是为电化教学所新建的大课堂。

今天无人上课。即使有，还需要再学习模仿俄人口气所写的近现代国史吗？

老段虽然喜欢天津，但几次下野回到津门，都那么地不情愿。头一回是被继老袁当大总统的黎元洪给气恼了，为是否参加欧战（即第一次世界大战），黎的总统府与他的国务院的矛盾公开了，“府院之争”的结果是他愤然辞职离开京城。第二回，直军打上门来，他不得不让出政权回来避难。最后一次，他干脆被反复无常的冯玉祥的大兵轰出北京，和昔日的对头黎元洪一样，成了天津租界里的寓公。

本来，段祺瑞在国人心目中还是很有威望的。

民国二年（1913）10 月 6 日，中国历史上头一次用选票多寡来决定谁当国家元首。在第一轮投票中，759 位国会议员送给了袁世凯 471 张票，让老袁无可争议地当上了大总统；而黎元洪以 151 票当选副总统，也算实至名归；得票第三的是外交家伍廷芳，33 票；下面，就是段祺瑞了，这家伙居然得了 13 票，与被国民党人后来追谥“国父”的孙中山得票一样多！

一向好动的北大学生们还曾在校园里搞过一次民意测验，他们看上眼的 9 位“国内大人物”里，段祺瑞是唯一入选的军人。对一向乐与政府作对的学子们来说，老段上榜显然不是因为他是北洋军人集团的头领。

至少，最后一次下野之前，他的口碑不是很差。

但是，随着南方“赤化”的步伐越来越快，北洋各派内耗加剧，尤其是他主政时发生了骇人听闻的“三一八惨案”，使其声望骤降至冰点。

尽管段祺瑞一生征战，摧毁过太多的性命，但只有民国十五年（1926）3 月 18 日这天的发生流血事件，使他成了众口铄金的国民公敌。鲁迅恨恨说过的“墨写的谎说，决掩不住血写的事实”成了共和国时代的警句。血泊凝铸成了一件死沉死沉的枷锁，把他牢牢缚在千夫所指的泥潭里。

“三一八惨案”是怎么发生的？其前因，竟还是与他下野后寓居的天津有关！

容我用自己的语言来复述一遍其来龙去脉吧。

只能先从冯玉祥说起。

长期以来，我总以为冯氏所领导的军队是代表着进步力量的军队，是中国工农红军出现以前国内的最具有革命理想的劲旅，它敢于发动“北京政变”，把反动政府推翻，把封建小朝廷也捎带着轰出紫禁城，而且敢于在守卫大沽口时与日本侵略者交火，委实令人尊敬！但当我读到新解密的苏联史料后，就对冯氏的“革命”纯洁性产生了大大的怀疑！

现在看苏维埃成立之初的东方外交政策立足点，已经十分清晰，即他们不仅要分离出蒙疆，而且，要在缩水版的中国建立一个亲苏的中央政府。而这一切，均源自对宿敌日本人的悚惕。因害怕日本人而提防并痛恨可能与日本人有染的段祺瑞、张作霖，所以，他们制订的那些中国政策，无论极力促成南方的国共合作，还是在北方出钱出人支持冯玉祥起事，都是为了抵制段与张的强大。苏俄人当年的口径，现在的权威史书还说此二人是日本帝国主义在中国的代理人。

于是，民国十四年（1925）春，苏俄驻华大使加拉罕就通过中共北方区委负责人李大钊教授，神不知鬼不觉地说服了驻扎北京一带的直军将领冯玉祥，利用冯氏膨胀的政治野心，鼓动他伺机夺取北京政权。恰好，段、孙、张三角同盟的金钱也送到门上了。于是，冯氏就没辜负国内外各方之热望，于当年 10 月 23 日，在直奉战争进行到最关键的时刻，趁本军统帅吴佩孚在山海关一带亲率大军与奉军激战之时，一举回师北京发动政变，倏然改变了中国政局，直系组阁的北京政府迅速垮台。不按套数出牌的冯氏，甚至还把逊帝溥仪驱赶出宫——当年，正是靠民国政府与清室达成的优待清室条约，清王朝才答应拱手让出国家的统治权，从而使国家避免了大规模的内乱，但到了冯氏手里，中华民国却一点儿信誉也不讲了。

一番折腾下来，冯玉祥成了拥有国家事务话语权的一流军事巨头，成了与蒋介石齐名的赤色将领，“南赤北赤”成了令其陶醉的一时之誉。

然而，尽管如此折腾，但还是轮不到冯玉祥组阁。直系的对头、现时的盟友“奉张”，就不会容忍“赤化”了的冯氏独自把持朝政，南方的孙中山也不愿“北赤”独享国政。无奈，冯氏只好与奉张、国民党联合捧出更具资格的政坛元老段祺瑞出山。于是，是年 11 月，老段离开天津，重登北京政坛。

然而，就连冯总司令也没有料到，在遥远的克里姆林宫，他不过斯大林下的国际棋局上的一个车或马，而非王或后。就在这一年的 12 月 3 日，斯大林在苏共（布）中央政治局会议上已经明确地布置起中国新政权的组成结构："现在建立纯国民党政府是不可能的，北京政府应有冯玉祥、国民党人和其他较温和的人参加的联合政府。"

瞧见了吧？人家的终极目的是要建立一个"纯国民党政府"，他这个拿水龙为全军将士集体洗礼的"基督将军"只不过是个过渡人物而已。

然而，刚烈的段祺瑞主政后，因与孙中山反目，本届内阁才没顺着苏俄人的意思成为斯大林预期的"联合政府"。

而且，第二年，为争夺华北，冯氏与"奉张"反目成仇，两支同盟军眨眼间成了敌军。退避湖北的吴佩孚、占据天津的李景林、统治山东的张宗昌几位直系大将，则组成了讨伐"北赤"的直鲁联军，与奉军共同向冯氏的国民军宣战，包括天津在内的直隶各地爆发了大规模的内战。尽管苏俄政府加大了对冯军的支持，但寡不敌众的国民军仍节节败退。此时，奉军将领郭松龄受到冯氏的收买于阵前呼啸而起，回征奉天，几乎成功，但却功亏一篑，最终被张作霖弹压，夫妻双双被处决。拖到翌年（1926）早春，战争仍未结束。国民军总司令兼第一军军长冯玉祥不得不以退为进，宣布下野，佯称出洋，实则躲在西北张家口，于幕后继续掌握着国民军。此时，国民军依旧占据着京津一带。

民国十五年（1926）3 月中旬，奉军舰队由泊地青岛开往天津助战。为阻止奉军登陆，占据天津大沽口的国民军第一军发布通令，禁止一切商船出入天津港口，并在大沽口敷设水雷，封锁了水道。

天津港外的战云压黑了北京的东交民巷，当年与清政府签订《辛丑条约》的八个国家的驻华公使们便于 3 月 10 日共同向中国政府及交战各方提出"最急切之抗议"。因按该条约，中国不得阻碍北京通往入海口的通道。迫于外交压力，国民军于次日拆除水雷，留出了航道。

3月12日下午，两艘日本军舰按与国民军的预先约定驶入水道，但却与守军发生了武装冲突——守军报告是日舰未按既定时间进入，且由一艘变为两艘，故令其禁入，日舰却突然向守军开火，打伤十数人。但日本人却坚称是守军率先向本舰开火，致伤4人，为自卫计，日舰不得不反击，并主动退出了战场。

东交民巷的公使们相信日本人的说法，并根据各国驻天津海军武官们提供的信息，3月16日向中国政府提出要中国军队限期于“3月18日正午止”解除对大沽口水道封锁的最后通牒。

列强的“哀的美敦书”（ultimatum，最后通牒）极大地挫伤了北方知识阶层的民族自尊心，也给伺期发动革命的北方革命党领袖们以绝好的机会，他们立马发动了声势浩大的支持国民军、反对“亲日”段政府的政治攻势。

实际上，段的执政府并没接受列强们的抗议。外交部接到八国通牒的当晚——3月16日，老段即召集内阁成员在其宅内紧急磋商。磋商的结果是，午夜派员至东交民巷，如许回复外交使团：

> （前略）查《辛丑条约》所载，由京至海通道，无断绝之虞一节，素为本国政府所尊重。不幸近因地方发生争执，大沽附近，有军事行动，以致外船通航，受有限制。本国政府迭准驻京各国公使来照，正在竭力设法，消弭此项障碍，恢复由京通海之自由交通，谅为驻京各国公使所深悉。
>
> 乃各国公使不待该问题之从容解决，竟令驻津海军司令官提出限期答复之通牒。阅该通牒内容，各国驻津海军司令官所采取之态度，本国政府视为超越《辛丑条约》之范围，不能认为适当。……

简言之，因为入海通道并未断绝，只不过要事先申请罢了，所以，你的通牒超越了《辛丑条约》规定的范围。

如不带偏见，任何一个识字的人都会读出，“不能认为适当”，即：执政府已经明确拒绝了八国通牒。

但是，国共两党在北方的领袖们却拒绝体谅本国政府的苦心，他们反倒加快了倒段的步伐。在他们的领导下，学潮一波烈于一波，终于诱发了“三一八惨案”的发生，让段祺瑞一下子陷入不仁不义的泥潭中，百口莫辩。后来，国民军又发起了针对他本人的未遂政变。他饱受责难，心力交瘁，只得最后一次黯然辞职，返回天津。

成也天津，败也天津！从前清时在天津参与创建新式陆军起家，到最终因天津口的一场战事而引发血案，25 年之前，“北洋之虎”功成名就；四分之一世纪后，临时执政身败名裂。

惨案发生后的第三十三天，即 4 月 20 日晚间，段祺瑞在已经总辞职的内阁总长们与亲随的陪伴下，乘专车回到天津，回到了我看过的日租界里的洋楼。

这位 62 岁的北洋老人，自此作别了中国政治舞台。

我想，他抵达这座大红门的时刻，天一定刚好下起了雨，让这位末路英雄站在两扇厚重的门板前，任风栉雨沐，喟叹自己的一言难尽的争斗生涯。

他从少年出外当兵，一步步成为军中骁将。在推翻中国历史上最后一个君主专制王朝的关键时刻，他以北洋军主力部队统制官（军长）之地位，毅然“犯上作乱”,领衔高级将领通电清廷,逼其退位,否则将“率全军将士入京，与王公剖陈利害”！这咬牙切齿的威逼终于促使了大清江山迅速崩解。虽然人们说此举乃得了袁世凯的授意，但这份孤胆不是每个北洋领军人士所能有的。此即段氏“一电定共和”或曰“一造共和”的美誉之由来。

在平息了国民党人发起的“二次革命”后，袁世凯竟要称帝！段祺瑞不顾半生被提携兼提亲之恩，以缄默和称病表示抗议。国务总理不上班，政府便陷于了半瘫痪状态。这种大义灭亲之举，也并非每个北洋政府高官所能做的。连最亲近的人也反对恢复帝制，众叛亲离的老袁只得厚着老脸宣布：取消帝制，恢复共和。没多久，袁氏便一命呜呼。抵制袁氏称帝，成为段氏“二造共和”的光荣履历。

原日租界里的“段公府”，后来是天津市和平区教师进修学校，成为让小学老师们当学生的地方了。（2011 年 11 月摄）

袁氏死后，黎元洪当家。段祺瑞因性格与工作方法使然，与新总统黎元洪交恶，终于干不下去了，遂辞职出京。谁料驻防徐州的“辫帅”张勋竟借调处之机，率号称五千人的拖着长辫子的大兵入京，搞起磕请清朝复辟的闹剧！寓身津门的段祺瑞，虽为光杆司令，却挺身而出，跑到津郊马厂第八师李长泰部驻地，凭一己声望，组织起“讨逆军”，通电命令段芝贵、曹锟分任东、西路军司令，杀进京城，迅速完结了中国近代史上的一出大倒退的短命剧。由此，他博得了“三造共和”的美誉，也赢得了在北洋军人集团里无人可取代的地位。

即使几度下野，这位意志坚强的军人政治家也没放弃统一中国的宏愿，他虽赋闲津门，却关注着国内政局，并最终接待了孙中山与“奉张”的特使，三方结为同盟，共同推翻了直系政权。只是因为阴差阳错，他统一国家的最后一搏随海河之波悄然流逝。

他的足迹明明白白镌在青史上，只要你真的触摸到民国初期的那几片汗青，就会明显地拭到覆盖着陈泥的有关段氏的深深的刻痕。

是英雄但却不是明君。打仗与治国是两码事。追随者称其刚直不阿，反对者称其刚愎自用。确实，评价段祺瑞，都离不了“刚”字。如此刚强的人，很难在权力巅峰上待久了。

在刚刚走进共和的 20 世纪初叶，段祺瑞与其他北洋军阀巨头一样，原本都指望中华在他们手里统一并强盛起来，但因各派政治势力与军事集团的不肯妥协而让中国陷入了混战的境地，而俄、日两个强邻的暗中介入，更使得那个时代乱上加乱。每一次动乱，都是一次地震；每个山头的垮塌，都不可避免地阻塞了近代中国民主政治之源流，让中国汇入现代国家的流速变得异常迟缓，有时甚至连年在死湾里回流。

可惜，段祺瑞无力改变他身外的世界。虔诚信佛的他，把中国的乱局归咎于恶魔降临。他所说的恶魔，或许不是佛门子弟公认的那些想象中的妖孽，而是他所认知的一些具体的人，中国人和外国人。

说到我造访的天津段公府，我不能不想写一个时下报刊上常用的词：廉洁。容我据实志之。

自古以来，为官必贪。只说房产吧，就能看出官僚体制的霸道与腐败。历来当官儿的大都是“反动房产主”（恕我借用“文革”语言），往往官儿越大占房越多。不信你看皇帝老儿，从咸阳的阿房宫到北京的紫禁城，两千多年来，他们的殿堂如重峦叠嶂，却只为“朕”一人所住。“共和”以后亦然，甭管他们自诩为国民之公仆，但只要看其住宅，即知是豪门在斯，休得造次。

民国初年的天津租界里，豪宅鳞次栉比。有心人统计过，从袁世凯始，至黎元洪、徐世昌、冯国璋、曹锟，共5位大总统，6位国务总理，1位众议院院长，19位内阁总长，16位督军，以及一时数不清的前清遗老、失意政客等，都在津门各有寓所，有的还不止一处。达官贵人们的洋房各呈其姿，各显其势，房子成了主人身份显赫的佐证。需要说明的是，离职后的北洋政府的高官，无论是总统还是总理，也无论是议长还是总长（部长），房产都是自费所购，也许他们攒钱的来历不那么光彩，但没有一人是用国家财政的钱来为自己安置家园。

不过，四次出任总理并最终被推举为国家元首的段祺瑞，却是绝无仅有的例外，我所造访的天津鞍山道38号豪宅，并非段氏私宅，而是一直随他同进退的前陆军总长吴光新的房产。吴光新乃老段已故发妻吴氏之弟，老段没因续娶新妇就不再提携前小舅子，而吴将军也知恩图报，将自己在日租界新买的那栋豪华洋房赠给了前姐夫一家住。

民国十三年（1924）农历二月初九，是段祺瑞的六十大寿（实59周岁）的日子。之前，他怕各地来人祝寿，专门在报纸上连续刊登广告，谢绝一切来宾到津。结果八方来客不听老领导的话，愣把租界里的大小旅馆挤得爆满，并为他献上了贺寿金达10万元。老段一向不贪财，也没有积蓄，得10万巨款后，他没有留下，而是让部下秘密汇给了冯玉祥，以催其从速倒戈叛直。此公此生经手的最大一笔私款，就这样一转手又撒了出去。

捎带着说说段氏家事吧。

段氏前后有两妻五妾。原配吴氏、妾陈氏，后段续娶大姨太陈氏、继室张佩蘅、二姨太边氏、三姨太刘氏、四姨太刘氏、五姨太李氏。吴氏与陈氏相继过世，另有多名儿女夭折，余段宏业、段式萱、段式彬、段式巽、段式筠、段式英、段式荃、段宏范，共二儿六女。有文章说段祺瑞还有一子，名段宏模，行为不检，甚至在段祺瑞到大连休养期间，在天津与其某位年轻的庶母有染。老段闻举报后，气歪了鼻子，遂将此妾与此子逐出家门。1949 年后曾有人见段宏模在北京一家街道小工厂当工人，十分落魄。我曾当面求证过段祺瑞的曾孙女段君宜女士，这位北京君宜中学的董事长大声否认："没有！没有这个人！我曾祖父段祺瑞只有两个儿子，根本就没有这个段宏模！"老太太反应态度之强烈，令人稍感意外。不过，我确实在她提供的一纸打印好的段氏家世上看到了被用铅笔划掉的"段宏模"三个字。不知段老太太是否在为长者讳，单从名字上看，"宏范"之前似应有个"宏模"。

有书中说，张佩蘅之后的那些妾，都是这位继夫人主动代夫所纳的，因她一连为段家生了式萱、式彬、式巽、式英四个女儿却未生一个儿子，心里有愧，故花几百块钱买了几个北平的小户人家之女供老公享用。对此，段君宜女士很干脆地告诉我："那都是瞎说！"

74 岁的段君宜女士乃段祺瑞的长子段宏业的二儿子段吕仁的长女，其性情颇有其曾祖之遗风。在北京大兴的君宜中学董事长办公室里，民办学校的老校长说起自家历史，毫不含糊。她的原话是："那两个侧室，是我曾祖父在保定当校长的时候，别人送的。"

没有知情人说出真相，或者不给能说真相的人及时搭一个公共传播平台，则假想将永远流传于世。

也许，早就有人告诉过我们真相，但许多亲历者对历史的交代也总是被权威史书忽略了。所以，我们也就一直不明真相，并不得不成为用心探究的人。

下野后的段祺瑞住在前小舅子的房子里，每天上午诵经，下午与清客下棋，据说，他总执白子。甚至他还学会了打台球！晚上，则与几位固定的故

段祺瑞在天津家中打台球，往昔的戎马征战、政坛沉浮，已如过眼烟云……

段祺瑞与家人合影。（段君宜女士提供）

交打打麻将,但也是"小来来",而且很有规矩。他不再过问国事,逢农历初一、十五就去庙里进香,并时捐善款以修俗心。这个征战了一生的人,天天以《金刚经》和黑白子打发晚年的时光。

颜惠庆是"三一八惨案"发生时的刚刚任命的外交总长,但尚未到任,后来也当过北洋政府总理,故而在很长的时间里也不算好人,他的回忆,理所当然地长期被忽略。他晚年撰写的回忆录中,专有一段写到在天津当寓公的段氏:

> 至于段执政,则素以廉介称,不积资财。他的天津住宅,闻系其旧部的产业。平日除念佛外,喜作方城之戏,每次以"八圈"为度。牌桌伴侣,恒于晚十时,照例兴辞退出。他本人既绝对素食,他留客人共餐时,亦只好"客随主好"。参加他的宴席,往往认为苦事一桩。
>
> 他常患坐骨神经痛,及严重性的风湿症,往往须将两腿浸入冰水中,使其失去感觉,借以暂时免除痛苦。虽经尝试各种医疗方法,均不见效。最后乞灵针灸,据称有时或略苏苦楚。
>
> 有人问他中国内乱原因,他总根据佛家果报之说,认为恶魔降世,扰乱人间,非待诸魔彼此消灭净尽,难期太平!

我怀疑老段以佛教理论解释纷乱的政局是装痴卖傻,但他借别人家栖身则是事实。单从这一点看,老段还是挺对得起国家的。

段祺瑞虽在共和国的字典里早已臭名昭著,但他的不贪财不求奢的生活作风却并不广为今人所知。他的清廉体现在他虽从军从政数十载,历任各级高官,却从不克扣军饷。许多民国军人就是靠军饷发了横财,以致下野后立时有钱投资实业并速成富翁,"辫帅"张勋即比较典型的一例。段氏做官几十载,手中却无钱,这种清廉在普遍腐败的官场上,自然异常扎眼。比之他的军中同袍、政界同僚、皖系同乡,他这个元首下野后,既无钱投资实业,更无力重建军备。所以,只能不好意思地接受别人的——包括南京政府——

资助，以度晚年。

不过，尽管钱不多，但还是有扶贫助学的佳话。美国人包华德主编的《民国名人传记辞典》上说，段祺瑞在天津时，“信佛念经又资助贫苦有为的学生”。安贫乐道，仗义疏财，老段活得很本色。

日子一天一天过去，他越来越清静澹泊，直至“九一八事变”的消息传来，他在津门的宁谧的寓公生活才被打破。

对南京那边而言，天津租界无疑是一个可疑的渊薮——那么多的前清遗老和北洋大佬扎堆而居，而且多住在日本租界里，岂能让当国者放心？

的确，内忧外患一直不曾让蒋介石安宁，尤其日本关东军在奉天发动了“九一八事变”以后，总有情报说，那个日本大特务土肥原贤二，正不断地做北洋遗老的工作，以期在华北成立附日的汉奸政权。随着那个糊里糊涂的溥仪突然从天津日租界的“行在”被日本人弄到了旅顺，一时间，与溥仪同街而居的段祺瑞便成了令国府关注的人物！

是的，日本人巴不得由曾是北京政府头号统治者的老段出面组织傀儡政权。为此，与段同乡的北洋元老王揖唐天天待在段府，劝说“芝泉老”与东洋人合作。但是，让蒋先生和绝大多数中国人庆幸的是，尽管在位时一直背负着“亲日”的骂名，但老段却并未与异族入侵者合作，倒是他的几位老部下，如王揖唐等，在他离开天津以后，耐不住寂寞，相继觍颜成了大汉奸。

民国二十二年（1933）1月19日，与蒋介石素有交情的交通银行董事长钱永铭赶到天津，面交了蒋委员长给“芝老先生”的亲笔邀请信。

蒋介石与段祺瑞是一直有联系的。民国十七年（1928）6月，北伐大功告成，北伐军四位集团军司令齐聚北京。在西山碧云寺停厝孙中山灵柩的地方，蒋介石与阎锡山、冯玉祥、李宗仁一起举行了北伐胜利祭灵大典。过后，他即请合肥籍的老同盟会会员、北伐军顾问吴忠信把段祺瑞的侄子段宏纲请到北京饭店，向昔日的老师表达了敬意，并委派吴忠信专程去天津拜访了段氏。临别时，吴氏替蒋给老段留下2万元生活费。之后几年，南京方面陆续派人送款给段数万元，以维系中央政府和蒋本人对“芝老先生”的关怀。

谁都知道，在北洋巨头里，段是最清廉的一位，人称“六不总理”，即：不抽、不喝、不嫖、不赌、不贪、不占。这样一位政坛老人，尤其是当过元首的长者，即便不是蒋介石的老师，由后继政府出钱养起来也是理所就当的。也正是因了这种一直没断下来的关照，才有了 5 年之后老段应邀南下之举。

“南下颐养”，“随时就商国事”，这些极诚恳的话，打动了老人。深思熟虑之后，他起身掸了掸襟前的香烬，慨然表态：“我已老了，不中用了。如介石认为我南下于国事有益，可以随时就道。”

为避免不必要的麻烦，段氏为此次南下找了借口，并请人拟了份应付报馆的答辞：

> 此行无所谓任务。二小女（段式彬）在沪读书，余思之切，故前往一看。
>
> 余研究佛学多年，将往普陀一游。余素患腿病，时愈时患，借此长途旅行，以活动筋骨。

当时从北方到南方，若乘津浦线火车，必经首都南京。人家肯定关心他与那个“革”了北洋政府“命”的学生蒋介石是否相见。对此，他如是作答：

> 适蒋派员希望过京（南京——引者注）时一谈。蒋系余之学生，余当然可见他谈谈。

瞧见了吧？此次南下，既为看看在上海读书的二女儿，还要到浙江的普陀山上去拜佛；路过首都南京时，如学生要见先生，本人当然可以见面聊聊了。这样的作答，真是滴水不漏。毕竟政坛大佬！

两天之后，段祺瑞在亲信吴光新、魏宗瀚和侄儿段宏纲的陪同下，带着张佩蘅与边氏和三女儿段式巽，随钱永铭离开了家门。

一直跟父亲住在一起的段式巽回忆说，天天来他家的前众议院院长王揖唐，见他们要南下，竟拦住父亲大声嚷嚷："我们一向是北方的，去南方能干得成什么？不要去南方，守在北方好！"段式巽急了，冲着他喊："王大哥，你就别再出主意了，老爷子主意已定！"然后急令下人将这位王大哥塞上小卧车送走，再将父亲扶上了离家的车子……

挥手自兹去，段祺瑞永远离开了这座米色的洋楼，永远离开了天津，永远离开了北方。

一番徜徉后，我们也要离开这座米色的大楼了。我请同伴为我留了张影。面对这座没有任何文字标志的天津名宅，我选择了那两扇偌大的百年红门做背景。

拍完后，一时兴起，我想拉开大门让这座封闭着的老房子面对闹市透透气。但想不到这道门竟如此沉重！我费了好大劲才把它拉开一半。

开启历史的大门，真的需要气力——喘着粗气，推着粗大的铁骨与厚重的门板，我一直在咂摸这样一个道理。

北京篇

北洋时代，有个巧合的数位，即皖、直、奉系三大军事集团，各领风骚整四年。皖系虽说垮台最早（1916 年 6 月至 1920 年 7 月），但段祺瑞却是往返权力中枢最频繁的人。前面说了，他最后一次离开天津，即应冯玉祥与张作霖之邀回到北京当上了临时执政。

按说，皖系军队最早被直系打败，而他过于刚直的执政作风也未见得让人喜欢，但因他是北洋系里最有资望的人，所以，无论哪个人得势，凡到"得"不下去的时候，便会想到他。

当时的《东方杂志》第二十一卷上，有这样一段记载：

> 段祺瑞蛰伏多年，在这次政变后，忽又成收拾时局的唯一人物。政变诸人主动拥段，张作霖拥段，中立各省拥段，甚至失败而去的吴佩孚也有对段表示屈服的表示；长江各省本为吴系，亦乱言尊段。照这情形看来，在今日实有非段出山不可之势。

这一年，他已虚龄60岁了。他知道，这是冥冥中的佛给予他的最后一次机会，他不甘宏愿成泡影，决心在自己手中把七零八落的中国整治得有条理，进而统一全国。

浩繁的中国职官史上，并无“执政”这个官衔，是段祺瑞请来的湘籍名士章士钊为他想出了这个名分。在天津段公府里，应邀前来筹备新政权的章氏告诉他：“执政”乃罗马首席行政长官的名称，因这次返京组织政府，未经国会选举，故既不能自称“大总统”，也不便叫“大元帅”，只能以“临时执政”名义代行国家元首兼政府首脑的权力。段氏沉吟良久，称是。

是年11月24日公布的《中华民国临时政府制》，一共6条：

> 第一条　中华民国临时政府以临时执政总揽军民政务，统率海陆军。
>
> 第二条　临时执政对于外国为中华民国之代表。
>
> 第三条　临时政府设置国务员，赞襄临时执政处理国务。临时政府之命令及关于国务之文书，由国务员副署。
>
> 第四条　临时执政国务员分长外交、内务、财政、陆军、海军、司法、教育、农商、交通各部。
>
> 第五条　临时执政召集国务员开国务会议。
>
> 第六条　本制自公布之日施行，俟正式政府成立，即行废止。

临时执政，即过渡政府时的国家元首兼国家武装力量最高统帅。段祺瑞由此登上了权力之巅。

段执政欲将国家政令统一的决心，化作了他的“善后会议”。

段此次出山之前，即公开倡言：如执政，将召开由军政学商各界代表参加的善后会议，以解决连年战争所带来的混乱的政治局面。他的政治设计是，由善后会议产生国民代表会议，由国民代表会议制订新宪法，然后，在宪法的框架下组成合法政府——奉系与国民军拥立他出面组成的政府未经国会选举，故称临时政府，亦即后来所谓的过渡政府。善后会议之议，得到了另两位盟友的支持。于是，段遂通过报端将其方案公布。

孰料孙氏自广东启程时，发布了《北上宣言》，倡言当务之急是召开由“现代实业、教育、大学、各省学生联合会、商会、工会、农会、共同反对曹吴各军、政党”九方面参加的国民代表会议，该会议将取消中国与帝国主义国家签订的一切不平等条约，结束军阀统治，组织国民政府，今后“民国之命运，由国民之自决”。彼时，国共合作正值蜜月期，善搞群众运动的革命党在各地组织了“国民会议促进会”，向北京政府施压。

段执政不为所动，于孙中山抵京后公布了善后会议代表名单。他算是给足了国民党面子——在166位与会代表中，孙中山排名第一，以次才是被曹锟轰下台的前任总统黎元洪、奉军总司令张作霖和国民军总司令冯玉祥，他们之后，才是除直系以外的各地军方巨头、社会名流（包括北大教授胡适）、西藏的达赖喇嘛与班禅喇嘛等各地实力派人物；若以党派论，国民党籍的代表为数不少。面面俱到矣！

孙中山恼怒不已，非但本人抵制此会，而且通过汪精卫等随行的国民党大员向全党发布命令：凡擅自参加者，将予以开除党籍的处分。

三角同盟因“两会”之争而自行解体。

时隔80多年再看，无论是段氏的“善后会议”，还是孙氏的“国民会议”，表面上看，都是为了把曹锟、吴佩孚的直系势力排除在国家事务之外，都想制订一部好的宪法、组成一个好的政府，都想一劳永逸地解决国家的和平统一问题，只是名分不同而已。但究其实质，却不得不承认，段氏的善后会议更具可操作性，而孙氏的国民会议则属一个极其渺远的政治目标。在当时，对外废除一切不平等条约，当真说废就能废了？对内自主决定国家命运，这是哪位才能实现的强人美梦？

善后会议因孙中山的逝世而休会了几天，历时两个月结束。会上，段主持草拟了新宪法。从恢复国会到整顿政治，从遣散军队到改革税制，从增加教育经费到查禁鸦片，方方面面，还干了不少实事。这一切，还都是在国民党的恶声责难中进行的。

从晚清戊戌变法时即被时人尊为国士的梁启超，曾在段的上一届政府内担任过财政总长，对段氏的最后一次复出，他有过一句很高的评价：

> 其人短处固所不免，然不顾一身利害，为国家勇于负责，举国中恐无人能比。

美国的头号中国问题专家费正清评论这一段的中国历史时是这样说的：

> 尽管段祺瑞在更大程度上是个政治实干家而不是理论家，他仍怀着国家团结和重订宪法的空想……机构安排十分圆满，讨论十分严肃，国会活动十分认真。……

然而，他还是失败了。就在他临时“执”了一年又五个月的“政”的时候，多变的冯玉祥又一次搅乱了方才好转的中国政治进程，再次发动了兵变，这一次是枪口直接对准了他。他只好从此作别历史舞台。

北洋时代因这个人的非正常退出而加速了终结。

关于他的最后失败，我有些疑惑：在群雄竞起的当时，段祺瑞的人望不是不够，他的抓纲治国思路也不可谓不对路，可他为什么还是凄然谢幕了呢？

不仅我如此，连西方世界最为著名的中国问题专家费正清先生也纳罕呢！费氏在他主编的《剑桥中华民国史》中如是长叹：“宪法未能像广大中国人期望的那样控制冲突，导致团结，对此，后来的分析家同段祺瑞一样迷惑不解。为什么会这样？至今仍有争议。”

原铁狮子胡同，现为平安大街。这座庞大的清代建筑群，保存基本完好，最先是清廷贵胄学堂，后为海军部，民国肇始时为袁世凯的总统府，故称其为“段祺瑞执政府旧址”并不确。（2000 年 1 月摄）

平安大街上的大影壁，记录了一段血写的往事——“三一八惨案”。（2011 年 8 月摄）

我因段祺瑞而知道了执政府，又因执政府和一连串的名人故址而迷上了现在的北京平安大街。因此，这两年我去北京，老爱住在这条大街上的齐鲁宾馆。

平安大街是一条为了庆祝共和国成立 50 周年而赶进度拓宽的古路，把原先的张自忠路、地安门东西大街统一了尺寸，拓成了一条与长安街并行的京城通衢。有人戏言：它与长安街是轿杠，抬着皇家的北京城。但这幽默让人笑不起来，因为它毁坏了一些真文物，兴建了一批伪文物——连片的灰乎乎的“明清民居”实在太煞风景！而且，它远没达到让车子快起来、让自行车与行人方便起来的目的。每次赶很远的路才能走到马路对面时，我都要为城市规划者们的能力失望上好一阵子。

在我看来，开拓平安大街的唯一功劳，就是把那一道在中国近代史上不能不提到的巨大灰砖影壁从杂乱密挤的皇城根儿的百姓蜗居中“发掘”出来。

这是我所见过的中国最大的影壁。

迟至“文革”之灾爆发时，这道悬山顶砖雕影壁还立于通衢上，是“文革”后期大批知青返城，无房可居的人为了生存，不得不傍着它建起一簇簇偏厦陋屋，才使得这个名垂青史的大影壁被违章建筑所湮没，并长时间与世隔绝。这是北京市文物局文物处处长王鸿年先生告诉我的，他的单位，就在距此不远的府学胡同里。

我一直想去找找东城区交道口一带的府学胡同，因为袁世凯被监国摄政王载沣逐出京城时，就把在这条巷子里的大宅子送给了铁杆小兄弟兼干女婿段祺瑞。老袁很精明，他被遣出京，性命能保住就不错了，哪有再回京城居住之念想？况且也没给外人，给的是干女儿。

袁与段的共同旧居，如果尚存于北京城区里的多得令人窒息的水泥楼群里，该有多引人入胜啊！

当然，府学胡同不光有当年的袁公府或曰段公府，顺天府学和文丞相祠也是我一直想看的地方。于是，在京出差的某天，找了个没事儿的下午，我从齐鲁宾馆后的什刹海岸边，在一个小修车铺里买了一辆仅卖 150 块钱的崭新的天津产自行车，跨上车后踩个十几分钟，就找到了府学胡同。

这是一条东西向的小巷，“忠教坊”三个大字就嵌在胡同西口的墙里，南宋被俘的文天祥丞相据称即在此胡同里殉国的。骑着这辆来路可疑的新自行车，不过几分钟，我转完了府学胡同。

胡同东端的南北两侧，一望便知是“文革”前后的标准砖楼，没见清代大宅院的影儿。胡同西部倒尚残存着三处古建筑，两处在路北，一处在路南，且都有“北京市重点文物保护单位”的大理石铭牌。路北的两处紧挨着的，即“顺天府学”和“文丞相祠”。明清时的首都最高学府和考试重地，如今已大大降格，成了北京市东城区府学胡同小学；而祭祀文天祥的文丞相祠，也只有前后两进小院，除了我之外，只一个韩国青年在虔诚地参观，我俩因相互请对方拍照留影而彼此友善了几分钟。

就在这祠堂的对面，有一处占地面积颇大的古建筑群，我疑其即昔日的段公府，但门外的北京市文物保护牌上却是“府学胡同 36 号，北京四合院”，跟段祺瑞无关。

不过，大门口那块更醒目的木牌告诉我找到这儿也没错——北京市文物事业管理局。

我疑心人们不好意思将一个卖国军阀的名字标在外头，故只当此院为典型的四合院吧？

不过，进去后，找到旧识王鸿年处长时，才知它确与老段没关系。王鸿年先生除送我有关资料外，还知无不言地向我介绍了若干情况。他告诉我，没听说段祺瑞住过这个大院，这里是老北京的一个有名的四合院——从清末的兵部尚书，到被逐出宫的太妃们，从民国初期的海军总长，到“文革”前的天主教会神学院，它历经数代变迁而未颓，现为市文物局的办公地。也正因他们单位进驻这里，该大院里的宏屋、回廊、花榭、假山等才较为完整地保存了下来。如果段公府肯定在府学胡同的话，那只可能在胡同东头，不过，东头的老房子早在多年前就拆净了，原址上建了一片居民楼。

王鸿年的话，让我记起了刚刚在胡同东端看过的那几座毫无特色的或红或灰的方砖楼。

府学胡同里两位近百年历史巨子的故居，真的永远不存在了。

我沿宽街骑回到了平安大街，在以前的铁狮子胡同驻足。

自打知道了平安大街上的这座影壁的身世后，每次经过这里时，我都忍不住要看它几眼。

长长的大影壁记录着一段血淋淋的往事——民国十五年（1926）3月18日下午，执政府卫队悍然开枪镇压了请愿的学生。枪声响后，不少人当场仆倒在大影壁的跟前，更多的人则绕到了它的后面，以它为盾，躲过了子弹们的追杀。参与领导了北方国民运动的北大教授李大钊也是其中一位，枪响时，他也跑进了这座大影壁后的卫队旅的马厩里，“状极狼狈”（《京报》1926年3月20日语）。等人群一哄而散之后，军警和市民将仆地者送往附近医院，但已经死了47人，伤了数百人。

此即震惊一时的“三一八惨案”。

我想知道，执政府卫队果真蓄谋已久并严阵以待镇压了爱国群众运动吗？段祺瑞真的在吉兆胡同的家中悍然下令用子弹和大刀阻遏人潮的汹涌吗？

当然，我还想知道，第二天《执政府令》上说的“有暴徒数百人手持枪棍闯袭国务院”到底是不是真的？“赤化分子”真的“抛掷炸弹，泼灌火油”了吗？有记者披露，示威者中有人准备好了带铁钉的棍子，这些报道也是真实的吗？示威者并非“手无寸铁”倒是真的，因为当天在场的朱自清写过，他看到确实有学生带着“木棍约三尺长，一端削尖了，上贴书有口号的纸，做成旗帜的样子”，不过，朱氏没看到有带铁钉的木棍。

我确实想知道，同一起惨案，出现在各报纸上，事发经过竟是如此的不同——若干家报馆说，学生请愿秩序井然，但一到国务院门口即遭卫队“诱杀”（鲁迅语）；另有若干家报纸则说，游行者喊着口号冲击执政府，以致十几个卫兵都关不上大门了，鸣枪警告无效后，子弹才射向人群，云云。到底哪个声音告诉我们的是真相?

并且，我还想知道，为鲁迅所不屑提及的另外一些信奉“公理”的教授们在报刊上说的:死伤者有不少是“被群众挤倒后踏死或踏伤的”;死难者中，为什么还有警察厅的两个便衣和执政府的一个卫士?

当时正在协和医院住院的清华大学教授梁启超说，他既对政府的危机处置措施之“荒谬”感到“简直是不可思议”，也“对于一般自居指导青年的领袖们”“不能完全宽恕”。梁导师的话,也许更能启发我们对惨案性质的认知。

被绝大部分人所不知的，是下面这个极为要紧的历史细节：

3 月 19 日清晨，苏俄顾问组的埃凡斯和阿连去找李鸣钟，李鸣钟殷勤地接见了他们。顾问们问：“将军，您打算怎样对待总统（指段祺瑞）？”李鸣钟吞吞吐吐地回答说：“我知道，顾问们所怀有的崇高的感情不能不谴责凶手，但我们现在没有力量和总统斗争，此外，游行示威者也不该到总统府去。”“您有一个警备旅，您可以解除总统卫队的武装，剥夺总统的权力。他应当作为凶手和人民的敌人来审判。”

这是苏联人写的《冯玉祥与国民军》书中的一段话。李鸣钟乃冯玉祥副官出身的国民军将领，时任京畿警卫总司令兼督察总监。

真乃一叶知秋！仅此一段，即可窥见当年苏俄人对整个事件的操纵。只不过国民军将领也没有料到事情已糜烂至不可收拾的地步，没继续“顾”上让他们过“问”，更大的流血事件才没发生。

在这些人的错误导演下，鲜血染红了那一个春天。不过，令苏俄人稍感欣慰的是，“日本代理人”段祺瑞因此走下了权力中枢。

可叹的是，这背后的阴谋，无论是支持学生运动的鲁迅等公共知识分子，还是千夫所指的段祺瑞、贾德耀、章士钊等人，竟根本不知道！而且，那些西方最权威的中国问题专家也一直蒙在鼓里。在 20 世纪的最后光景里，俄罗斯人终于撕掉了这类秘密档案上的封条，当这些深藏了半个多世纪的俄文机密终于公开并被中国人翻译成汉语后，真不知我们怎样去通知在地下苦思了几十年而不得结果的那些敌对的亡灵们。

段的最后一处住所，在距府学胡同不远的朝阳门北小街仓南胡同里，那是他被推举为临时执政后，被冯玉祥安排进去的。

惨案发生后仅 22 天，亦即 4 月 9 日，背叛了吴佩孚并把段祺瑞迎进北京的冯玉祥部突然再次发动政变，这次是要“讨段迎吴”了——先前，冯将所部改称国民军，要迎请段祺瑞出任国民军大元帅，坚决打倒“反动军阀”吴佩孚；但仅过了一年多，国民军的将领们又联名通电“唯玉帅（吴佩孚，字子玉）马首是瞻”,要彻底推翻“反动军阀”段祺瑞了。政坛上的翻云覆雨，委实令人看得头晕眼花。

是日深夜，从大沽口前线总指挥调任京畿警卫总司令的鹿钟麟，突然派出大刀队监视市电话局，断绝通话，另派大刀队、保安队 5000 余人分守九城门和交通机关，并由东单牌楼起断绝行人。然后，一队士兵直扑仓南胡同老段的家!

倔强的老段，不屈于威胁。庞大的执政卫队也布防街头不肯相让。双方军队对峙良久，经人斡旋后，才各自撤兵。

第二天一大早，人们惊恐地看到了鹿总司令签署的布告：

> 为布告事，照得段祺瑞自就任执政，祸国殃民，无所不至，其最巨者，如擅定金佛郎案，枪杀多数学生，尤为国人所痛恨。其左右亲信皆系安福余孽，逢奸长恶，违法营私，挑拨战事，涂炭生灵。……本军为国家计，为人民计，迫不得已……并电请吴玉帅即日移师入都，主持一切。

然而，令冯玉祥大失所望的是，段祺瑞不肯就范，第二天进入东交民巷使馆区，向各省发布了“十万火急”的通电：

> 在此扰乱期间，所有捏造事实、假借名义之文件，概属无效。

并且，与国民军老大冯玉祥交情甚笃的总理兼陆军总长贾德耀，也于

12 日致电外交使团：

> 此次鹿钟麟之轨外行动，不能得任何方面之同情，其他深明大义之各军事当局，及训练有素之军队，且将自动激起而制止之。预计在最短期间必能排除目前一切之障碍，而恢复从前之政治原状。

驻通州的国民军第九师唐之道部突然进入京城，令鹿钟麟猝不及防。此师乃吴光新一手带起来的部队，而吴既是前任陆军总长，更是老段的妻舅！

被国民军将领所“迎”的吴佩孚也偏偏不买他们的账，反倒复电，令国民军“全体缴械”。

政变流产。国民军不得不撤离京城，在苏俄军事顾问的具体指挥下，据守南口以抵御奉直联军的追击。临走之前，鹿总司令强索北京银行公会 200 万现款为军费。

老段复归执政府执政，但已经灰头土脸。

贾德耀等早在惨案发生后的第三天（3 月 20 日）即提交了内阁总辞职的报告，但一直未被段执政批准，此次未遂政变发生后，这位安徽老乡再一次向他递交辞呈。而他本人也心灰意冷，曾向张作霖、吴佩孚等北洋各系巨头问计，并表达了辞职的意向。

“奉张”的回电很有意味，抬头称他“段芝老”而非“段执政”，显然人家已经不拿他当国家领导人了。

至于那个处事不肯通融的直军统帅吴佩孚，根本就不理睬他，非但未屑于复电，反倒直接给占领京城的唐之道电令：

> 从速将安福党人拘捕，并监视段氏，以便依法控其卖国诸罪。

是年，老段已六十又一，在当时的中国人中，已是高龄；四面楚歌，独困垓下，经年操劳，心力交瘁，他自知其政治生命到了完结的时候，只好于

4 月 20 日通电全国：

> 祺瑞忝居执政，一载有余，时局愈纷，心力交瘁。自经本月九日之变（指鹿钟麟逮捕他的兵变），内疚尤深。兹决定引退，已于本日下令将政权交付，内阁暂维现状。……

这一天下午 1 点半，他携眷属偕十几位内阁成员乘专车离京赴津。走之前，他发布了从政史上的最后一道政令：批准贾德耀辞呈，特任胡惟德署国务总理——“署”乃清代沿袭下来的官制，即“代理”。

在一片骂声中，段祺瑞时代结束了。

看完大影壁，我再回过头来，盯着对面的那座金瓦灿烂的清代衙门看上一眼。

最早知道这座建筑是当年的铁狮子胡同里的中华民国执政府，还是在 1977 年，我第一次去北京的时候，乘 13 路公交车经过此站。但一直到 1999 年腊月某天，我才第一次走进这座华丽而又破落了的大门里。

与那些典型的明清建筑不同的是，中国式的木结构的阔门后面，竟是一座完全西洋化的灰砖建筑！正中是三层的塔楼，最高处嵌着圆钟，两翼是联栱柱廊，房间都缩在廊后，正门雨搭上方有一矩形大红牌，写着“中国人民大学书报资料中心”。硕大的新潮装饰把原先的历史意蕴蹧践得不伦不类。

尽管目光避不开这道遮了不少风光的大牌子，但我和小友刘延军还是能从整座大楼上观赏到壮丽的砖雕艺术！从楼门，到翼楼；从天花，到门窗。

高大的门厅直贯三层，有点像进了教堂里的感觉。磨花水泥地的中央，已经被时代蹭得有些凹陷了。从中央的楼梯拾级而上，宽大的走廊里寂静无人。

整座主楼真也到了年久失修的模样了，外廊似乎很久没人走过了。细看看，木梯皆朽，廊栏也腐，廊角的蜘蛛网上也挂满风尘。但整个大楼的砖结

历尽沧桑的“段祺瑞执政府”。(2000年1月摄)

构一如既往地坚实似铁、瑰丽似锦。

这座大楼与东边的那幢小一点儿的砖楼，都是晚清时兴建的海军部。最早这儿是雍正时代的和亲王府，和亲王弘昼是雍正皇帝的第五个儿子。几经变迁，到了晚清，这儿成了皇家的贵胄学堂。等列强纷至沓来的时候，清廷赶紧破旧立新，用办海军的部分经费建造了这个庞大的西式建筑群。

到了中华民国，这儿成了最早的总统府和国务院驻地，袁世凯当选民国第二任临时大总统时，就在此院上班，陆军总长段祺瑞当然也天天来此登楼办公。后来，袁大总统去了中南海，此地成了中国第一届国务院的所在地。段祺瑞最后一次复出时，重回此楼，让执政府与国务院合为一体了。北洋时代结束后，驻军北平的最高军政长官宋哲元把他的二十九军军部和冀察政务委员会搬进这里；日占时期，这里成了日本华北驻屯军司令长官冈村宁次大将的司令部，另有“支那兴亚院”也挤在院里；抗战胜利后，国民党军第十一战区司令长官孙连仲把司令部搬进了这里。直到民国三十八年(1949)春，这个庞大的西式建筑群才结束了显赫数朝的历史，成了学者扎堆儿的研究机构——正楼归人民大学，东楼是十几所中国社会科学院的研究所。

铁打的灰墙流水的朝代，如此底蕴丰富的一座名宅，哪是段祺瑞一人所独享？所以，只说它是“段祺瑞执政府旧址”不够准确。或许，在此辟一座“北洋政府博物馆”更为合适。

北洋时代的那些让日本人欺凌的历史，其实也不是老段一个人能负责的。关于这一点，我不合潮流地想了数年，即作为一个影响了中国历史的执政者来说，他的过，人们已经谈得很足了，可他为什么要穷兵黩武？他真的曾亲日卖国？史学家们没把我说得心悦诚服。

基于对中国人本性的认识，特别是对中国历代统治者的认识，我不认为老段生来就愿意卖国。从军后一直亲历过日本人压迫的中国军人，不会发自内心地要迎合“日中亲善”的阴谋的。他一定有他的原因和想法。

果然，我从一本《北洋人士话沧桑》的小书中觅到了依据，只是，当得知这位国家领导人“亲日”的真实动机后，我惊得半晌无语！原来，他用的是罕见的“赖账法”！

有文字为凭（注释与分段为引者所为）：

一天，细雨初晴。冯国璋（时任代总统）打电话到国务院，约段祺瑞（总理）到公府去，有事面谈。恽宝惠（曾任冯的公府秘书长，时任段内阁的秘书长）告诉段时，段说:“好，咱们去，开开柜子，带着点钱，大概是冯老四又想赢我几个。”他认为是冯约他打牌（瞧，那会儿政府当家人多么有趣儿！）。

当恽陪着段到了公府见到冯后，才知不是那么回事！段刚一坐下，冯就说：“现在外面都说你竟向日本借债，打内战搞武力统一，你要慎重啊。”（冯国璋真够实在的，哥们儿之间，不讲任何客套，也可见其性情之直率）

段问：“谁说的？是谁在发这种不利于国家的谬论？”（老段性急，一听就火，而且上纲上线，不会好好说话的毛病又犯了。）

冯说：“你别管是什么人说的啦，事情不是明摆着吗？”

段说：“政府经济拮据，处处需要钱，入不敷出，不借债怎么办？打内战搞统一，谁愿意打内战？可是你不打他，他打你，就拿湖南的情形来说吧，是我们要打仗，还是他们要打我们？主持一个国家的人，没有不想统一的，难道说你当大总统，愿意东不听命，西不奉令，跟中央对抗吗？”（言之有理！冯大总统被他说得动心了，不过，一国之君自有他的忧虑，于是……）

冯说：“可是债借多了，将来怎么还哪？打仗又没有必胜的把握，枉使生灵涂炭，实在叫人痛心！我看还是都慎重点好。”

段说：“慎重是对的，可是不能不干事呀。咱们对日本也就是利用一时，这些借款谁打算还他呀，只要咱们国家强起来，到时候一瞪眼全拉倒！”

这一段文字实在太精彩！我不忍删减一字，整个把它搬进了我的文章中。这段史料，是北洋时代的亲历者恽宝惠本人在“文革”前所讲，一位叫王毓超的老先生把它记了下来，并于1990年10月写进此书中。该书印数虽仅寥寥1500册，但其史料的价值已使我如获至宝！

你看，北洋政府的治国方略竟是在麻将桌上搓出来的，这国家能昌盛吗？直系与皖系两位首领的关系除了称兄道弟外，还得靠输点赢点来弥补感情，这友谊能持久吗？当然，此一段追记中最主要的，还不是真实披露了最高层的内幕，而是赤条条表明了段祺瑞甘愿负骂名的动机——

要统一，就要打仗；要打仗，就得有钱；中国穷，只能外借；强盛后，借了不还！

从国际信誉上讲，借款不还，是有点耍赖了，但对长期以来就没对我们仁义过的恶邻，这样的做法也委实不算过分！从明朝起，倭寇就没停止骚扰我中华，到清朝晚期，他们通过一场甲午战争拿走了我们太多的东西，包括台湾岛，包括辽东半岛，包括几亿两白银，包括千金难赎的民族尊严。以牙还牙，圣人就是这样教导的。据此来看，老段没错。

事实证明，段祺瑞的确没错，他的“赖账法”成功了！蒋介石统一中国后，尽管国家还没来得及强大，但南京政府外交部宣布：北洋时代的绝大部分外债，本政府不予承认。

知道这个细节后，老实说，我感觉自己距这位面目可憎的故人越来越近。

但刚刚要靠近段祺瑞，却又被其旧宅的守卫挡出很远。尽管有文物官员持证交涉，但门口腰佩手枪的军人还是正告：请勿入内——里边没通知。

这是在北京朝阳门北小街内的仓南胡同里，我面对一座神秘莫测的大院。

打听到这个地方，真是费了些时日。是一位离休老干部为我揭开的谜底。那天我去平安大街一旁的恭俭胡同看他，说起去府学胡同没找到段公馆时，老人笑了：刚解放的时候，我就在“老段府”里工作嘛！

因为知道老人做过军事情报工作，所以当下心里就咯噔了一下。果然，

北京东城的段宅旧影，今见于东城区文博系统的官网。

石家庄的段家楼近影。在百年煤区井陉，为防外资把控，段祺瑞曾受邀入股办矿，并在此按德国风格兴修办公居住场所，家人常年居住，俗称段家楼。（2013 年 9 月摄）

老人又说：日本人那会儿，成了军情部门占用的禁地，一般人休想入内。中华人民共和国成立后，也一直是部队住着。

仓南胡同是个略似“L”形的小巷，自北向南再弯向东边，位于朝阳门北大街和朝阳门北小街之间。巷子不长，但门牌 5 号的大院却历史绵长。元代时该院曾是座太庙，到了清朝，太庙的原址上建起了康熙第二十二个儿子允祜的贝勒府。不过到了乾隆爷那会儿，袭居此府的允祜之孙永芸因罪被发配边疆，宅第也被没收，后来废为空府。民国十四年（1925）深秋，被请北京担任执政的段祺瑞被冯玉祥安排进住这里。从此，仓南胡同 5 号也就成了段公府。

在这条胡同西南方向，有三条更加弯曲的胡同，三巷共享一名，曰吉兆胡同。吉兆胡同因地形而得名，本名鸡爪胡同，后讹为鸡罩胡同。因该巷也能通往老段府，故许多老北京以为吉兆胡同就是段之旧居所在，人们还编造出一个有陷害老段之嫌的故事：话说段祺瑞寓此后，甚觉被罩不吉，遂令首都警察总监将巷名改为吉兆胡同。不过，事实却是，早在段祺瑞来此之前，“鸡爪”就已成了“吉兆”。

两个瞅着大门处的“军警民共建单位”的标志牌，瞅着三三两两出入的军人和拎着菜篮子的老太太们，我这个住过驻军家属院的人知道，此地已经是军方的一座家属大院了。

从外面看，满院里只有火柴盒样的方楼，清末民初的建筑一丁点儿也看不到。

2004 年春，本书第一编出版后，曾有热心的读者为我发来该院深处段氏住宅的几张照片，居然比较完整！主楼是一座楼房，附近尚有一座带有浮雕的建筑。只可惜因当时手懒，未能及时下载，过后竟连邮箱也找不回了！

我从《北京文物胜迹大全 · 东城区卷》里，窥知了一点段府的格局。有关段府的文字，是已故谭伊孝女士所著：

> 该宅占地面积为 22642 平方米，四周环以围墙，围墙皆用大城砖砌成。

> 宅坐北朝南，原大门已不可考，段祺瑞寓此时，对原府进行了大规模改建。门为铁门，门内有一巨大的地球仪，一只雄鹰傲居于地球仪上，表现了段的野心。原建中轴在线的屋宇仅存一大殿，为两卷勾连式，上覆灰筒瓦，面阔九间，殿前有民国式走廊，廊前有一环绕院子中心的水池，池上前（南）部有三座小石桥，后有二座石桥。池底下铺设电缆。殿后有一四合式大方院落。院内东、西、北三面有民国时代建的“洋房”，北为二层，东、西各一层，均带走廊。廊柱为瓜棱水泥柱。该院东、西两侧各带一四合院。大殿东有一座两层西式楼房，据说是段祺瑞的母亲住的。大殿西侧有一座两层窗户、实为一层的大厦，面阔十三间，进深九间，平顶。前有走廊，廊内有方型砖柱。大厦内为灰顶，水泥地玻璃门窗，据说段祺瑞执政时，曾在此召开过国务会议。平时为舞厅，靠墙有一圈椅子，可放下，亦可贴墙收起来。现在，该宅内除上述大殿、方型院、洋楼等建筑还基本保持原貌外，其余建筑都已改建。大厦顶上又接了一层，变为三层楼房，方形院东、西厢原为一层平房，现为和北面对称，也改成二层楼房。原环中心建筑之水池早已无水，北面的石桥也在一九八三年被拆除。大殿东的小楼虽存，但在其周围用灰砖砌了一圈围墙。住宅的四周盖了多幢六层宿舍楼。……大门内的地球仪及鹰早已拆除。

谭女士没写到的是，现在北京正阳门前的那两个石狮子，就是从这“老段府”大门前移去的。这是《北京地名典》一书告诉我的。

后来，我与段祺瑞家族委员会主席段君宜女士结识，听她讲过有关此处的情况。这位1937年出生的段公府的大小姐说，他们一家是在1950年搬出来的，记得家里有很大的庭院，有很美的假山，有很多的房子，最好看的是八角楼，她跟父母都住在里面，室内有一架德国的大钢琴。有一天，父母告诉她要搬家了，她什么也不知道，就知道抱着心爱的猫咪与弟弟段少仁一起下楼、出大门；她还记得，住在一起的姨妈一直在哭。

“当兵的帮我们把家搬到了不远处的盛芳胡同，一个有14间房子的大宅院，部队还按月供给 120 斤（市斤）小米，大概是当房租吧，并承诺，要把我和弟弟养到大。”但一年以后，小米即不再提供了，而且，盛芳胡同的住宅是要给房管所缴房租的。失去生活来源的段家只好再次搬家，搬到了附近更小的一处小院，“这会儿只剩七间房了”，段女士说。从搬出仓南胡同 5 号以后，她就再也没有回去过，但听说八角楼还在，住着人。她说了一个军方要人的名字。“六十多年了”，老太太神色有些凄迷地叹道。

在段女士出生 13 年以前，她的曾祖父段祺瑞入住了这所庞大的宅院，从距此不足两公里的铁狮子胡同（今平安大街）执政府下班回来，到后花园内的小楼上去诵他的《金刚经》。

然而，在其位就得受其乱，阿弥陀佛也不能保佑老段免遭侵害。他终于被国民军赶走，并于数日后彻底离开此宅去了天津。

对了，时下有一种说法，说惨案发生后，段氏闻死伤众多学生，到现场长跪不起，并从此开始天天念佛为无辜罹难的亡灵超度。

老实说，这几年，我倒是读了一些有关惨案的文字，实在没找出此说的出处。如同说“三一八惨案”是段氏下的杀人令一样，说他自此案而极度内疚以至于因此信佛一说，同样属于无稽推测。老段笃信佛教，与“三一八”无关，“长跪不起”更是谁也没见过的戏剧化场面。借历史故事来表达对现实的某种情绪，可以理解，但不可当真，更不可传播，否则我们只能又会回到曾让我们吃尽苦头的“历史研究为现实政治服务”的老路上了。

此书第一编出版 10 年以后，段氏“长跪不起”的说法越来越流行，而且“细节”越来越似真实，宛若作者亲见。笔者遂专为《南方周末》著长文释之。今附于本篇之后，请读者自鉴。

离开仓南胡同时，我难免淡淡地遗憾了一把：也真是，不管是在北京还是在上海，我竟一次也没能走进这位军阀时代的末路英雄的私宅与内心。

终于，在没人看守的地方，我一步跨到了段祺瑞跟前。

不过，是在京西的万安公墓。

话说当年，国府依段氏家属意愿，以专车送段祺瑞灵柩北归。民国二十五年（1936）12 月 7 日，灵车驶离上海，9 日晚抵达天津，即受到中央驻华北最高代表——冀察政务委员会委员长宋哲元将军和北平市市长秦德纯将军的代表以及津门故交的恭迎，并于翌日举行了隆重的公祭。11 日一早灵车离津，两个半小时后抵达北平前门站，规模盛大的迎梓仪式登时开始，平、津、冀、察最高行政长官及市民 3000 多人到场，可以想见场面之盛。

移灵时，段氏子女手捧先父遗嘱齐刷刷跪在站台，21 声礼炮依次震动着古都，宋委员长以山东话诵读的祭文让许多人在猎猎古风中为之动容。宋氏祭文称颂逝者“有大功于国家者六”，除“三造共和”等五项外，其中一项竟与我家乡青岛有关：

> 欧战既起，公独高瞻远瞩，力排众议，实行参战。公理战胜之后，我乃能出席巴黎之会，遂使青岛全区、胶济一路，收回主权，德奥俄三国取消租界，国际地位，由此增高，此公有大功于国家者五也。

之后，在中山公园举行的盛大的公祭仪式上，宋委员长再致祭文，历数段氏的功绩：

> 呜呼！先生命世之英，重光华夏，拯我烝民。开陈大计，应天顺人。整军经武，陶铸群伦。誓师马厂，凶逆荡平。参加欧战，国体愈尊。复我祖地，还我胶青。通商裕课，力尽齐盟。凡兹大节，施乾转坤。丰功伟烈，永垂汗青。……
>
> 伏维尚飨！

尚飨！芝泉老人！自诩是对历史有兴趣的青岛人，竟从未深究家园复归祖国与段氏有多少关系。以往对段氏力主参加欧战，并因之与大总统黎元洪闹翻一事，每每陷于“府院之争”的细节里而一脑子糨糊，却从未从国家与民族的高度厘清党同伐异之浮云，看明白此公参战决策之伟大、光荣与正确，实在抱愧先贤！

我欲因之思路名，想起青岛芝泉路的命名，顿时豁然开朗——芝泉老人在世时，尽管已远离政坛，但其功德已有口皆碑。青岛市政当局以其字命名一条新路，既是对老人施善义举的适度褒奖，更是对斯人赢回青岛的一种恒久感戴！

段氏努力使中国参战，未发一枪一炮成了战胜国，因而顺利收回了青岛，难道不值得纪念吗？

> 欧陆参战，俾国际地位之提高，眷怀前徽人已渺；
>
> 马厂誓师，使共和肇基焉底定，言念后死责方殷。

这是担任过段内阁时的代秘书长和内政部次长的薛笃弼写给段祺瑞的挽联。他比宋哲元更简约，把段氏的历史功勋凝固在了“欧陆参战”和“马厂誓师”两件事上，足可见民国时期段氏的公众形象确实与我们所知的那个委琐反动的军阀头子模样相去甚远！

80人抬棺的规模，成了中华民族“皇杠”的谢幕之巡行。之前，此杠房倾巢出动，抬过光绪，抬过慈禧太后，抬过袁世凯，也抬过孙中山，段祺瑞是最后一位享受这种哀荣的中国人。

三日公祭之后，段氏被停厝于西山卧佛寺旁新建的屋子里，建房费是宋哲元将军筹集的，以待日后隆重下葬。《北平晨报》已经发出消息《段前执政决明春国葬》。

然而，明春，北平情势越来越令人窒息。未久，“卢沟桥事变”爆发，日军极快地占领了北平，并征占了西山。段氏的棺木不能继续安放于古刹旁边了。段宏业无奈，只得将亡父匆匆葬于白石桥附近的一位亲属的坟旁，待抗战胜利后再正式礼葬。

劫后的万安公墓，鲜为人知的“合肥段公芝泉之墓”倒意外地没被捣毁。

二访段墓，意外发现已经重修，墓前一壶白酒。（2003 年 9 月摄）

段祺瑞的坟，在北京西郊万安公墓里，看上去毫不起眼。(2003 年 9 月摄）

这一埋，就是十几年！

抗战结束，百废待兴，但内战硝烟弥天而起，国府节节败退，哪有心思顾得上安置段祺瑞？一年，两年，三年，开春时，西山成了中共中央的驻地，段氏遗骸不可能再回西山矣！直到 1964 年，段宏业才在距西山脚下的北京万安公墓里安葬了父亲。

不过，若非知道段氏的字，即便走到其坟前，也仍不知“合肥段公芝泉之墓”里埋的是谁。

我是无意在万安公墓里碰上段祺瑞的。那是在 1998 年 9 月 24 日中午。知道这是一所民国时代的名人墓园，却不知道段氏也埋在这里。

那天一早从北京劲松的陕西汉中市驻京办出发，一路问了不下十个人，总算找到了万安公墓，不过，天已近晌。

当时，万安公墓已经恢复对外销售墓地，见我不请而至，销售部里坐着聊天的两位女子有些喜出望外，忙站起来问我：是给老人选地儿吧？接着就把我往墙上的墓穴图表前引。我忙说明来意：想看看李大钊的墓，或者还有其他名人的墓。她俩的热情陡然消退，而且一退就退回座椅上，说，进去找吧，不少中华人民共和国成立前的名人都埋在这儿呢！

于是，阒无声息的万安公墓里，就我一个游人，开始漫无边际地寻找。众冢连绵，除李大钊烈士墓有简易的指示牌外，其余的上千座墓皆无指南。从墙上的图表上我已经知道，该墓园以“金、木、水、火、土”排序，在“金”区“舜”组的最西北角，有一座墓与众不同，墓碑是背对众墓——坐南朝北，向隅而筑，一副坚决不想让任何人知道死者是谁的架势。因好奇，我走过去，却极意外地见到了不大的石碑上刻着“合肥段公芝泉之墓”！

谁能知道，这就是堂堂一代民国军政巨头的归宿！简陋的碑面背人而立，我差一点就从其跟前拔脚而过。

而且，段墓跟李大钊的墓，相距不远，最高统治者和被他下令通缉的“国家要犯”，竟同眠于这块土地上了！

最初的墓，就是如此的普通。满目荒芜，无人问津。

拍了几张照片，我默默折回。那一次造访，我还不知道此碑乃段之老友章士钊所题。

1963 年，正是段宏业找到父亲的部下章士钊老人，而章是毛泽东的座上客，中央文史馆馆长。章请示了毛泽东以后，有关部门才准其遗属在此购买了墓地。

也幸亏“文革”时进万安公墓“破四旧”的革命小将们均无文化，不知“合肥段公芝泉”何许人也，故而段墓得以不动声色地避在墓园一隅，侥幸躲过一劫——国家与民族之空前大劫。

2003 年 9 月，我二访万安公墓。找到段墓时，但见圹位已扩为标准的双人墓，墓碑也更新为更高的水磨石碑，碑文依旧像章士钊的手迹，却多了不少字：

段公芝泉
母张佩衡 之墓
男宏业
范及诸孙敬立

墓前，有白酒一壶，酒盅两个，有一小束枯萎了的花儿。显然，墓主人的孙辈或曾孙辈后人来过。威风凛凛的段祺瑞，死后如此凄惶，这既出人意料，又在意料之中。

此地此墓，当然与逝者生前的身份不符。一位国家元首级历史人物的身后事，历来由后世的中央政权料理并祭祀，而非孑然遗族来延续香火。当然，文明达不到一定高度的社会，是没有人敬畏历史的。

也许有一天，此墓主会再被迁葬，或迁往西山卧佛寺旁的某处宽敞的“风水宝地”，或移柩于黄山怀中。那时，一定是堂堂正正的礼葬；之后，一定是体体面面的景区。

段墓前，有一座新添的墓，上刻“段德昌之墓”，看其生卒年，墓主人死于 1989 年 6 月初，只有 20 岁出头。后来，我问过段君宜女士，她说那是她的一个侄子，当时在清华上学，被打死的。

在同一个“金”区里，我还见到了两位各名噪一时的民国军人韩复榘和马占山的墓。那边更新也更大的一座，是数年前过世的作家萧军的墓。比比别人的永久住处，老段那向隅独居的家，益发显得寂与冷。

回城里的时候，我让朋友杨志鹏的帕萨特多跑了点儿路，从平安大街又走了一趟，为的是经过那座硕大的灰砖影壁和宏伟大门时，我再看上一眼。

还是那垛重见天日的巨大影壁，还是那座气宇轩昂的旧朝衙门。

其实不看我也知道，眼下这里不会有变化，门口的文物保护牌也还没来得及更换呢！

现在人们还顾不上建一座“北洋政府博物馆”，更不屑于重新描摹一个耿介的军人执政者的画像。

2000 年 6 月 29 日

2005 年 7 月 19 日

2011 年 7 月 22 日

2016 年 7 月 10 日

吴佩孚（1874—1939）

第四章

茫茫烟蔓寻何处

吴佩孚遗迹考

我一直相信，世上已经没有北洋时代巨头吴佩孚的任何遗迹了。

我去过“仙境”蓬莱。古登州府里，除了游人川流不息的蓬莱阁外，只有一处像样的历史文物，即明代名将戚景通、戚继光父子的敕建牌坊。吴佩孚也是蓬莱人，而且是权力与声威比戚氏父子还大的国中数一数二的大将军，却被其故里冷落得一干二净。

我在北京串胡同时，也曾不断与一些清末民初的破落豪宅遭遇，却从来不知道吴佩孚的故家“什锦花园”隐藏在哪条胡同。手头也有几本介绍北京名胜古迹的书，这些小册子是我探寻昨天的行动指南，但没有一本书告诉过我这“花园”究竟在何方。倒是一个叫“吴家花园”的地方每每让我走神儿——恕我不恭，我老是把颐和园附近的一个叫挂甲屯的小村里的“吴家花园”想成是吴佩孚住过的宅子。那里倒也是困居过一位大将军的“花园”，不过是遭谪贬的彭大将军赶出中南海后的住处，“吴家花园”的“吴”，说的是明末清初的大将军吴三桂，不是清末民初的吴佩孚。把一个备受敬佩的当代忠臣与一个广遭诟病的旧时军阀混为一谈，实在对不起彭德怀先生的在天之灵。

吴佩孚住过的“什锦花园”究竟在哪里？没有一本书告诉我答案。我甚至问过清末民初达官贵人扎堆儿的北京东城区的文物官员，但他们只对列入本区文物保护名单上的老房子的具体方位及现存状况比较明白，如对辖区内的黎元洪、段祺瑞、徐世昌等许多北洋大佬的故宅，他们一挥手就能为我指明方向，唯对吴氏故家一无所知。于是，我只能认定：吴佩孚确实早已朽透，其所遗之迹，理所当然地被毁灭得片瓦无存。

吴佩孚的“过”，从第一次国共合作时期就开始被人数落，直到今天，国共分家半个多世纪，这边的人们犹不解恨，提到北洋时代，必啐他满面唾沫。尽管这位秀才出身的军人一生杀人无数，但遭诟病最多的还是民国十二年(1923年)2月7日他下令镇压了京汉铁路工人大罢工一事。在权威史书中，“二七大罢工”是个重要的章节，无论中学还是大学，历史课本上的吴佩孚总被拴在那一起血案上——在那次京汉铁路大罢工中，为恢复被中断的中国南北交通干线，吴派军队弹压了罢工，打死打伤罢工者近百人，并处决了京汉铁路总工会江汉分会委员长林祥谦和武汉工团联合会法律顾问施洋。因林、施二位均为中共党员，故后来的权威史书和文艺作品里的吴佩孚，从来就是个凶残而狡诈的刽子手。

身为北洋统治集团里的重要一员，一位直系军事集团后期的首领，一个手上有革命党人血痕的统治者，人们对他的唾弃原在情理之中。我只是觉得有些纳闷：同样是“反动派”，皇帝老儿的家，如紫禁城、中南海、北海、景山、颐和园，被保存得好好的，北洋政府的其他巨头的故宅，即便被要人或单位占用，哪怕沦为了百姓的大杂院，也总能被用文物保护的石牌标示出来，唯性情最倔的吴氏的故宅永远消失了，这总有失“费厄泼赖”(fair play)吧！

然而，在20世纪快要过到尽头的一个异常晴朗的日子，我在北京美术馆后街旁的一个胡同口怔住了——头顶上方的墙角上，一块金属牌明明白白告诉了我这是什么地方：

什锦花园胡同

东起东四北大街，西止大佛寺东街，全长607米，宽7米。明属仁寿坊，西段称红庙街，东段为适景园。清乾隆时称石景花园，宣统时称什锦花园，民国后沿称。1965 年改称什锦花园胡同。民国时北洋军阀吴佩孚曾住过适景园旧址。胡同内 19 号四合院为区级文物保护单位。

北京市东城区地名办公室

一九九三年

广州侨光制药厂 赞助

我无法不念叨“踏破铁鞋无觅处”的那句熟语，禁不住咧嘴朝同伴张彤释然而笑。

吴佩孚并非北京人，他在北京从来没有自己的家。什锦花园不是他的私邸，而是“世侄”张学良安排给他的安度晚年的地方。民国二十一年（1932 年）10 月他栖身这座大宅院的时候，张学良是驻节北方的最高军政大员。

吴佩孚是山东蓬莱人。在那个时兴以原籍为名人代称的时代，他没被人叫成“吴蓬莱”，真是例外。

民国十二年（1923 年）年，正是吴佩孚如日中天的时候，蓬莱吴姓重修了《登州吴氏族谱》。族谱上关于吴佩孚，记载如下：

吴佩孚，父吴若天，字子玉，行二，邑庠生，武修学堂毕业生，嵩武后军营务处，尽先都司，补用游击，直隶陆军第三镇第十一标第一营营长、直隶陆军第三师第一旅旅长、第三师师长，陆军上将，勋一位，孚威将军，一等文虎章、一等嘉禾章、一等大绶宝光嘉禾章，七狮头军刀，直鲁豫巡阅使副使、两湖巡阅使。生同治十三年（公元 1874 年）甲戌三月初七卯时。

娶宋氏，例封一等勋爵夫人；再李氏，例封一等勋爵夫人；侧室张氏。

这一版的家谱，执笔人为吴佩孚的堂兄吴亮孚，而且，因修谱费用不足，吴亮孚曾专程到洛阳找过吴佩孚赞助，这一版的家谱上有“佩孚捐钱四千吊整”的记载。有这一层关系，新版的吴氏族谱就把吴佩孚的身世记得很清楚。

也还因这一层关系，族弟的一些不够光彩的履历，吴亮孚也就忽略不记了。

据这一版的《登州吴氏族谱》载，登州吴氏的远祖是春秋时在今苏州、无锡、常州一带创建了吴国的周朝王室伯泰和仲雍。至吴佩孚一代，已经是第121代。蓬莱吴氏，是明洪武十七年（1384年）自庐州迁入登州的，吴佩孚是第17世。清同治十三年三月初七（1874年4月22日），吴佩孚出生在登州府治蓬莱城靠北门的县学后街上的一家名为安香店的杂货铺里。

2014年春，即本书第一编出版整整10年之后，我在蓬莱市与吴佩孚的曾孙吴晞先生快慰相逢。这位深圳图书馆的馆长明确告诉我说：台湾版的吴佩孚传记称子玉公（他称曾祖父吴佩孚）之父叫吴可成，有误，按族谱所记，应叫吴若天。

我顿时汗颜，因为他们吴氏家族都读过第一、二编的拙著，我对吴氏身世的记述即得自台湾史学家，如章君穀著、杨森序的《吴佩孚传》(新华出版社1987年11月版)，再如吴相湘著的《民国人物列传》(中国大百科全书出版社2009年4月版）有关吴氏之父的记述。幸好结识了吴晞先生，我才能借第三编拙著出版时改正谬误。

关于吴佩孚的得名，人们是这样记述的：吴佩孚出世前，吴父恰好梦见了本县前朝大英豪戚继光。戚继光，字佩玉，其故宅在距吴家不远的一条巷子里。所以,粗通文墨的父亲就为“孚”字辈的儿子取名“佩孚”,字“子玉”，他把戚大人的名与字都嵌进了儿子的名字中，指望儿子长大后能像戚继光那样为国雪耻并光耀祖宗。

因其字“子玉”，故吴晞先生称其为“子玉公”。这也是吴佩孚当上直鲁豫巡阅副使以后，人们以“玉帅”称之的缘由。

今天看来，吴若天在儿子呱呱坠地之前恰好梦见戚继光的说法总是有些可疑，但吴佩孚的名与字跟明代抗倭英雄有关，则是无可置疑的。

吴氏杂货铺，是祖上传下来的，但台湾史学家都没说清楚何以名曰“安香”。本书第一编问世以后，笔者曾两度去蓬莱找寻吴氏遗址，无意见到蓬莱市区以东十余公里处有安香店、安香于家等村名时，才懵懂地猜到了吴家店铺名称之由来。想必吴氏祖籍为城外的安香店，后才某位先人“农转非”进入城区开店，为了让后世记住故土，遂起了这一店名。

在有吴佩孚之前，吴若天与妻子周氏（而非张氏）已经有了一个儿子，名官孚，又写观孚，字子瞻，长佩孚 13 岁。台湾史家称吴佩孚身前的兄长幼年夭折，所以他的降生给父母带来了很大的欢慰。本书第一编亦沿用此说，经查吴氏族谱，此说亦不确。吴官孚“生咸丰十一年辛酉十二月二十四日午时，卒光绪二十六年庚子八月二十日辰时，得年四十岁”（实 39 周岁），那时，吴佩孚已经 26 岁了，是驻军天津郊外的淮军里的一名士兵了。老大吴官孚早夭说，恐怕源自老二吴佩孚本人，即他可能亲口对人说过“身前有个大哥，早就死了”之类的话，故人们便皆以为其长兄幼年即亡故。烟台日报社的吴佩孚研究者杨潜兄认为，吴官孚一直为吴佩孚所不齿，可能与其不走正道有关——传闻吴官孚行为不肖，未有妻室，因吸食鸦片而丧命。这也是吴佩孚一生最恨鸦片的由来。笔者以为此说靠谱。

在有了吴佩孚一年之后，“安香店”又添了一个小子，名吴文孚，字子斌。这个吴文孚，就是给吴家留下后人的吴晞先生的亲曾祖父。吴氏传记上均称吴文孚为小吴佩孚 3 岁，不确。

人们说，幼时的吴佩孚很顽皮，常到城北门外的蓬莱阁和登州水师营一带去野玩儿。那是正是明朝世袭指挥佥事戚继光练兵的地方。本籍民族英雄的盛名与水兵们操练的队形每每诱惑着营地附近的每一个儿郎，尤其是那些生来即具有英雄情结的男孩儿。

6 岁以后，吴佩孚始读私塾，颇知用功。然而，他 13 岁那年，父亲一病不起，弃世而去。按族谱所记，吴若天卒于光绪十三年，即 1887 年，享年 51 岁。在平均寿命不到 40 岁的清代，他活过了半百，也算正常。不过，当家的离去，却让吴家陷于困境。老大不能指靠，老二和老三尚未成年。安香店杂货铺遂关门，周氏靠给人家纺线补衣维持一家人的生活。为了补贴家用，吴佩孚说服了母亲，出了城北门，走入登州水师营，当上每月挣二两四钱银子的学兵。好在学兵不是正式入伍，不必每天到营操练。所以，吴佩孚边操练边读书。在攒足了一笔“束脩”（学费）后，他拜了登州府宿儒李丕森为师，正式开始执经问义。那会儿，他像历代读得起书的中国儿郎一样，要走科举之路。对普通的中国男儿来说，那是改变个人及家族命运的正道儿。

苦读寒窗期间，至少有两件事要说。

一是在他15岁时，母亲为他订下一门亲事，在讲究门当户对的时代，女子是个小家碧玉。然而，很不幸，那位宋家的“碧玉”没等到过门儿，即染疴过世。吴氏老茔里上一年刚添了父亲的坟头，接着又多了一座属于吴佩孚妻子的新丘。未及成人，爹爹即过世；未等成家，媳妇又夭亡。吴佩孚真够命苦！但吴佩孚是个很重名分和情义的丈夫，发迹后，一直以从没见过面的宋姑娘为元配，并为之申报了族谱上所记载的“一等勋爵夫人”，自然，亡父吴若天也被例谥为“光禄大夫”。同样出于他的原因，后死的母亲也被例封为诰命夫人了。

再是他20岁那年冬天，某日，突有一艘人们从未见过的大家伙出现在北边海面上。大船驶近时，吴佩孚等人才看清，是一艘载有大炮的战舰，舰桅上飘着一面带红点的白旗。看热闹的人们正在议论着的时候，那家伙突然朝蓬莱阁开了一炮！轰得海边看热闹的人哗然而散，轰得全城人心惶惶。后来，人们才知道，大清国和小日本的海军在东面海上打起来了，这是一艘从威海那边驶过来的日本战舰！倭舰离开后，吴佩孚跟许多人跑到蓬莱阁查看损失，只见阁上那块最大的牌匾“海不扬波”恰好被鬼子的炮弹击中，“不”字不见了，成了一个弹洞！在中国人的辞典里，“海不扬波”是太平之世的意思，偏要让海扬波的日本人毁了中国人的太平之世。日本战舰开来登州府外，并不为了攻城，只是为了震慑民心。吴佩孚就是这样开始认识了东邻之邦。

22岁那年，吴老二一鸣惊人，考取了登州府院试的第三名，中了秀才，也就是族谱上所说的“邑庠生”。赏识吴佩孚的是河南辉县籍的知县王绍勋。县太爷对小吴同学说：“过去范文正为秀才时，以天下为自任，然后名垂青史。

你不一定有他那样的遭逢，但不可以没有他的志向。”吴秀才连连点头称是，并把范大人的话记了一辈子。不过，未待这个新科秀才投考举人，他即被县上革去了功名，甚至成了“海捕”的通缉犯！关于他被革除功名一事，想必本着“为尊者讳”的写史原则，吴亮孚没好意思往族谱上记。

关于吴佩孚早年从好儿郎变为坏小子的糗事，台湾传记作家是这么说的：一直坚信“男女授受不亲”的吴佩孚，听说本县电报局长为祝寿，从省城请来一个“男女混杂”的戏班子。他勃然大怒，叫上几名新科秀才去电报局长家替天行道，砸了人家的场子。当时，知县和县上的头面人物均在现场。吴佩孚倒是出了一口恶气，但却惹毛了那些大人们。当夜，吴佩孚在家思忖再三，自知闯了大祸，断了前程，索性早点出外闯荡吧！

有清一代，尤其是朝廷开放东三省以来，山东登、莱府各县的男人们，以外出闯荡为荣，以在家里“拉锄钩子”（务农）为耻。于是，吴佩孚告别了母亲与兄弟，连夜逃往北京。北京有父亲生前的朋友孙庭瑶在城南开了一家旅馆，他家里有孙大爷的地址，所以，他一大早就直奔京城而去。

果然，他逃走后不久，衙役们赶到县学后街拿人。听说他已经不知所向，县衙遂发出海捕通缉。

那会儿，国家礼遇文化，凡有功名的人，就像后世的什么代表或委员似的，不剥夺其头衔，便不能将其逮捕。看来，吴佩孚闹得太过分了，以至知县王大人不得不照章办事，将其功名革除；也不得不依法维稳，将其缉捕到案。

时值寒冬，为一时冲动付出惨重代价的革名秀才吴佩孚，顶着刺骨的西北风天天跋涉，千里迢迢，终于赶到了帝都。等他找到崇文门外的“隆庆栈”时，身上已分文没有了。

在孙庭瑶的旅馆里，他免费住着，靠在街头写春联、算命聊以谋生。他本不通测字相面那一套，但为了混饭吃，他恶补了《麻衣相法》等书，愣是成了看相算卦的术士。不过，一个在江湖上并无声名的山东秀才，乍到人才济济的帝都，无论卖字还是算命，都少人问津。所以，当“北漂”的那段日子，他过得很苦。

春节过后，堂兄吴亮孚来京，听说他依然生活无着，便鼓动他去天津卫投军，说聂士成统辖的武卫前军正在招兵。于是，24 岁的吴佩孚便拿着堂兄提供的路费赶到天津，成了清军里的一名“戈什哈”（满族语，即护兵）。

成为军人以后，他遇上了生命中的第一个贵人，即营中文案（秘书官）郭绪栋。郭氏，字梁丞，山东胶州人，也是秀才出身，在省城济南府乡试落第后，从军成了一名文案。郭绪栋比吴佩孚年长 14 岁，正是亦父亦兄年纪。发现小吴是个落难秀才后，同情其遭际，欣赏其才干，便时常借来帮助工作，并逢人就讲：吴子玉乃落难之人，40 岁后必大有作为。

当兵的时候，他仓促参加的第一场战斗，乃是本军对遍地拳匪（义和团）的回击，成片地喧嚣着死于阵前的拳民让他痛切感受到国人愚昧盲从的可怕复可悲。他经历的第一场失败，是本军在八国联军的洋炮轰击声中的大溃败，直隶提督兼本军总统聂士成大人在阵前被洋炮炸伤又在阵后被拳匪残忍杀死的血腥过程他看得很真切。身为大清国常备军的一名护兵，从江山到统帅，他啥也护不住。

在随军向东北方向行进到唐山外的小镇开平时，他意外得知，此地有个武备学堂，乃李鸿章大人所创办，正在招第二期学生。在郭绪栋的保荐下，他考取了这所由清国与德国军官共任教习的军校。一年后，袁世凯自山东巡抚升任直隶总督，将开平武备学堂迁往直隶省会保定，扩办为北洋武备学堂。吴佩孚不愿重新就读一年级，便被派为天津陆军警察队任正目，即中国第一代警长——因“庚子之乱”后洋鬼子不许清国军人进入天津城区，故老袁给中国设计出了这么一个新的行业——警察。两年后，袁氏又在保定创办了陆军速成学堂，学期仅一年。吴警长为获得文凭求得日后发展，便前往保定报考。因身单力薄，他未被录取。他硬着头皮找到学堂总办孙宝琦，磨叽了半天，孙校长才同意他破格入学，把他分到了不太需要费体力的测绘科。由于此时段祺瑞正任学堂督办（教务长），所以，吴佩孚就成了老段的学生——吴氏年已 28 岁，属没有出息的大龄学生；段氏时年 37 岁，属年富力强的军界中坚。两个未来影响中国政局走向的军人自兹结缘。

光绪三十一年（1905 年）日俄战争结束后，老段已经是陆军第三镇的统制官（师长），而小吴只是从山东芝罘岛的日本军事情报小组回归原单位北洋督练公所参谋处的尉官而已。

至民国元年（1912 年），段祺瑞已是全国头号军界大佬——排名第一的上将军、国务院陆军部总长，而吴佩孚则刚刚被陆军第三师师长曹锟提拔为炮兵第三团团长。

他离开北京已经 15 年了！重返帝都时，他骑着大洋马，在副官和马弁的簇拥下，威风凛凛地入驻北京南苑兵营。前清的戈什哈，此时已经是中华民国陆军第三师炮兵三团的上校团长。

又过了整整 20 年，即民国二十一年（1932 年），岁首，吴佩孚从四川辗转甘肃、宁夏、内蒙古，回到北京定居——噢，那时，北京因已不再是国之首都而被国民政府改叫“北平”了。这时，吴氏也早就不再是统兵几十万的威风赫赫的吴大帅了。起身离开兰州前，他给在北平主持北方军政大局的张学良打了个电报，没有什么客套话，就是告诉人家，他愿“来京长住”。喏，他还以北京称呼北平，似在表示他拒不承认南京政府。行至包头，有《大公报》记者来访，问大帅对时局的意见。他命人取过纸笔，唰唰写下四个大字：“和内攘外”。看来，老吴是在批评蒋委员长正力行的“攘外必先安内”国策。

“九一八事件”发生以后，内外交困的蒋介石，不放心让被国民政府通缉的“反动军阀”吴佩孚长期在远离政治中心的西部活动，所以，他授意政府解除了对吴的通缉令，动员各方力量劝说吴氏离开西北。本来，蒋想把吴安排到杭州定居，据说连西子湖畔的一幢洋房都准备好了。但老吴不愿到有“京（南京）沪后花园”之誉的城市里与国民党政要比邻而居，便执意要回北方。遵从这位倔强老帅的意愿，蒋委员长让在北平主持北方大局的张学良为吴氏安排好住处。

4 个月前的“九一八事变”，令张学良名誉大损，举国痛骂他是“不抵抗将军”。按蒋介石的旨意，他不得不辞了中华民国陆海空军副总司令之职，但仍以北平军分会代委员长的身份驻节北方，还是中国北方的最高军政负责人。

1926 年 6 月 28 日，为对抗蒋介石新势力的北上，张作霖（前排左七）、吴佩孚（前排右七）抛却前隙，在北京顺承王府会晤留影。此为北洋时代军政巨子的最后一次聚首。

在北京顺承王府，张作霖（1）与吴佩孚（3）、张学良（4）、张宗昌（2）等人合影。

1932 年 1 月，吴佩孚被张学良迎回北平定居。

为迎接吴氏回京，前奉军“少帅”给了父辈“玉帅”好大的面子！张学良除了特派秘书长毕泽宇远赴内蒙古的临河迎接之外，更在1932年1月31日吴氏抵达北平时，亲率文武官员数百人到崇文门火车站恭候。按官场规矩，地位高于客人的主人，无须亲至现场迎客，但张学良却以晚辈的身份表达了对老吴的敬意。

然而，好一个吴子玉，当众冷落了张学良。只是略微寒暄了几句，就在他的庞大卫队的簇拥下登车而去。吴氏虽已失势，但手下仍拥有全套的八大处和多达上千人的卫队。于是，从前门到东四，上百辆小汽车如神龙见首不见尾，护送旧时的吴大帅入住了什锦花园，其景况可谓极一时之盛。

什锦花园的原房东是北洋时期当过京兆尹的薛笃弼。京兆尹是个古老的官名，即首都地区最高行政长官。北洋政府覆灭后，一堆官名也随之被丢进了历史垃圾堆里，京兆尹这顶大帽子即为其一。新的北平特别市的一把手，叫市长。薛某乃为冯玉祥当秘书长起家的人，吴佩孚抵京前数年，他即南下新国都南京出任国民政府的部长去了。这偌大一片房产，被张学良买下，却一直空着，只有送给吴大帅安度晚年最为合适。

当晚，按行客拜主人的惯例，在幕僚们的劝说下，吴佩孚到前清的顺承王府拜会了张学良。那座王府，早在清末，就被张学良他爹、吴佩孚的结盟老弟张作霖买下了。哪知，寒暄刚过，他就很不客气地发问：“沈阳事件，你为什么不抵抗？”原来，当众冷淡张学良，是痛恨他去年“九一八”时的糟糕表现！幸亏一路相陪的张的秘书长毕泽宇赶紧岔开话题，才为张学良解了围。

第二天，是主人拜行客的日子。张学良到什锦花园回访了吴佩孚。两人曾有过一番密谈。

据说，这一天，吴佩孚给张学良送了一幅字，这是一首劝谏诗：

棋枰未定输全局，宇宙犹存待罪身。

醇酒妇人终短气，千秋谁谅信陵君？

信陵君是两千多年前的战国时代魏国国王的同父异母弟弟，国之大将军，曾数次击退强大的秦军的进攻，但最终却死于酒色。

再没有学问，张学良身边的人也能给他讲讲信陵君乃何许人，让他自己悟出老吴对他的激将。从此，以贪恋酒色而出了名的“少帅”不再来什锦花园了。

不过，尽管遭到“吴世伯”的羞辱，但张学良依然按计划每月向什锦花园提供 4000 银元供其开销——把吴佩孚安置在北平，没有钱是万万不能的，因为老吴不光带来了所有的家眷和全套的幕僚机构八大处，即政务、参谋、秘书、交际、军法、军需、军医和副官八个处，还带来了庞大的卫队旅。吴佩孚在北平一直住了将近 8 年，所耗费用 30 余万元，这笔巨款，应该是从蒋委员长掌握的特别经费中支出的。

蒋先生真够意思！这位国府军委会委员长兼北平军分会委员长，先是委派时任国府实业部长的连襟孔祥熙为特使，持自己的亲笔信到北平专程看望吴佩孚，并奉送 10 万元现大洋的资助，令吴氏大为感动，事后专遣高级幕僚赴南京答谢。之后，蒋先生借北上公干之际，特邀吴氏到北平外交大楼见面，并设宴款待了前朝的敌方巨头。正因有了蒋氏出于谋国之策的周全考虑，吴佩孚才在一直位于这京城中心的什锦花园安心住了下来。

虽不再是威风一时的孚威上将军，但吴佩孚依然保持着不屈的尊严，他的众多卫士们，戴的既不是“国军”的统一帽徽，更不是日后汉奸部队“华北治安军”的丑陋标志，而是一体的嵌着“孚威”两字的特殊徽章。胡同两端，“花园”门前，吴氏卫队定时换岗的景象一定是蒋介石和后来的日本人统治下的北平城里的一道特别扎眼的风景——落魄的北洋巨头竟然能把独具的傲骨完整地保存在这条狭长的胡同里。

我因历史事件而对当事人有兴趣，又因人而对其故居有兴趣。故居往往是残存某些真相碎屑的旧日磁场。

“什锦花园”正是这样一个诱我前往扫寻点什么的磁场。

意外地走到了什锦花园胡同，却不敢肯定会真的走进昔日的“花园”，因为历史的变迁让京城乃至整个中国留下了太多的名不副实的地名。只是，根据路口那块金属牌的指示，我对本胡同 19 号心存侥幸：或许，那儿就是吴氏的故宅？

于是，我们自西而东，去找 19 号。

两边是矮而破的街门，一望便知是平民百姓杂处的大院；再往前，两侧有了楼房，是很典型也很难看的那种 20 世纪七八十年代建的办公楼。我的心，渐凉下来。不觉走到一个并不起眼的大院门口，看墙上的门牌号码，是什锦花园胡同 23 号。

铁栏门大开，传达室的墙上，挂有这样一块牌子：国家经计委运输研究所。

不知哪根筋让我一激灵，我突发奇想：当年的什锦花园也许就藏在这大院里边？

敲窗。里边看门人出来，不出意料地发问：找谁？人面比天气还冷。

我一手举相机一手举一本北京文物书籍，问此地是否北洋军阀吴佩孚的故宅。

人家答非所问：这里是机关，不许进入。

我正失望，传达室后的一排平房中，挑帘走出一位 30 来岁的男子：干吗呢？记者？找吴佩孚的家？对喽，正是这儿！进来看看吧。我就管这事呢！

我激动得鼻腔都发酸了（不像是冻的）！在多年的异乡寻访记忆中，没有哪次能像今天这样巧合与顺畅！

该管事姓刘，叫刘建国，是这家单位管行政后勤的人。也许难得有人来参观他经手维修过的“花园”，所以，他很热情地领我们从一座白楼前经过，在一座灰砖墙小院门前停步，推开两扇新油漆过的小红门，过了一条窄得只容一人进出的小甬道，说声“到了”，我们就置身于一座修葺一新的典型的北京四合院中了。

“这是我们单位内保留的最后一套完整的老房子了。原先，大院里有八座这样的小院，一个套一个，个个有长廊相通但又个个不同，非常漂亮！现

吴佩孚北京旧居里仅存的一座小四合院，保存完好，院中的古树造型奇特。（2000 年 12 月摄）

从魏家胡同找进去的机关家属大院，竟是什锦花园的北部。（2003 年 7 月摄）

在嘛，就这一个了，是去年我张罗着修缮的。”刘建国不无惋惜地介绍道。

说实话，一陷入这座小院中，我就长长地舒了一口气——“造反有理”的“红小将”居然也有打盹的时候！大军阀吴佩孚的故宅竟然在国家机关的楼群之中被深藏了一角，尽管已经是十分狭隘的一角！

小院极美，我第一眼看去就有点懵，为这仅存的吴的家园的幽静与优雅而懵得一时无语！

西厢房有位长者出来探问：找谁？刘建国随口打了个招呼，那长者便退回屋里。看看厢房门上的牌子，知是该单位的资料室。

小院复归静谧，静谧得如一方琥珀。

我定定地站着，想不起看过的哪座旧日豪宅能留下如此恬然而完美的一角。

完完全全的一座京城四合院，红门红窗红廊柱，灰砖灰瓦灰墙面，北面的正房、东西厢房和南房，都十全十美地待在正晌的阳光里，东西厢房的四个墙头上，还分别砖刻着松、梅、竹、兰的图案，每一幅都古朴而深邃。院当中，是一株巨大的叫不上名字的古树，虬龙一样挣扎着长向天空。树下，有一对很旧的汉白玉的雕花金鱼缸，缸体上镂空的雕花极是瑰丽。另一边，一方石桌，细辨桌侧四周，竟是十二生肖的浮雕！我失声叹曰：从来没见过这么精致的石鱼缸与石桌！

这三样东西是院子里的原物，别的什么也没有了，刘建国说，你们来晚了，早来一个多月，这棵老树还是绿的呢，满满的叶子遮了大半个院子，人在树下很凉快。

当年，吴佩孚经常在这棵奇树下徘徊，并百无聊赖地伏身金鱼缸前发怔——吴运乾与吴运坤前几年撰文回忆过，其先祖父“一有闲暇，便喜爱信步庭院赏鱼”。

吴佩孚尽管有妻又有妾，但却一直没有子嗣。按族谱所记，吴弟吴文孚与弟媳陈佩秋于 1909 年生长子吴道时，后有次子吴道成。但吴道时过继给吴佩孚以后，吴道成夭亡。吴晞先生说，小时候他听长辈说过，三奶奶陈佩秋生育很多，但唯留道时一人，余皆早夭。

一个男子同时兼两家的继承人，这在中国宗法制度中，称为“兼祧”。在传统时代，儿子不仅是本家族的正统传人，而且还是最高级别的私人代表，无论前清，还是民国，概莫能外。不信你看，从袁世凯到孙中山，从张作霖到蒋介石，谁能免俗？吴佩孚也一样，有了名义上的儿子，才可代表自己接人待物。孔祥熙到北平前来看望之时，就是吴道时代表他与高级幕僚一道到前门火车站去迎接的。在传统社会里，没有儿子也是万万不能的。

只比吴佩孚小一岁的吴文孚，显然是个平庸的人，因为他从来没担任过军中实职，在其胞兄最为辉煌的时代，他做赤陆军少将衔的总统府谘议。谁都知道，这不过是沾了吴大帅的光而得到的一份光拿钱而不干事儿的美差，仅此而已。吴佩孚流落南方以后，1928 年，19 岁的吴道时迎娶了寓居津门的原国务总理兼陆军总长张绍曾的二女儿张义先。不过婚后不久，张绍曾即因卷入与冯玉祥的倒奉密谋而被奉张派人暗杀于天津日租界旭街的一家妓院里。1929 年，吴文孚病故，享年 53 岁。也在这一年，吴道时与张义先有了吴家第三代吴运乾，两年后，再生吴运坤。吴佩孚晚年定居北平的时候，吴道时和妻子、儿子们一直陪同住在什锦花园。

在蓬莱，吴晞先生告诉我：父亲吴运乾 1949 年毕业于北京育英中学，后考取天津师范学院，一直在天津做老师，是从天津广播电视大学教授的位子上退休的。父亲生前，曾写过幼年住在什锦花园里的一些文字。

侯门深似海。吴子玉本来就是一个颇讲礼仪的人，更因虎落平川，心情郁闷，所以，即使孙儿们想看他一面也不容易。

让我们读吴运乾、吴运坤兄弟署名的回忆文章吧：

> 他平时不大步出庭院，也很少与家人亲眷一堂同聚。每天的正餐，总是与旧部及幕僚们共进，或接待来访的宾客。仅在一年一度的除夕，才和家人一起吃一顿团圆夜饭，继而领导合家进行祖祭、辞岁、拜年等例行的一套传统的节日仪式。全家依次行过拜礼之后，再与家人一起观

看一会儿庭院中燃放的烟花爆竹。子时之后，远近亲族、宾朋、幕僚、部下等即络绎而至前来拜年，此时先祖父便被奉劝安歇去了。于是，这短暂的家庭团聚即告结束。

困居在这所院子里的“孚威上将军”，已不再是北洋集团里所向披靡的“常胜将军”，更不再是“五四”时期万众景仰的“爱国将领”，他麾下的几十万大军早已被本军叛将冯玉祥拆散并被国民党北伐军击溃或收买。身为败军之将，他既不愿南下向蒋介石俯首称臣，更不可能到天津的洋人租界当寓公，所以，就只能窝在北平的这条小巷里，看书，写字，推算天文，研读佛学。观鱼，也是消遣时光的一种方式。

写过不少气势不凡的边塞诗的吴秀才，晚年，竟写过一首“赏鱼诗”：

连天烽火怅离居，何处春风到草庐？
景物不殊人事改，临流顾影羡游鱼。

对了，困居北平的日子，他惦记着先人的墓庐。出外多年，未曾回籍扫墓。于是，他居然精心安排了一次微服返乡，但回到蓬莱的第二天，即悄然离去，谁也没有惊动。直到这位蓬莱本土历代级别最高的人物离去多日后，蓬莱县政府才惊闻此事，县长自然后悔不迭！吴子玉发迹后，先后出资维修过蓬莱阁、戚继光故居和晚清名将宋庆祠堂与宋庆家乡的路桥；每逢灾年，吴家人便设粥厂济灾民。让乡人感戴不尽的是，直系主政时，吴提名蓬莱老乡高恩洪担任了交通部部长兼教育总长，高氏主持修了一条造福至今的烟潍路，即烟台到潍县的高等级公路。为了造福桑梓，高恩洪把原先设计的烟台—莱阳—潍县这样一条直线，改成了烟台—蓬莱—黄县（今龙口市）—掖县（今莱州市）—潍县这样一条长达400多华里的弯路，从而极大地促进了胶东半岛沿海地区的经济发展。

出外那么些年，而且一直施恩于故里，吴大帅竟杳然来去，怎能不让乡人感到莫大的遗憾！

70 多年后的今天，作为掖县人的后代，我也颇感遗憾！幼年我曾随父母回过老家，故乡就在烟潍公路北边。先严说，烟潍路是一条国防路，他小时候见过修路的盛况，各乡都要出工出力。先严生于民国十年（1921 年），他的小时候，应为 20 世纪 20 至 30 年代。

在蓬莱，我问过当地历史文化研究会的沙向阳兄：吴佩孚为何回来一夜便匆匆离去？

沙兄的回答是：那时他已经落魄，可能是觉得没有脸见家乡父老吧！

我因解读吴佩孚而结识了蓬莱市政协的文史专家蔡玉臻先生，又因蔡先生而与沙向阳兄相识，沙的祖上乃清康熙年间担任了 30 多年礼部尚书的沙澄。在沙向阳的引导下，2011 年 6 月 8 日下午，我踏访了蓬莱当年的“吴家大楼”的旧址。

像全国各地一样，蓬莱的古城墙，连同东、西、南、北四座城门，都早被拆得无影无踪。清代的北大街，现在叫钟楼北路。在一座颇有气派的新建宾馆大楼的身后，有个不大的院子，是驻军招待所，对外营业，名登州宾馆。院北边是一座二层小楼，建于 20 世纪 50 年代，为客房；南边是一排平房，是餐厅。

沙向阳说，这儿，就是当年的吴家大楼原址。

读蔡玉臻先生主编的《蓬莱历史文化研究》杂志方知，所谓的“吴家大楼”，不过是吴氏故宅四进院的最后一进有座二层砖楼而已，盖因当时蓬莱古城里没有楼房使然。民国十四年（1925 年），吴佩孚已经从权力的巅峰上退了下来，忽然动了修建家园的念头，笔者揣想，这似与他可能想回归桑梓安度晚年有关。他派人回乡购置县学后街故居附近的若干房舍，重新规划建设了一番。未久，占地 10 亩的豪宅便傲然出现在蓬莱城北部，它南邻宋庆祠堂，西傍县学，北边隔一大片荒草地即北城墙，与北城门镇海门遥遥相对，十分显赫。

不过，新家园建好以后，他只来过一次，即悄然返乡扫墓的那一次，之后，就再也没有回来过。这位恪守忠孝节义的游子也许不想给家乡带来麻烦——困窘的时候，他走到哪儿，"党国"的大军便追击到哪儿，他竟成了南京政府通缉的要犯！

那一天，在宾馆北楼的南墙根儿下，我见到了一位银发老太太正在摆弄着一小方菜地。请教过这位年已 84 岁的刘老太太以后，我才知道，现存的房子都不是吴家原来的了，都是解放军驻军后来盖的。老人说，她是 1947 年随着在渤海独立营（解放军山东地方部队）的丈夫在院儿里安家的，"蓬莱一解放，吴家看房子的人就跑了，部队把这儿当了招待所，一直到现在"。

在吴氏私邸住了 60 多年的老太太已经完全回忆不起当年那四进院落是何年何月被一次次拆除了的。老人只是指着现今餐厅的入口说：这儿，当时是吴家楼的正门，原先有两个大石狮子，很威风，前几年才被人弄走的，不知弄哪儿去了。别的，都没有了。这一排餐厅就是当时的一进院，往南，老大一片，都是他们家的老房子，全拆没了。

全拆没了！翘首南眺，餐厅后，是一座座近年新建的普通居民楼。

老太太还不辞辛劳地领我们登上了院东的一座小小的假山，指着一座破败的六角亭说："就这还是原来的。"

不过近前细看，却发现并非当年原物，因为柱、栏都是水泥构件，更像是"文革"遗物。但残损的假山倒确是历经沧桑的古董模样了。沙向阳说，此山虽小，但在当年，却是城里的三山之一，曰"凤凰山"，被吴家购入，圈成了私家花园。

院西侧，是一排废了的车库，应该也是当年帅府的车库与附属建筑。偌大的空地上，堆满残砖碎瓦与该宾馆丢弃的成摞的餐具，有些碗杯盘碟完好无损，不知为何统统丢弃。我看得心疼，便捡了一碗一碟带了回来，至今摆在我的书房里，算是我对吴佩孚故乡的一点不开心的留念。

记得当时，我油然对沙向阳戏言了一语：若吴大帅在世，见到如此费糜公款的现象，绝对要对责任人军法从事的！他哑然失笑。

但毕竟不是吴大帅的时代了。

这是美国最具影响力的《时代》杂志第一次以中国要人为封面，时间是1924年9月8日，人物说明为“吴总司令”（General Wu）。

赠戎装照给友人，是北洋时代军头们的惯常作法。此为晚辈的北大教授胡适收到的吴氏赠照，可见彼时军人对士的礼遇。

站在两株粗壮的法桐树下，沙向阳说，最后一块吴家楼的房基，是前些天刚刚拆除的，上次来他还看到过。

真的，什么都没有了。

蓬莱的执政者还不知道尊重前辈乡贤吴子玉。或许，他们一直在等待“上面”对斯人的“肯定”。

近百年前，“蓬莱吴子玉”是很令国人乃至世人尊重的，国内各派系均仰其鼻息自不待言，美国人的《时代》周刊，第一次在封面登中国人的头像，就把殊荣给了这个并非国家领导人的山东籍职业军人。上海出版的英文《密勒氏评论报》主编鲍威尔写过，吴氏“比其他任何人更有可能统一中国”。苏俄派人拉拢过他，国共合作时的李大钊游说过他，京汉铁路的工人寄希望于他。那会儿，他确曾给家乡带来过莫大的荣誉。

在北洋系军人中，他先是以文化改变了自己的命运，进而又以文化赢得了袍泽们的敬重。

北洋军人多不读书，所以，吴佩孚的秀才出身就成了很让哥们儿羡慕的光辉履历。在“学而优则仕”的社会里，秀才只不过是头一磴台阶，实在没什么可吹的。可在一群半文盲里，秀才成了金光闪闪的最高学历，所以，即使吴佩孚当了威风八面的“孚威上将军”后，军政界当面以“玉帅”“吴二哥”恭维之，背后却全起哄叫他“吴秀才”；而他也欣然默认了。

后世的美国史学家费正清（John King Fairbank）显然也看重这个北洋军人的文化背景，在他编的《剑桥中华民国史》（*Cambridge History of the Republic of China*）中，干脆称吴为“学者军阀”。

从秀才到大帅，吴佩孚靠的是少时清贫的砥砺与传统文化的铺垫——只不过，后者把他夯得太实了。

在北洋巨头中，吴的起步太晚，故辈分不高。

当年，吴佩孚离开北京赶赴天津从军时，段祺瑞已经是三品衔的武卫右军炮兵统领兼各学堂总办，即北洋军炮兵司令兼所有军校的大校长；冯国璋在清廷新设立的军政司当上了教练处总办，负责创办各军事学堂；曹锟也已经从李鸿章的天津武备学堂毕业，当上了袁氏的武卫右军右翼帮带。如果说以上三位都相当中陆军中将的话，那当年的吴佩孚只是淮军的一个管带（营长）的“戈什哈”，即护兵，弄不好还是人家的勤务兵，连陆军少尉还不是呢！

让吴氏在老段眼中乃至全国军界声誉鹊起的，还不是他随曹锟南下湘川与蔡锷的护国军的作战，而是他在讨伐张勋复辟的战争中的锐不可当。民国六年（1917 年）7 月，“辫帅”张勋借进京调解“府院之争”之际，在京拥兵复辟清室。下野的段祺瑞在天津奋起组织“讨逆军”并自任总司令。段氏通电，天下响应。回防保定的曹锟率先回应，被老段委为西路军司令。曹师长命令新晋第六旅少将旅长吴佩孚担当西路先锋。吴氏精心谋划，大胆部署，一马当先，从丰台一气杀进天坛，痛痛快快击溃了“辫子军”3000 余人，而张勋从徐州带到北京来的“辫子军”总共才 4500 人。此役，吴佩孚为曹师长，也为段总理，更为中华民国立下了赫赫战功。

之后，一战成名的吴佩孚继续为国家的统一建功立业。复辟闹剧被弹压下去以后，黎元洪羞于再干下去，便不顾挽留，坚决要辞职走人。在南京的江苏督军任上当副总统的冯国璋，便按顺序回到北京出任了代总统。

冯国璋与段祺瑞是当年“北洋三杰”中的两杰，和另一杰王士珍都是跟着袁世凯起家的统兵大员，冯当了总统，段则以“再造共和”之功业受拜当了内阁总理。

张勋复辟被粉碎以后，曾任中华民国首位临时大总统孙文，跑到广东组建了以他为海陆军大元帅的“中华民国军政府”，声称要以武力“护法”！自孙文始，民国前期的“大元帅”便成了临时国家元首加内阁总理的代称。在该军政府的影响下，湖南、湖北相继不稳。北京政府遂免去了谭延闿的湖南督军一职，任命另一位湘籍的傅良佐前往长沙接任。

傅乃陆军部次长，曾任袁总统府的军事处处长、高等军事裁判处处长，人称段氏的“四大金刚”之一。然而，傅良佐到任后，并未镇住局面。受广西方面的鼓动，邻近广西的湖南零陵镇守使刘健藩竟然宣布独立，并组织了“湘桂联军”，开始以武力驱逐傅良佐！

自清末开始，“独立”就成了不承认中央权威的另一种说法，成了反叛北京的宣言。在如何统一政令的认知上，冯、段老哥儿俩有了分歧——冯代总统主张和平统一，段总理坚持武力统一。若按后世标准，老冯属温和派，老段属强硬派。老冯主和，名义上是怕地方糜烂，但也有不想让老段借机扩大自己的势力范围的顾虑。老段主打，是因为他认为老冯耽于幻想不着实际，西南割据政权毫利未得，哪里会轻易放下武器？哥儿俩较劲的结果是老冯屈服了，为了北洋派的团结，他违心地听从了老段的意见，下令对西南用兵。

讨伐叛军、统一国家的任务，就落到了与冯国璋同是直隶老乡的曹锟的身上。

曹锟已是直隶省督军兼省长再兼第三师师长，得令后，他以无法分身为由，保荐吴佩孚任代师长兼前敌总指挥挥师南下。得北京政府批准后，吴佩孚果然不负众望，率第三师出直隶而河南而湖北而湖南，势如破竹，只半年，即攻下了长沙。捷报频频传到北京，军政大佬无不欢欣——衡阳再往南，就是广东了！

一时间，吴佩孚声誉鹊起。

浙籍名士蒋观云给吴佩孚复信中的一段话，可代表许多士人对吴氏的认知：

> 今将军方拥干城（干为盾，城即城墙，喻卫国将士），储韬钤，一出而拔岳州，下长沙，饮马洞庭湖之波，扬旌衡山之麓，席卷千里，用兵如神，攻略熠烛，冠世无二。……律明纪饬，无犯秋毫，睊睊（音juàn，侧目相视）遗黎（沦陷区百姓），寓仁饮德，如古王者之师，当世所未有之休闻（美好的传闻）也！甚盛，甚盛！

谁都明白，只要吴佩孚一声令下，他的军纪严明、军威凛然的大军即可底定三湘并进而荡平粤桂两省，北京政府统一全国的梦想指日可待矣！

为了弥合前方大将之间的恩怨，激励将士的士气，4月20日，总理段祺瑞亲率交通部次长叶恭绰、财政部次长吴鼎昌、参陆办公处（段设置的参谋本部与陆军部合署办公之机构）主任靳云鹏等30多人到湖北“犒师”。老段最倚重的原陆军次长、时任奉军副总司令的徐树铮，率奉军入关第一支队支队长张景惠从驻防的信阳登车随行。4月23日，就在老段成功地调和了第一、第二路军司令曹锟和张芝怀之间的杯葛，并召开了11省督军及代表会议之日，曹锟所辖的吴佩孚部一举攻占了衡阳！老段大喜，遂放心登车返京。

然而，老段走后，前方非但再无捷报传出，倒是第二路军施从滨、张敬尧、张宗昌各部纷纷失利，尤其是张敬尧部，竟先后失守醴陵和株洲！之后，南北两军即呈胶着状态。5月下旬，老段急派徐树铮为特使再度南下。

人称“小徐”的徐树铮一直是老段最信任的帮手，老段当陆军总长时，强行推荐资历并不够格的小徐当了陆军次长，惹得袁世凯老大不快。在黎元洪继任总统后，老段以二度任总理，又坚持让小徐当上了国务院秘书长，并最终惹起“府院之争”。总之，老段与小徐的关系世人皆知。

万不料，在曹锟行辕里，小徐极意外地读到了第三师师长吴佩孚发给这位曹大帅的一封电报。显然，这是相貌憨厚的曹锟故意让徐特使读到的电文。

吴电建议如下：

> 拟与湘贵粤各军带兵长官约定祁耒永郴之间划界停战，接洽允妥，再行招抚。

徐树铮大惊，遂不顾曹锟的劝阻，径直乘军舰南下湘省，途中，即致电吴佩孚，劝其勿与南军划线停战，“自断图粤之路”！

5月27日，屈尊赶到衡阳的总理特使见到了吴佩孚。吴以本师欠饷18万元为辞，拒绝继续征战。徐遂传达段总理的指示，即由中央直接拨款20万元给吴师，并承诺将发表吴为将军府将军。

小徐也是文人出身的将军，颇有些文才，知老吴愿意舞文弄墨，时常与占领区的军政首领及名绅耆老饮酒赋诗，也确实见识了吴军的军纪与吴本人的雅兴，便专为吴氏写了一首长长的《衡州谣》，其中满篇都是赞美“吴公”的句子：

> 久闻群贼相戒语，吴公兵来势莫御。
> 吴公破贼何神速，黠者弃甲遁荒谷。……
> 吴公爱民如爱军，与爱赤子同殷勤；
> 吴公治军如治民，情感信藉由天真。
> 在军整暇不自逸，雍容雅度尤无匹。
> 静坐好读《易》，天人忧患通消息。
> 起居有常礼，戟门厮卒娴容止。
> 笔千管，墨万锭，看公临池发逸兴。
> 香一缕，酒盈卮，时复弹琴自咏诗。……
> 昔祝吴公来，今恐吴公去。
> 愿似寇君借一年，悃悃此情为谁诉？
> 为谁诉？留公住！

真是竭尽赞美之能事！

段总理说到做到——因战功卓著，民国七年（1918年）6月3日，吴佩孚被中央破格授予“孚威将军”名号。他的上司曹锟则被任命为川粤湘赣四省经略使。

由袁世凯在世时创建的中华民国将军府，是由他亲自任命和直接管辖的中央最高军事顾问团，内分上将军与将军二级，通常只是少将衔的军人没有资格入将军府。入“府”之将，各有名号；分遣各省的，多冠以“武”字；留在京城的，则多冠以“威”字。如排名第一，且一直坐镇京城的段祺瑞的名号，是“建威上将军”，而在前清的盛京（沈阳）驻守的张作霖的名号，则是“盛武将军”。最说明问题的是陈宧，在北京当参谋次长时，名号是“毅威将军”，但下派到外省领兵打仗时，就改成了“成武将军”。吴佩孚以新晋少将，荣获了留在中央才有享受的“威”字号的名头，而且其名儿也嵌在了其名号中，充分显示了一直“兼理将军府事务”的“建威上将军”段祺瑞对吴佩孚的赏识。

然而，“孚威将军”根本没看得上中央对自己的厚望。他给北京的回答是一则令人大感意外的通电！

吴学生给段老师的密电是这样写的：

> 在学生以新锐之旅，根据大总统拟亲自督师通电，伏阙请缨，衔命南下，故收战胜之效。此次衡（阳）宝（庆）克复，已挽回中央威信，加以民困兵疲，不堪再用，故案据已电，呈请罢战，倡议和平，突出学生本心，既非受人嗾使，亦非被人愚弄，非和无以善后，如果中央能顾念民生，俯顺舆论，并诚心布公道，法理持平，毅然为和平之表示，西南必当就我范围，实在学生把握之中。倘其间有一二人逞其私意，要求过甚，则是理曲在彼，当为全国所共愤，学生一人，庸能独异？……如蒙俯如所请，剿南人不反，担保十年，后如无效，学生以一师之力之足矣！纵马革裹尸，义所不辞！

更有甚者，到7月底，他竟然出席了衡阳各界人士参加的“罢兵息争大会”，与敌方头面人物坐到了一起！明明是代表中央讨伐叛军的前敌统帅，却和“贼”们搅和在一起发起什么“和平运动”？老段的鼻子都气歪了！时人都传说，老段一生气，鼻子就往一边歪。

口口声声自称学生，却连老师的话也不肯听！

为什么要罢战息兵？吴佩孚在给北京的一则通电里这样说：

> 阋墙、煮豆，何敢言功？既经罢战议和，南北即属一家，并非寇仇外患，何须重兵防守？对外不能争主权，对内宁忍设防线？

老段气得直蹦：秀才造反啦！

其实朝野都猜出来惹恼吴佩孚的真实原因，即他的“阋墙、煮豆”说辞，或只是说给国人听的大道理，而内心真实的想法，大概是恨老段没让他当新一任的湖南督军。谁打下的江山归谁坐，这是丛林时代的起码规则嘛！老段没让吴佩孚到长沙上任，而是安排了对收复湖南无尺寸之功的张敬尧当了湘省督军兼省长，这才惹得吴秀才拍案而起。

窝窝囊囊的傅良佐，被老段调回北京当了参战军的参谋长，老段自兼参战军司令。参战军是中国准备参加欧战（即第一次世界大战）而编制的军队，即老段所能直接控制的军队。不过，后因欧洲的同盟国不同意中国出兵参战，只同意中国出 10 万名劳工间接参战，故北京政府将参战军又改名边防军，作为防范外蒙被俄国拉出去的一支武装力量，整建制地保存在北方。

新任湘督张敬尧是老段的安徽同乡，还是保定武备学堂毕业的学生，是传说中的段氏的“四大金刚”之一，也是这次南征的两个方面军司令之一。就在吴佩孚进入长沙城的第二天，老段即发表张敬尧任湖南督军兼省长。

老段舍吴而用张，自有一番道理。论资历，张敬尧早在袁世凯在世时，就当过“征滇军”第二路中将司令，那会儿，吴佩孚只是隶属第二军的第三师第六旅少将旅长，在张麾下于四川泸州大败护国军。所以，张敬尧接任湖南督军兼省长，吴佩孚应该没有不服气的理由。更让老段不安排吴佩孚的理由是，如果让吴氏主政湘省，则曹锟就有了遥制西南各省的实力，控制的地盘就近半个中国矣！哪个当政者，愿意军人势力过大？所以，段祺瑞最终选择了张敬尧。于是，他得罪了吴佩孚。你想，人人都以为终于轮到老吴当督军的时候，天上却掉下个张敬尧，生生把湘省一把手的位子抢坐了，谁能不恼？

不过，吴秀才愣是装作不恼，反倒高调宣示了自己的“四不主义”，即“不做督军，不住租界，不结交外国人，不举外债”。

果然，他吴子玉一生没破此“四戒”。在那个纷纷借重洋人的时代，敢公然向国人做出这样承诺者，绝无仅有。

就在吴佩孚与北京政府大打通电战时，民国八年（1919 年）5 月 4 日，北京的大学生们走上街头，强烈要求政府拒签出让我家乡青岛给日本的《巴黎和约》，游行途中示威者捣毁并焚烧了被舆论认定是卖国官员曹汝霖的私宅。

那会儿，大总统已经换成了徐世昌，黎元洪之后的代总统冯国璋已经被段祺瑞气得干不下去了，一气之下跑回天津当了寓公。于是，资历更老的徐世昌便在各方的拥戴下走进中南海。

政府认为，事情正在起变化，性质已经转化为对抗性的矛盾了。于是，军警们便逮捕了30来个在场的学生,而真正的“暴徒”已经闻风而逃。不曾想，在政治人物的煽动下，学生运动方兴未艾，不光北京，连上海等大中城市的学生们也走出校门，呼吁政府拒签《巴黎和约》。

然而，呼吁拒签的是知识阶级和一般民众，而统治集团内部怕危及与西方列强的关系，大都主张忍辱接受这一条约。关键之时，远在南岳衡山之下的吴佩孚发言了，这个“言人所皆欲言，谏人所不敢谏”的区区师长，在湖南衡山，公然越过好多级领导，直接向大总统发出通电。5月9日，孚威将军的通电全国，公开为学生辩解：

> 大好河山，任人宰割，稍有人心，谁无义愤？彼莘莘学子，激于爱国热忱而奔走呼号，前仆后继，以草击钟，以卵投石。……其心可悯，其志可嘉，其情更可有原！

数日后，他又致电南北双方将领，联名通电反对北京政府签约，此即轰动一时的“删电”（“删”为15日的代称，括号内文为笔者注）：

> 顷接京电，惊悉青岛主持签字噩耗，五衷摧裂，誓难承认！……某（吴及签名将领自称）等眷怀祖国，义愤填胸，痛禹甸之沉沦，悯华胄之奴隶。圣贤桑梓，染成异族腥膻；齐鲁封疆，遍来淫娃木屐。虽虺蛇已具吞象之野心，而南北尚知同仇以敌忾。与其一日纵敌，不若铤而走险；与其

强制签字，贻羞万国，毋宁悉索敝赋，背城借一。军人卫国，责无旁贷，共作后盾，愿效前驱！彼(指日本)果实逼此，我军人即应为困兽之斗也！惟恳我双方政府（指中央政府与护法军政府）以民意为从违，以军心为依据，坚持到底，万勿签字！

决不许出卖祖国的主权！不能让强敌将我出过圣贤的山东家乡（桑梓）当肉吃！身为山东籍的军人，我愿对日本背水一战！看看吧，这就是"五四"时期吴佩孚的政治态度。

那一场爱国运动的胜利，是知识阶级的胜利，也是爱国军人们的胜利。现在，人们说起那场全民族的思想解放运动，往往只顾赞扬学生们的爱国热情，捎带着也夸夸蔡元培校长和他的那几位热血沸腾的同事们，若再多说几句，就是提提商界、工人等的罢市罢工，却唯独对军界的良好表现不置一词。其实，运动一爆发，吴佩孚就站在潮头上，而他的同事们——那些手握重兵把守各地的督军、省长们，不管皖系还是直系，不管南军还是北军，也大都致电政府，措辞强硬地要求拒签"和约"。

在影响当政者决策国是方面，军界诸侯们的表态往往比北大学生们的游行和李大钊等教授们的演讲更有分量。有案可稽，焦虑中的大总统徐世昌就曾叮嘱手下人：吴佩孚的态度不可不考虑。

民族大义当前，吴佩孚的开明与磊落赢得举国上下的喝彩，一时间，他成为好多人眼中的中国的希望。

对了，吴氏的那首不同凡响的《满江红》，就是在那段日子里写就的。吴版的《满江红》曰：

北望满洲，渤海中风浪大作。
想当年，吉江辽沈，人民安乐。
长白山前设藩篱，黑龙江畔列城郭，
到而今倭寇任纵横，风云恶！

甲午役，土地削；
甲辰役，主权弱。
江山如故，夷族错落。
何日奉命提锐旅，一战恢复旧山河，
却归来永作蓬山游，念弥陀。

甲午役，自不待言，是说甲午年（1894 年）开战的中日战争。甲辰役，说的是甲辰年（1904 年）的日俄战争。吴佩孚认为，正是相距 10 年的这两场战争，让倭寇在我国得以“任纵横”了。看明白了吧？早在那时候，吴佩孚就把日本当成了第一假想敌，期待“奉命提锐旅，一战恢复旧山河”，而不是继续打内战。要知道，甲辰之役时，吴佩服刚从军校毕业分到北洋督练公所不久，曾奉派秘密加入日军的军事情报小组，而且差一点在东北被俄军枪毙了！从帮助日本人作战，到准备与倭寇决战，吴佩孚对日本人本质的认知，自然会经历一场痛苦的思想嬗变，但其动机却是不变的，即为的都是捍卫我满洲！

平心而论，吴氏的《满江红》，无论意境还是韵律，都属上乘。所以，他的幕僚请人谱上了曲，当成了本军的军歌。每逢所部出征或年节日，将士们要列队大唱一遍，好不鼓舞人心！

这阕词的韵节与行间透出的那股子正气，显然来自岳飞那儿。傲骨岸然的吴佩孚一生只佩服两个人，一个当然是他的明代乡贤戚继光，爹娘已经将戚大将军的英名嵌在了他身上，他又把自己的阅兵台命名为了“继光台”；而另一个，就是南宋的岳武穆。有意思的是，岳飞是因坚持抗击外族入侵而被朝廷杀害的，那首“怒发冲冠”的《满江红》也因其忠烈而传诵千秋；同为国之大将军的吴子玉也被怀疑是异族入侵者杀害的，但他的同样也是“仰天长啸”的《满江红》却早被人们遗忘了。其实，在“五四运动”期间，吴氏的《满江红》和他的那些反对政府对日本妥协的通电一样，曾广受赞誉并被传诵一时。

自民国二十年（1931 年）东三省整体沦陷以后，“怒发冲冠”的吴佩孚忍不住篡改了岳飞的《满江红》。上阕原封不动，下阕被他易为如下文字：

甲午耻，犹未雪；
国民恨，何时灭？
驾长车踏破扶桑魔窟。
壮志饥餐岛夷肉，笑谈渴饮倭奴血。
待从头收拾旧山河，朝天阙。

如果——我常爱替古人作这类无谓的假设——吴佩孚不是窝窝囊囊地死在沦陷区的寓所中，而是阵亡在与倭寇决战的国土上，那吴版的《满江红》肯定会像岳版的那首千古绝唱一样刊印于中国学生的课本上，让每个受过起码教育的人都知道民国时代有个民族英雄叫吴佩孚，且每读到他的词后，都会一样地“壮怀激烈”；而他身后的什锦花园胡同也极可能被改称“佩孚花园胡同”或“子玉胡同”——京城里的那条现在已经十分宽敞通达的“张自忠路”不就是一例？

只是，多情应笑我，历史从不肯“如果”。

享有一时盛誉的吴佩孚，在顶头上司曹锟的暗中支持下，不仅不听老段的话，反而主动找起老段的茬儿。当他得知北京政府不惜举外债以求“武力统一”的意图后，通电全国，嬉笑怒骂，令政府好不尴尬而读者莫不赏心悦目。

是嘛，本来就理直气壮，加上又有文化，所以政府的电文总说不过他。且看他抨击段祺瑞和拥戴老段的安福俱乐部（亦称安福党）的一个通电，真是令人叫绝：

全国之大，能否尽为一人所盘踞？疆吏之多，能否尽为一党所居奇？兆民之众，能否尽为一人所鞭笞？

真叫“稳、准、狠”！

吴佩孚驻军衡阳的日子，与300多华里之外的省城长沙井水不犯河水，但对张敬尧借贺寿之机欲大敛其财的事，却忍不住出面搅局了。

那是民国九年（1920年），张督军四十大寿之年（虚龄）。在中国，官员借整寿之年敛财，早就不是新闻。有德之人，每每于生日抵近之日，公开声明外出“避寿”。这个张督军兼省长，缺德，提前一年就早早成立了大寿筹备处，对外广发消息，准备狠捞一把。瞧着比自己小8岁的张敬尧那副迫不及待要捞钱的小样儿，吴佩孚实在生气，忍了半天没忍住，终于给张督军发出一封公开电报：欣闻大帅四十大寿，届时本人愿携全师官兵前往长沙当面贺寿！

张敬尧吓傻了，连忙声明：贺寿一事乃误传。最终他不得不放弃了寿宴与堂会，无可奈何地选择了“避寿”。

说到张敬尧，不妨再扯远一点。笔者少时，正逢“文革”爆发，得知伟大领袖“恰同学少年”时就领导了湖南全省的“驱张运动”，极是佩服！也正是从那个时候起，还是“红小兵”的我，就记住了张敬尧这个可恶的名字。这个反动军阀，竟然关闭了革命刊物《湘江评论》，下令驱散了游行的各界群众，打伤了十几个人。所以，“驱张运动”就发动了，不光在长沙公开演讲和撒传单，而且还组织了罢课，甚至还专程到北京向反动的北洋政府表达过驱张的民意！在其领导下，北洋政府不得不把张敬尧免职。“民众的大联合”大获全胜！

几十年过去了，解读北洋军阀史以后，我才知道，当时湘省的驱张运动，是幕后有实力人物支持甚至掌控的，这个人物，就是吴佩孚。有谁知道，在“驱张运动”之前，吴佩孚即与衡阳的名士、前清做过户部主事和两江营务处总办的夏时济老先生时有交往，而且，此人正是第一个在驱张请愿书上签名的人。夏时济有个孙子，叫夏明翰，而夏明翰虽年少，时年仅19岁，却是“驱张运动”时的湖南学生联合会的总干事，后来又成了伟大领袖的同窗和新民学会的小兄弟。早在长沙学生们到京告状之前，吴佩孚就在衡阳不断接待过来自省城的多批请愿者，并曾留宿，可见其用心之深。

那段时间，吴佩孚不光来者必见，而且还曾致电警告过张敬尧：

> 学生来师部镇署哀号请愿，或行街讲演，或给送传单，系出于爱国，一片血诚，奉劝钧座切勿妄加镇压。

张敬尧虽贵为湘省老大，但用现在的话说，他可真是“亚历山大”！省垣以南有吴佩孚，以西还有驻军湘西的直军旅长冯玉祥，他哪敢不听吴师长的“奉劝”？事实上，若无“北军”镇守，张敬尧早就玩儿完了！所以，当年 5 月 25 日吴佩孚擅自宣布北撤，并电请张敬尧派兵接防以后，张敬尧的末日就到了。革命人物掌握的湘军顺利通过了无人驻守的衡阳，极快就逼近了长沙。没过成四十大寿的张敬尧就这样率军灰溜溜地交窜，6 月 12 日，湘军即进入长沙，宣布光复。张敬尧被北京政府召回，并被以“守土不力”罪名查办，而他的一个弟弟张敬汤，则在鄂州被两湖巡阅使兼湖北督军王占元下令处死。

湖南民意代表们抵达北京之时，段祺瑞已经辞去总理职务，总理先由段的同乡龚心湛担任了很短时间，后由山东济宁籍的果威上将军靳云鹏接任了。靳氏本是老段的“四大金刚”之一，但当政后，被挤在皖、直两派的纷争中，不堪其苦。他之所以出来接见了湘省代表控诉张敬尧，也有愤然于受制太多的情绪有关。

这一下，你该明白“驱张运动”的来龙去脉了吧？

所以，以为“驱张运动”的胜利，乃长沙的一帮学生所领导的民众的胜利，是读书太少的，自发的学生运动每每被政治势力所利用。所以，与其说该运动是湖南民众对决专制军阀的明胜，不如说是直系军头利用湘省民气对决皖系中央的一次暗胜。

吴佩孚的擅自撤军，让“北军”失而复得的疆域再度沦陷。说实话，没有吴佩孚的罢兵，就没有日后孙中山和他的同志们在苏联人的倾力扶助下统一粤省的可能，也就更没有蒋介石统率“国民革命军”倾巢而出浴血“北伐”一统九州的成功。哎！一部民国史到底怎么落笔，还真的挺难说哩！

北京政府大为恼怒，连发电报命令曹锟制止吴军北撤！然而，他们哪里知道，吴佩孚已经愉快地收下了广州护法军政府提供的60万元巨款的“撤军费”！

既然已经和敌方暗通款曲，有了约定，所以，对于中央的号令，老吴当然置若罔闻了。5月31日，吴佩孚本人即抵达了汉口，而他的军队还在继续按部就班地向北方撤退。对了，第三师的万余名官兵在陆续北撤的途中，不停地唱着师长亲自填词的《满江红》军歌呢！

6月15日，吴佩孚即匆匆赶到了曹锟所在的保定府，参加了曹氏召集的直军将领密会，会上，诸将领拟定了对政府军——直系称为皖军——的作战计划。

奉系首领张作霖见直皖大战开即，倒也出面调停过。6月19日，他乘专车匆匆进京，见了段祺瑞之后，他又到保定见了曹锟和吴佩孚等人。直系提出的9项政治要求，其中几项，如裁减边防军、罢黜徐树铮，显然是老段所不能接受的。奉张只好回京复命。

老段闻报，果然勃然大怒，急召正在库伦遏制外蒙独立的徐树铮日夜兼程返回北京，部署军事。徐树铮果然是老段的头号智囊，他回京以后，立即拟定以定国军的名义对直系用兵的方案。定国军尊段为总司令，徐自任参谋长，以从湖南调回来的傅良佐任总参议，以曲同丰、陈文运、魏宗瀚和刘询分任四路司令，全军共3.7万余人，对不到3万多人的直军作战，理应有制胜的把握。7月3日当晚，在老段居住的南苑团河，各路皖系文武大员应召而至，紧急聚会，徐树铮宣布了作战计划。

不料，7月4日，徐世昌突然发布大总统令，裁撤徐树铮的边防军总司令职，开去其筹边使，改任远威将军。

老段怒不可遏，冲进“公府”找徐世昌理论，却被大总统正色告知，处理小徐不是因曹锟等人的要求，而是应奉张之请做出的，因为小徐近日曾派代表去奉天晤谈，称只要奉系阴助中央，即愿拥戴张作霖为副总统，并献巨金为寿。但同时，小徐又派人以重金贿买东北胡匪，嘱其袭扰奉军根据地，并扰乱铁路沿线治安，以让日本关东军牵制奉军。张作霖手握实据，遂力谏将徐树铮免职。

徐树铮竟利令智昏，竟然率军警直闯总统府，当面质问大总统何以处事不公？

7月9日，一纸大总统令传出中南海：

曹锟褫职留任，以观后效。吴佩孚褫职夺官，交陆军部拿办。

两大军政集团厮杀在即，大总统成了傀儡，徐世昌没有表达意志的自由了。

徐树铮硬闯“公府”威逼大总统的行径，成了直系讨伐皖系的最后的口实。

摩拳擦掌的吴佩孚早就想化通电战为枪炮战了。在保定，他部署了军事任务。因是次行动是“为国家驱除逆贼”，故参战军定名为“讨逆军”，尊曹锟任总司令，他为前敌总司令，王承斌副之。“讨逆军”兵分三路，东路自杨村进攻，由曹锟亲任总指挥，实由其弟、蓟榆镇守使曹锳担任；中、西两路总指挥均由吴一人兼任，他率中路发起进攻之后，西路总指挥由王承斌暂代。随后，曹锟与吴佩孚等即分头赶赴天津与长辛店。

秀才出身的老吴，开战在即，还不忘打上最后一波通电战，以占据道义上的制高点。对昔日的老师，吴佩孚彻底翻脸了，他痛斥段祺瑞的通电堪称经典檄书，把当年在老家学的那些骈四俪六功底全用在了讨段通电上。

且看，老吴一上来先是一通四字句的排子炮扫射：

段氏祺瑞，秉性凶残，专擅恣睢，阴贼险艰……共和肇造，入绾军符，高下在心，黜陟由己；援引小徐，朋比为奸；购械吞款，庇恶心作乱。……漠视民瘼，轻启兵端，嗜杀以争，残民以逞！……

紧接着，换成了六字句的连击弹：

> [段氏]视总统为赘庞，视国疆为敝屣，视民意为刍狗，视约法为弁髦。

再之后，又变为九字句的长弹：

> 以国军为一己之爪牙，以疆吏为一家之私产，以他人之从违为黜陟，以一己之喜怒为福祸。

真是脍炙人口！而最终解释称兵反叛的理由，是徐树铮对国家元首的大不敬：

> 元首罢除徐树铮，原为俯从民意。段氏以剪其羽翼，因羞成怒。团河会议，凶焰鸱张，竟派徐树铮亲率军警包围公府，软禁元首，夺出印信，擅发伪令。都门喋血，津保弄兵，谋为不轨，觊窃神器！
>
> 本师长、镇守使、旅长等忝列戎行，密迩畿辅……本救国为民之志，出讨贼敌忾之师，为拥护元首计，为俯顺舆论计，为保全国民人格计，为培养国家精神计，不得不整饬戎行，诉诸武力，歼厥渠魁，取彼凶残，攘除奸凶，以纾国难！

是可忍，孰不可忍？被学生在全国人民面前骂到这个份儿上，老段终于受不了啦！他下令：7 月 14 日，定国军向直军进攻！

第一次直皖大战由此爆发。

在此之前，定国军因京畿卫戍总司令的段芝贵的请缨而临阵换帅，由段芝贵担任了定国军的前敌总司令。因军政舞台上已经有了颇有资望的“老段”段祺瑞，故时人均以“小段”称段芝贵。段芝贵与段祺瑞是安徽合肥的本家，其辈分高于段祺瑞两代，两人算是祖孙关系，故便有了“老段不老，小段不小”

的说法。段芝贵早年毕业于北洋武备学堂，并留校任教习，所以，他也算是吴佩孚的老师。坐在专列上，小段老师一边与幕僚们边打着麻将，一边轻松地聊着天儿，哪里把学生吴佩孚放在眼里？有细心人数过，段总司令的专列上，除有 100 多名官佐和 300 多人的卫队之外，还有 24 个厨子和数百打荷兰水（汽水），对了，人家还备有 14 套吸食鸦片的烟具呢！哦，还有，还有，还有他让副官从北京八大胡同秘密接来的两个花姑娘！

开战头两天，对攻双方，一时未见胜负。7 月 16 日，天助“吴”也！一场大雨不期而降，定国军的大炮陷入泥潭中难以发挥作用。吴佩一马当先，亲率两个旅大打闪电战，很快击溃了比自己更为强大的定国军，在直隶省高碑店俘获了定国军的前线司令官、早年的另一位老师曲同丰，并差一点直捣团河，生擒段校长。所幸小段的总司令部设在列车上，所以见势不妙，段芝贵下令专列从良乡一气儿跑回北京，并立即宣布辞职。未久，在东路指挥作战的徐树铮也从廊坊逃回北京，一头扎进东交民巷的六国饭店里，躲在了洋人的保护伞下。

7 月 19 日，徐世昌终于自主地发布了一道大总统令，命令交战各军立即停火。

7 月 20 日，即开战第 6 天，直军即抵近京城。老段怕糜烂古城，遂宣布解散定国军，请求大总统解除他边防督办和陆军上将的职衔，他将奉还历年所得的勋位与勋章，“以谢国人共谅”。然后，这个倔强的军人政治家即闭门不出，静待发落。

直军入京以后，7 月 27 日，徐世昌舒畅地颁布了一项大总统令，免除了段祺瑞仅有的参战督办的职务，同时撤销了此前对曹锟和吴佩孚的处分。稍后几日，徐世昌再颁总统令：著曹锟为直鲁豫巡阅使；吴佩孚为直鲁豫巡阅副使兼第三师师长。

北洋时代，师是最高一级军事建制。军是临时编制的作战单位，如北方的讨逆军、定国军、参战军，和南方的护国军等。比师长大的军事长官，是巡阅使，相当于西方军制的陆军上将，如长江巡阅使、直鲁豫巡阅使、东三省巡阅使等等。成了巡阅使，就有资格被人尊称为大帅了。巡阅使并无定制，因人而设。像吴氏担任的直鲁豫副巡阅使，前所未有，因为他的老上司曹锟已经是直鲁豫巡阅使了，他怎么也不能和曹大帅平起平坐吧？于是乎，北京政府就专为他弄出个副使，让他也升格为帅。后来冯玉祥的那个陆军巡阅使，也是前无古人后无来者的专设之位。

如日中天的吴佩孚，一跃成了国内外瞩目的人物。他虽仅是直系的一员主将，但人人皆知：那个继死了的冯国璋之后任直系统帅的曹锟并无治国之才，他手下的蓬莱秀才吴子玉才是出面收拾江山的真正人物。

被簇拥着进了京城的吴子玉，已不再单是一个风头正劲的“常胜将军”，倒更像是一个政治家了。

当年的报纸上刊登了吴氏的“心得体会”：

> 此次兴师讨贼，原为民意所驱策，即战胜结果，亦全国民意战胜，非直军战胜也。
>
> 此次战胜逆党，谬蒙各界赞扬，实则非军队之力，全胜于民意。

咳！这样一个明白人，怎么就不能再往前走一步呢？

我想说的是，吴佩孚为何不留在北京出任陆军总长的要职？新政府的所有内阁成员，都是与他商量后任命的，只要他愿意，陆军总长的位子没有别人敢坐！他不干，坚决不干。又有动议让他回老家当山东督军。他却说：“如各省军政都由本省人主持，中国不又成五代十国了嘛！”而且，他提醒大家，还记得他向天下承诺过的“四不主义”吗？其中第一“不”，就是“不做督军”。如此一来，人们无话可说了，只能听任他退到河南洛阳，专心练兵去也。他最新的头衔是“直鲁豫副巡阅使”。

老段实在是个铮铮硬汉！定国军失败后，他立即宣布下野，并一直待在家里，既不肯躲到东交民巷，也不愿退回天津租界，一副静待处置的高傲模样。

有野史传，在京期间，吴佩孚曾特意去看望了他的老师段祺瑞。

吴佩孚拜访老段那天，有意换下了军装，着一套便装，只带了一名副官和两个护兵，很低调地叩开了段公府的大门。段祺瑞一见到吴佩孚，就声色俱厉地说道："你来正好！我在家里等着呢，你看着办吧！"吴佩孚则小心赔罪道："学生戢兵无方，喋血近畿。我师躬自厚而薄责于人，谦德亮节，举世同钦！学生久违教诲，不知我师起居饮食如何，时以为念。"老师这才把绷着的一张老脸松弛下来，答曰："家居以来，眠食俱增，方知清闲是福。"学生赶紧说："老师总兵符、主国政虽久，廉洁自持，素无积蓄，学生本束脩以上之意，愿随时为老师家居提供需要。"老段的廉洁是公认的。不料，老师的脸又绷起来了，他坚拒学生的资助，毫不通融。吴佩孚只好告辞。

未久，吴佩孚即离开北京，去了洛阳，专心练兵去了。

一个在中国工作多年的日本军部间谍，望着"孚威将军"的背影佩服得五体投地！那个叫铃木贞一的大特务写过：

> 我认为吴佩孚是个很了不起的人物，因为在一般情况下，获胜的中国将军都是进入北京大逞威风，但吴佩孚却不声不响径自领兵回到河南洛阳。

一个封建思想哺育的军人，能在众望所归之际战胜自己的权力欲，舍名利而不取，实在不易！北洋时代，这样的人绝无仅有；即使漫漫数千年中国史，又有几位胜利者能舍弃近在眼前的权力巅峰而不登？

倒不是吴佩孚只会打仗不晓政治，这位初登政坛的军人的政治主张博得了广泛喝彩：他的政治设计是——今后所有国事，悉由国民大会定夺！国民大会的代表由农、工、商、学四界组成，自下而上推选，由省至中央，这便是国家最高权力机构。

吴氏的"国民大会说"赢得了在野政治势力的热烈赞同，从大总统黎元洪，到南方的国民党领袖孙中山，都公开表示拥护"国民大会"的召开。吴佩孚的"治国策"既像西方的民选制度，又颇具中国特色，按说该大得人心并大行其道呀！

书生气的吴秀才没有料到，被封建大水淹了几千年的中华湖底，从来就不是一块净土，而是一湾深不可测的泥淖，所有的理想化的东西陷进去都要变样，每每还使立志澄清其污者不能自拔，只好共同龌龊，否则便遭灭顶之灾。

他的政治纲领即遭到了包括直系军人在内的各路大小军阀的非议：国民说了算，他们都得“下课”；若让他们“下课”，岂不过于天真？所以，吴佩孚就落寞。

20 世纪初的吴佩孚没有主宰中国政坛，多病的北洋政府亦因这个人的谦让而未能增寿。

他虽远避豫西，但却又让人不得不仰其鼻息，北京政府从对内对外的国策到内阁成员的人事安排，无不频繁请教于他。

民国十年（1921 年）8 月 9 日，大总统徐世昌下令：特任吴佩孚为两湖巡阅使。三天后，吴即由洛阳抵达汉口，布置对湘军的作战，17 日，他直接指挥向鄂湘边界的湘军进攻，致湘军全线溃败。9 月 1 日，湘鄂战事已全部结束。

两湖者，湖北、湖南也。这也是吴佩孚当年为何有权镇压武汉铁路工人大罢工的原因，实乃职责所在嘛。有人劝他把两湖巡阅使署迁到汉口去，但被他拒绝了。他认为，洛阳自古以来就是可进可退的战略要地，而且不属繁华大都市，在此练兵，更为有利。

当时，吴佩孚在洛阳已经拥有了 5 个直系的正规师和 2 两个外省（豫、陕各一）的正规师，号称“精兵十万”。吴本人也于民国十年（1921 年），即中华民国建国 10 周年的日子里，荣升陆军上将。两个月后，他的将军名号也改为了“孚威上将军”。

吴佩孚不独对外立场坚定，对内也爱憎分明。知道吗？让我们中华民族引以为自豪的故宫得以保全，谁知道竟与吴氏的一声断喝有关——若不是他旗帜鲜明地反对，紫禁城里最精华的太和殿、中和殿及保和殿，怕早被所谓的西式议会大厦取代了！

那时，挤在宣武门内象房桥国会厅里争吵不休的参议员和众议员们简直昏了头，居然要拆除封建王朝的三大殿，在其废墟上另建议会大厦来“当家做主”！

某年，我去宣武门的新华社找人，无意走进北洋时代的国会厅。圈在国家通讯社大院儿里的一座灰砖建筑，被众多十几层的高楼困于垓下，一副四面楚歌的可怜相。若不是门口嵌一块标牌，谁也不知道此乃近代中国的议会政治的肇始之地。

现为新华社内部小会场的旧国会议事厅，面积的确小点了，但谁知道第一代中国议员们竟有过“动迁”的惊人念头！

话说当年，洛阳吴大帅惊闻此讯，立马直接把一封电报拍给了大总统、总理、内务总长、财政总长四位，而偏偏不给当事者——参众两院院长！

电文依然是掷地有声的吴氏风格：

……何忍以数百年之故宫供数人中饱之资乎？务希毅力唯一保存此大地百国之瑰宝。

老吴是谁？一句顶一万句！各报刊登载了吴氏通电后，颂扬玉帅之声鹊起，抨击国会之议潮涌，“保存此大地百国之瑰宝”的威严号令让始作俑者噤若寒蝉，故宫三大殿方幸免一劫——“大地百国之瑰宝”与“世界遗迹”实为同一个说法。

当然，现在每天挤在故宫里游览的人们，是不会记起北洋时期一位爱国军人对这座“世界遗迹”所做过的贡献的。不信，你若随便找个游客问问，人家一定会瞪你一眼：老吴是谁？

吴佩孚的如日中天，当然引起了处心积虑欲操纵中国的苏联人的青睐，刚开完第一次代表大会的中国共产党，就曾奉“远方”之命与他联络过——“远方”是中共对苏俄的代称。北大的李大钊教授，就任过苏俄的使者。李大钊找到的是他在日本留学法政学校时的同窗白坚武，而白氏当时正在吴佩孚手下当政务处长，深受吴大帅的倚重。苏共找对了李大钊，而中共找对了白坚武。于是，在白坚武的安排下，李教授三度到洛阳拜见了吴大帅。

吴李会晤的结果是，吴佩孚同意京汉铁路工会公开活动，同意由李先生安排 6 名秘密巡察员在京汉铁路上了解沿线的真实情况，并随车纠察违规情况，他所不知道的是，李大钊通过包惠僧等 6 位中共党员已经动员起了全线路的工人。这之后，才有了“劳工神圣”的旗帜得以堂而皇之地游走在直系军队控制下的京汉、陇海铁路沿线的要埠大街上。若不是“二七惨案”的发生，吴佩孚还一直被革命党引以为同盟呢！

吴佩孚何以从革命党人的同盟者变成了屠杀者？权威史书似乎一直没为我们讲清底蕴，只说他早先容忍工农运动是“伪装开明”，到后来向罢工者举起屠刀则是“暴露了其反动本质”。一个在全国举足轻重的铁腕人物，哪需要对辖内铁路上的工人们“伪装”？由宽容到不容，从首肯到弹压，一定有没被说透的原因吧？

颇能为我解惑的，是近年出版的一套极有价值的《共产国际、联共（布）与中国革命档案资料丛书》，正是这套从新解密的苏联国家档案里翻译过来的“红宝书”——该书不仅封面为暗红色，而且还真是一本关于中国革命史的思路指南，让我对 20 世纪初的中国政局，对吴佩孚等人的政治抉择，有了全新的理解。令我大为惊奇的是，原来，苏联人在决定帮助孙中山和中国国民党之前，最先看好的竟是吴佩孚！若不是民族气节极重的吴大帅拒绝了苏联人，现代中国究竟走向何处去还真未可知哩！

越飞（Abram Adolf Abrahamvich Joffe），这个被苏联政府派来中国的特使，因后来与孙中山联名发表会谈纪要而名扬中国现代史，孰料早在他前往广州游说孙中山之前，就在北京给洛阳的吴佩孚写过一封信，现在读来还会让人起一身鸡皮疙瘩。

且看民国十一年（1922 年）8 月 19 日越飞致吴佩孚的密函：

吴佩孚将军亲启

将军先生：

……我们都怀着特别关注和同情的心情注视着您，您善于将哲学家的深思熟虑和老练果敢的政治家以及天才的军事战略家的智慧集于一身。……

毛泽东说得好，“世界上没有无缘无故的爱”嘛，苏联人捧了老吴这一通，究竟要干什么呢？越飞继续写道：一、“为了便于修复两国睦邻关系”，让并不在政府任职的实权人物吴佩孚同意他们要在中国的领土上同日本人谈判——自清末的日俄战争之后，在满洲有驻军的日本人一直是苏联人深为惕惧的隐患；二、让吴接受苏军进占外蒙的现实。

待越飞的军事顾问、苏联总参谋部学院院长格克尔（A. I. Gekker）将军自洛阳返回北京后，越飞立即给国内拍发了“绝密”级的电报：

送斯大林

（格克尔）从吴佩孚那里回来了，说从未见过这样完美的军事秩序：秩序和纪律极其严整，操练和训练比赞许的还要好……

你看，正是吴军的强大实力使苏联人以为找准了在华的代理人。

进入民国十一年（1922 年），吴佩孚联络苏、赣、鄂、鲁、豫、陕六省督军省长向内阁总理梁士诒发难，指责其擅允借贷日款。梁不堪压力，宣布辞职。

不料，当年一起倒皖的盟友，奉系已经有了问鼎中原的实力。因愤然于吴氏对政府的责难，4 月 20 日，张作霖亲任总司令的“镇威军”分九批陆续入关，杀向京津，并很快驱逼到京郊的卢沟桥附近。第一次直奉大战爆发。

吴佩孚赶到北京，再任总司令，指挥 10 万直军与 12 万奉军展开了激战。

他使出惯用的奇袭战术，派奇兵绕道奉军后方，致奉军全线溃败。只半个月，直奉大战即以直军全胜而告终。张作霖不得不率残军退回关外。

吴子玉虽秀才出身，却一身武人的刚烈之气。直奉战争期间，在将与几十万奉军交火之际，这位直军总司令的“战前动员”曾是何等的惊天动地：

> 此次系共和与帝制之最后战争，胜则我将解甲归田，裁兵恤民；败则我唯一死，以谢天下！我妻已死，我子豚犬，杀之可也。

真是咬钢嚼铁！如果战败，我就自杀，反正发妻已逝，儿子（继子）就当猪狗一样杀了也无所谓——有这样视死如归的指挥者，哪个将士不用命?

直军的不可一世，让吴佩孚忠心不贰的老上司曹锟昏了头，老曹非要坐到大总统的宝座上过过瘾不可。尽管又退回洛阳的吴佩孚婉言表示时机不到，但老曹身边的人还是通过已任陆军巡阅使的冯玉祥等在京的将领们，用下三烂的办法，如停水断电、掐断电话、撤除守卫等，逼二度就任大总统的黎元洪下台。老吴对冯玉祥等的做法很不以为然，但也无奈，只能忍看刚有新气象的北京政坛再度衰败下去，一筹莫展。黎被迫辞职后，曹锟如愿当上了中华民国第五任大总统。

曹锟入主中南海以后，立即将自己的直鲁豫巡阅使交给了吴佩孚。直鲁豫一把手，是北洋时代可以影响中央的头号封疆大吏。

不能不提一句的是，那位对吴佩孚有知遇之恩的郭绪栋，此时受吴佩孚之聘，成了他的巡阅使署秘书长。

民国十三年（1924年）3月13日，奉军突然向驻守山海关的直军发动进攻，并切断了京奉铁路。第二次直奉战争爆发。

曹锟迭电急令吴佩孚火速赶到北京主持军事。这老哥儿俩根本不知道，眼下，奉张已经与南方的孙中山和寓居天津的段祺瑞结成了反直三角同盟，而且，已经买通了本军大将冯玉祥等为内应，就等时机一到，立即倒戈了。而且，因吴佩孚力主军政分治，即他呼吁凡担任督军者请一律辞去师长职，结果，许多袍泽对他也颇有怨言，直军内部甚至有了一个隐秘的反吴同盟。可怜的吴佩孚，于中南海四照堂，与王承斌、彭寿莘、王怀庆、冯玉祥等会商迎战计划。结果，在他亲赴山海关指挥作战时期，第三军冯玉祥突然回师京城，发动政变，幽禁了曹锟，解散了北京政府。直军后院起火，吴佩孚班师回京救援不及，战况陡然逆转，“常胜将军”终于成了被新政府通缉的“吴逆”。他不得不从塘沽乘军舰绕道青岛，被拒绝上岸后，再转长江水道，辗转回到洛阳。直系从此一蹶不振。

转眼到了民国十四年（1925 年），吴佩孚已经明显失势，困居豫南的鸡公山。但苏联人依然没放弃利用他的愿望。

世事无常。发动北京政变以后，冯玉祥与盟友张作霖又为争夺华北的地盘打起来了，用苏联的枪炮武装起来的冯氏的国民军失利，冯玉祥不得不宣布下野，其部下张之江则通电全国，表示要“迎吴讨奉”，即迎回吴佩孚领导他们讨伐张作霖。

当时，吴佩孚已经抵达武汉，被在南方的直军各将领拥戴为“十四省讨贼联军”总司令，正欲重整旗鼓与奉张决战。只是，老吴最恨叛徒，“奉”照讨，但对“冯”之背叛，决不原谅！所以，他给张之江的回复是四个字：“全体缴械”。

冯玉祥很难受，但苏联人不难受，因为他们也信此言：不管白猫黑猫，捉到老鼠就是好猫。只要有人出面反对奉军，苏联就会拥护。因为他们认定，“奉张”是日本人的走狗，是反共反苏的最顽固的堡垒。所以，务必除之。事实证明，前一条，他们判断失误；后一条，他们看得很透。

当时的苏共中央曾专门开会讨论并通过了中国局势，他们的政治局会议第 86 号 [特字] 记录中明明白白地写着：

> 中国的事态发展进程，越来越把吴佩孚和他所领导的直隶集团推到首要地位。吴佩孚正在成为核心政治领导人物，同时好像也在成为民族运动重新爆发的中心。……吴佩孚的行动会造成有利的局面，必须加以利用。

武汉南京路上的吴佩孚公馆旧址，昔日的吴家花园已辟为今人的公共空间。（2011年1月摄）

有必要同吴佩孚联合，联合的结果应当是成立新的中国政府。

下面的话暴露了苏联人的用心：

这种联合不可能有什么牢固性可言，所以在进行现阶段的战争和成立新的政府的时候，必须从建立真正统一的中国必然要继续进行战争的思想出发，不过这时已经是同吴佩孚及其追随者的战争……

吴佩孚没让苏联人如愿，尽管他拥有“哲学家的深思熟虑”和“老练果敢的政治家以及天才的军事战略家的智慧”，也尽管他麾下的军队让苏联人看到了“从未见过这样完美的军事秩序”，但一个无限崇拜岳武穆、戚继光的爱国军人，哪会去牺牲国家疆土和民族利益以换取洋人的支持？清末在东北替日军当过间谍的吴佩孚不会忘了“老毛子”曾怎样侵占我中华的大片疆土，而宣称苏俄政府将放弃沙俄时代一切的对华不平等条约之后，不也照样食言？

学测绘的军校毕业生吴佩孚大体上能计算出来，俄国人究竟想干什么——成立一个完全受他们控制的政府。

但尽管如此，如果吴佩孚地下有知，于身后半个多世纪后闻知苏俄明确提到了要利用他、待战争结束新政府成立再推翻他的阴谋后，想必还会冷汗涔涔吧！

苏俄一定困惑极了，正如十几年后日本人在“吴佩孚工作”失败时一样，他们总不明白，他们面对的是一个极有民族自尊心的中国传统军人，一个公开向国人承诺过“四不主义”的硬汉子。

与苏俄愿望适得其反，自兹吴佩孚更加仇视之，也更认定这只会毁灭儒家的中国。对吴绝望后，苏俄才开始专一对广州孙中山的工作，这才有了国民党的起死回生，这才有了国共合作的局面，进而有了北伐的胜利与北京政府的垮台。须记，在北洋政府时代，从袁世凯到张作霖，不管哪个系的军阀当政，都没有放弃外蒙。

前些年的某个春节期间，我在安徽黟县的西递村里见到过一幅落款“吴佩孚”的书法，是那首千秋传诵的唐诗《芙蓉楼送辛渐》：

寒雨连江夜入吴，平明送客楚山孤。
洛阳亲友如相问，一片冰心在玉壶。

那是西递村刚刚有名的时候，游客很少。在一家昏暗的大宅子里，这晦暗而破损了的长幅，它敷着一层塑料膜悬在数百年前徽商的堂屋侧墙，让我怦然心动。细看看，字也流畅，墨也沉香，读一读暗红方章，倒也是“吴佩孚印”。但附在上面的标价总有点让人生疑——堂堂吴大帅的遗墨就值区区380元吗？

我终于没敢买下这幅字。造假之时风早已灌满这曾以“诚”为本的徽商之乡，这里几乎家家为店，店店有“古董”，但有几家的“古董”不是为天南海北的游人“订做”的？那一天，我只花20块钱买了一柄显然是被做旧了的“卧佛如意”以充镇纸，写这本书时摘抄一些文字，用的就是这柄“文物”。

那幅“吴佩孚书法”未买回，但那首王昌龄的韵句却被我吟了一路，我不时地揣摩着我的那位山东老乡当年狂草这首诗的神情。

是的，有书为证，秀才将军落魄后，常应求字人所请题写这首唐诗。这首流露着淡淡的萧瑟离愁的古诗，这首标明作者表里澄澈的情操的绝唱，一定是下野大帅的最为贴切的感情载体。

任何一位权势人物失势后，总会有各种人幸灾乐祸，其中，就有一位好事者，把老吴最爱写的这首古诗颠倒了句序，翻新成一首颇耐人寻味的讽刺诗：

一片冰心在玉壶，平明送客楚山孤。
洛阳亲友如相问，寒雨连江夜入吴。

像玩魔方似的这么一转，就把吴佩孚亡命巴蜀的狼狈相表现出来了。中国文字实在太合适做游戏了！

只是,他的被腐恶的政治和血腥的战争所浸泡过的心并不是一颗“冰心”，而且，更要命的是，他所处的环境，也更不是“玉壶”。刚才我说了，它像肮脏的泥淖。

倒是北京的什锦花园里仅存的这座小院有点像“玉壶”——口小肚大，遗世独立。所以，吴子玉就天天待在里面做着他最后的人生残梦。

我们从玉壶状的小院里步出。

刘建国领我们到院子外。其南侧，是原先“花园”的正门，但现在已经被一幢三层火柴盒状的小办公楼堵住了。这座楼是三年前刚刚兴建的。楼把当年的长廊阻截了，被截肢的回廊缩在大楼的阴影里，任寒流漫过。一堆自行车和废弃的办公柜等随便倚在墙根儿，几只蒙着厚尘的红色灭火器在朔风中轻轻摇头。

“就是盖这座办公楼的时候，挖地基的民工发掘出了一串罐罐，从大到小，好几个呢！”刘建国说起当年的意外发现。都以为是大军阀的家，一定埋着什么值钱的东西，结果呢？他笑了：“嘁！里面什么也没有，后来听说，那是些普通的地漏子——渗水用的家什。想不到这么大的人物，家里什么金贵的东西也没留下来。”

刘建国说着，表情既失望又不乏对已故主人的钦敬。我打铁趁热地给他讲了一点吴的晚年。

民国九年至十二年（1920 年—1923 年），吴佩孚是气吞山河，傲视九州的“常胜将军”，民国十二年秋季的第二次直奉战争期间，因肘腋生变，冯玉祥突然叛乱，使吴佩孚直坠万丈深渊，再也无力爬回到政治舞台的中央位置上来了。

表面看来，是部将冯玉祥害苦了他——冯的反戈一击令吴猝不及防应声落马，随之遭乱蹄践踏以致终其生亦未能复原；但深层原因是曹锟连累了他——因个人权力欲的膨胀和治国能力的低下，致使中国政坛更加纷乱，直系功败垂成，武力统一中国之梦也成为泡影。

苍天给吴氏圆梦的最后一次机会，是民国十五年（1926年）奉系的张作霖主动与他握手言和并同盟“讨赤”。那会儿，曹锟已经下野，也到天津当寓公去了。

论年纪，吴佩孚比张作霖大一岁，但论从政辈分，他却比人家矮一头。张作霖贵为奉天督军兼省长时，他才不过是炮兵团长。数年过去后，当张作霖已经是国内政坛举足轻重的奉军“老帅”时，他不过是新接任的陆军第三师师长。

对了，这儿有个有趣儿的故事。当初吴佩孚随曹锟去天津与驻节那儿的张作霖会晤时，他因屡屡插言而被张作霖羞辱了一把。人家指着他对曹锟明知故问：“三哥，这是谁啊？”曹锟兄弟多人，他排老三，故巨头之间均以三哥相称。厚道的曹三哥不知是计，惊讶地说：“咳！你还不知道？他是我第三师的师长吴子玉嘛！”张作霖遂开始挖苦道：“我同三哥有要事相商，一个师长跟着掺和什么？要是师长能参加的话，俺奉军有好几个师长哩！”颇有自尊的吴佩孚羞恼离去，上车前恨恨地说：“早晚要让你张胡子认识认识俺这个师长的厉害！”胡子不是指张作霖的外表，恰恰相反，张作霖并非满脸胡须。“胡子”是对土匪的另一种叫法，吴佩孚是骂张作霖早年当过土匪。

不过，这只是传闻而已。事实上，张作霖说过类似的话，但不是在当面，而是在报纸上，而且口气也没有那么露骨，他只是说，本人有事只与曹大帅联系，至于师长嘛，呵呵，俺手下好几个师长呢！

没过几年，张大帅果然领教了当年吴师长的厉害——就在国民党军一路上招降纳叛、“北伐”的声势越来越大的民国十五年（1926年）暮春，入主京城的张作霖力邀在武汉当“十四省联军总司令”的吴佩孚捐弃前嫌，到京面商抵御“过激主义”的大计。所有的北洋军头，无论政见与从政手段如何有纷争，但在警惕来自苏俄的“过激主义”方面，却有着高度一致的认知。

基于相同的价值观，吴佩孚决定北上，与奉张结为战略合作伙伴。

经是年 6 月 28 日，吴佩孚一行进入北京，来到约定的会晤之地中南海。一直担任吴氏参谋长的张方严先生，1949 年后回忆过这次重要的会晤：

> 是日，张作霖身着便服，态度潇洒，谦恭有礼地在门前迎吴，见面时高喊“大哥”，作揖为礼，即导吴入室。

穿便服为了表示兄弟情分而非体现军务公事，而且，也避免了相见时的礼节上的尴尬——如着军装则须行军礼，问题是，两人谁是上司？按说，论地位，主持北京政局、代行国家元首职的张作霖为大，但吴大帅岂是甘居人下之人？所以，幕僚们便事先商定，两位元戎均着便服相见。

坐下后，张即开口说：“过去一切错误承兄弟海涵原谅，实感终生有幸。”吴说：“人非圣贤，谁能无过？往者已矣，来者可追，我也有许多不是之处。”接着谈了一些无关紧要的话，随即转入正题。

你看，真有意思！胡子出身的张作霖绝对是个外憨内精的巨头，与数年前的死敌相见之初，即率先道歉。吴佩孚大度地接受了对方的道歉，并也顺坡下驴地自责了一把。两人谁都不谈导致当年失和的具体原因，本着团结一致向前看的姿态，确定了今后军事合作的方案。

然而，由于打着“三民主义”旗帜的敌手蒋介石一手抓进攻、一手抓收买，且两手都很硬；也由于没有政治信仰的北洋部将们不是期冀保存实力便是向往升官发财，结果纷纷转向，竟把枪口瞄向了自己。如此一来，仅一年，当年的“常胜将军”就一败涂地！最后，竟连经营多年的大本营洛阳也待不下去了，他不得不率其众多亲随与卫队旅一路撤退。退至武汉，又被多年的老部下撵走！走投无路的他只好乘舟溯扬子江而上，一直退进四川，才在杨森的收留下安顿下来。哦，那位郭秘书长郭绪栋大哥，在吴氏最得意时，曾

吴佩孚失势后，在白帝城住过的“白宫”，至今保存完好。(2002 年 10 月摄)

被荐为山东省省长，不料，曹锟的总统令尚未下达，他老人家就因病过世。

被北京政府授予“森威将军”的杨森，本非正统北洋军人。是吴佩孚主持大局后陆续提拔其为陆军十六师师长、川军第一路总司令、四川省省长的。见吴大帅落难，知恩图报的杨森便把三峡口上的奉节白帝城倒出来，请吴大帅在此安居。不料，国民政府的通缉令马上追来，而拒不从命的杨森，后来竟被国府以“庇护吴逆佩孚”为由免去本兼各职！民国人物，多有传奇，见利忘义卖主求荣者多也，舍己感恩义薄云天者亦不乏其人。

我曾三上白帝城。

三峡大坝筑成之前，长江三峡最诱人的历史遗物是悬棺，而白帝城可算是万里长江上的最大一具悬棺——多少历史朽骨和秘笈被永远封存于这座小小的江山之巅了。刘备托孤诸葛亮后，在此一命呜呼，恢复刘汉王朝的宏愿自兹飘落江底；后来，落魄的杜甫气喘吁吁地爬了上来，望着一江浊浪和无边落木，肝肠寸断地吟下了一堆千古绝唱，一代诗圣用诗句宣告了他对世间的绝望；而近代建于白帝庙西侧的那幢小小的西洋楼，又像活棺材一样闷住了吴子玉这位失意大将军的冲天豪气，使他反反复复闻到了刘备、孔明、杜甫这些落魄国士之阴魂的幽泣。

这座位于白帝城之巅的三层西洋小楼，原是一位川籍小军阀建的，本名“永安宫”，因周身涂白，故被当地人称为“白宫”。白宫的建筑风格与朱壁飞檐的白帝庙极不协调。在遭受一连串的背叛之后，吴佩孚只得率亲兵入川借地安身。杨森安排吴大帅在此居住，图的是客人“永安”。

巴山蜀水，派系林立，军阀众多，杨森只能让吴大帅屈就于远离城市的小山头上。如此一来，吴大帅就像白帝庙堂里的众多三国偶像一样，被东道主供奉起来了。

老吴不是阿斗，明白自己的处境，便天天听滔滔江水低哭，看森森夔门禁闭。这位风骨嶙峋的丈夫，对成为王败为寇的道理理解得透着呢！于是，他一次次用诗来检讨自己，意气颇低沉。

且读以下三首：

我昔屠刀未放下，气吞七雄小五霸。
宁知世事不可为，刚愎自用遭人骂。

往事不堪重提起，魂魄收入诗囊里。
世外有世天外天，从前种种昨日死。

曾统貔貅百万兵，时衰蜀道苦长征。
疏狂竟误英雄业，患难偏增伉俪情。
楚帐悲歌骓不逝，巫山凄咽雁孤鸣。
匈奴未灭家何在？望断秋风白帝城。

他终于承认自己失败了，因为“刚愎自用”，因为“疏狂”。他想起英雄末路的项羽，感叹自己未能与敌寇搏杀的遗憾，最后，是一声长叹：从前的一切，都已经死了！

单从“言志”来讲，他比别的下野军阀强，他能把心里的苦闷抒发出来。

中国近代史上不乏书生带兵大获成功的例子，前清的曾国藩是一个，李鸿章是一个，无疑，民国初年的吴佩孚也算其一。

日本人闻讯，以为有隙可乘，遂由第一遣外舰队总司令荒城二郎和海军驻沪特务机关长佐藤秀乘快艇逆水而上，专程登上白帝城拜访吴大帅，表示愿供私人借款 100 万元和无偿赠予 10 万支步枪、500 门钢炮、2000 挺机关枪连同弹药，支援他东山再起。

不料，吴子玉语气坚定地回答：“过去我曾有枪不止十万，有钱不止百万，可见成败并非枪炮与金钱。我如愿引外援借外债，何必待到今日！中国的事应该由中国人自了。”

风头最健时，他拒绝了苏俄人的拉拢；穷途末路时，他摒弃了日本人的诱惑。民国以降，如玉帅般一片冰心对国者，有几人？

悲情吴佩孚！他太固执于传统观念了！

无论“主公”如何无能，如何折腾，他决不制止，更不会取而代之——朝野无人不晓：曹大帅正是倚重了吴子玉才得了江山。但在曹锟匆忙走进中南海成为国家元首以后，他这个头号功臣却躲得远远的，不肯直言相谏，更不曾犯上作乱。

无论局势如何变化，他决不改弦更张——当初日本顾问冈野增次郎惊报第三路军司令冯玉祥已经叛变回京，冈野焦急地劝他速与下野的段祺瑞携手对付危局，而老段恰好也派来代表与之接触。他却大谈起“千古不磨之成文宪章，即孝、悌、忠、信、礼、义、廉、耻之八德”，坚称自己“宁为玉碎，不为瓦全”，坚决不做违背四千年“成文宪章”的事。

无论叛将如何讨饶，他决不宽恕容纳——冯氏发动第二次北京政变后，满以为驱逐了段祺瑞会使吴佩孚高兴，国民军将领通电要全军投靠吴氏门下，吹捧“吴玉帅”有“命世之才”,并表示:“此后动定进止,唯吴玉帅马首是瞻。”但他接到通电后，却拒绝接收人家的恳请，愣是把送上门来的大礼掷出门外，生生逼得国民军变成一块又砸回来的石头。

无论外力是否可借，他决不稍加利用——苏俄人、日本人都没住声儿地拉拢他，都想赔本武装他的部队，但被他一概拒绝。在这一点上，他既不如蒋介石，也不如冯玉祥，人家是借了“老毛子”的资金壮大了自己，然后，再翻脸不认人。

只要他不那么坚持原则，只要他稍微通融一下，他本人的命运乃至北洋集团的命运，都极可能因而改变。

惜乎哉！从这一点来看，他吴子玉至少晚生了两千来年！

不过，即使在春秋时期，这种坦荡荡的君子做派就已经成为社会的笑柄了——那个“仗义”得非得等敌国的军队上岸列好阵后再出兵的宋襄公不就是个例子？那个一边整理着被砍歪的帽子一边嘟囔着“君子死，冠不免”的孔夫子的学生子路不也是个例子？无论古今中外，在政治舞台上，不讲权术的演员只配出演悲剧角色。

从关于吴的个人悲剧，中华书局出版的《中华民国史》(第二编)中有一段中肯的评论：

> 即便是吴佩孚这样“知书达礼”的“儒将”,也是满脑子的封建思想。他最崇拜关羽，在“上下”“尊卑”“主从”之类封建道德束缚下，他明知曹锟当总统的时机尚未成熟，虽曾极力表示反对，但终究不能不服从他的那个昏庸的上级。吴在直系三派中兵力最强，曹锟实际上不是他的对手，但吴就是不敢取而代之，始终被曹氏家族牵着鼻子走，最后一同走进火坑，成了曹锟的殉葬品。

这本书是1987年出版发行的，那个时候就能在这样一部权威的“史”中“偏袒”一个前朝军阀，可见吴佩孚的下场着实有些让人惋惜。

不过，随着苏联关于中国问题档案的解密，我对吴佩孚有了更深的怜悯：也许，在那样一个纷乱而贫穷的时代，不管是谁走上政治舞台中心，不依靠某一强国，就真的不能实现统一中国的梦想？就真是必然要走向灭亡？

这也许就是吴佩孚成为悲情人物的最根本的原因。

现今已成孤岛的白帝城里，了无吴氏遗迹。庙里有三国时期蜀国的王侯将相们的塑像，庙外有罕见的周恩来题写的李白的“朝辞白帝彩云间……”的全诗，亭柱上镌有杜工部的“无边落木萧萧下，不尽长江滚滚来”的联句，唯在此居住时间最长且有过峻拒倭寇拉拢壮举的历史名人吴子玉销声匿迹，尽管他在此书写过大量的诗文。

我去白帝城西洋楼那会儿，门外挂着“奉节县白帝城文物管理委员会”的木牌。一楼是卖白帝城古碑拓片和当地书法家作品的门市。我没兴趣。本想登二楼一览，总以为吴氏会把英雄末路的心态镌刻在哪层楼的哪根柱子上。有人在窄而陡的木楼梯口拦住我，用麻辣味儿十足的川语说：要看哪一国(个)

的字嘛？要买就在一楼买好喽！

在白帝城，我没找到一页与吴佩孚有关的纸——无论是遗碑拓片还是文字介绍。人们用政治的橡皮把他的遗痕擦得干干净净。

20 世纪的民国初期，“吴佩孚”这三个字是无法擦掉的，报章上隔三岔五地就会出现这个名字。这是个让很多人看了高兴又有很多人看了不舒服的名字。

北洋时代的吴大帅偃旗于四川白帝城数年后，报纸上忽然又有了他的动静。原来，老吴静极思动，便借调解西北地区汉回民族纠纷之际，起身去了甘肃。

时值“九一八事变”爆发，西北五省的新军阀马步芳等人见天上掉下个吴老帅，连忙联名通电中央，要拥戴他出山领导抗日。通电云：

> 窃以吴上将军子玉，为国元老，韬晦蜀中，于兹数载，虽身寄乎山林，心常系于国家。值此外患危急之秋，翩然莅陇。谢安虽老，共仰东山。矧其前戍辽东，适逢日俄战役，满洲形势，日本军情，观察靡遗，了如指掌。应请中央及全国袍泽一致敦请出山，主持对外军事，为政府外交之后盾，做人民救国之先锋。

你看，连吴氏早年曾在日俄战争中做过谍报工作的经历也成了人们拥其出山的资本。只是，马家军将领们的别有用心令老蒋脊梁杆子直冒冷汗——“请中央及全国袍泽一致敦请出山”的目的,竟是要吴佩孚“主持对外军事”！

蒋介石颇感警觉，深恐吴佩孚真的东山再起，便一面电请“玉帅”入京（南京）共谋国是，一面急令杨虎城部进兵兰州，压迫老吴赶紧走人。

吴佩孚最后的机会失去了。他再也无以号令千军万马的可能了。他不得不离开甘肃，辗转回到了旧日京城。这就是他晚年定居北平的原因。

执政了的蒋介石先生显然是一位很看重军人骨气的人，他不仅没有羞辱

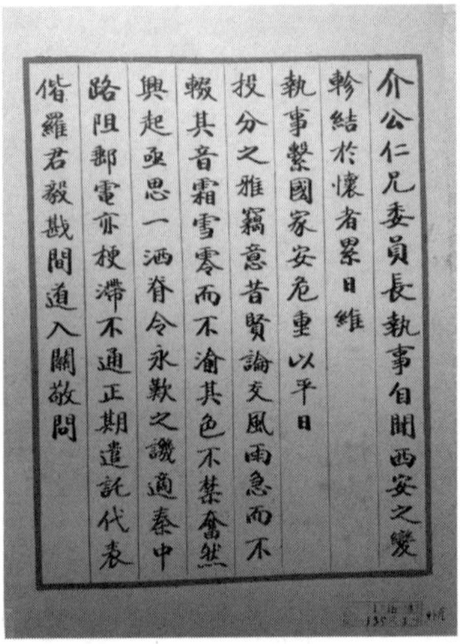

介公仁兄委員長執事自聞西安之變軫結於懷者累日維
執事繫國家安危重以平日投分之雅竊意昔賢論交風雨急而不輟其音霜雪零而不渝其色不禁奮然興起亟思一洒脊令永歎之譏適秦中路阻郵電亦梗滯不通正期遣託代表偕羅君毅戡間道入關敬問

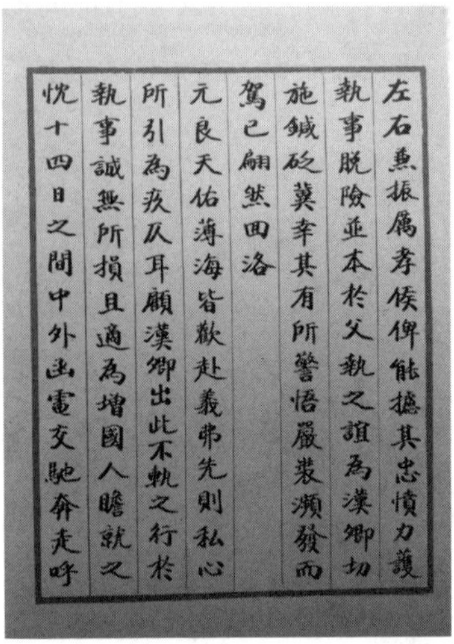

左右熏振厲孝侯俾能攄其忠憤力護
執事脫險並本於父執之誼爲漢卿切施鍼砭冀幸其有所警悟嚴裝瀕發而
駕已翩然回洛
元良天佑薄海皆歡赴義弗先則私心所引爲疚愧耳顧漢卿出此不軌之行於
執事誠無所損且適爲增國人瞻就之忱十四日之間中外函電交馳奔走呼

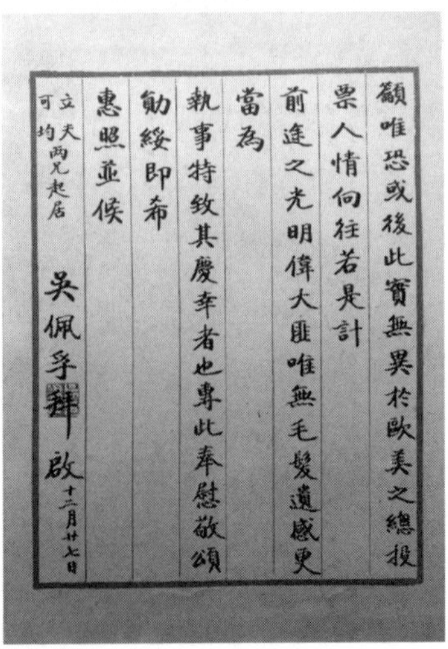

籲唯恐或後此實無異於歐美之總投票人情向往若是計
前途之光明偉大匪唯無毛髮遺感更
當爲
執事特致其慶幸者也專此奉慰敬頌
勛綏即希
惠照並候
立夫 可均 兩兄起居

吴佩孚啟 十二月廿七日

吴佩孚致蒋介石信。

曾被国民政府通缉的败军统帅吴佩孚，反倒允许“孚威上将军”保留着昔日的尊严，前面说过，他请孔祥熙持自己的亲笔信和10万大洋北上看望过吴氏，他本人还借北上视察之机设宴款待过“玉帅”，在一堆金光闪闪的高级将领的聚会上，他请身着便装的吴子玉先生坐上座，自己完全以弟子的身份致辞与敬酒。不过，杨森后来称，蒋、吴会面后，“自此遂成莫逆”，显为溢美之词。两个都够倔强的汉子的第一次、也是仅有的一次见面，想必成不了莫逆之交的好友。但蒋氏对前辈军人领袖的敬重却实在令我意外——原来他和吴氏一样，最看不起的就是那些没骨头的军人，不信你数数看，投过来叛过去的，有几个将领能得到蒋介石的真正尊重？

吴佩孚晚年，一直待在什锦花园里，虽还不到60岁，但已没了叱咤风云的能力，他只能捋着花白的胡须叹息的份儿了。

憋在“花园”里的吴佩孚，每天上午，让秘书读一遍国内外新闻，然后，读《周易》，推演天象。鲜有客人来访。张学良不愿来了，他的蓬莱同乡、在奉军当军长的于学忠也不肯上门了。北洋故人，谁也受不了吴大帅的当面责备。

只有家人相伴了。

吴佩孚一辈子想做“完人”，而中国完人的标志之一，就是对发妻要从一而终。因上苍不悯，吴氏的结发夫人宋氏没等过门儿即命丧黄泉，30岁上，他才趁在日军驻芝罘岛（烟台）情报小组工作期间回乡与李氏成婚。李氏算是他真正的元配。

青春期时的吴子玉，曾幻想把“戒淫”当成一生的头等大事来做，他写过：

> 率性而节欲，可庶几于圣贤；纵欲而灭性，则近于禽兽。

他说得够狠的！你想当圣贤，就要节制欲望，否则，就是禽兽！不是东风压倒西风，就是西风压倒东风，在“性”的问题上，他没有调和的余地。

1937年，康有为逝世10周年，媒体发表北平耆老吴佩孚（中）、江朝宗（左）等人在中山公园主祭的影像。

1935年，寓居北平的“吴秀才”虽已不再是叱咤风云的赫赫统帅，仍然受到古都绅商的追捧。这是保存在北京五塔寺里的吴氏题写的“长春会馆”大型石匾。（2011年8月摄）

他比别人更想做个道德完善的真君子，所以，就恪守传统，就谢绝纵欲。他不正是因为砸了一台男女同台的堂会，才被革除了秀才功名？

一个人年轻时“戒淫”并不难，难的是一辈子“戒淫”而不纵欲。老吴算是难能可贵的一位。第三师驻军长春时，因李氏没为他生下个孩子，再加上婆媳不和，在母亲的坚持下，他纳妾张佩兰。李氏乃不肯与侧室共居一处的正室，遂坚决要求回家。如此一来，吴子玉也破了金身，成了有妻亦有妾的俗夫子。

不过，老吴极重传统，尊卑分明，虽与张氏同居至死，但对元配宋氏一直以礼相待。李氏病故后，他曾对自己聘用多年的日本顾问冈野增次郎说过：将来武力统一中国以后，欲往峨眉山皈依佛门，为战死的众多将士和李氏的亡灵超度。冈野问：张氏如何处置？吴却道：张乃第二夫人，不值一提。这是冈野氏在1937年时的《吴佩孚》一书中所记，足可见传主之伦理道德是何其传统。

然而，婚后多年，张佩兰仍然未能有孕。历来人们把不孕不育的责任归咎于女人，致使无数中国女子以不能为夫家做生育工具而自惭终生。张佩兰当然也成了这种蒙昧观念的牺牲品，她主动提议夫君把自己的婢女纳为二妾，希望该小女子为吴家留下子嗣。可是这位小夫人登堂入室后，依然腹部平平。

吴氏前后拥有三位夫人，但均未曾生育，现在可知问题出在老吴自身。婚后不育乃人生之大疾，自古以来就被认定是女子的责任，直到20世纪末，人们才知道，其实男人的原因甚于对方。

吴佩孚是个既有魅力而又极有责任感的伟丈夫。据当时的报纸传，有一位德国使馆的露娜小姐，慕名前往洛阳的求见过吴大帅。见到倾慕已久的偶像后，该洋妞神魂颠倒，当场表白要嫁给玉帅！40多岁的吴佩孚不为所动，硬把金发碧眼的求婚者打发走了，一抹脸，也把洋妞倾在面庞上的脉脉秋波拂得个一干二净！可怜的露娜怏怏写信给吴，诉说了一通爱慕抑或幽怨。吴氏阅罢，如同批阅军中电文一样，极简捷地批了四个字“老妻尚在”，便让副官把信付邮，了却了这段海外情缘。

在那个年代，以吴佩孚的身份，妻妾成群属正常，嫖宿召妓也不为过。比之领导们、同僚们、部下们，吴玉帅也算是清教徒吧！

更让人钦敬的是他对自家人的“绝情”——陶菊隐在《吴佩孚将军传》里讲到，吴氏最得势时，曾下令族人：

> 凡吴家近亲，上至父辈，下至自己之后三代，即天、孚、道、运、隆五世，永不叙用。

即一直到其曾孙一辈，谁也不能当官！这种大公无私，真可谓前无来者，后无古人，廉洁得让人惊心动魄！国人历来信奉“打虎亲兄弟，上阵父子兵”，南北东西各路强人，甭管他打着多么堂而皇之的政治旗号，多是以国为家，以血缘为纽带，以妻子或儿子为主要帮手甚或继承人，以私交为任用基础，来争抢国家权力，正所谓“任人唯亲”也。无论北洋军阀袁世凯、张作霖，还是国民党领袖蒋介石等，概莫能外。吴佩孚的“永不叙用”论，实在高出诸公一大截！

不过，因曹锟硬是安排他的胞弟做了陆军少将衔的步军统领署顾问和总统府谘议，他的这个扎得很紧的“内部约定”才被捅破一个口子。

吴氏晚年，客人很少造访，他也很少出门。因为费用拮据，他将卫队一再裁撤，到后来，只剩 300 余人了。

民国二十五年（1936 年）12 月 11 日那一天，他出门了，而且穿戴得很正式。那一天，是前临时执政段祺瑞先生的灵柩运抵北平的日子。

国府驻北平的最高军政长官已经换成了山东老乡宋哲元。在前门火车站，站在宋哲元旁边的久违了的吴大帅引人注目。谁都记得，正是这位吴子玉，当年率先向逝者发难，才让老段仓促下了台，北洋军自兹分裂成各派系。一别十余载，师生兼宿敌分居津平两市，却从未谋面。而今，满洲已经建“国”，华北形如累卵，倭人步步紧逼，国府节节后退，借老师驾鹤西去之际，刚毅的吴子玉站了出来，为老段送上了一副传诵一时的挽联：

天下无公，正未知几人称帝，几人称王，奠国著奇功，大好河山归再造；

时局至此，皆误在今日不和，明日不战，忧民成痼疾，中流砥柱失元勋。

车站外扎起的高大素牌楼正中，也是吴氏的手迹：

还我山河

峨峨哉，吴子玉！

若没有日本人的入侵，吴佩孚原本是要在北平城里颐养天年的。可是，卢沟桥事变的枪声打断了他的残梦。

民国二十六年（1937年）初夏，日本人通过卢沟桥事变快速侵占了北平，一直不肯去南方做蒋的清客的吴佩孚没有离去，成了敌寇辖下的高级寓公。

和吴一样留在北平的一些有身份的人士，便摧眉折腰，他们出任伪职的经历成了终生难以洗净的污点，这其中不光有吴的一些北洋同僚与旧部，也有北大教授周作人这样的名士。

像所有的异族统治者一样，敌寇急于在占领区建立从属于自己的傀儡政权。日本人看好了两个一直与蒋不对付的中国人，一是政治辈分比蒋还老的汪精卫，一个便是北洋时代最有人格力量的吴佩孚。他们希望“汪吴合作”，一南一北，一文一武，敦请这两位强人出任傀儡政权的头儿，则亡华春梦便可从速变为现实矣！梦想以为成真的日本内阁竟然发表宣言称：今后“不以国民政府为（谈判）对手”！

对占领者来说，实在是不幸得很哪！尽管汪精卫从中国的战时首都“陪都”重庆辗转逃到了日本人控制的南京，但一直在日本人手底下的吴佩孚却沉默如山，任冷落多时的什锦花园突然冠盖云集说客盈门，却统统无济于事！

“失败后倔强到底，不出洋，不入租界”——北平沦陷后，吴佩孚在北平居所的留影。

一波波污流浊水漫过来又退下去，极想把这位闲着也是闲着的退休大帅拉下水，这其中，既有他的前部下、曾任直系苏皖赣巡阅使、十四省讨贼联军副总司令的华北汉奸政权“中华民国临时政府”治安部长齐燮元，更有战后被国际法庭绞死的甲等战犯、日本驻华特务机关首脑土肥原贤二和华北派遣军参谋长板垣征四郎。吴佩孚不为所动，不受抬举，不肯附逆，天长日久，院里松柏本色不凋。他甚至极少迈出自己的家门了，即使汪精卫敦请其去日本占领军机关或别的什么地方会晤，其请求也无不统统落空。

本来，日本人对吴佩孚是寄望极高的。且读第二次世界大战后日本“土肥原贤二刊行会”编撰的一段文字：

> 当时（1938年），日本军以破竹之势，席卷华北、华中、华南。以王克敏、梁鸿志、德王为首的政府相继成立。土肥原作为陆军、海军、外务三省特别委员会的负责人，正在策划在三个政府之上建立以吴佩孚为首的中央政府的工作……

为所谓的“吴佩孚工作”，日本人已耗资3000多万日元。

其实子玉先生也答应过“出山”，条件也极简单，只一条，即：请日本人撤出包括东北在内的所有中国领土。而且，确也有旧部打着他的旗号于河南省城开封一带集结，甚至还在山东境内招过兵呢！喜出望外的日军为这支武装提供了武器装备，改编成了“皇协军”，只是后来该部“全部潜逃”，“回归重庆军建制”（日本人语）以后，人们才知道了吴氏的深不可测。

对于那个谄媚地笑着的汪精卫，知书达礼的吴佩孚也回过信，不过话说得很有原则：

> 离重庆，失所凭依，如虎出山入柙，无谋和之价值，果能再回重庆，通电往来可也。

面对日本人的引诱与逼迫，吴佩孚（中间戴帽者）在北平什锦花园家里公开发言，呼吁和平，不当汉奸。

北平沦陷后，吴佩孚一直是日方拉拢的重点对象。吴与其虚与委蛇，不为所动，保持了民族气节。日方利用这幅吴氏家庭合影，大造舆论。

——你只要还留在日本人占领区，就别来烦我！

板垣征四郎当面保证过，只要他答应出山，则除日军已经占领的冀、鲁、豫三省外，再加上即将攻占的湘、鄂、赣三省，整个南北六省全部划归吴氏建政，政权名义，“概由大帅自行定夺！”也就是说，如吴氏耐不住寂寞，则现代中国历史上又将出现一个汉奸政权矣！

然而，吴子玉沉默如山。

日本人越俎代庖地在什锦花园安排了一场记者招待会。他尚未出面，中外记者们已经读到了日本人代写并打印好的《吴氏对时局的意见》。“意见”称：他已决定参与“和平运动”。

一身中国绅士装束的吴大帅出现了，他拿起油印稿，看了一遍，又放下，一字一句地说：

> 唯“平”乃能“和”，“和”必基于“平”。本人认为，中日和平，唯有三个先决条件：
>
> 一、日本无条件自华北撤兵；
>
> 二、中华民国应保持领土和主权之完整；
>
> 三、日本应以重庆（国民政府）为全面议和交涉对手。

怕在场的日本人听不懂，他厉声令秘书“断乎不容更改”地将自己最后的“政治宣言”翻译成日语。

他知道，在残暴的日本人手中，自己拒绝的结局是什么。静夜里，他写下了忧愤的绝笔诗：

> 欲将诗酒遣良时，遥望南天泪已垂。
> 一语寄君应努力，满盘棋局仗谁支？

他所寄语的“君”，显然是正在南方领导中国军民顽强抗战的蒋介石先生。

恼怒的日本人终于体味到了十几年前的苏联人所体味到的绝望，即：这位腰板笔直的中国军人领袖断断不会屈服了。

就在这时，身体健壮的吴佩孚意外地被一块骨碴儿或石子儿硌伤了牙床，不得不拔除了一颗病牙。几天后，腮部红肿，疼痛难耐。于是，经常来访的齐燮元和一直尊吴为老师的日本特务机关长川本大作少将，带着日本军医处长石田和护士急匆匆赶来，对他进行了“治疗”……

据当时在场的吴氏孙儿吴运乾与吴运坤写过：

> 1939 年 12 月 4 日，北平大雪。日特头子川本会同大汉奸齐燮元携日本军医前来强行“治疗”。家属欲阻拦而不得，齐燮元说：“大帅是国家的人，一切由国家主持安排，家属无权过问。”我们后来得知，当时是由我父亲扶护头部，母亲也在侧，川本、齐燮元现场监督。日医用手术刀在浮肿的右腮下气管与静脉的部位一刀割下，血流如注，先祖父顿时气绝。当时有人喊了一声：快打强心针！日医在医药包里寻找一番，表示没带强心针，旋即跳到床上“抢救”，进行“人工呼吸”，强压胸腔及心脏。事后想来，这番“抢救”动作，无非是再施手脚，加速死亡。母亲从屋中出来时，痛哭失声，告诉我们：“天塌了！”
>
> 噩耗一经传出，楼上下、院内外一片大乱，哭声震天。祖母当场昏厥。亲随张劭溥拔出手枪要打死日医，日医在众多警特掩护下鼠窜而逃。当时的情景，给我们的印象十分深刻，直到如今，还历历在目。

人们遗憾过，当时吴大帅并非必死无疑，德国医生史蒂福斯曾前来他家为其诊治，只要他肯去受国际法保护的东交民巷内的德国医院，遭暗算的英雄之躯或可有救。可他，宁死不肯违背多年前向国人所做的承诺——不住租界，不结交外国人。

于是，在日本人与汉奸们的假惺惺的鳄鱼泪里，在抗战领袖蒋介石委员长的悲切的吊唁声中，在家人与部下号啕哭别声中，北洋集团里的唯一儒将、性情倔强的吴玉帅，魂归蓬莱仙山，唯余他手书的那幅长联在这故宅正堂的墙上瑟瑟而泣：

> 得意时清白乃心，不怕死，不积金钱，饮酒赋诗，犹是书生本色；
> 失败后倔强到底，不出洋，不入租界，灌园抱瓮，真个解甲归田。

怎么说，这也是个英雄啊！小彤忽地冒出一句喟叹。

大院西侧，还有半爿灰瓦红柱的老房子，与我们看过的东院遥遥相对，只是已经不似东院这般完整了。一东一西，两簇清代旧房被大院当中的五层鲜亮的主楼比得十分猥琐，而主楼前正触目惊心地堆放着一垛红砖与一垛方方正正的花岗石——无疑，“破旧立新”的工程尚未结束，工作在昔日名宅里的人们仍要继续毁坏。

刘建国是破坏的见证人与参与者之一，他指着主楼前的篮球场，说着几年前愚公移山一般毁掉此院内的大片假山的痛心旧事——

都完蛋了，八个院儿好歹留下了你们看过的那么一个小院儿，还是我们单位自己出钱修的，至今也不是文物保护单位。

我忽然悟出，整个吴氏帅府应该很大，甚至现在这座巍峨的主楼也不会是当年主人的正屋位置，因为按北京四合院的布局，临街大门正北方的小院儿不应该是豪宅的正屋，正屋理应在大门内的西侧。如此说来，刚才我待过的那个小院儿可能只是吴佩孚的八大处之一处——成为寓公的吴子玉仍像当年一样，在自己身边保留了完整的政务、参谋、秘书、交际、军法、军需、军医和副官八个处。除八个小院之外，吴佩孚应该有自己的会客大厅、卧房，应该有自己的后花园；众多依附于他的门客和300多位官兵的卫队，也应该有足够大的生存空间啊！

也就是说，我看到的，只是当年“花园”的一小半儿而已。

握别刘建国，回到什锦花园胡同，我对着已经堵死了的原此院大门拍了

灰墙灰瓦的什锦花园旧门即景，原广亮大门早被砌死。（2000 年 12 月摄）

吴佩孚在北京的居所什锦花园内院南部，原先的主体建筑已被一国家机关的办公楼所取代。楼左右尚可见残存的旧日建筑。（2000 年 12 月摄）

张照片。灰墙灰瓦，貌不惊人，只一辆废弃了的“拉达”蓬头垢面地厮守着。谁也看不出，这里曾是一位中国历史上特立独行的大帅的府第。

相邻的一个“广亮大门”，即路口标牌标明的那座19号四合院。“东城区文物保护单位”的铭牌在斯，但没注明是哪位大人物的故居。石阶未损，朱门紧密，绿框整洁，描檐工丽。京城胡同里常见这种风景，即表面上虽如旧宅，但整修一新的门窗墙瓦和紧闭的大门让人敬而远之——里面住着的一定不是平民百姓。我们正要掠门而去。不想一辆送液化气瓶的小卡车在门前停住，下来两人叫开大门，称是“送气儿的”。里面马上闪出一个年轻人，验明来人身份后，遂大敞其门并卸去高门槛，帮来人从车上往下卸一罐罐液化气，再一罐罐地往院子里滚。

我瞅着空档，言明来意。青年门人乃准我等入内一览，并说这是张部长的家，不让人参观，但既然是记者嘛，看一眼无妨。至于张部长是什么部长，小伙子也说不清楚，只说是部队的，当过中央委员，90多岁了，住在第三进院儿里。

后来，从《北京文物胜迹大全·东城卷》里，我查到了有关什锦花园胡同19号的文字，称其为晚清建筑，保存完好，曾于抗战胜利后被国民政府军事委员会调查统计局，亦即“军统”接收，是戴笠在北京的临时住处。

吴氏旧宅的位置如此之重要，大大地令我开悟：往北，仅隔三条胡同，就是原先的铁狮子胡同！也就是说，不管是北洋时代的国务院，还是日本人占领时期的“华北派遣军总司令部”，面南而堵的，正是什锦花园里的吴大帅府。有老吴在斯，异族的占领者能不如芒刺在背？

所以，吴佩孚只要待在这个偌大的院子里，一股子森然的正气就像院内的那株古树一样，深深扎根于旧朝帝都中心，并且，超然于市井之外。旧时的建筑可以修复，但古树却无以再造，树对于时光之忠诚是万难作伪或克隆的。所以，我不再吱声，只是回望着院中央那株残存下来的弯木，默默地行了一个注目礼。

和什锦花园胡同一样，其北边的魏家胡同也是一条东西向的胡同，路边也是一排散漫而蔫巴巴的白杨。数年后的一个夏日，为找章士钊在北京的旧居，我走进了这条小巷。

路南，一溜高墙和墙上方露出的高大飞檐让我感觉到了一个旧朝豪宅就在跟前，破墙而立的大门外果然有一方“旧宅院”的文物保护铭牌。我问一位路过的老太太，这里曾是谁哪位大人物的住宅？老人边走边努努嘴说：这里头是中南海的宿舍。

我们硬着头皮走进去。没有人阻拦。

院子极大，也极破败，虽说院落一个套着一个，一两幢高大殿宇的屋顶还在，但都被后来搭建的大量砖房挤兑得没了脾气。往南走去，一株森然的古树还在显示着此院的沧桑与傲然，但树下的方亭却被砖墙砌成了今人的住宅，亭前是一堆垃圾一般的破烂儿。那边，一截长廊已颓败得一触即坍的模样。唯见完整的是东侧的一个月亮门，里面是两个套叠的小四合院。只是家家无人，空有蝉噪。

我正欲退出，但见一位清秀的姑娘推自行车回来。问她：这是单位宿舍吗？她答：是中央机关工委宿舍。再问：大院以前住着什么人物吗？再答：住过毛主席的亲戚。至于此宅解放以前曾是哪位大人物的宅子，她便摇头不知了。

怏怏退出此院时，我又见到一位也是推着自行车回家的中年女子。她倒是对此院知根知底，也待人热情。这位姓张的国务院机关事务管理局的工作人员蛮热情地告诉我们：她的父母都是“中办”的，从一“进城”就分在这院儿里居住，毛主席的亲戚是指杨开慧的哥、嫂，两位老人曾长期在月亮门里的小院儿里住，老人过世后那里就成了单身宿舍。不过这里已经不再是清一色的中央机关的人家，有的因提拔而去了别的地儿，有的嫌住宅太挤便在空地上建了违章房，有的明明已经搬走却把房子租给了外人——住在古树下的那一户就是四川来京打工的农民。至于这里在中华人民共和国成立前是谁的家，该女子答：“听说是大军阀吴佩孚的家。”

不过，住在另栋旧廊房里的一位中年男子却不以为然，告诉我们：这里是清末一个姓马的大营造家的宅子，吴佩孚不住这院儿，住在南边那个院儿里。

我一下子醒悟过来，南面不正是什锦花园胡同嘛！堵在此院南边的那栋高楼，不正是国家经计委运输研究所的办公地嘛！也就是说，魏家胡同里的这个大院儿，正是吴佩孚的什锦花园的后半部！

后来，北京市总工会的丁欣先生对我说过，他家就在魏家胡同西端住，他从小就常到旁边的这所大宅子里玩儿，里面有很大的假山，有好看的水池子，当然更有有很多的清代的房舍和长廊。

什锦花园如此之大，大大出乎我的意料！走遍京华，规模如是者十分罕见！修复已无可能，重建实在不值，好大一片地儿，就只能任其颓败矣！

还在初访什锦花园的那个岁末，我请当年一起下乡插队的好友李信伟驾车陪我去京西找吴佩孚的墓。借着顺利找到吴氏故宅的运气，我想再试一把儿。

京西多古墓，吴佩孚也埋在那一带，有本书上说，吴墓在海淀区的一个叫普兰店的村外果林里。仅此而已。

李信伟“玩车史”比较长了，下乡时即把村里的一辆趴了窝的手扶拖拉机鼓捣好，并因此当上没有驾照的拖拉机手。一路上不停不问，他开着“捷达王”直奔玉泉山下。

在一条两边有粗大杨树的柏油路上疾跑了一会儿，我预感已经快到目的地了，便让他在一个村外停住车。我进到路边一家小店打听普兰店村在哪个地方。

屋里面烟雾弥漫，店主正与一帮哥们儿在“砌长城”，他叼着烟卷儿头不抬眼不睁地回答我：“这就是普兰店。”

我怎么这么好运！

但再问他吴佩孚的墓在哪里？他却摇头说：这人是哪儿的？村里没有这人的墓。

车进村庄，顺道绕弯，路边一位七八十岁的老太太和两个南方人模样的青年夫妇在晒着太阳聊天，南方人应是在此租房的打工一族。停车再问，附近有无一座旧时代的大墓？南方人不晓，倒是那位缺了牙的老太太嘴巴一噘：那边就有个挺大的将军墓。

我一阵窃喜。汽车拐弯便到了一片苹果园，三五青壮年农民正在拾掇农活。园中，一座有些规模的穹形圆墓背路而筑。

我不禁小跑过去，为吴佩孚墓的表面完整如初而颇感意外。但到了近前，才知并非吴墓，是“显考曲公同丰伟卿将军之墓”。

曲同丰？我怔了一下——不就是段祺瑞手下的那员北洋大将嘛！那个被学生吴佩孚打得落花流水的前保定军官学堂的老师，那个被解到保定当面向曹锟献指挥刀投降的定国军西路总指挥，那个当过中国历史上第一任航空署署长的北洋集团里的重量级人物，他怎么也埋在这里？曲同丰在直皖战争中受尽凌辱，吴军士兵竟曾一根一根地揪着他的胡须玩儿！按说，他恨死了让他蒙受奇耻大辱的吴佩孚，却不料，他与当年战场上的死敌同眠一地了！

皖系，直系，都成“黄土系”。

曲墓显系近年新建的，从墓碑上看，是其子女集资重修的。原墓想必毁于“文革”。同是京西名人之墓，“破四旧”时，连附近的万国公墓里的先驱李大钊烈士的墓碑都被推翻了，何况一个军阀的土丘？

打听农人，吴佩孚墓何在？一位农人遥指村外路北。

我们复驱车横穿公路，远远见荒野里有一半圆形建筑，像个巨大的水泥馒头。

驶上一座入村的小桥，见两位穿迷彩服的年轻士兵在压腿弯腰自我操练，我便问军阀吴佩孚的墓是否田野中的那座大“馒头”。

军人相视摇头，说，听说过吴佩孚的墓就在这一带，但不知到底在哪儿，田里的那个圆堆不是墓，是座老碉堡。

瞻前顾后，再无明显土堆，唯那座“碉堡”似墓，复下路请教一位正在疏林里耕作的老农。老农抬手一指那孤零零的圆物：那就是嘛！

果真是它!

一旦踏着软软的松土真的抵达吴佩孚墓下，我反倒有些踟蹰了。这位民国英雄的归宿虽不出意料的惨淡，但所见还是让人略感酸楚——

半圆的混凝土浇筑的大墓没有任何标识，更没有名人之墓应有的一些附属物，如围墙，如松柏，如守庐的房屋，上部的表皮剥落得极为褴褛，下部干脆全然裸露了，只余那些嶙峋的大石块儿在不停地硌眼；更惊心的是墓身上有两处被凿开的不规则的洞，如同两只被戳瞎了的眼窝在幽幽地瞪着世人。

我知道，这肯定是“文革”的“丰功伟绩”。在毁灭历史方面，史无前例的那场“大革命”是史上最彻底的。

我绕墓一周。北面有两扇水泥墓门，为粗壮的铁箍所固定，门隙间有砸过的齿痕；其上，是一长桌状水泥台，疑是当时的供台。我跃上台子，摸了摸早已凉透了的墓身，心里越发冷了。墓南侧有个更大的洞，大到足以让我和同伴把头伸进去看。只是墓室里太黑，得定一会儿睛后，才能看得清里面——

偌大的墓室里空空如也，高旷的内壁上有几行看不清的标语遗痕，再往下，一地乱石。没有了棺椁。

冬日的太阳，早早地倦怠了，才下午3时许，就恹恹地要回西山了。旷野风起，疏枝齐瑟。北面是著名的玉泉山，那座有名的宝塔正无奈地瞅着我们几个探墓者，从半个多世纪前吴佩孚被轰轰烈烈地送到这块地上，此塔就目睹了吴墓的沧桑。

当年，噩耗传出冷清的什锦花园吴公馆，北平的汉奸政权立马隆重祭奠了这位不肯屈就的大人物，甚至连侵华日军最高司令官西尾寿造也参加了公祭仪式，而华北沦陷区的各省市三日之内均下半旗志哀。

吴佩孚之死，一直有三种说法。

一是被日本人害死说，这也是在大陆和台湾都认同的一种说法。

吴佩孚灵堂。大帅冷峻如山，令人仰止。他最后的遗像，胸前垂着的，不再是炫目的勋章，而是慈善机构的徽章。

吴佩孚殡仪。正中为其子吴道时，两侧其孙吴运乾、吴运坤。

为吴佩孚送葬的长长队伍。

一是被国民政府的特工人员投毒致死说，这是当时汉奸报纸上的说法。

还一种，即患牙病并发败血症说，这是参与“吴佩孚工作”的日本高级间谍的说法。

乍看起来，后两种说法也不无道理，因为蒋介石怕有影响的“旧人”与日本人合作，确有过此类“前科”——汪精卫逃到河内后，他即命令复兴社特务处（即军统局前身）的人员前往制裁过，只因汪氏命大才侥幸苟活了下来；与吴佩孚一并被日本人考虑的前北京政府首任国务总理唐绍仪，也是刚刚与日本人在上海滩密晤后便被人枪杀的，还有被从湖南驱逐回来的张敬尧，也被戴笠先生的得力干将干脆利落地制裁于北京东交民巷的六国饭店客房里。

不过，对中国人来说，日本是一个没有信誉的国家。11 年前张作霖被关东军炸死时，不也曾先被日本人宣称是“南方便衣队”所为？所以，尽管后两种猜测属合理想象，但人们感情上不相信只害了几天牙病的吴大帅会寿终正寝。

日本人为什么要同意隆重追念吴佩孚？是善搞诡计的日本人在继续作秀？还是他们的确为吴的民族气节所感动？——有时东洋人也会对宁死不屈的中国志士表现出比较奇怪的敬意，数年后他们不也曾向自杀殉国的张自忠将军的遗体列队鞠躬致敬并妥善收殓了吗？

吴佩孚长孙、天津广播电视大学教授吴运乾先生为我们讲述了当年的哀荣：

治丧处由敌伪当权者、生前部下、前朝遗老、朝野名流及亲朋好友等一百八十余人组成，为首的是齐燮元……

丧事是按照传统方式举办的。先祖父身披道氅，足登云履，以全道装为寿衣（有一幅身着此装的写真油画），用一口尺码宽大的金丝楠棺木。这口棺木是在万益祥木厂找到的，号称北方第一棺，要价一万一千元。老板听说是“吴大帅”用的，仅收了七千五百元。

北京鼓楼西侧的拈花寺，后来是中国人民大学印刷厂所在地。孚威将军吴佩孚过世后，治丧处曾租东院建三间殿式的“武圣祠”停厝吴氏的灵柩。（2005 年 6 月摄）

入殓的殉葬品简单而有意义，均由吴道时经手——枣一般大的金银元宝各一，置于逝者左右手中；数枚道院、教会和慈善机构的纪念章，这都是逝者生前所看重的荣誉的奖章；一方白玉扳指光润无暇，象征着其人一生纯洁如玉；一尺多厚的《春秋正文注释》手稿安放在枕畔，这是逝者生前的未完巨著。仅此而已。

> 由于时处抗战非常时期，不便归葬蓬莱祖茔。治丧处研究议定，暂停灵于北平鼓楼西拈花寺东跨院（原为寺内菜园），借地建造了三间大顶殿式的北房，名曰武圣祠……
>
> 1940 年 1 月 24 日（农历腊月十六）是移灵的日子……六十四人扛着绣“佛”字的大棺罩，两旁各拴三百尺长的白练，由送殡人牵引，缓缓行进……
>
> 当时送殡的人数很多，虽没有准确的统计数字，但殡头至殡尾延绵数里，据说殡头已至天安门，殡尾尚未出灯市口……北平的老百姓自发地参加葬礼，以此来表达他们的爱国情感和对日寇的愤懑。沿途的楼窗里、阳台上，街道旁的观殡民众，人潮如海，万人空巷，途中搭有很多席棚进行路祭。殡队边进边停，极为缓慢，从早晨出发至黄昏才抵达，几乎行进了一天。当时报称，此乃民国以来北平罕见的盛举。

对吴佩孚之死，颇感难过的还有远在巴山蜀水的中国中央政府。打败了吴佩孚的蒋中正先生亲致唁电给北平吴公馆：

> 溯自寇患凭陵，于兹八载，先生托志春秋，精忠许国，比岁以还，处境弥艰，劲节弥厉，虽暴敌肆其诱胁，群奸竭其簧鼓，迄今屹立如山，不移不屈，大义炳耀，海宇崇钦。先生之身虽逝，而其坚贞之气，实足作励兆民，流芳万古。

这位第二次世界大战中国战区最高统帅，还在重庆军政界举行的吴上将军子玉先生的追悼会上，送上了一副挽联，极尽痛悼之意：

> 落日黯孤城，百折不回完壮志；
> 大风思猛士，万方多难惜斯人。

国民政府与最高国防委员会分别决议，追赠吴佩孚为陆军一级上将。在国民政府的军人荣誉史上，这是一项至高无上的“顶戴”。陪都的报纸上，咸誉吴为“中国军人的典范”。

耐人寻味的是，国共两党都对他们第一次合作时的仇敌表示了相同的敬意。就在前不久，驻重庆的中共元老董必武还曾在中共自己的周刊《群众》上撰文说：

> 吴佩孚虽然也是一个军阀，但有两点却和其他的军阀截然不同。第一，他生平崇拜我国历史上伟大的人物是关、岳，他在失败时，也不出洋，不居租界自矢。……他在失势时还能自践前言，这是许多人都称道他的事实。第二，吴氏做官数十年，统治过几省的地盘，带领过几十万大兵，他没有私蓄，也没置田产，有清廉名，比较他同当时的那些军阀腰缠千百万，总算难能可贵。

而另一位老资格的共产党人谢觉哉数年前即题写了“元敬再生”的大字金匾赠送什锦花园。“元敬”者，戚继光之号也。吴氏孙儿说，“此匾一直悬于我家的大门洞”。

一个被打倒的旧军阀，能得到政见不同的当年敌手的一致称颂，实属不易！

天已向晚，日光愈发失温，而旷野上的风越来越硬，透过吴墓身上的两个窟窿发出奇怪的鸣响。

它在诉说什么？

枯寒的林枝缄默不语。

我们只好去问一位在吴墓附近牧羊的老人。

尽管老人身上的那件黄色军大衣内里已经脏得和他鞭下的群羊一样看不出白色，但对其童年的所见，老人的记忆还是很鲜明的：

吴佩孚下葬那天，来了好多大官儿，和尚、道士、军人，好几里地长哪！不过，他的墓一直不风光，就这样儿，嗯，就这样儿。

花白胡子上垂着清鼻涕的老人还在讲儿时见到的景象：

吴墓平常很少有人来扫墓。倒是有一个人，在他的坟边上盖了间屋住，听说是他手下的人，一直住了好多年，后来去了那边的村里当了学校的工友，“文化大革命”来了，这个人就不见了。

不知是天太冷，还是讲述者的岁数太大，老人说不清“文革”时谁来捣毁的吴墓，也说不清原先的吴墓是什么场面，只是纠正了我对脚下这片土地的叫法，说他们庄叫小黄门儿，不是普兰店。

查证史料，老人说得对，吴墓的确一直简陋如斯。

民国三十五年（1946 年）12 月 16 日吴氏下葬时，空旷的 40 亩陵园里，竟只建好了一座孤零零的坟包，甚至连墓碑也没有立起！设计蓝图上，尚有神道、碑亭，尚有石人、石兽，尚有一片蔚然的林木，尚有一道肃穆的大墙。然而，都没付诸地面上矣。究其原因，竟让人难以置信——资金不足！

唉！说说当年吧。彼时，抗日战争已经取得胜利，百废待兴，国民政府在南京枪毙了齐燮元等大汉奸的同时，也着手褒奖国难时期的一些有影响的故人。已辞世 7 年的吴佩孚理所当然地成为政府明令褒扬的人。时任贵州省主席的杨森与另位川籍要人邓锡侯飞到北京，出面以“故旧袍泽”和“平市各界”的名义发起公葬。吴氏的故友、行政院院长孔祥熙亲任营葬委员会主任委员，在北平主持华北军政的最高长官（北平行辕主任）李宗仁将军亦就近担任主委。因吴氏乃有口皆碑的清廉之人，遗属自然无力厚葬之，所以，营葬委员会在报纸上刊发广告，并往各地发函，征集捐款。

地处北京海淀田野里的劫后吴墓，在枯枝衰草间默然矗立。远处即是著名的玉泉山及宝塔。（2000 年 12 月摄）

2007 年 7 月 27 日，吴氏家族在修复的吴佩孚墓前合影。二排中左吴运乾、中右吴运坤，两人是吴佩孚嗣子吴道时的长子、次子。吴佩孚兄弟三人，其兄夭折，其弟早逝，除吴道时外未有其他后嗣。（吴星先生提供）

至于国民政府为何不把好事做到底——拨专款为吴修墓，恐与内外交困不无关系。国、共两党的纷争已经演变成此熄彼燃的狼烟，内战的阴影遮黑了国中的天空，一时间，物价飞涨，货币贬值，营葬委员会募得的大笔善款，到头来竟只够勉强让故人入土为安的了！而且，朝中也有非议，已赴美国考察水利的原国民政府军事委员会副委员长冯玉祥即为其代表。冯氏对吴佩孚的仇视是不言而喻的，国民党内其他政敌对蒋介石的抵制也是可想而知的。蒋介石不能不审慎处理此事。但老蒋终究要表示表示，所以，他题写了一块“正气长存”的匾额，还拟就一副颇为不错的挽联：

三呼渡河，宗泽壮心原未已；
一歌见志，文山正气自长存。

说吴氏是誓死抗金的大英雄宗泽，是宁死不屈的伟丈夫文天祥。总之，是民族英雄。

国民政府明令褒电：

故吴上将军佩孚，于沦陷期间，忠贞不屈，大节凛然，为国殒殁。为表彰忠烈，追赠陆军上将衔。

李宗仁将军和北平特别市市长何思源先生共同主持了公祭仪式。是日，全城下半旗志哀。长长的车队从鼓楼经王府井大街、长安街、西单出西直门，抵达此地，那一天，又是一路的人山人海。

说起来，在这玉泉山下购买墓地，是绝好的选择，因死者生前所崇敬的关羽，死后即曾在“玉泉”显灵；而葬子玉于玉泉山，又正可彰显故人洁如白玉的品格。只因囊中羞涩，吴墓工程就只能量入为出了！

不到3年,“北平”又改称了“北京”。就在共和国成立后的第15天——1949年10月15日，吴夫人张佩兰病逝于什锦花园，被嗣子吴道时送进墓室内与吴佩孚合葬。其时，吴道时已把10多年前死去的生父吴文孚的坟迁到吴墓旁。两年后，这位“兼祧”的儿子亦辞世，被运乾、运坤兄弟安葬于此墓前。1957年秋，吴道时的生身母亲，亦即吴文孚之妻陈佩秋病故，与文孚合葬，她成了入土此墓地的最后一位吴氏家属。又过了9年，骇人听闻的“文革”率先在北京开始，“反动大军阀”的墓首当其冲，墓庐被捣毁，墓穴被凿破，棺木被打开，尸骸被抛弃……风暴摧毁过后，就只剩下这座空空如也的水泥壳……

回青岛后，我从《北京旧闻丛书·京西名墓》中又查到了一点相关的文字：

> 墓地四周有松墙围护，墓前立着一通石碑，上刻“孚威上将军吴公之墓”，松墙外边立一块“吴佩孚墓地”指示牌。吴佩孚手下一位师长，在墓地建成两间丙舍（即陵墓小屋），自愿充任守墓人，长年居住守护在这里。

空墓发出的声响，莫非就是那个自愿为吴大帅守墓的神秘长者的絮絮交代？

吴的人格魅力，确也令不少人折服。有一例证：北伐军攻坚武昌时，一位吴军的军长刘玉春死守城中直至被俘。胜利者责其不该为吴氏卖命，该军长却答：吴大帅的主张可能不对，但其人格令我信服，且对我有知遇之恩，故本人明知城不可守也要为他而战。胜利者感其对吴氏的忠义，非但未加害这位军长，反而将其释放。

古人重义，义薄云天。无论是那位守城之将，还是这位守墓之将，能为故主如此忠心，该是何等的坚忍啊！那位败军之将，后来穷死津门；而这位守墓之人，却不知所终，结局无法不令人悬念：试想一下，一位孤独无援的神秘老人，默守着故主的一丘圆坟，春秋倥偬几十载，不惜黑发人熬成白发人，这是怎样的传奇！

一行人怅然回到路上。

回望吴墓，空寂于荒原之中，周围只有寒风狂摇枯枝。

然而，我突然看出，它不似硕大的馒头，更不是什么碉堡，而是活脱脱一具坚挺的阳物——

它上圆下粗，茁立于天地之间，任寒流摧之暖风熏之，却坚持着不肯倒下。好硬朗的一条生命之根！好刚强的一道旷野奇景！诚若当年蒋中正先生所赞："屹立如山，不移不屈。"

当初困居白帝城时，像千年前在夔门长歌当哭的杜甫一样，吴佩孚也在悬崖上面对茫茫大江抒发过连篇的感慨，他的长诗《万县西山放歌》的最末一篇，是一首很悲凉的短章：

> 他年容吾一抔土，不须伐石姓名叙。
> 自古圣豪几坟茔，茫茫烟蔓寻何处？

冬季村野，斜阳荒冢，能不暗惊这位吴子玉先生的谶语？

看过吴佩孚的墓之后的次日，正是星期天早晨，我在北京潘家园的旧书摊上"淘"得了一本线装的小册子，发黄的封面上题着《日食参考说》，作者署名"吴佩孚"，名下附一红章，是阴文"吴佩孚印"。摊主索价 300 元。

我有点暗惊与这位山东老乡的频频相遇，便从塑料套中取出此书。

翻开扉页，两行褪了色的钢笔字一下子攫住了我的心：

> 一九三八年六月七日于北京什锦花园一一号公馆客厅亲赠寿泉

显然，这是这个叫某寿泉的人获赠后自己写上的。

寿泉其人，恐系山西政坛元老、阎锡山的老哥们儿温寿泉也。温氏早年毕业于日本陆军士官学校，辛亥革命时在太原与阎锡山共同领导了晋省的光复，阎为山西军政府都督，他任副都督，足见其功劳之伟。南京政府建立后，他被授予军事委员会委员、陆军部中将参议，淡出军政界，后在晋军主力傅

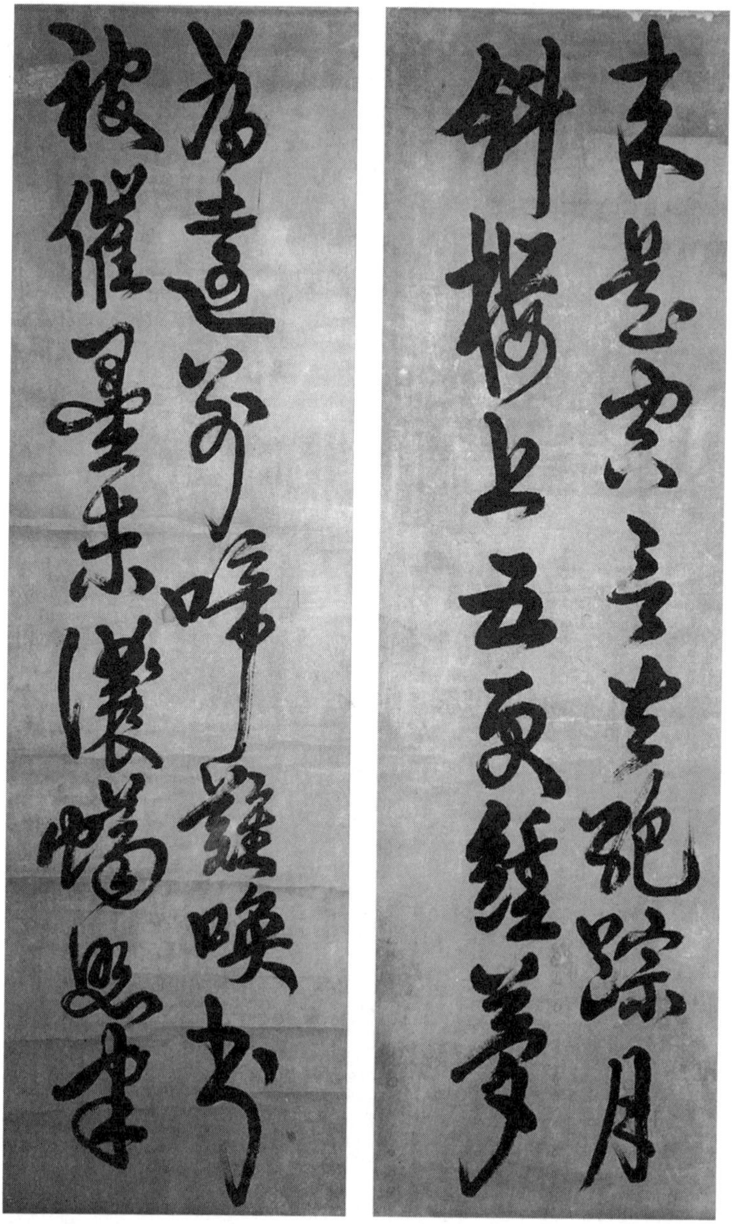

吴佩孚墨迹。

作义部任高级顾问，估计挂名领薪而已。抗战爆发后，京津一带正是阎锡山的第二战区的势力范围，所以，温将军在自家的地皮上造访什锦花园的主人是很自然的。温先生后来并未跟老友阎锡山南撤，倒是跟傅作义留在了北京。共和国成立后，傅将军为水利部部长、国防委员会副主席，温则成为北京市人民政府文史馆馆员，于1955年病逝，终年75岁。以其人终老于京华寓所、又迭遭运动来看，此书流散于坊间亦属正常。

我一点儿也不怀疑此书的真伪了，只想把属于这个人的东西一并收藏起来，便以200元的还价成交，欣然成为此书的主人。

说实话，这类说天象的文字很难读，我也向无兴趣，但第一页文字还是吓人一跳：

绪言

余解经至桓公三年。秋七月壬辰朔。日有食之。既。适当国历六月下旬。因思十九日日食。当夏历之五月朔日。即周时之七月朔也。故解经毕。加以附件。以备中西测算家之参考焉。

蓬莱吴佩孚启

中华民国二十五年六月二十五日

天运　丙子年五月初七日

虽说篇中的古典标点让人一头雾水，但我已经约略知道这是我的山东老乡吴子玉在准确地解读2700多年前的一次日全食史料，并记录下自己观测到的最新一次日食（1936年6月19日）的情形了。

解读这半人半神的“天语”，遥想他漠视身外嚣尘，专注地钻研九霄之上的奥秘的身影，能不对这超然且凛然的作者肃然起敬？

2001年1月29日

2005年7月16日

2011年7月30日

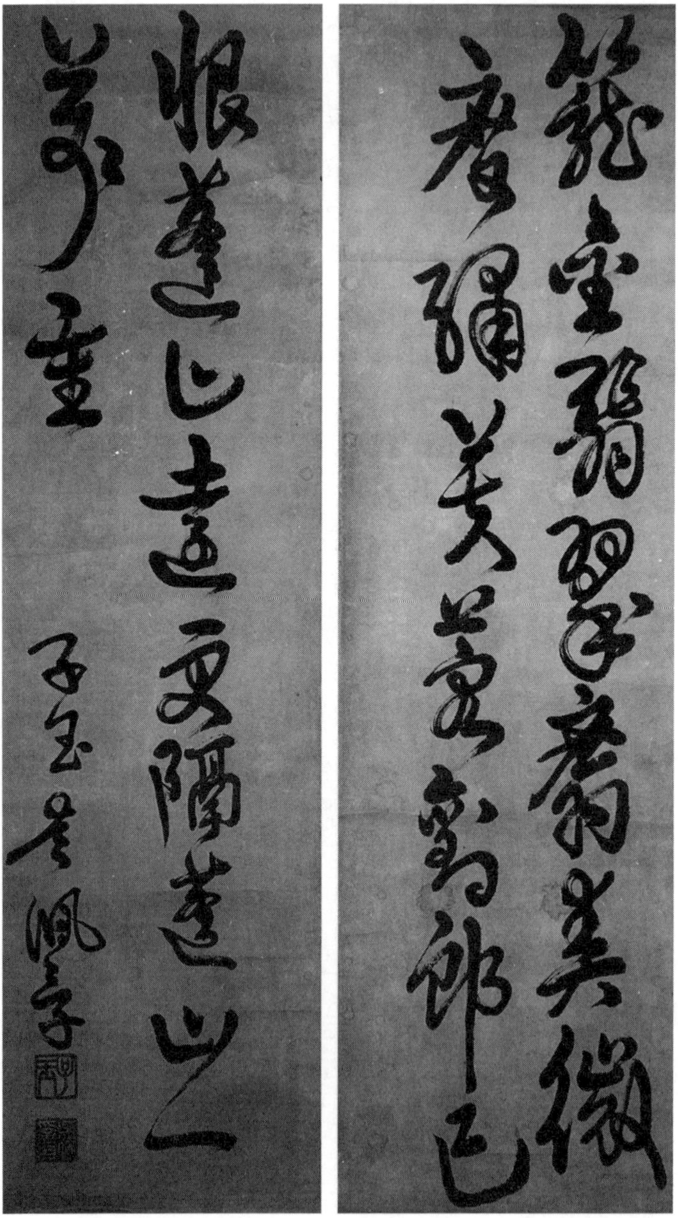

吴佩孚墨迹。

附记

找寻并见识了吴墓之后的14年之后，我与吴氏后裔相识。毕业于北京大学，并担任过文化部处长和深圳图书馆馆长的吴晞先生向我提供了家族重修先人墓的情况。2007年，他们隆字辈兄弟五人，即吴晞、吴昀、吴晔、吴星、吴暐集资20万元，征得村里的同意以后，雇人重修了吴佩孚墓，因为没有惊动北京市的文物部门，所以，政府没有投资。当年7月27日，吴墓竣工，当时尚在世的父亲（吴运乾）与叔父（吴运坤）率全家族举行了祭典仪式。祭文是吴运乾先生所撰并朗读。

后来，吴晞先生发来了子玉公的祭文，现照录如下：

时光之飞逝兮，往事其如烟；
风云之变幻兮，阴晴其相间；
灾难之袭劫兮，尚存其主垣；
孙辈之尽心兮，略补其破残；
修葺之惊扰兮，宽恕其千万；
今日之告竣兮，奉祖其寝安；
列祖之圣灵兮，佑孙其平安；
后世之无忧兮，永眠其玉泉。

2016年7月13日

张作霖（1875—1928）

第五章

草莽元帅林

张作霖的空穴与故宅

1994年10月以前的辽宁省和抚顺市的地图上，都没有“元帅林”。

地图上的地名都是些大小圆圈，元帅林不是圆圈，甚至连个小黑点都不是。所以，若不是当地人领来，我很难走到这个草深松高的地方。如同河南安阳的“袁林”，抚顺城东这片草莽里的“元帅林”也是陵园，是北洋政府末代国家元首——中华民国安国军政府陆海军大元帅张作霖的墓地。

莽莽中华大地上，称为“陵”的君主之丘遍布东西南北，但叫“林”的恐怕只有属于民国的这两座，而名为“元帅林”的，唯此一座。在墓主人殒命后的第六十八个年头，1996年10月，正是长风万里送秋雁的时节，我第一次走进了空旷而寂寥的元帅林。

此地景色甚好。对面是铁骑山，脚下有浑河水，四周峰峦起伏，森林茂然。只是，枉费了死者的长子张学良与五夫人寿懿女士的一片苦心，这么好的风水竟没招来逝者的游魂——民国十八年（1929）5月，在张作霖周年忌日前，此陵开始建造。尚未完工之时，“九一八”的枪炮声就骤然爆响。硝烟起时山河变色，铁蹄踏处工匠四散；国破家亦亡，安能顾陵墓？好精致的一座华夏宏墓，遂成为被废弃的建筑工地。那些被奉军从北京的王公墓前和太监庙里移来的精美和不精美的石人石兽，更是凌乱不堪地倒伏于区内各处，一片

“元帅林”牌坊及墓丘。(1996 年 10 月摄)

“元帅林”赑屃与巨碑之残影。(2001 年 10 月摄)

“元帅林”门前即景。（2001年10月摄）

陵园的石雕。为修这个陵园，曾从北京圆明园等处拉来许多石雕大件。（2001年10月摄）

1958年兴修水利，陵园一部分被水淹没，其中可见淹在库区里的石幢。(2001年10月摄）

狼藉。呜呼！张作霖虽死犹耻，倭寇让这位中国强人死后还蒙受着不能入土为安的屈辱。

于是，我的眼前，就只剩一间空荡且落寞的圆形墓室。没有棺椁，偌大的汉白玉棺床一直没等来墓主人。

墓室内，穹窿内壁上绘着令人炫目的海蓝色的天空，天上的一朵朵白云与下面的一片片波涛都绘得很俗气。最不可思议的是，墓门上方竟塑着两个背生双翅却是坐在石墩上的裸女！在我看来，这粗俗的雕塑实在与墓主人的身份不符，真不知张学良当年为何会选择这种不伦不类的图案。西洋化的雕饰与中国化的色彩十分难看地拧在了一块儿，让人费解。天文台一样的圆顶罩着一个令我感到悲怆的故事，尽管这故事的主人公一直属于戏文里的白脸人物。

我蹑足而出，怕自己蹭起那段历史的悠悠的回音。

也许这样对比不恭——但张作霖的这座墓室确与我数度谒过的南京中山陵的墓室十分相似。

其实孙中山寝宫的设计也非首创，凡在法国巴黎的荣军医院看过拿破仑墓的人都知道，南京钟山上的那座穹窿顶建筑几乎就是前法国皇帝墓室的翻版。张作霖死于孙中山之后三年，而生前又以“中山先生老友”自居；建此墓园时，正是中山陵刚刚竣工之际，张学良已经让东三省统一在了青天白日旗下。所以，无论出于长远的政治考虑，还是追附当时的审美观，张学良把先父的长眠处建得与中山陵相似是很自然的。

而张墓的外形又与河南安阳的袁墓相似，也是直接建在平地上，一个高大的方台，一圈石砌的圆顶，墓道径直通进墓室。没有明清皇陵的那种朱墙金瓦峨楼巨碑，只有洁白的石头与靛蓝色的琉璃瓦。民国初时崇尚全盘西化，仅从这些风云人物的归宿设计上亦可看出端倪。

不光墓室如同中山陵，整个“林”都与孙中山的陵寝无二致——正门也在山下，也是必须登一级级石阶才能到达山上的墓丘。只是，站在修葺未久的元帅林牌坊往下看，一切都是反的——原先的108级石阶，现在大部分已沉于深不可测的水中，成了陆地通向水里的码头；而石阶起点的元帅林正门，更早沦为鱼鳖之宅了。两幢带五角星浮雕的造型独特的石柱，孤零零地分立水中，不复有帝陵前望柱的威严，倒像西子湖里的“三潭印月”一类的建筑小品。正门成了水乡泽国，旁门便成了通道，我就是“走后门”从陵墓背面绕过圆墙进入陵区的。前后错位，上下颠倒。

我禁不住走下残破的石阶，俯身撩了把水。令人心寒地凉。

张氏陵前的这一泓大水，是抚顺大伙房水库东北角儿的一段河汊。狂热的 1958 年，高唱着“大跃进”歌谣的人们，在努尔哈赤一战功成的萨尔浒古战场上建成这座总蓄水量为 21 亿立方米的大水库。从此，这一方的黑土地饱受滋润，但也从那时起，一座完整的陵区成为孤立于半岛上的半拉子风景——自从有了下游那道 48 米高的水库大坝，铁骑山与元帅林就成了隔水相望的两个景点。

身后，一位租望远镜的老汉指点着对岸的铁骑山说：“瞧见了吧？对面山顶上有块大石头，叫晃荡石，平常老晃荡，可就是掉不下来。不信，你花两块钱看看？”

我眼力尚好，极目远眺对面山顶，果见中央凹处有块巨大的石头。我笑着拒绝了老汉的怂恿。

我知道，把寻常的景物说得神乎其神，是旅游景点的人对外来游客的一种商业性诱惑，如同长白山人士坚称天池里有个巨大的水怪。估摸得有几十吨重的“晃荡石”显然不可能摇晃，无非因为它身陷两峦之间，旁有疏林遮挡，加上相距遥远，时有山岚漫漶，才让人偶会产生错觉而已。

那么，人们对墓主人——那个在北洋时代晚期的政治巅峰上不摇不坠的小个子东北汉子，是否也一直有视觉上的误差呢？

张作霖，奉系军阀首领，时以“奉张”称雄于北方。这位北京政府的最后一位执政者，是唯一“不得好死”的民国元首。众所周知，民国十七年（1928）6 月 4 日一大早，从北京撤回东北的张作霖，在家门口沈阳城外遭

皇姑屯事件发生地。(2001 年 10 月摄)

到了日本人的暗算，毙命于两声惊天骇地的巨响之后。因事发地是皇姑屯火车站外的一座铁路桥，故史称“皇姑屯事件”。

从民国元年（1912）春到民国十七年（1928）春，只有 16 个春秋的北京政府，就走马灯似的换过 7 位国家元首。7 人中，数首任的袁世凯和其老友徐世昌在位时间最长，都当政 4 年；数他张作霖最惨——从民国十六年（1927）6 月 18 日下午在北京宣誓就任安国军政府陆海军大元帅，到转年的 6 月 4 日上午殒命于沈阳家中，任期还未满 1 周年。

来元帅林之前，我曾在沈阳仔细浏览过“三洞桥”——那个因张作霖被炸而名载史册的铁路桥。

我不是头一回来看三洞桥。

第一次，1994 年“十一”期间，我与三洞桥擦肩而过。那是我第一次到沈阳。乘出租车偶过此地时，无意间瞥见高高的路基上有块高不过膝的肮脏的水泥牌，上面极不认真地嵌着几个小字：“张作霖被炸死处。”没待回过神儿来，车已驶远。

两年后，我和同事谭泽兄路过沈阳，借转机飞延边的空当，我俩乘出租来找三洞桥，却道光景依旧——还是那块蒙满尘埃的简陋水泥牌，还是那 6 个毫无怜悯心的铭文，如同标明此地埋着一条脏狗一样的不屑。因时间匆忙，那一次，我们连车也没下。

2001 年 10 月 24 日，借到沈阳五里河体育场观看庆祝国足入围世界杯的演唱会之机，我第三次到沈阳。我对一直没有看成的三洞桥耿耿于怀。

所谓“三洞”，说的是桥下由两座水泥桥墩隔成的三条通道，两“洞”依然跑火车，一“洞”为公路与人行道。当年人称老道口，因其为南满铁路与京奉铁路两条铁道的交叉口——桥上的铁路北接长春南通大连，桥下的轨道由当年的奉天城一直铺到北京城。“皇姑屯事变”那天清晨 5 时 30 分，眼见大元帅专列如期而至，500 米外的瞭望塔上的关东军独立守备队中队长东宫铁男狠命扭动了开关，预埋在这座桥上的 250 磅炸药便轰然爆炸，三洞桥那极厚重的混凝土桥面准确地砸在了第四节车厢上……

一个有可能改写近代中国乃至东亚历史的强人消失了。

我是一个对历史遗迹有盎然兴趣的找寻者，我对所有影响过历史的人物都怀有一种敬意。所以，第三次莅临沈阳之际，我专程来到这里，来找那块猥琐的水泥牌。

从一个修理自行车的老人身后绕过，登上斜斜的路基，却只见一方新砌的卧式黑色大理石碑取代了原先的标志牌。

新碑正面深镌着大号的魏碑体金字——

皇姑屯事件发生地

哦，奉天遗民们对“前朝”的本土首领有了起码的敬意。

张作霖虽为万人唾骂的“反动军阀”，但他主政东三省时，东北地区的民族经济获得空前的发展却是事实，仅以脚下的铁路为例——在没有发达的航海与航空运输业的时代，张氏自建铁路达 11 条之多，里程总数竟占了当时全国自建铁路的 80% 以上！就凭这个纪录，东北人也不该忘记这位先人啊！

碑阴是一篇记载事件发生过程的铭文。不过，还是直呼“张作霖”其名，既不是“先生”，也不是“将军”，更不承认他是“大元帅”。上前摸一摸，尽管每个字窝都黏着金粉，但还是挺脏。

我们城市里的铁路两侧总是一副准垃圾场的窝囊相，脚下自不例外，碑前就是一片极简陋的平房，碑下杂乱的枯草中掺着不堪入目的生活垃圾，让人难以喘息。铁桥附近正在兴建一座颇有规模的市内公路立交桥，重型卡车来来往往以致尘土飞扬。这时，道口的横杆伴着鸣笛声缓缓放下，横杆两侧很快积满汽车与行人。俄顷，一列橙色的新型旅游列车自北京方面隆隆驶来，钻桥洞而过，直趋沈阳北站。然后，道口开禁，噪音与尘土相携而起，纷纷扬扬。

站在三洞桥上，我忽生感慨：在这样的大环境里，人不可能不灰头土脸。

张作霖一直是中国近现代历史书上灰头土脸的人物。民国十七年(1928)那个黑色的暮春，张作霖的噩耗传出沈阳城后，除了东三省悬着吊丧的挽幛外，关外乃至国外，竟是异口同声的庆幸!

势头正盛的国民党骂他，因为他是“党军”——国民党军队，即国民革命军——武力征服中国的最后一块顽垒，没有他，南京城外那个无梁殿四壁上的“北伐烈士英名录”就会少镌若干行；共产党骂他，因为他一直以“讨赤”为天职，并下令处决了中共启蒙者与北方领导人李大钊。对1949年以前的中国近现代史，国共两党的评价总或你是我非，但说到奉系军阀张作霖，颇为例外地保持了一致。

其实，更为高兴的是两个都在中国东北地区有各自利益的强横邻国。用病榻上的孙中山谆谆告诫年轻的张学良的话说，就是：你们东北身处“红白两个帝国”中间。孙中山不管两个强邻更换什么样的国体外衣，挂什么图案的国旗，他一眼就看穿苏俄与日本的共同本质。逸仙先生确是神仙！日本人的兴高采烈是可想而知的。虽说驻扎在中国东北地区的关东军自作主张操办了这次卑鄙的谋杀，以致日本内阁总理田中义一在遭天皇责难后不得不引咎辞职，最后甚至忧愤至死，但一直不肯就范的中国“东北王”张作霖提前被中止了生命，只会使日本帝国的“大陆政策”更加顺利地实施下去。苏俄人更是欢天喜地。他们一直把张作霖视为中国第一仇敌，他们认定张乃日本人的走狗，而曾在日俄战争中打败他们的日本人一直是俄人的心腹之患。欲防备日本人的抄后路，必先打倒“奉张”，进而在远东建立一个符合苏维埃国家利益的中央政权——苏俄人全力策动的中国南方的“国共合作”和北方的冯玉祥发动的“北京政变”，其实质盖出于斯。苏俄人尤其忘不了前些日子张作霖在北京主政时留给他们的耻辱——中国军警突然闯进苏俄使馆及相关房舍，起获了7卡车苏俄干涉中国内政的材料，并翻译、编纂了《苏联阴谋文证汇编》公之于世，从而使苏俄人在世人面前大大地丢了一回脸。现在，与苏俄接壤的漫长疆界上没了这个强人，“老毛子”岂不快哉?

而且，北京东交民巷里的英、美、德、法等国公使们也对张的毙命有些

在天津驻华美军兵营，美军列队迎接张作霖。

军警闯入苏俄使馆附属建筑之后，日本媒体公开披露的苏俄使馆写真，配有张作霖在北京顺承王府与赵欣伯等顾问会商军政的影像。

释然。他们对一直周旋在日本人与苏俄人中间的中国“东北王”并不真正了解，也不太感兴趣。上一年张氏在中南海就任安国军政府陆海军大元帅，即非常名义的国家元首时，西方列国的公使们竟然集体缺席！既然当初违反国际外交惯例不去祝贺，现在当然也就更不会为其丧生而哀伤。国际社会不讲道义，只认实力。

死了张作霖，居然会让各方都开心！呜呼！

2001 年 10 月 24 日那一天，站在终结了张作霖生命的铁路桥上，我的目光顺着两道泛着阳光的锃亮的轨道滑得很远……

铁路还是当年的铁路，路基也还是当年的路基，旧桥炸毁后又建了新桥，铁路炸断了再续新轨，唯独对斯人的评价，却一点也不肯翻新。望着一旁甚嚣尘上的立交桥建设工地，我很想知道这座城市的决策者与建设者们是否会从这庞大的工程投资里拨出一点点碎银来，在这令整个中华民族蒙羞的地方，为一个曾让历史生动的先人，再留点什么……

后来，我找到了当地有关这座立交桥开工时的报道，人们显然没有考虑要为一个“坏人”殉难处追加点预算——

1999 年 9 月 28 日，《沈阳日报》上是这样报道的：

本报讯 9 月 27 日，位于当年张作霖被炸的皇姑区三洞桥附近，鸣响了兴建立交桥的哨响。

这一开工兴建的群体式立交桥，位于和平区与皇姑区交汇处，该地因历史上曾发生张作霖被日本人所炸而闻名。此处地处交通要道，道路狭窄，车辆拥挤，经常发生交通堵塞。由沈阳铁路局设计院和沈阳市市政工程设计研究院共同设计的这一组大型立交桥，将从地上穿越沛吉、长大铁路……

显然，没他张作霖什么事儿。

张作霖，你是怎么回事儿?

张作霖，字雨亭，清光绪元年二月十二日（1875年3月19日）生于奉天省海城县北小洼村。仅从其名与字的含意来看，其先辈还是有文化的。因其字，故其升任奉天督军以后，人们便以“雨帅”称之。

北洋时代，最高军衔为陆军上将。因一省的最高军政首长都督（先后改称督军、督理、督办）权同前清督抚，故被人沿用清朝的习惯称之为“帅”。至于统辖数省的巡阅使或经略使，则被人们称为“大帅”。但还有一种“使”是不能称之为“帅”的，即一省数个的镇守使，其职级低于中将师长，乃少将旅长级地方驻军首长，故此使不够帅。

因张作霖已是“大帅”，故其长子张学良19岁开始带兵以后，虽未成“使”，却也早早被奉系人士尊为“少帅”。不料，“少帅”之称随着东北的易帜而被全国军民所熟悉，竟成了张学良的专用别称。有了“少帅”，张作霖就升级成了“老帅”。其实该老帅并不老，成为东三省巡阅使时，也不过才40来岁。

张作霖是一个没有任何背景的苦孩子。有关张氏家族，多种传记均引用过《中华民国陆海军大元帅张公行状》中的文字，称其“远祖居山东，其族甚蕃（通繁，繁茂意），清道光初徙居海城”。据此说，张作霖是山东人的后裔，祖上是公元19世纪20年代迁到关东的。但传记作者们又考证说，海城张氏的第一代叫张永贵，是从直隶省河间府大名县迁徙而来的，因为家乡遭了灾，生活难以为继，张永贵便辗转来到地肥水丰的辽西平原上落了户。张永贵之子叫张发，诚如其名，到这一代，张家已经靠辛勤耕作而发家。张发有四子，其中老三叫张有财，是个不愿埋头务农只想快速致富的主儿。兄弟分家时，张老三一亩耕地也没要，只要了三间土屋和一笔钱，靠这笔钱，他开了个杂货铺。张有财娶妻邵氏，生有一女。关外人烟稀少，各屯子只有二三十户人家，故张家门店收入并不可观。于是，不愿务农的张有财便频繁出入各种赌场，自己也到处设赌场抽红，成了当地有名的赌徒。

最初读张氏家世，总觉得赌徒终非好人。但后来驱车在广袤的辽西平原上驰骋了一趟，才理解了当地农民好赌的原因——实乃气候使然！关外冬天太长，农闲时光太多，秋收以后，冰天雪地，农民们不围着炉子聚众赌博，又有何乐？

只不过，一心靠赌博改变命运的张有财，陷得太深！博弈有赢有输，日子便过得时松时紧。赚了钱便好吃好喝几天，输了钱就不断变卖家产，老婆和女儿在他的不断折腾中相继病逝，他守着三间空房，只能更无牵挂地扑到赌场上去。在赢了一笔钱后，他续娶本村的王寡妇为妻。王氏与亡夫有了一个儿子，嫁到张家后，一连为他生了两男一女，两男中的弟弟，被爹娘叫成“老疙瘩”，村里人称“张老疙瘩”，此疙瘩，就是日后威震东北乃至东亚的乱世枭雄张作霖。

在东北方言里，“老”即“小”——老姨说的是小姨，老闺女说的是小闺女，而老疙瘩当然就是小宝贝疙瘩了。此“老疙瘩”生来聪明，从小跟着父亲出入赌场，跑腿打杂，所以熟悉赌场的各种门道，也养成了孤注一掷、敢赌服输的赌徒性格。因为家境贫寒，村里有个村塾，他却不能入塾读书。12岁那年，他被琅琅书声所诱惑，躲在课堂外偷听。直到有一天，他把窗纸弄破向里偷窥时被先生杨景镇发现，免费蹭课的日子才戛然而止。杨老师把他叫进课堂，让他自报家门。经常出入赌场的他，毫不怯场地说：俺叫张霖，今年十二了，想上学，但家里没有钱。

是的，小时候，他叫张霖，同母异父的大哥叫张泰，亲哥叫张孚，父亲给他兄弟的姓与名之间加上辈分的“作”字，是他们成人以后的事了。

杨先生听罢，大为感动，当即应允：我不光不收你学费，还要送你纸笔，你明天就来吧！

就这样，张作霖遇上了贵人，得以识字，学得了受用一生的基础文化。据说，弃学之前，他已经能背诵《三字经》。

弃学是因为挨了先生的戒尺。旧时，塾师对不守教规或背诵不下古文作业的学子用戒尺打手掌是最正常不过的事了，如同现在老师在课堂上点名批评哪个同学一句。但性情火爆的张霖同学却受不了，他竟然夺过戒尺用力掰断扔到了地上，嘴上还嚷嚷：干啥都吃饭，俺不念了！顽劣的本性让这个聪颖的少年失去了继续求学的机会。

失学事小，失父事大！他 14 岁那年，父亲竟被村里另一个赌徒王小二打死了！悲摧的是，凶手畏罪潜逃，娘只得靠左邻右舍的帮助才薄葬了父亲。这是张学良暮年时告诉他的传记作者唐德刚的。那天，他爷爷围观赌博时，看出姓王的靠耍手腕儿赢了别人，便为输家打抱不平。回家途中，他与王同路，由争辩发展到对打。结果，王年轻力壮，他爷爷被打出内伤，回家后便不治身亡。毫无疑问，关于祖父的情况，张学良是听其父张作霖讲的。

王氏一个寡妇拉扯着 4 个未成年的孩子，生活难以为继，只好卖了三间土房，回了广宁县赵家庙的娘家，即张作霖的姥娘家。住姥娘家的时候，十来岁的张作霖学过木匠，赊账卖过包子，做过走街串巷的货郎，还到附近的大车店里打过工，但最终当上了兽医，算是走上了正道。有缘学兽医是因为娘第二次改嫁了。

这一次，张母嫁给的是兽医吴老二。一个两度守寡的女人，还拖着 4 个“油瓶”（嫁过来之前有的孩子），居然能把自己嫁出去，而且还嫁了个有稳定职业的男人，这实在让人感到意外！也许，这与当时关外汉民的男女比例严重失衡有关？进入光绪年间，朝廷虽已解除了汉人移民关东的禁令，致使关内大批破产农民涌向关外，但闯荡谋生毕竟是有风险的，所以，结伴去东北的，绝大多数是青壮年男人，女人多是生于当地的第二、第三代移民。所以，一女难求的现象也就不足为奇了。

扯远了，再说回到张作霖学兽医。

那会儿的兽医，不是如今的宠物大夫，而是在乡村专事相马、医马和骟马的专业技术人员。东北因幅员辽阔，在没有火车和长途客运汽车的时代，无论官绅百姓，人际往来，主要靠骑马或坐马车。所幸东北紧靠蒙古马的原产地蒙古大草原，所以，马多。有马的人家多，兽医就不会饿死。

天资不错的“张老疙瘩”很快就跟继父学会了基本的专业技能。大概为了不给继父添累，也为了让他娘活得更有颜面，他开始了一个人的闯荡生涯。

不料，初试社会，结局都很不好，而且都差一点丢了命！

简言之，一次是在黄家塘村给富户“孙鬼子”家放马时，一匹良马被人盗走，“孙鬼子”认定他是盗马贼的内应；另一次是他与财主于六合伙开“桩子”，即兽医站时，于老头儿的少妻二兰子勾搭不成，恼羞成怒，陷害了他。他两度差点被东家指使伙计们活活打死。

他又回到了赌场上，幻想赚了钱就金盆洗手。但当地赌徒联手做局，把他坑得囊空如洗。终于有一天，这个输红了眼的小汉子悟出了一直输的原委，遂借口回家取钱，拎了一把杀猪刀回到赌场，当众撸开裤腿，一刀割下了腿肚子上的一块肉，扔到桌上，说：接着赌！我押这块肉，赢了你们拿去，输了我就割你们一块肉！赌徒们知道这小子要玩儿命了，便不约而同地把黑他的钱还给了他。

但这一招下次再用就不灵了。还是和那帮子人赌，他又输得个精光。这一次，人家不再惧他，而是纷纷激将他，说：上回赌了一块肉，这块割下狗头来押吧！他恼羞成怒，遂不顾一切地冲上去与对方打成一团，幸好当庄家的寡妇拉开了那些人，他才落荒而逃。

当兽医不成，进赌场也不成，想来想去，他竟想到了邪路上了——打虎亲兄弟，何不与二哥张作孚结伴劫道？

劫道，就是拦路抢劫。也就是说，他要当胡子了！

胡子，是东北百姓对土匪的另一种称谓。

清朝东北何以多土匪？揣想原因，不外有三。首先是因为满洲地旷人稀，各级官衙根本管不过来；再是驻军太少，奉天、吉林、黑龙江，三地的满蒙八旗与汉军八旗驻军加起来也不过 3 万人，且大都在国境驻扎。还有，就是汉人移民扎堆的地方，乡绅阶层尚未成型，宗法社会多未建成。农村若无乡绅阶层，则百姓的诉求无以上达官府，官家的意愿也难以输送至民间。而无宗法社会，则家族的正当权益无法保障，个人的欲望便不能被伦理道德所控制，那些生情不安分的人，那些不肯埋头垦荒只想不劳而获的人，人性中的恶便在没有管束的地方疯长起来，长到差不多的时候，就落草成寇，当了胡子。

把土匪叫成胡子，是趋利避害的结果。因为匪徒脸上与身上并无特殊标识，平日里看起来也都是好人的模样。很多土匪农忙时为农，农闲时为匪；有事做时是良民，无所事事时便成了歹人。若不知其真实身份，当众土匪长土匪短的，就很可能会让真匪以为形迹败露，杀人灭口也未可知。所以，胡子就成了土匪的代称。据说胡子之谓,缘于被东北人称作“老毛子”的俄国人，因为人们见过的俄国人，多是满脸红胡须的半人半鬼模样的人，故红胡子或胡子就成了歹人的代称，进而成了黑道上的人的别称。也有人说，初为匪者，怕被熟人认出，便做了张画有胡须的面具戴着作案。日本人称东北土匪是马贼，因为他们遇见的土匪，都是骑在马上挥刀鸣枪呼啸来去的模样。

张氏兄弟在“通京御道”上的羊肠河畔开始了不光彩的营生。其间进过县狱，有了案底。出狱后，他第一次杀了人。按其子张学良的说法，当年，张作霖和二哥张作孚为了给亡父报仇，趁夜潜入仇人家的院中，却无意惊动了一个老太婆。怕老妪大叫，张作霖上前掩其嘴，不料却触发了枪的扳机，子弹当场把老妪打死，宅子内一片大哗！兄弟二人不得不中止行动，连夜亡命。流浪多日后，张作霖跑到营口的田庄台村找到驻军统领赵德胜当了兵。以前他给赵医过马；而他二哥则被官府抓捕到案，被判刑 10 年。因刑律有亲属可代为服刑之规定，故其二伯父代其进了大狱。

张作霖从军不久，日本人就从朝鲜那边打过来了——中日甲午战争爆发了。19 岁的张作霖，因经常给上级领导保养战马，人也机灵，就被从朝鲜败退回来的总兵马玉昆记住了。有了马军门和赵统领两级领导的赏识，参军不久的张作霖就被提拔成马队的哨长，即管着 70 多号人的清军中级军官儿。

战争进行到第二年开春，日军打到了田庄台，居然以仅伤亡 160 来人的代价毙伤中方官兵 2000 多人。张作霖是逃生者之一。

过后不久，清廷被迫派李鸿章到日本马关与日本签订了媾和条约，辽东半岛被迫划给了日本，但又被俄、德、法三国代中国讨要回来。

不过，这些事，奉天的士兵和百姓都不知道。张作霖只知道毅军奉旨要调回关内了。但他不愿到自己不熟悉的关内去，便当了逃兵，逃跑的时候，他拐走了自己的马，带走了自己的枪。

骑着高头大马、穿着官军服饰的张作霖出现在乡邻面前时，想必引起了轰动。安顿好了以后，年方二十的张作霖就托媒人向本村财主赵占元家的二闺女赵春桂求婚了。赵占元似乎并不是个守旧的乡绅，所以，他答应了张作霖甘当插门女婿的求婚条件。于是，张作霖第一次做了丈夫。不久，在岳父的劝说下，他回到黑山镇，重操旧业，开起了“桩子”。

既当了兽医，就不能不接触马贼。更何况甲午战争中国战败之后，辽河下游更成了土匪横行的天下，张作霖免不了经常和他们打交道。

新一轮灾难又是赌博的陋习带来的！生活安逸了，老毛病又犯了，张氏兄弟又开始出入赌场了。某日，他俩因赌，与二道沟子的一个叫李友恒的人动起了手。吃了亏的李友恒，一气之下，跑到广宁县衙，控告张氏兄弟通匪，尤其弟弟张作霖的“桩子”，实有各路马贼窝点之嫌疑！县捕盗营闻警而动，麻利地将张氏兄弟绑走。有过一次拒不认罪而得以生还的经历以后，张氏兄弟坚决不承认与土匪有染。县里没审出结果，便将他俩押解到省城，送交奉天提法司审讯。大地方的司法机关往往不太胡来，加上岳父赵占元到省城打点了一遭，有人出面为他俩作保了，省里便以“查无实据”为由结案，将这对难兄难弟释放了。

再度获释的张作霖，索性彻底放弃了做良民的幻想，离家入伙，正式投匪。早年在大车店打杂儿的时候，他认识了一个 17 岁就当了胡子的冯大哥，即辽西巨匪冯麟阁。听说他要舍家为匪，岳父甚为生气，妻子当然更是一百个不乐意，但他去意已决。通过关系，他找到了冯麟阁。冯大哥手下已有好几百人，不缺人手，便把他介绍给了另一个匪首。在土匪窝里，张作霖团队以看管“肉票”——被绑架的人质——为本职。这种黑心的职业一直干了好几年，直到有一天，大概他突然良心发现，认为绑票，尤其是绑女票，实在太缺德！于是，他就一个人回了赵家庙。

就在张作霖当土匪的时候，俄国人租下了辽南沿海的旅顺口和大连湾，并开始在东北大地上修筑东清铁路，即西伯利亚大铁路中国段。东北各地驻有 5000 多名俄国工程技术人员及其家属，中俄合资的东清铁路公司从山东、直隶两省招募了数万名劳工进入东北，铁路工程进展顺利。

不料，光绪二十六年（1900），关内闹起了义和拳，并很快波及奉天省。一时间，各县都成立了义和团。拳民们见了铁路就拆，见了教堂就烧，见了“大毛子”和“二毛子”就追杀。当年，义和团管洋人叫“大毛子”，管那些信了洋教的同胞是“二毛子”。如此一来，俄人与铁路便成了本省拳民们“扶清灭洋”的具体目标，一时间，俄人仓皇集中向北逃命。

几代沙皇一直想变满洲为“黄俄罗斯州”，此番见中国政府与暴民如此胡来，便立即以“护路保侨”为名，出兵15万大军，强行占领了东三省。

俄寇的入侵，造成了更大的混乱。大小匪帮蜂拥而起，趁火打劫，闹得民不聊生。为了自保，奉天各县的乡绅们纷纷出钱组建了自卫武装。一时间，各种名目的民兵组织竞相冒了出来。一些当过土匪的人，眼见家乡吃紧，也都跑了回来保卫家园。张作霖不甘人后，在岳丈和其他乡绅的帮助下，也拉起了一支二十来人的社区保安队伍，名曰保险队。从此，他从一个人见人躲的神秘胡子，变成了一位人见人赞的家园卫士。由于张作霖有点文化，还当过土匪的小头目，知道怎样让绅民放心，所以，他的保险队就比其他地方的团练组织更有纪律性。久而久之，赵家庙保险队有了口碑，邻近屯子找上门来，请他将本屯划入其保护范围。于是，张记保险队的势力范围很快就扩大到了周边的二十几个屯子。按每亩每月缴纳保险饷一或两毛钱计，张氏和他的弟兄们开始过上了好日子。

因声名远扬，附近中安堡镇的大户们竟慕名请张作霖率保险队到该镇驻守。由村进镇，当然是上了一个档次。张作霖很开心，便拉着他那二十来个弟兄进驻了中安堡。

百余年前，中国男人，一夫多妻是国法与社会认可的正当家族结构。男人娶小老婆（妾）的理由，每每是嫌大老婆（妻）没有生育能力或没为自己生个儿子。几千年来，能不能怀孕和能不能生男儿，一直是检验老婆是否称职的最重要的标准。科学家到了21世纪才搞明白，其实，这事儿与夫妻双方都有关系，似乎首先与男人有关，咳！女人背了数千年的黑锅！

在中安堡镇安顿下来以后，饱暖思纳妾，张作霖看中了塾师卢先生的千金卢寿萱姑娘。此女年轻又漂亮，而且，写得一手好字！不过，张作霖虽年少精明，长得也眉清目秀，但毕竟从事的是高危职业，道路是曲折的，前途是模糊的，而且已经有了妻子和女儿，所以，卢老先生最初拒绝了媒人的提亲。但张作霖的执着让卢家推却不得，还可能在周边的四乡八屯也找不到合适嫁女儿的人家了，卢父最终答应了这门亲事。

有妻有妾的日子过得挺滋润不是？很快，大老婆赵氏肚子里又怀上一个，而二老婆卢氏久待闺中，初为人妇，又多承夫恩，自然不会少生了。在中安堡住着的张作霖，左妻右妾，日子过得十分惬意。

不料，快要过年的时候，村外陡然响起一阵洋枪响——张作霖在中安堡的好日子过到头儿了！

原来，此镇早被一个叫金寿山的巨匪视若势力范围。见张氏开始从中安堡镇的耕地中抽保险饷以后，金氏便勾结俄军前来进剿。真正的“红胡子”强入满洲以后，只要有人报信说某村发现拳匪，便立马发兵进剿，决不犹豫。

村外洋枪一响，村里一片惊慌。张作霖知道来的不光是金寿山的人，而且还有毛老子！他赶忙率弟兄们逃窜。即将分娩的赵春桂行动不便，被老哥汤玉麟背着狂奔出了庄。一行人幸好在路上顺手抢了一辆路过的马车，这才侥幸逃离险境，来到了八角台镇。张作霖打谱借路该镇投奔冯麟阁处。

八角台是辽西大镇，公路四通八达，镇上有不少富裕人家，正因富户多，所以，该镇筑有围墙与城门。人欲通过该镇，必须经八角台头面人物的同意。镇商会的会长叫张子云，镇自卫团首领叫张景惠。

张景惠时年 30 岁，比张作霖大 4 岁，是本镇一个做豆腐和挑担下乡卖豆腐的豆腐匠，为人仗义。听说赵家庙保险队要借道，他立刻接张作霖进城面商。一夜畅谈之后，张景惠居然向张子云郑重建议：挽留张作霖，将本镇自卫团与赵家庙保险队合二为一，他甘愿让张作霖当“大当家的”，自己做副手。镇上的绅商们采信了张景惠的意见，便强行挽留了张作霖。

乱世有义士。张景惠让位于年少自己若干岁的张作霖的故事，就属奇闻

“义”事之一。

八角台镇就是民国以后的台安县治，张学良就出生在该县的张家窝堡屯，当年赵春桂肚里怀着的那小子，就是这个现在被台安县官方隆重纪念着的张学良。登陆台安县人民政府主办的“中国·台安”官网一搜，不禁吓了一跳，原来，台安一直在打“少帅牌”——县中心广场上，有一座高大的“少帅雕像”；张学良出生的地方，近年重建了一座“少帅纪念馆”；更让人目瞪口呆的是，就在那座馆的附近，该县新建了一座规模宏大的“少帅陵”，官网称，“整体风格与中山陵相似，占地面积 26000 平方米，建筑面积 1900 平方米”。或许，该县实在没有什么新旅游景点可以开发了，只好利用张学良来打造一个景点。以新为好，各地一把手的敢想敢做，屡屡突破人们的想象力！

张学良和台安县有多大的关系？我们不妨来捋一捋：当过土匪的他爹，被另一股土匪打跑，因怕快要分娩的他娘留在庄里被对手祸害了，或者怕他娘被二老婆家的人欺负了，所以，他的土匪大爷汤玉麟就背着他娘连同娘肚子里的他逃窜出来，并护送到了八角台镇西北张家窝堡屯的他表哥（赵春桂的侄儿）赵明德家。在赵家，张学良出生。为了感戴已经有了五个孩子的他汤大爷，他爹给他给了个“小六子”的乳名。他爹成了本地绅民拥戴的自卫团首领以后，就派人把他娘和他一块儿接到镇上安居了。后来，他爹儿俩相继发达了，却谁也没回过这个张家窝堡屯。呶，就这么点关系。

就这么点关系，就值得花如此之多的纳税人的钱打造一处景点？因从网上查不到“少帅陵”的投资数额，所以笔者不敢瞎猜，但连征地带建筑，总得过千万元吧？须知，在 2003 年 7 月 1 日之前，台安县境内没有铁路。凡不通铁路的地方，都是相对贫穷落后的地方。不知“打造”成这一“爱国主义教育基地”以来，台安县的旅游收入增长了多少。但愿最初拍板建“少帅陵”工程的，有朝一日，“小六子”的遗骸真能让他后人从遥远的太平洋那一边的陵园里扒了出来，归葬到这儿，全县人民大概就可以集体感戴他的远见卓识了。不过，那一天是哪一天啊？

嘁，说歪了，还说正事儿吧！

张作霖在八角台立足以后，一个叫张作相的前泥瓦匠又领着三四十人来投效了。这个名字像张作霖兄弟的人，因替兄报仇而主谋杀死了一个仇人，故被官军追捕，成了匪首。如此一来，张作霖的队伍便扩大到了百十号人，他与比他大 4 岁的汤玉麟、张景惠和比他小 6 岁的张作相拜了把兄弟。

这就是张作霖早年的闯荡经历。与他同时代的未来军阀们在读私塾或读武备学堂的那些年里，他却一个人在荒凉的东北黑土地上啃读生活的艰辛。

动荡的成长岁月，使生性机敏的张作霖有了过人的胆识和坚强的意志，有了宁可亡命也不肯认输的倔强性格，拥有了胸怀白山黑水放眼中原大地的宏志与耐力。

这是一个自立于草莽的民间枭雄，这是一个有别于其他军阀的另类元帅，在北洋时代的政治舞台上，这位最后出场的主角无疑是最富传奇色彩的人物。

前面说过，辽西是个有名的土匪窝子。不管谁当政，都无法回避匪患问题。东三省的老大、盛京将军增祺就为多如牛毛的匪患而大伤脑筋。

俄军入侵时，增祺派人把家眷送回关内避乱，自己留在奉天与俄人周旋。第二年，朝廷与俄公使正式签订了俄国撤军条约以后，增祺便派人接三夫人回奉。当时，京奉铁路刚修到广宁县的沟帮子站，从沟帮子到奉天城，近400 华里的路，至少有一半是土匪出没的地方。护送将军夫人的卫队没敢亮出将军署的旗帜招摇过市，而是改着便装，就像普通的富户人家雇的保镖一样，护着几辆厢式马车，载着将军夫人向奉天行进。

此时的张作霖，在驻地乡绅们尤其在商会会长张子云的劝说下，已经有了受抚的打算。历代草寇，大都向往“若要官，杀人放火受招安”的美好结局。正在寻思投靠官府门路的时候，线人提供了一则极有价值的情报：增祺的小老婆要打咱这疙瘩路过！张作霖一拍大腿：妈了个巴子的，就她了！

勿以为张作霖这次要既劫财也劫色，非也！莫说他这个中等匪众的头目，即使所谓巨匪，也不敢绑架高官的家眷！历来黑道上的人都不招惹官府，那叫作死。而且，盗亦有道，通常，土匪只劫财不劫色，凭暴力糟蹋和霸占女人的，为众匪所不齿。

张作霖另有打算。

于是，将军夫人一行就走进了张作霖预设的埋伏圈儿里。

当年的保险队、自卫团、联庄会等，与土匪往往是一套班子两块牌子。在受自己保护的区域里，它是民兵组织，但在保护区域之外，它可能是强盗团伙。所以，当衣着和武器都杂七杂八的大批伏兵突然包围了车队以后，官家护兵们自知寡不敌众，便乖乖缴械投降，而将军的如夫人则被安排进了一套大房子里歇下。

剩下的事就简单了。张作霖向增祺夫人赔罪，并诉说了期待弃恶向善的意愿。三夫人正在寻思如何殉节以不辱清白，不想匪首竟是个彬彬有礼而且一心要改邪归正的义士。于是，她满口答应了张作霖的要求，收下了张作霖为她准备的一份厚礼后，便继续前行了。

劫持增祺夫人一出戏演完后，因怕增祺大人不能原谅自己，张作霖又动员本地十八个屯的乡绅们联名给新民知府增韫写信，担保他要携团伙弃暗投明，效命朝廷，经费概由本地绅商自筹。

过了一段时间，张作霖终于等来了佳音：知府召张作霖到府上拜见。

原来，是否招抚土匪，知府只有建议权而无决定权，决定权在盛京将军那儿。知府增韫收到十八屯联保书以后，呈报给了增祺，并建议将张氏所部招为官军。

对盛京将军增祺来说，张作霖要弃暗投明的意愿早已经被三福晋捎回来了，他正举棋不定。新民府的呈报，真是正中下怀！

于是，他麻溜地命令师爷批复：“各位公忠体国的乡绅，该头目等既然情殷投诚，未便阻其自新，饬即认真查点，择其精壮，准留二百五十名，其饷仍由当地妥筹。”

随后，奉天将军府的公文就送到了新民府：“张作霖等既能悔罪归诚，该绅商等复能筹捐充饷，均属深明大义，殊堪嘉尚，准如所议办理。”

有了大领导的指示，增韫就亲临张作霖的八角台营地，当着众乡绅的面，宣布“新民府巡警游击马队”就地成立，张作霖任帮带。帮带相当于后世的副营职军官。

张作霖成了新民府地方部队的营级干部以后，果然不负各级领导与群众的瞩望，一气灭了周围十几伙土匪，由此也打消了官府和联保人的疑虑。鉴于张作霖的良好表现，转年初夏，新民府即提拔他为管带，老哥汤玉麟、张景惠和老弟张作相分别成了帮带和哨长。哥儿几个都成了有头有脸的“府军”军官啦！

张作霖完成了从鬼到人的变脸之后不久，日俄战争在旅顺港外打响了。在把俄舰队堵在旅顺口里以后，日本陆军主力陆续登陆辽东半岛，从辽南步步向奉天进逼。虽说清国宣布了“局外中立”，并严令战区人民不得以任何形式帮助交战国军队，但在金钱的诱惑下，辽西各路匪帮纷纷卷入战事。张作霖当土匪的领路人冯麟阁就让所部变成了日军扶持的“东亚义勇军”，时常骚扰俄军。也有的匪伙被俄军招募，成了“花膀子队”的组成部分，专事给日军添乱——花榜子队员因军装上有中俄两国国旗的臂章而得名。

按说，张作霖已是中立国的军官，不应介入两国的交战。但他不甘坐失发展的良机，在日俄两军都派人来忽悠他的时候，他为了骗取枪械与粮饷，居然两头儿都答应下来，一会儿让二十几个部下穿上“东亚义勇军”的服装去袭扰俄国人，一会儿再让另一批人换上“花榜子队”军装去焚烧日军仓库。

这种走钢丝的危险游戏，很快就被就住在他家里的日军新民屯特别工作班头目黑泽兼次郎所洞悉，日本新民屯宪兵队遂将他逮捕，解送到日本满洲军总司令部。按说，“通俄”有据的中国人，是必死无疑的。可是，满洲军总司令部的参谋田中义一中佐却认为，张只是为了钱才帮助俄军的，他所部乃中国人中的精锐骑兵部队，将其处决，不免可惜，不如免其一死，逼其为日军效力。日军新民屯民政署长井户川辰三亦有同样建议。负责指挥中国人协同作战的满洲军高级参谋福岛安正少将，是日本有名的“情报战之父”。福岛安正接受了这一建议。于是，在“愿为日本军效命”的誓约书上签下自己的名字以后，张作霖获释，而且还从日本人那儿获赠1000银元，这是福岛将军特意批给他的。这样一来，张作霖只好小心翼翼地应付着日本人，一直挨到了战争结束。

战争结束了，盛京将军增祺获准回籍守制（服丧）去了，前湖南巡抚、署户部尚书、汉军（祖先入了旗籍）赵尔巽调来接任。当时，京奉铁路已经修到了新民屯（今新民市），赵大人和新任奉天巡防营营务处总办张锡銮等省级领导下车前往奉天城赴任时，无不受到了张氏的人强马壮的队伍的保护，自然，高官们也对张作霖有了良好的印象。尤其是有"快马张"绰号的张锡銮，对张作霖更是信任有加，因为张作霖把最好的一匹马送给他当坐骑，并以雄壮的马队送他入奉天城上任。

未久，将军府的命令传到了新民府，着张作霖的游击马队扩为三营。

拥有了三个营一千来号人马的张统领，在新民府的辖区内，更加威武了。威武思淫欲，他又动了纳妾的念头。这一次，他看好的是广宁县的一个有夫之妇戴氏。戴氏有一种孤傲的美，旧称冷美人。但鲜花插在了牛屎上，戴的丈夫是本县一个捕头的儿子，什么本事也没有。在金钱的诱惑下，戴的男人同意将老婆转让出手。于是，而立之年的张作霖就有了第三房夫人。

但张作霖的娶亲之旅没有中止于戴氏身上，因为抬回家以后来才知道，这位冷美人，其实是个走路稍跛的残疾人，而且，性情暴躁，虐待下人，况且，还是二婚之人。所以，张作霖对她的热情很快就消退了。

某天，张统领又被一个路遇的十七八岁的小女子迷住了。派人一打听，此女姓许，名澍旸，父亲早亡，与寡母自关内的宛平县流落至此，娘儿俩靠给人家缝补浆洗为生。得，找人说媒，抬回家吧！如此这般，而立之年的张作霖，就有了四房老婆，自然是一个比一个年轻，一个比一个貌美。

在日本人的交涉下，盛京将军赵尔巽收编了冯麟阁的"东亚义勇军"。日俄战争期间，张作霖的这位冯大哥曾被俄军逮捕，却在解送库页岛的途中逃了回来，继续帮助日军抗俄，续写着他的传奇履历。因冯氏所部多达1200人，所以，冯氏虽晚于张作霖投诚，但也成了巡防营的统领。为表示重新做人，冯氏甚至改了名字，改叫冯德麟了。

还有，当年勾结俄军把张作霖从中安堡打跑的辽西巨匪金寿山，战争后期又帮助过日本人，故而也被日本人说服赵尔巽收编，成了驻守铁岭、开原一带的统领。

光绪三十三年（1907），清廷正式在满洲建东三省，盛京将军改为东三省总督，民政部尚书徐世昌出关任首任东三省总督，徐成为有清一朝第一位担任东北最高领导人的汉臣。按朝廷部署，徐世昌一边督练新军，一边强化旧军——巡防营。张作霖的队伍再一次获得扩编的机会，他成了拥有 5 个营的奉天前路巡防营统带，即正团职首长了。统带是正参领级的军事长官，正三品，相当于一省之副职。31 岁的他，识字不多的他，当过土匪的他，居然成了大清国的大官了！

各省巡防营，分前、后、左、右、中 5 路，分驻全省战略要地。按配置，奉天前路巡防营被派驻辽河以北的郑家屯（今吉林省双辽市）。于是，张作霖就带着众多的老婆孩子，离开了让他发迹的广安县和新民县，开到了辽蒙边界的郑家屯。

在清朝进入倒计时的那几年，张作霖奉命诱杀了辽西实力最大的巨匪杜立三，追剿过叛国的巴布札布蒙匪。宣统三年，即 1911 年，秋季，湖北那边传来了兵变的枪声……

是年 6 月，末任盛京将军赵尔巽又被清廷从四川总督的位子上调了回来，接任因病乞退的蒙古人锡良，担任了东三省总督。首任东三省总督徐世昌早在前年，即宣统元年，即升任协办大学士，并补授军机大臣，调回北京了，锡良是接任徐世昌的第二任东三省总督。

在中国的公共媒介极不发达的百余年前，武昌首义的惊天新闻并没马上传播到奉天。最早披露此事的是奉天的《大中公报》，该报发了一张号外，但立马被赵尔巽下令捂住了。赵大人中止了正在黑龙江省进行的视察，匆匆赶回来做了最坏的打算。

此时，驻军奉天城郊北大营的新军第二混成协协统（旅长）蓝天蔚已经在密谋起事了。

时年33岁的蓝天蔚乃湖北黄陂人，与武昌首义的都督黎元洪是同乡，巧的是，黎也是驻鄂新军的协统，所以，很容易让人怀疑蓝氏的思想是否与朝廷保持一致。日俄战争期间，蓝天蔚正以官费在日本士官学校留学，曾发起组织了中国留学生的“拒俄义勇军”，被推举为队长。他与同在士官学校留学的吴禄贞和张绍曾，被称为清国的“士官三杰”。他们毕业回国以后，不知清廷君臣脑子怎么想的，未经严格的政审，就把个个都有种族主义情结的汉族海归们安排到了极重要的统兵大员的位子上了——蓝天蔚成了第二混成协的协统，是“三杰”中官职最小的一位；吴禄贞由延吉边务帮办累升至第六镇统制；张绍曾成了驻防京奉铁路线的第二十镇统制，而他们都不过是刚及而立之年的人。关于末世清廷对从日本士官学校毕业的汉族留学生的重用，那是另外一个很长的话题，在此不作缀述。得到兵权以后，“三杰”曾在张绍曾驻防的滦州聚首，密谋在各自防区择时起义。回奉天不久，蓝天蔚即在寓所与他的留日同窗、东三省总督府军事参议张榕会商，两人商定，以他为“关外讨虏大都督”，张榕为奉天都督兼总司令，在奉天发动一场不流血的政变，宣布东北独立。11月6日，即武昌首义近一个月之后，蓝天蔚在全协的校官以上军官会上公布了政变方案。尽管他严令与会者保密，但政变的消息还是从各个渠道悄然传递到了外界。

正奉张作霖委派在奉天讲武堂受训的张景惠，意外地从一名新军军官那儿听说了此事。张景惠文化水平很低，但政治觉悟很高，当晚就派人策马到500华里外的郑家屯向张作霖通风报信儿。张作霖政治觉悟更高，立马亲率一哨马队，即七八十名骑兵，快马加鞭往省垣赶。路过老哥们儿、后路巡防营吴俊陞的防地时，他也顾不上进城寒暄。日夜兼程冲进省城以后，他直扑盟兄张景惠处。张老哥告诉他：新军要革命了！他一头雾水地问：革命？革命是啥？老张简明扼要地告诉他：革命就是我们没有地盘了，饷银也没地方领啦！他顿时明白了，说：那还行？不能革命！

张作霖是个粗人，在政治上从来就是直来直去，根本不会说官话。当初，新民府收编他以后，让他循例进省城鸣谢。盛京将军增祺增大人他是见不上的，出面接见他的是将军署的总参议。总参议大人问他：你为什么要受抚？他脱口而答：我想升官发财！意愿表达得直截了当，令在场的大小官吏目瞪口呆！

张作霖赶到奉天城的时候，赵尔巽也从新军营长李某那儿听到了蓝天蔚将发动政变一事。他深感大祸将临，只想赶紧弃职潜逃。不料，省谘议局副议长、辽阳人袁金铠闻知以后，几番跪地将他拦住。袁金铠鼻涕一把泪一把地苦苦哀求：请大帅以奉天苍生为计，万勿遽然入关！

正在此时，前路巡防营统领张作霖率所部不请自来，瞬间改变了省城里新军与旧军（巡防营）的实力对比。于是，老赵硬着头皮留了下来，并立即奏报朝廷将蓝天蔚调离。随后，他令蓝交出指挥权，恭候朝廷的新任命。一夜之间，蓝天蔚失去了对部队的控制。

11 月 12 日，是省谘议局开会的日子，各界代表将在会上决定奉天全省的命运。议长吴景濂亲自来请赵尔巽与会，但赵氏虑及人身安全，不敢前往。最终，在张作霖等军官的护卫下，他忐忑地赶到了谘议局。

吴景濂主持开场之后，请总督大人讲话。不料，赵尔巽刚说了几句“希望全省父老静观时局的演变”之类的话后，就有革命党人指名道姓地喊着赵尔巽的字，向赵尔巽发出厉声正告：“赵次珊！今天你面前只有一条路，即宣布东三省独立，响应武昌首义！”赵尔巽不肯回答，登时，场上秩序大乱。

就在此时，一个矮小而精悍的军人急步跃上讲台，掏出手枪“啪！”的一声拍在案上，大声说：“我张作霖身为军人，只知听命于赵大帅。要是谁对赵大帅轻举妄动，我张某虽好交朋友，但我这把枪是不交朋友的！”说完，他就站在了赵尔巽的身后，虎视眈眈地盯着全场。

此时，张景惠等 18 名张作霖的部下，全都掏出了手枪，怒目扫射全场。

预备起事的革命党人和一些胆小的代表，见状纷纷离席而去。

在武力监视下，会议继续进行，与会者推举了赵尔巽为奉天国民保安公

原奉天省议会大楼旧址。辛亥时期，小个子的张作霖在这里维稳有功，之后一跃升为奉天省说一不二的军事长官。（2010 年 10 月摄）

原东三省总督府旧址。晚清之东三省总督，尤胜直隶总督之职。（2010 年 10 月摄）

会会长，省谘议局议长吴景濂为副会长，副议长袁金铠为总参议。张作霖因维稳有功，被公推为保安会军事部副部长，另一个副部长的席位留给了不在场的张榕。由于张榕没有到任，所以，张作霖一夜之间成了省里说一不二的军事长官。

按新政权“保安公会”会长赵尔巽的旨意，张作霖利用军事部的职权，很快把他的前路巡防营2500多人调入省城，并于14日晚囚禁了由赵尔巽亲自诱骗至将军公署“会商”的蓝天蔚。转瞬之间，省城成了张作霖的天下。

非常时期，一向拖沓的朝廷办事效率也出奇地高了，14日，北京即传来谕旨：免蓝天蔚第二混成旅协统。

赵尔巽还算是个宅心仁厚的老官僚，他没忍心处决蓝天蔚，而是奏请朝廷给蓝天蔚一个“长江宣抚大臣”的名义,派他往“东南各省考察战事实情”。蓝天蔚因此侥幸不死，并匆匆离去。

为留后手，赵尔巽相当谨慎，他于四天后的11月16日给内阁上奏，称成立保安会“系权宜之计，一切如旧”。

留在奉天的“乱党”要人，只剩一个张榕了。

张榕乃抚顺人，时年27岁，日俄战争期间，他曾趁乱在王朝的发源地兴京（今新宾满族自治县）组织过“关东独立自卫军”，以谋求满洲独立，后逃亡北京，结识了皖人吴樾，进而与吴樾共谋在正阳门火车站行刺“出洋五大臣”。案发后，他与吴樾相继被捕，吴被处决，而他因有东北人作保被判永久禁锢，但却在服刑期间成功说服典狱长与其一同逃往日本。在东京，他进入日本士官学校，并参加了同盟会，成了少有的东北籍会员。上一年，他以化名返回奉天省，被留日同窗蓝天蔚保荐，被不知底细的东三省总督锡良聘为奉天营务处提调，后升任总督府军事参议。有了官方身份，他便与蓝天蔚共同拟定了起义计划。他被内定的角色是奉天都督兼总司令，可见其在本地革命党的地位。不料，因张作霖的半路插入，起义流产，非但赵尔巽没有被驱走，反倒是内定的起义大都督蓝天蔚被迫离奉。

张榕心有不甘，便于 11 月 17 日，即蓝天蔚出走两天之后，公开组建了“奉天联合急进会”并自任会长，“急进会”下设各部门，成了与“保安会”对峙的一个准政权组织。张榕曾当面督促赵尔巽“速悬白旗，以静民心”。赵尔巽不置可否。

赵尔巽一边与革命党人苦心应酬，一边奏请朝廷将本省应征地租全部减免，以留充奉饷。元月 7 日，隆裕皇太后下发懿旨，恩准了赵尔巽的奏请。这是赵尔巽在任上最后一次为奉天做的好事。

再说蓝天蔚到了南方以后，立即被身边奇缺军事人才的孙中山任命为北伐军都督，1 月 16 日，蓝天蔚即率北伐军分乘“海容”“海琛”与“南琛”三舰抵达烟台，准备北渡辽东，光复东三省。

此时，张榕的“急进会”在奉天各地已经有了号称十万之众的会员。为防止张榕与蓝天蔚里应外合搞乱奉天，赵尔巽不再仁慈，决定先发制人，下令张作霖立即制裁张榕。于是，1 月 26 日晚，在妓院“蜚红馆”的某个单间里，张作霖陪张榕抽了几口大烟后，便借故出去。立时有两个军官推门闪入，当场将张榕击毙于床上。

随后，张作霖即杀气腾腾地布置了“杀秃子”行动，凡闻风大清要亡而剪掉长辫者，均被视若“乱党”嫌疑，都有被张作霖的大兵当街斩首的危险。据史料载，数日内，奉省有数十人被杀。

在如此高压的风声中，奉天的动荡局势很快平复下来。

尘埃落定后，赵尔巽专折奏请朝廷嘉奖张作霖。风雨飘摇的清廷匆匆降旨：着张作霖任关外练兵大臣，所部改为陆军第二十四镇，张任统制官。

哈！认识不了几个字的张老疙瘩，当过好几年土匪的张雨亭，弃暗投明只有短短十载的张作霖，竟然成了大清国的正二品大臣，成了副都统级的国军首长啦！

新建陆军的镇，是最高一级军事单位，下辖步、骑、炮、工、辎各兵种共 12512 人。练兵处对入伍新军是设了门槛的，如入伍者必须无犯罪记录且家世清白，而且必须要有基础文化水平，湖北新军入伍，居然还要通过一次文化考试！当官就更不用说了，即便棚长（班长）也要经陆军速成小学堂的培训才能上岗，排以上的军官必须有武备学堂的文凭。所以，像张作霖这样的既没有多少文化，本身又极不清白的人能当上国家的地方大员，实在是个异数！难怪他发迹后，总有人讥讽他是“胡帅”——胡子出身的大帅。

张作霖进了奉天城以后，除了正妻赵春桂带着女儿张首芳留在新民县杏核店胡同的私宅里之外，其余的家眷们都跟着成了省城的常住人口。于是，他租下了一位道员的旧宅，后又买了下来。因家庭成员实在大多，一座宅子容不下了，他将此宅西侧的江浙会馆买了下来。两院一户，他终于在省城有了像样儿的家。

这个家，就是现在成为沈阳旅游热点景区的“张氏帅府”的前身。

某天，突然有个老农民找到张公馆，说要来认本家的张作霖。

卫队长不敢怠慢，赶紧出来盘问了一番。老头儿自称姓李，自河北省大名县而来。卫队长以为老头儿在说胡话，但见该老头儿理直气壮地硬要往里闯，才不敢贸然行事，将其带了进去。

据说，那天，张大帅接见了该老农，听他指着一本极旧的家谱絮叨了一番，才知道自家本姓李，嘉庆末年，李家有女嫁给同县的张家，因无后，便将李家一男儿过继给张家为嗣，从此，这一支李家就改姓张了。张作霖收下这份家谱，并赠了一笔钱给这位本家的长辈。

晚年的张学良对他的传记作者说过：他们张家本姓李，祖籍是“河北省大城县”。他曾问过父亲：现在李家已经没有后人了，他再过继回去如何？“我父亲听后，还连连说好！”

进入民国以后，张作霖是如何当上“奉天王”进而又成为“东北王”的？以他的出身，他的从政经历，他的人脉关系，无论如何，东三省的头把交椅轮不到他坐啊！

通常人们说到张作霖在民国初期的迅速上位，总是离不开如下说法，即他是靠玩弄阴谋诡计而有步骤、有目的地篡夺了本省的军政大权，进而又将黑龙江和吉林省据为己有的。其实，若了解彼时中央对地方的管束，再解读一遍张作霖每一次晋升的具体经过，就会大体知道，那些因袭的说法，难免属诛心之论。换言之，在新旧交替的特殊时代，张作霖是完全靠自己的能力和意外的机遇才不断“进步”的。

等进入民国元年（1912），大总统袁世凯为削减各大区一把手的权力，下令取消总督制，各省设都督。如此一来，统辖奉、吉、黑三省的赵尔巽就成了只管本省的奉天都督。

赵尔巽的权力在缩水，但张作霖的权力却在扩大，因为是年9月，北京政府即下令，将奉天地方武装改编成国家正规军，以张作霖的前路巡防营和中路步马营编为陆军第二十七师，下辖第五十三和五十四旅，驻防省城，以张作霖为中将师长；以冯德麟的左路巡防营为主编为陆军第二十八师，下辖第五十五和五十六旅，驻防锦州和北镇县（即前清的广宁县）一带，以冯德麟为中将师长。原右路巡防营驻安东，设东边镇守使马龙潭统领；原后路巡防营驻郑家屯，设洮辽镇守使吴俊陞统领。毫无疑问，驻军省城的张作霖位置最为显要。

年事已高的前清老臣赵尔巽已倦于从政，于当年11月称病辞职，获准后，即到青岛做寓公去也。清末民初，好几位前清重臣都在德国人租借的青岛购房养老。

取代赵尔巽的是前直隶总督张锡銮。张锡銮也是一个年近七旬的老家伙了，他因善骑而以“快马张”的声望在东北驰骋了好多年。前面说过，张作霖被收编后，曾选了一匹最好的马送给了他。从东边道调任奉天度支使兼营务处督办时，他成了张作霖的顶头上司。不过，民国时代重返奉天后，这位老官僚却发现，他所赏识的晚辈张作霖，已经是羽翼丰满的地头蛇了。张公馆一天到晚冠盖云集，而他的奉天都督府却门前冷落车马稀。都督公署设有军务课、军需课、军法课和军医课，最重要的是军务课课长，此人是张作霖推荐的第二十七师原正书记官陶历卿。陶课长表面对都督唯唯诺诺，但大事小事要到张作霖家里去请示一番。

久而久之，张锡銮干得不痛快，便向袁世凯打报告，请求调离东北。

老袁是何等精明的人物！他立马悟出了张锡銮请辞的原因。他不动声色地丢给了张作霖两粒大大的糖果，一粒是他派特使携带名贵药材和高级补品到奉天探望张作霖的病母——他居然连张母生病的这点儿事都知道，这可真够张作霖受宠若惊兼心惊肉跳的；再一粒是老袁下令设立东三省筹防处，任命张作霖为总办，全权负责征剿蒙匪事宜。

张作霖既是孝子，也是官迷，老袁送给他的这两粒糖果实在太受用了！尤其荣升筹防处总办，他成了关外第一军头！他对总统特使千恩万谢，并请人家捎话给袁大总统，今后为大总统赴汤蹈火在所不辞。

事实上，也正因张作霖有效地弹压了沙俄支持的蒙古匪患，老袁才以“筹商边防”的名义召他去北京一见。

民国二年（1913）3 月 31 日，张作霖奉召第一次晋京拜谒了袁世凯。

有人写过这个满脑子旧朝思想的人面见国家元首时的冬烘举动——进入中南海大总统的办公处居仁堂后，张作霖当场跪地咚咚咚磕了三个响头，嘴里还念念有词地喊：“大总统万岁！万岁！万万岁！”

老袁忍不住笑场了，连忙上前扶起他说：“现在是民国了，不兴皇帝的那一套了。”

他却振振有词地回禀：“前清时俺只知皇上，如今只知大总统！”

十几年后，他的奉军战胜冯玉祥的国民军，他驻节津门，虽已是威风八面的北洋第一人了，但见到比他年轻许多的逊帝溥仪时，他仍翻身便拜。

在《我的前半生》，前清逊帝溥仪详细记下了他与张作霖仅有的一次会面：

> 我到天津的这年六月，荣源（溥仪的岳父）有一天很高兴地向我说，张作霖派了他的亲信阎泽溥（即阎廷瑞，张作霖当保险队时的军需，时任奉天赈务局长），给我送来了十万元，并且说张作霖希望在他的行馆里和我见一见。这件事叫陈宝琛（溥仪的师傅）知道了，立刻表示反对，

认为皇上到民国将领家去见人，而且去的地方是租界外面，那是万万不可以的。我也觉得不能降这种身份和冒这个险，所以拒绝了。

不料第二天的夜里，荣源突然把阎泽溥领了来，说张作霖正在他住的地方等着我，并且说中国地界内决无危险，张作霖自己不便于走进租界，所以还是请我去一趟。经过荣源再三宣传张作霖的忠心，加之我想起了不久前他对我表示过的关怀，我又早在宫里就听说过，除了张勋（二张还是儿女亲家——原注）之外，张作霖是对于清朝最有感情的。因此，我没有再告诉别人，就坐上汽车出发了。

这是初夏的一个夜晚，我第一次出了日本租界，到了张作霖的“行馆”曹家花园。花园门口有个奇怪的仪仗队——穿灰衣的大兵，手持古代的刀枪剑戟和现代的步枪，从大门外一直排列到大门里。汽车经过这个行列，开进了园中。

我下了汽车，被人领着向一个灯火辉煌的大厅走去。这时，迎面走来了一个身材矮小、便装打扮、留着小八字胡的人，我立刻认出这是张作霖。我迟疑着不知应用什么仪式对待他——这是我第一次外出会见民国的大人物，而荣源却没有事先指点给我——出乎意外的是，他毫不迟疑地走到我面前，趴在砖地上就向我磕了一个头，同时问：“皇上好！”

这就是张作霖，一个依然敬重旧主的新朝大帅。

之后，溥仪还写了张作霖对“逼宫”的冯玉祥和日本人所表示的愤懑，然后，他写道：

我每逢外出，驻张园的日本便衣警察必定跟随着，这次也没例外。我不知道张作霖看没看见站在汽车旁边的那个穿西服的日本人，他临送我上车时，大声地对我说：

“要是日本小鬼欺侮了你，你就告诉我，我会治他们！”

瞧，人称“奉张”的张作霖就是这样一个政治立场坚定、爱憎异常分明的军事强人。

两种社会制度转换之际，新与旧的对撞虽不可避免，但也往往不像后人想象得那么尖锐与激烈，阵营也未必旗帜鲜明；所谓“革新派”未必全无旧观念,“保守派”也未必坚拒新东西。历史舞台上的主角们往往退一步为旧人，进一步又成新人，进进退退，新与旧谁能说得清？慈禧太后杀完了维新人士，又谕令全国推行“新政”,李鸿章、张之洞等朝中重臣也都资助过维新团体“强学会”，袁世凯、黎元洪、段祺瑞乃至各省首长如张作霖他们，哪个不是剪了辫子又成新朝栋梁的？即使是民国了，应邀北上的革命党领袖孙中山第一次见到袁世凯的时候，不也振臂高呼过“袁大总统万岁”的口号吗？孙一喊，老袁也马上起立还了一句:“孙文先生万岁！”两下扯平了。以张作霖的身世，他没受过新思潮的影响，满脑子忠孝节义，是只认实力的一介武夫，所以，他在新旧体制剧烈融合之际的表现也就可以理解了。

有了老袁的召见与信任，张作霖反革命反得更来劲了。孙中山在南方发动“二次革命”期间，张作霖基于对“赤化”的警觉与憎恨，曾领衔奉省将领致电老袁，表示“愿负弩前驱，为我庄严再来之中华民国扫荡妖氛”！

“二次革命”被弹压下去以后，国内局势稳定下来，民国三年（1914）6月，老袁对地方官的设置进行了一番调整。他下令各省撤销都督，改设将军。张锡銮被授镇安上将军，其职务全称为“督理奉天军务并节制吉林、黑龙江两省军务”。镇安上将军的权力又如同前清的东三省总督了。

两个月后，有消息自北京陆军部传来，大总统拟调张作霖任库伦护军使。

按说，护军使在督军之下，师长之上。但库伦却在外蒙（今蒙古乌兰巴托），与东三省的政治中心奉天不可同日而语。看来，老袁是要调虎离山啊！张作霖看破了老袁的把戏。

此时的张作霖，自信已经有了抗命的实力了。在给老袁最信任的陆军总长段祺瑞发的电报上，他大发牢骚，表示决不接受对他的任命：

> 今天下底定，以谗夫之排挤，鸟尽弓藏，思之寒心……中央欲以护军使将军等职相待，此等牢笼手段，施之他人则可，施之作霖则不可！

口气真是够硬的！

张的底气，当然来自国民党拥兵叛乱（即“二次革命”）时他对袁氏的效忠，所以，才敢说出“鸟尽弓藏，思之寒心”这样极为出格的话来。

除了公然抗命之外，张作霖还故意将消息散布出去。结果，奉天绅商们集体着急了，有人写信给大总统，大讲“张师长生长本土，习知奉事”，“城关商号以及驻奉各国官、商深资依庇”，所以恳求勿将其调离。还有人在报纸上发表文章，公开呼吁老张不能走。

说起来，这还是张作霖的一次赌博。赌赢了，他就得以继续留任奉天，但若赌输了呢？会怎样被老袁收拾？召进北京当面训诫一通？留他在北京的将军府里当个百无聊赖的什么将军？甚或就地免职交陆军部议处？

大概那会儿老袁不想让东北事务牵扯太多精力，也不想树敌太多，所以，听说张作霖反弹强烈后，陆军部悄然取消此议。张作霖赌赢了！

近一年后的民国四年（1915）7月，袁世凯召张作霖入京晋见。张作霖顿时心慌意乱，但又不敢抗命，遂带上一营卫兵和一大堆金银财宝、大号的人参等关东土特产，乘专列赶到京城。为给外界造成他不懂政治的错觉，他大打“大老粗牌”，竟让随员把前门外八大胡同的妓馆全包了！怕遭不测，他带上厚礼，先去拜访了老袁的两个亲信——京畿军政执法处长雷震春和正回北京的湖北都督段芝贵。

段芝贵，时年44岁，人称“小段”，以别于“老段”段祺瑞。小段在前清设立东三省时，做过东三省军务处总办、署黑龙江巡抚，和张作霖关系不错，此时正待在京城，向老袁禀报驻鄂陆军第二师师长王占元的种种不是，等候大总统裁决呢！

雷震春和段芝贵都答应陪他一起进府拜见大总统后，张作霖才忐忑不安地进了中南海。

有人写过，第二次晋见老袁时，张作霖“应对陋词莽语”，即满口粗话，而且，这一次，他对居仁堂里的字画和瓷器有了兴趣，左看右看，活像刘姥姥进了大观园。

其实，进“公府”后装疯卖傻，让随从人员包场八大胡同，这一切，都是张氏事先给自己设计的“规定动作”。张作霖处世之精明，可见一斑。

然而，阅人无数的袁世凯哪那么容易被蒙？老袁不动声色，一番劝勉之后，亲手赐他一把虎柄军刀，并拍了拍他肩膀说：“东北事还望雨亭多费心。”大总统离座拍肩膀，而且亲昵地不称其名而称其字，这真是莫大的恩宠啊！张作霖悬着心终于放了下来。

哪知道，“皇恩”并未结束——张作霖回到下榻的刑部街奉天会馆以后，“公府”的人接踵而来。来人称：奉大总统委派，特将大总统的金表和居仁堂里的几幅名画以及几样西洋瓷器送给张师长留念。张作霖受宠若惊，误以为这是老袁要提拔他的一种暗示，遂心满意足地返回了奉天。

不料，张作霖前脚回到奉天，段芝贵后脚就到了。原来，老袁感觉张锡鸾在东北和段芝贵在湖北，都干得太累，下令让两人对调了！张锡銮在奉天遇上了张师长（作霖），而段芝贵在武昌遇上了王师长（占元），两人都干得很不顺心。老袁适时地对调了鄂、奉一把手。手腕一抖，两省的明争暗斗立时化为乌有。

此时，平息了国内的武装叛乱以后，老袁已经有了称帝的打算，不想让地方的人事纷争搅黄了他的帝国梦。

有关张氏传记写道，段芝贵的到来，让张作霖想当督军的愿望落了空。其实，这也不过是猜测而已。对比张与段的履历，张根本没有和段竞争的资格，凭什么老袁要让只有 38 岁而且只见过一面又是绿林出身的张作霖主持奉天？

小段重返奉天，还没坐热镇安上将军的椅子时，北京那边就有杨度等文人发起敦请老袁恢复帝制的所谓“劝进”运动。小段乃老袁最信任的武人之一，岂甘落文人之后？所以，他马上撺弄手下的军头们向老袁致电“劝进”。

任清军巡防营统领时的张作霖，尚是“嘴上无毛”的年轻人。

1915年底，袁世凯称帝改号洪宪，国内大乱，张作霖曾被袁世凯许以厚任，图为其穿洪宪朝服留影。

看似不懂政治的张作霖，除了联络冯德麟等 19 位奉省军界高官通过小段向老袁递送劝进请愿书之外，他还自己单独向老袁表过忠心，而且，话说得很无耻：

> 东三省人民渴望甚殷，关以外有异议者，唯作霖一身当之。内省若有人反对者，作霖愿率所部以平内乱，虽刀斧加身亦不稍怯。

听听，真够恶心的！

3 个月后，即民国四年（1915）12 月 12 日，依仗有各地旧军人们的拥戴，袁世凯悍然宣布他“顺应民意，承受帝位”，国号改为“中华帝国”，来年改为“洪宪”元年！开进共和只有四载的中国，转瞬之间，被老袁扭转方向，倒行逆“驶”，开往帝制的老路上了！

这一次，张作霖下错了注！老袁称帝仅 13 日，即 12 月 25 日，云南都督唐继尧与前任云南督军蔡锷等即通电全国，称“天祸中华，元首谋逆”，他们要“驱除叛国之一夫”。而且，对积极鼓吹帝制的杨度、段芝贵、雷震春等人，他们要求“明正典刑，以谢天下”！

“明正典刑”是旧时杀人布告上的法律用语，即依法处以极刑。

两天后，唐在云南议会宣布云南独立，并自任总司令，发起“护国战争”。

老袁极为震惊，匆忙要内阁部署弹压。但陆军总长段祺瑞恼怒于老袁背叛共和，激于义愤，竟然拒绝到部履职；另一个北洋大将冯国璋也称病不出，以示愤然。当时尚是师长的曹锟与张敬尧受命统辖政府军南下，却也是雷声大雨点小，与滇军胶着在四川。因前方作战不力，致使滇省叛军尚未剿灭，贵州那边又宣告独立了！而且，连广西那边也显示不稳了！

由于前方将领吴佩孚、冯玉祥等并不真心与护国军作战，多达 4 万多人的政府军竟不能灭掉仅有 1 万余人的叛军！老袁大为慌乱，病急乱求医，匆忙电召张作霖入京，面授派奉军南下平叛事宜。

当着老袁的面，张作霖把瘦削的胸脯拍得山响：作霖愿为前驱！随后，他即向陆军部索饷索械。

非常时期，老袁立马照准。

1916 年 2 月的北京晋见之行，张作霖终于满意兼满载而归。这也是他最后一次见到一代枭雄袁世凯。

回到奉天，张作霖找来已是参政院参政的足智多谋的袁金铠问计。曾在辛亥年献计稳定奉天的袁金铠分析道：老袁假民意而欲家天下，已经不得人心，众叛亲离亦为时不远，北洋军将领虽众，但真心替袁家卖命的不多，所以，此时不宜出兵助袁，而应立足奉天，再图大业！

张作霖顿感脑洞大开，立马做出相应部署，一方面在城内频繁调动军队，做出即将开拔的架势，以安慰段芝贵那颗破碎的心；一方面授意奉天总商会等民众团体再度上演挽留他的把戏。

果然，奉天总商会及时向北京发出电报疾呼：若无张师长率军坐镇，则东三省秩序难以确保，云云。得到奉天省的回复，老袁的恼怒与无奈可想而知。

3 月 22 日，内外交困、众叛亲离的袁世凯不得不讪讪宣告取消帝制，恢复共和。

惩办帝制祸首的声浪顿时在各地掀起。段芝贵乃身在东北的唯一祸首，注定在劫难逃矣！奉省各界法团纷纷要求本省自行惩办段氏，而驻奉的两位师长张作霖与冯德麟则秘密聚首，商定联手驱段。

其实，在上一年 9 月，张作霖也是劝进派。但该“老疙瘩”相当狡猾，除了那道全东三省将领给老袁的劝进电，没有几个人知道他还曾单独向老袁表过效忠。而且，这家伙转得快，眼见形势不对，立马骑墙观望。见段芝贵已成人人喊打的老鼠，他便跳下墙来，趁机导演了逐段的一场好戏。

他鼓动冯德麟扮黑脸，他扮白脸，说兄弟俩里应外合，定能逼段离奉！论资排辈，冯在张上，段被逐走后，奉天的头把交椅理应冯坐。所以，冯大哥爽快地答应了：行！大哥我唱一回黑脸！

于是，张作霖开始不断向段芝贵谎报军情，一会儿报称本师有部分军官与民众团体搅在了一起，要求惩办帝制祸首；一会儿说风传冯极有可能率第二十八师回省城找段理论，等等。为了把戏演得更像一些，张作霖甚至安排士兵在夜晚鸣枪骚乱佯作哗变。

在汹汹民意和军心的压迫下，小段心力交瘁，只得向北京请假，以养病为由，一走了之。走时，他调动专列，还调走了奉天官银号现款 200 万元。

为了监视其入关，张作霖派他最信任的第五十四旅旅长孙烈臣少将以全程护送为名，登车相陪。专列至沟帮子站加煤时，却被冯德麟手下的一个团所包围，团长硬逼着“畏罪潜逃”的“帝制祸首”段芝贵放下窃走的 200 万元官银。令段上将军感激莫名的是，张作霖闻知专车被截后，还曾给他发来慰问电！他哪里知道，二十八师截车一出戏的幕后导演，正是他所信赖的第二十七师的张师长！

因段芝贵的力荐，民国五年（1916）4 月 22 日，张作霖被袁世凯授予“盛武将军”名号，翌日，老袁又任命张作霖暂署奉天督军兼巡抚使。他终于当上了奉天全省的一把手。

不料，祸起萧墙。同日被委以“帮办奉天军务”的冯德麟当下就翻脸了！军务帮办，即督军的副手。当土匪时，冯的辈分比张高多了。张刚入行时，冯已经是名震东三省的辽西巨匪了。这一次排段离奉，冯自认为作用比张大得多，而且因动用军队驱段，已经把小段和老袁都彻底得罪了。所以，冯德麟认为，老袁让张吃肉，让他喝汤，实在不公！于是，他改邪归正整十年，一夜回到了投诚前——说一不二的胡子脾气又犯了！

在冯氏发难的日子里，张作霖忍受了平生最大的屈辱。

对自己的后来居上，张作霖对绿林兄弟们表示过惶恐，也对“冯大哥”的态度表示过极大的担忧。他两度致电北京政府，要求辞职，而且指名要让位给冯德麟。但老袁两度不准，毕竟张作霖比冯德麟更具备做地方主官的综合能力。

驻军北镇的冯师长的怨气大得很！

北镇即前清的广宁县，进入民国，因与广东的广宁县重名而改名北镇。

怒气冲冲的冯德麟赶到省城后，竟然把张作霖派人去给他送来的就职仪式请柬扔进了痰盂里！张作霖派吴俊陞与马龙潭两个重量级的部将前去劝他屈就军务帮办，他居然以“睡下了”为名把二位少将镇守使拒之门外！

第二天，张作霖为不刺激冯，特意换上便装亲自登门拜访。直到这时，他才懒洋洋地见客了，但话却说得极难听：“如今你成了盛武将军，我冯某人却闹了个他妈的帮办？这让我怎么做人？”随后，他便无理要求：在省城单设帮办公署，与将军公署的机构设置要完全一样，即下置参谋长和四个部门。擅设行政机关的编制与增加行政开支，哪是张作霖能答应的事？张作霖只好小心赔笑说：大哥，兹事体大，须请求北京才能答复。

几天后，北京回电了：军务帮办另设公署与体制不符，可每月单拨 15 万元为帮办的办公费用。洞察秋毫的老袁已经猜到了冯氏的不满，故破例让中央按月给奉天省多拨 15 万元经费，破财免灾嘛！

张作霖带着北京来电和 15 万元支票又去见冯，这位冯大哥却一拍桌子：打发要饭的呢！回去！行前，他让手下人正式向北京政府提出了辞呈。

张作霖忍气吞声，派亲信旅长孙烈臣携 30 万元现款和大宗礼品赶到北镇，恳请冯师座回奉天就职。可这位冯大哥，实在欺人太甚，5 月 20 日那天，竟率 5 个营的步、骑、炮兵浩浩荡荡进了省城——人家在向你盛武将军示威呢！

张作霖见冯德麟回转，马上亲往城南的风雨台第二十八师驻省办事处去拜会，并邀请冯大哥当晚到将军署赴宴。大哥到省，愚弟接风，这既是官场的例行公事，也是同患难的兄弟情分。可是，不知是怕在酒席上被缚被杀，还是根本就不想给张作霖面子，冯德麟居然没赴宴！

把客人召到自己的管控地抓捕或枪杀，是专制国度诛除敌手的惯常把戏。剪除金寿山就是一例。原巨匪金寿山在日俄战争后被政府招抚后，驻军铁岭、开原一带，但其匪气不改，纵兵祸民，在他的辖区内，霸占田产、劫掠地方、勒索民财的丑闻屡屡发生，地方官绅苦不堪言，纷纷到省告状。那还是张锡銮在的时候，张锡銮就让张作霖把金寿山诱来省城，准备以开防务会议为名，在公署里将其抓捕。金寿山自知作恶多端，不敢前来。张作霖便劝说金最信任的叔父出面将其诱到省城，轻松地将其抓捕并处决了。辛亥年制裁革命党张榕时，不也是张作霖先请酒，后请嫖，然后再杀了人家嘛！所以，冯德麟拒不赴张作霖在将军署里设的宴，也是有原因的。

备好美酒佳肴却没等到客人，张作霖心里的恼怒可想而知。但这个忍别人所不能忍的小个子，居然下令把酒席抬到二十八师驻省办事处为冯大哥洗尘！张作霖的大度真是让人难以置信！

第二天，吃好喝好的冯氏又翻了脸，他径直致电袁世凯，请求扩招 7 营新兵，并请批准在北镇设军务帮办公署。而且，他还直接下令给省财政厅，给他拨 50 万现款，他要增设飞行队！然后，声称要回去视察防务，他一拍屁股，又走了！

张作霖又一次忍下了。过了些日子，他派将军公署参谋长杨宇霆赶到北镇，恭迎冯师长回省。

6 月 6 日，冯带着两营人马回来了。张作霖当天下午即赶到风雨台去拜会，可是，这一次，冯大哥也太过分了——卫士竟然不准张作霖进门，而且话说得极为难听：“我们师长听说将军正有病，怕传染了他，故请将军回吧！”

张作霖崩溃了！回到将军公署，他即给袁世凯发去电报，坚决要求辞职。

然而，就是这一天——1916 年 6 月 6 日，袁世凯在中南海居所一命呜呼了！当晚，张作霖等各省军政大员都收到了总统府发来的急电。

第二天，副总统黎元洪继位大总统了。辞旧迎新之际，北京政府的要人们谁还顾得上奉天的人事安排？

再说冯德麟，正憋着一肚子火无由发泄，突然有人来报：张作霖的将军公署后门外正在建一座炮台，未来的炮口显然将对准城南，即本师驻省办事处方向！这一来，冯大哥终于找到了大发雷霆的借口，马上派人对张作霖严厉责问，并放狠话说：限当日给予答复，否则后果自负！

在任所抢建一座炮台，确实是张作霖为提防冯军兵变而做出的一项自卫措施。面对咄咄逼人的来使，张作霖硬着头皮辩解自己不知情，并马上派吴俊陞代他去向冯德麟当面赔罪。冯得理不饶人，一口气提了四项在外人看来张作霖根本不可能接受的苛刻条件，即：马上拆除炮台，严惩祸首；今后一切用人行政，须征求本人同意；奉天军政费用须与本人商量；张作霖亲率二十七师营长以上军官到二十八师驻省办事处正式道歉。

闻“冯四条”，尤其是最后一条，二十七师的中高级军官们顿时炸了营，声嚷不惜一战者亦不在少数。但张作霖严令制止弟兄们妄加议论，并亲自吹哨带队，率本师营以上军官徒步来到城南的风雨台，正式向他的土匪大哥道了歉！

北洋军头中，像张作霖这般忍辱负重者，绝无仅有！

哪知道，回到辖区的冯德麟依然不肯消停，他竟下令把张作霖委任的各县警察队长全部抓了起来，严刑拷打，逼他们编造了靠行贿才买得警长职位的假口供，然后，作为张作霖“卖官鬻爵”的“铁证”上报北京政府，要求追究张的责任。

段祺瑞主持的内阁都知道奉天是怎么回事，故对冯氏的举报置之不理。冯等了几天，没等到回音，竟以“第二十八师全体将士”的名义向段政府宣布“总辞职”！

段祺瑞马上召冯德麟入京，要“面议要政”。冯氏认为老段可不是个任人欺凌的主儿，他若晋京，凶多吉少，故拒不成行。

老段无奈，为了东北边防大局，只好请回京担任了清史馆馆长的赵尔巽老人前往奉天为张、冯劝和。

不料，赵老帅重返奉天后，对冯氏好话说尽，但冯死活不肯退让，老头儿只好铩羽而归。

其实冯德麟有所不知，北京当时还真有过起用他的打算。因黑龙江省那边的军头们也在为权力纷争不止，黑省督军兼省长竟无合适人选，故有人提议：可将冯德麟调齐齐哈尔（当时的黑龙江省会）任黑省督军兼省长。如此安排，无论对张作霖还是对冯德麟，都合适。可惜冯氏气度促狭，一意与张作霖死掐，自误了锦绣前程。

正应了那句“不作死，不会死”的时兴语言，冯德麟终于自己作到了头。张勋复辟期间，老段已经下野，冯氏被张作霖赠了顶“奉天全权代表”的帽子跑到北京，参与了复辟，并得了个“御前侍卫大臣”的空衔。

想不到，段祺瑞在天津马厂发起了“民国保卫战”，致使复辟丑剧只上演了 12 天便匆匆落幕。

冯德麟自知罪在不赦，便厚着脸皮给张作霖发电报求救。

张作霖不念其恶，当即复电：

速从陆路沿长城单骑来归，当于适当地点出迎，乘火车归来危险。

冯没听张的好心忠告，7 月 10 日，他与 200 多个护兵着便装冒险乘火车返回奉天，不期车至天津时，即被侦缉队发现，他乘坐的那节车厢被摘钩留下，护兵乘坐的那节车厢却全无所知地随列车继续前行了。他遭到逮捕，并被解送到京城关押。同行的手下第五十五旅旅长张海鹏化装成车夫侥幸逃回奉天，向张作霖报告了冯氏失联的实情。

8 月 15 日，冯德麟“因背叛共和，罪迹昭彰”，被代大总统冯国璋宣布剥夺一切官职和勋位，交付法院依法严惩。

旧友兼政敌的落难，没让张作霖幸灾祸，反倒让他再度显示了过人的雅量。他领衔，并以第二十七和第二十八两师全体军官的名义，请求中央“唯念冯在奉多年，保卫地方，不无微功，请求恩释，予以自新之路”。

冯国璋与段祺瑞二位北洋元戎见冯的对头都出面保释了，遂顺水推舟，以“复辟证据不足”为由将冯氏释放，委以总统府高等侍从武官的虚职羁留在北京。后张作霖将冯要回奉天，给了他一个“三陵督统”的名义，即让他当看守前清的东陵、北陵和永陵的名义上的负责人。

桀骜不驯的冯德麟自然不屑留在省城当劳什子守陵大臣，便一直住在北镇，从此脱离军界，开始投资实业，并创建了一所冶金学校。张作霖升任东三省巡阅使后，又将冯聘为使署的最高军事顾问，津贴每月 800 大洋。如果知道当年在北京大户人家当厨子或车夫的每月工资是 4 元，而毛润之在北大图书馆时月薪是 8 元的话，那你也就大体知道了月入 800 元该是多么高的资助了。张作霖确实够意思！

民国十五年（1926）8 月 11 日，59 岁的冯德麟因心脏病在北镇家里猝逝，正在北京指挥“讨逆”（冯玉祥）的张作霖批准为其举办了长达七七四十九天的葬礼。

张作霖善待冯德麟的故事，听起来匪夷所思，但却是奉系老人写下的白纸黑字的事实。笔者复述这些旧事时，每每走神儿，想起张学良擅杀杨宇霆与常荫槐的血腥一幕。的确，不是所有的优秀基因都能遗传给下一代。

为了平稳接收冯氏的第二十八师，张作霖显示出了过人的弄权之术。他既没让一直觊觎着“师座”位子的该师两位旅长——五十五旅旅长张海鹏和五十六旅旅长汲金纯——上位，也没保荐他本来中意的本师第五十四旅旅长孙烈臣过去当家，而是保荐孙烈臣晋升为他一直兼着的第二十七师师长，自己亲兼第二十八师师长。如此一来，两边弟兄，皆大欢喜。

另因边防兵力不足，张作霖呈请新编了陆军第二十九师，他保荐的老伙计、多年在东蒙有效剿匪的洮南镇守使吴俊陞，顺利被任命为该师师长。

至此，在民国六年（1917），42 岁的张作霖已经统一了奉天军政，成了无人抗衡的“奉天王”。

“奉天王”当然要有全奉天城最气派的住宅。

进入民国，升任中将师长以后，张作霖把原先居住的两处老房子统统拆除——如此破费，却不过是为了买块儿地皮而已。穷苦农民的儿子要建全奉天省最棒的房子，土匪出身的师长只想张扬不羁的个性。他命工匠，按所见过的奉天城里前清王府的样式来建他的师长私邸。

于是，一任关外风浪起，这厢忙建四合院。

民国四年（1915）秋，这座颇有规模的三进大四合院儿落成。开建时，张作霖是中将师长；入住时，张作霖已是上将衔的盛武将军和奉天督军。

随着势力越来越大，政务也就越来越多，二进院里的那排正房（办公室）已容不下偌多的公务，张作霖又下令在三进院东后侧新建成了一座三层高的青砖大楼，即当时沈阳城里最高的“大青楼”。

他的督军府，沿用的是前清东三省总督府，就在他的新家园北面，仅距一条街，在盛京路上。前些年我找去时，二层的主楼还在，是辽宁省纺织科研所的宿舍，但里面住着的人家已经很少了。一位正出门的中年女子说，这楼已经成危房，不能住了。

从危楼的建筑风格看，这显然是一座清末民初的欧式建筑，青砖二层，呈凹型孤立于杂乱的大院里，二楼理应是阳台的地方，都砌上了砖墙，变成了房间。不知为何当地政府没把这座极有历史价值的老楼修复起来。本篇所提到的增祺、徐世昌、锡良、赵尔巽、张锡銮、段芝贵和张氏父子等历代东三省的头号人物，都曾在此楼办公。

张氏父子称雄于东三省的年代，从张公馆到督军府，自然成了戒备森严的特殊地带。

当时，奉天城里人稀车少，出入此巷的小汽车更寥若晨星，不像现在，几辆旅游大巴就把帅府路塞死，惹得过往的骑车人啧有烦言。

张公馆初建成的那些年里，有一个英俊少年每天都要拎着书包从这大院身后的督署街经过。他常常边赶路边打量路南的这个庞大的灰色建筑群。直到近半个世纪以后，这个当年奉天东关模范学校的学子以共和国首任总理之尊走进这所偌大的宅第后，才第一次见识了灰色高墙里面的一切——1962年6月某日，受人爱戴的周恩来先生边细细参观，边向身旁的夫人邓颖超讲述着当年经过此地时的情景，感慨道：那时，这儿真是神秘威严得不得了！

威严的不是空房子，而是目光炯炯的房主人。

有历史学家写过：“作霖身短小，目炯炯有光，精悍之色见于眉宇。虽出身武弁，恂雅如一儒生。遇事剖决如流，机警过人，及其怒也，须发毕张，辟易千人，故人畏其威而怀其惠。……”

有威不在身高。威是极少数领袖人物与生俱有的内在气质，威是当权者全不经意间的举手投足。

这里有一段轶事。

张宗昌也是土匪出身的民国著名军人，早年落魄时投靠了“奉张”，张作霖看出此山东大汉之潜能，便曾天天供钱任他赌玩。后来，这位人高马大的汉子也真争气，凭战功终成奉系骁将，镇守中俄东部边境。某次，张某从黑龙江省驻地来奉天谒见老帅，一入大青楼，就大大咧咧往大帅办公室里走去，边走边道：“老爷子，效坤（张宗昌，字效坤）到了……”

不料话音未落，张作霖拍案而起：“出去！重进！你是军人吗？妈了个巴子的，当在家里呢！”

高出大帅整一头的张宗昌登时目瞪口呆！好在这家伙反应快，马上原地顿足立定、向后转、迈步退出，然后，在门口回身，举手敬礼并高喊：“报告！张宗昌到！”待里面发话后，他才规规矩矩进屋听训。

军法森严，公私分明，有张有弛，无论亲疏，这才有了全盛时 35 万（号称百万）奉军当年的不可一世。

说到治军严明，突然就想起一个极有趣的逸闻，即被反复推荐的《三大纪律八项注意》的曲调，竟是当年苏维埃土地上的子弟兵们从东北大地上学来的！已经有耄耋之岁的东北人回忆过了，比红军更早唱响这段旋律的，是张作霖的奉军。

亲历者不光知道此歌原名叫《大帅练兵歌》，而且，还能一句不落地唱下第一段歌词：

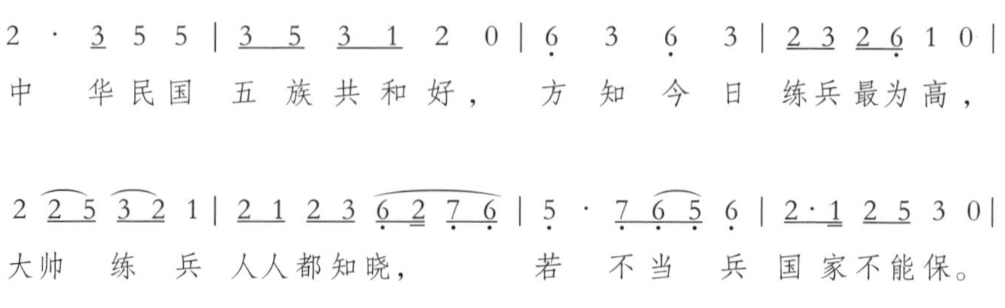

唱的是民国共和，夸的是本军统帅，说的是当兵意义。这首简单明快的“丘八歌”，真是奉军的一首思想政治工作的好教材。

不过，本书第二编出版以后，清华大学的名教授李著璟老人曾写邮件赐示：《大帅练兵歌》不是中国人的原创，原创是德国人，该曲是奉系从关内拿来的。李老乃国内公认的数学大家，却也是鲜为人知的历史研读者，80多岁的他，迄今仍在京城和各地大学里为人授业解惑。他以严谨缜密的数学家的思维模式指出了本书前两编中的多处谬误。正因有这样的可敬的读者的审阅，笔者才更增加了努力还原历史真相的责任感。

有了李老的赐示，我又埋头查阅了一番，方知此歌原产地确实为德意志帝国。甲午战争后，袁世凯在天津郊外组建起以德国陆军为模本的新式陆军。因无队列歌可唱，德籍教员便把在国内唱过的这首简捷而雄壮的军乐曲呈献出来，总文案徐世昌填上中文歌词以后，中国才有了这首传唱至今的军歌。

令北洋军和奉军官兵们万万想不到的是，这首练兵歌，日后竟一度成了中国大陆上唱得最响的歌曲之一。毛泽东在生前最后一次列车巡游的途中，在提醒登车晋见的省委书记和大军区司令要与林彪划清界限后，曾亲自指挥军政要员在车厢里唱《三大纪律八项注意》。

如今，我等普通游人来也，既无须等一进院里的“承启处”的官员发问，更不必列队唱那首熟悉的军歌，只要在售票口买上票，就可以比张宗昌还踏实地大步往里面走。

这些年，每次到沈阳，我都要去“张氏帅府”。最近一次，是2014年8月20日下午。

十几年前，张氏帅府叫少帅府，门前的巷子叫少帅府巷。既然称巷，即可知不是一条宽敞的马路。巷北是帅府旧址，巷南是一大片老旧的民宅，而不是现在的这座旷达的帅府广场。那会儿，刚刚维修好的这座3万多平方米的私家建筑群，对外开放时间不长，门票每张20元，现在是60元。

第一次进入帅府那天，是2001年10月24日，即我从三洞桥下来之后。《沈阳晚报》的刘禾大姐把她的白色富康轿车从矗满广厦的喧闹大马路上拐进一条小巷后，一片异国情调的红砖楼房和一道灰乎乎的豪门高墙便缓缓映入我眼中。车拐进了张作霖时代，我的思路一时却拐不过来。这就是不可一世的奉系的老巢吗？

“这就是大帅府。”刘禾把车停在了狭窄的停车场。她说，老沈阳人一直以“大帅府”称呼这座建筑群。她说，她家原来就住在这里面。

刘禾能在这座“东北第一宅”里住，不是因为与张家有什么亲缘。此话题后面详说。

大帅府正门的那两块金属牌匾上，嵌着此宅的过去与当时的称谓——张学良旧居陈列馆、辽宁省近现代史博物馆。

其实，张学良只是这个庞大建筑群的第二代主人。据说，沈阳房产档案上户主一直登录的是“张学良”仨字。管这儿叫“张学良旧居”和“少帅府巷”都不准确，当时我就想，叫成“元帅府”或“元帅胡同”或更为贴切，因为这儿首先是张作霖的住处。现在好了，成了最贴切的“张氏帅府”。

从民国五年（1916），到民国十七年（1928），除去最后在天津和北京住了一段时间外，十多年间，张作霖一直在这深宅大院里主家、主军、主政，尽管他的东三省巡阅使署就在这座建筑群的身后。

走进帅府，第一眼就曾暗吃一惊——这道典型的中国明清式的“广开大门”上的横匾，竟写着“治国护民”四个大字！封建军人通常标榜的是“保境安民”，但区区一个中将师长却不说“保境”而志在“治国”！好一个胆大包天的张作霖！不知这“逾制”的牌匾是何人所题？又是何时所悬？天高皇帝远，师长也忒大胆，他竟然不管官场与社会上的繁文缛节，心里怎么想的就怎么表露。

直率无羁的民国二十七师师长把一腔远大的政治抱负都筑在了自己的家中。往大帅府里走走，才知道，“治国护民”只是封面，二进院里的那几方墙上的浮雕和主人自题的字幅才是内文。

一进院东厢房是过去的承启处，即传达室兼收发室，现在成了导游姑娘们待命工作的地方。西厢房是原来的内账房，现在是旅游商店。同伴刘延军买了本最新版的《张作霖全传》，封面上分三处还写着这样几行提示：

> 一个性格奇特，身具刘邦之用人之道、诸葛之忍容之术，充满权欲的大野心家。
>
> 吸食毒品、嗜赌如命的小土匪竟爬上民国元首的宝座。
>
> 两只狐狸眼，机警过人，天性狡黠，外表文弱，内心残忍。

封底，竟又把“两只狐狸眼……”一句骂人的话啰嗦了一遍。想必作者和编辑对这个俏皮的比喻自鸣得意。

喏，这就是21世纪之初人们对他的态度。

唉！张作霖，你究竟是黑土地的守护神，还是为虎作伥的妖魔？

二进院是张作霖的办公处。不等迈进去，我先被那座超大垂花门吓了一跳——比我先前在北京的旧日王府里见过的所有透雕垂花门楼都有气派，虽说雕工不如京师的精细，但那种傲视一切的霸气，却不得不让你对深深庭院里的主人产生一种莫名的敬畏感。东、西厢房是秘书长室与机要秘书室，正房自然是主人的办公厅与会客厅。整个外墙面的基础部，全被密密的浮雕嵌满，浏览一圈儿，看不出什么特别之处，但经人提示后，方看出主人的情趣与志向——大部分浮雕是题材平庸、雕技质朴的装饰图，除了民间传统的花草荟萃外，便是大小骏马图。真正属骇俗之作的是这样两块：一块是一大一小两只狮子在吃盘中的各种水果，题字为“大小英狮吃各果”；一块是一只雄狮双掌压住地球仪，题曰“雄狮举掌握寰球”。雄狮既是自古以来中国豪门建筑不可或缺的装饰物，更是这位志向齐天的师长的自喻；而“果”者，国也！本“师”志在吃各国，握寰球！这哪是一个远离京城的关外师长所敢想的事！更意味深长的是，别的浮雕都是寻常的狮饰图案，偏偏这两方竟是蟠龙为边饰！天底下，除了皇帝的宫苑外，我只见过曲阜的孔家有资格以龙

“大帅府”里的“大青楼”，此时正在大修，近景为爬满青藤的假山。(2001 年 10 月摄)

内眷们居住的小青楼。1928 年 6 月 4 日，皇姑屯被炸之后不久，张作霖正是在这座小楼一层西侧的床上去世的。(2010 年 10 月摄)

沈阳“大帅府”中张作霖的蜡像。（2001 年 10 月摄）

大帅府里面，嵌满青石墙雕，工艺精湛而题材庄户，即如《一片冰心在玉壶》或《马上封侯》，径直刻上了茶壶、茶碗等平常物事，显示出了作者的质朴理解。令人刮目的是，每一幅浮雕上，都留下了“无名”工匠的大名。（2004 年 9 月摄）

柱为饰，万不料他张作霖早就悄没声儿地躲在自己家中，把帝王的专用图饰镶在了墙上，且当成了本狮（师长）之饰物！清末民初，军人当道，但敢有如此狂妄之想者，舍“张”其谁？

我急匆匆迈进正房，要看看企盼“吃各国”“握寰球”的张作霖，运筹的“帷幄”是什么样。进正厅，见东西屋门口均有木栅阻拦。打眼往东屋一看，静悄悄的窗下，一个头戴瓜皮帽的清癯长者正襟危坐于雕花写字台前，正专注地审阅着什么。巨大的砚台干涸久矣，但桌上那座西洋钟却似乎马上就要自鸣。活脱脱一个真人！我不禁一惊，旋即释然——这是那位在历史照片上见过无数次的“东北王”的蜡像呀！

蜡制的张作霖身穿绛紫色的马褂长袍，沐着热辣辣的秋阳，纹丝不动。我失声夸起来：“真像！”遂端相机调焦。快门响时银光闪。忽听屋里不知哪儿传出小女子的呵斥声：“不准拍照！”这回是真的吓了一跳！原来是“谢绝入内”的大帅办公室里，还真有活人在值班！我一边讪讪地收起相机，一边从屋里那面老式镜子里看清，一位早早穿上长羽绒服的女工作人员正冻得缩在门扇之后盯着我呢！

国内的许多纪念馆都不准拍照，连沈阳帅府里的这只有几件明清家具的空屋子和蜡像也不例外，的确令人莫名其妙。

西屋是主人当年的会客室。紫檀木的太师椅和大小茶几虚席以待，但却一直没等到最有资格来坐的那个人——这些年，北京和沈阳没住声儿地邀请垂垂老矣的张学良回来一趟，但终未遂愿。那个精雕细镂的镶石屏风默默地立在原地，但已经不能再拦住任何秘密了。只是主人自题的那几帧楹联，让人反复看到一颗不甘人下的强者的心：“智深须能忍；将勇贵有谋。”“书有未曾经我读；事无不可对人言。”“一丸塞函谷；三箭定天山。”

最暴露了他野心的是横匾上那四个大字：

望重长城

只念过几个月私塾的张作霖的字写得实在不咋样，而且，他的书法既不以自己的字或号或堂号或斋名落款，也不钤印，横竖就这三个字——“张作霖”。不过，他的不讲法度的字体渗出了一股来自民间的野气，一股过目难忘的霸气。

看到他的字，油然记起一个关于张作霖的“黑故事”——

某次，张作霖应邀出席日本人的酒会。三巡酒过，一位来自日本的名流力请大帅当众赏字。都知张作霖识字不多,此招显然要出中国“东北王”的丑。好一个张作霖,竟不推辞,接过纸笔,饱蘸浓墨,一笔写就一个斗大的“虎”字,然后，题款，在众人的鼓掌叫好声中他掷笔回席。那个东洋名流却瞅着落款“张作霖手黑”几个字,笑出声来。随从也看出破绽,连忙凑近大帅耳边提醒:大帅写的“手墨”的“墨”字下面少了个“土”。哪知张作霖两眼一瞪笑骂道:妈了个巴子的！俺还不知道“墨”字怎么写？对付日本人，手不黑行吗？这叫“寸土不让”！在场的中国人恍然大悟并会心而笑，懂汉语的东洋名流和关东军的高级军官们则目瞪口呆！

这故事来自野史，显然有所虚构，但却十分形象地再现了张作霖其人。

没学历，却不一定是老粗，正像识字人也不一定就明白事理一样。“卑贱者最聪明”，虽说是后来的人对知识分子的奚落，但也符合张作霖这类草莽好汉的实情。

张作霖虽已主军主政，但少年时的理想却并未在激烈的厮杀中泯灭，从满院的浮雕上，能看出他的情趣所在。

浮雕上,除有牡丹、荷花、梅花等士大夫喜爱的“高贵”品种外,还有西瓜、橘子、石榴等农家欢喜的“不入流”的东西，更有甚者，他竟把土豆、大葱、萝卜等庄户菜端上了墙面！画面上的题字也很实在，没有一副文绉绉的酸秀才式。有幅题为《金钱草》的画配着这样两句诗:“外国进金钱,花香在中原。”十足一个土财主的家！

二进院和三进院的众多浮雕上，也都十分清晰地留下了作者的名字:“翰西作”“铁邑水西造”“辽阳张纪五作”……没一个是名载青史的人物。这不能不让我重温了在遥远的法国凡尔赛宫有过的震撼：就在那座流光溢彩的辉煌殿堂里，画师与工匠的油画肖像跟历代国王的一样挂在墙上，国王把艺术家当朋友，把美化自己的人当人看哪！雅点说，叫礼贤下士；俗点讲，拿人当人。20 世纪的张作霖与 18 世纪的法国国君竟然在这一点上“气味相投”！

离开二进院时，再次回望端坐在那儿的蜡的张作霖，不禁暗自替古人庆幸：还好，没把你塑成凶恶的东北虎模样。

入住新宅之初，张作霖只是奉天的一把手，还不是东三省的最高长官。所以，此宅应叫张公馆而不叫大帅府。张作霖是搬进此宅的第二年，即民国六年（1917），他即开始谋取吉、黑二省了。从清朝到民国初年，坐镇奉天城的，无论是盛京将军还是镇安上将军，都是兼管吉、黑两省的大领导。坐稳了奉天第一把交椅的张作霖，不可能不觊觎北方二省。况且，奉军总兵力是吉、黑两军的总和。

民国初期，东三省驻军计有陆军第二十七师、二十八师（驻奉），吉林陆军师（驻吉），黑龙江陆军师（驻黑），师长分别为张作霖、冯德麟、孟恩远、许兰洲，四位师长都是陆军中将军衔，平级。各省驻军人数，在当时就不是什么秘密。

1917 年 3 月 7 日出版的《远东报》披露：

> 东三省军队的配额：奉天三万三千五百人，吉林一万二千人，黑龙江一万五千人。

《远东报》是俄国人在哈尔滨创办并在东清铁路沿线发行的中文报纸，也是第一份在华发行的俄人报纸。

因黑龙江省与俄国广为接壤，属外交敏感地区，故非能吏不能主政。但从袁世凯以降，历任大总统总是派不出强力大员坐镇齐齐哈尔。从前清时的黑龙江巡抚宋小濂，到老袁的北洋洋务局总办毕桂芳，再到深受赵尔巽赏识的军人朱庆澜，都总是被当地第一军头许兰洲所排挤，郁郁不得其志。

许兰洲乃直隶人，少年从戎，26岁即任黑龙江巡防营第二路统领，是黑龙江省唯一的中将师长，足智多谋，有人称“黑省张作霖”。至民国六年（1917）6月，许氏因荣升署黑龙江督军兼省长而惹恼本省籍的两位旅长英顺和巴英额，两位少将旅长遂各据驻地，意欲称兵发难，问鼎省城齐齐哈尔。许氏自不甘让步，一时间，该省竟陷入了战争的边缘！

借黑龙江自乱之际，张作霖先派出孙烈臣去黑龙江调解，摸清双方底细后，即主动建议北京委派中央陆军讲武堂堂长即中央军校校长，鲍贵卿出任黑龙江督军兼省长，他愿将许兰洲所部收为奉天所辖，而另派奉省新增的第二十九师填充黑省防务。

鲍氏乃奉天海城人，是老袁小站练兵时的骨干，发迹后回乡省亲时，与驻新民屯的张作霖相识，自此结交。

对北京的统治者而言，此计真是一举两得！于是，中央便依张作霖提议，把时年50岁的鲍校长从北京下派到黑龙江当一把手。鲍督军兼省长到任后，许兰洲按陆军部调令将麾下5个骑兵营和3个步兵营移防奉省，张作霖给了他一个“东路剿匪总司令”的职务。而鲍则在奉天新募10个营作为自己的卫队。随后，吴俊陞率第二十九师之一部以剿匪的名义开进黑省。

鲍贵卿见大局已稳，遂请求大总统以“挟制长官”“吞没公款”等罪名，解除了英顺、巴英额两个黑龙江籍旅长的职务。大军压顶，军头莫敢不服。黑省战云，顷刻烟消云散。

张氏传记者认为，推荐鲍贵卿主政黑龙江，是张作霖夺取东三省的一大阴谋。其实，此言差矣！当时鲍贵卿还不是他的儿女亲家，而且，从履历上看，鲍氏是北洋武备学堂毕业的职业军人，早先参加平壤保卫战，向以骁勇闻名军界，清末已是陆军协统（少将旅长），带兵多年，所以，派鲍氏回东北工作也属人地两宜。须知，让黑龙江从内战在即的边缘变成政局稳定的边疆省，获利最大的不是某一个人，而是我中华民国。

再说吉林。吉林督军叫孟恩远，是老袁的老部将，也就是老段的老哥们儿，前辈军头，张作霖暂时动不了人家。但老孟站错了一次队，即张勋闹复辟时，他恰好在北京，与“辫帅”有染，而且曾电令吉林全省挂黄龙旗以示庆贺，这事儿成了他“复辟附逆”的实证，他在吉省的声望也一落千丈。时人认为，落入奉天与黑龙江两省之间，吉林改隶“奉张”已只是时间问题了。

进入民国七年（1918），“奉张”自觉练得青筋暴起，开始膨胀。恰好随段祺瑞一道下野的原陆军次长徐树铮跑来奉天。朝野无人不知，小徐是老段的第一心腹。至于小徐的纵横捭阖是受老段的委派还是出于一己之愿，人们不得而知。小徐对张作霖有恩，通过日本士官学校同窗杨宇霆的关系，小徐为张作霖在上位的关键时刻说过话——正是小徐建议老段选张弃冯，张作霖才后来居上，成了排在冯德麟之前的奉天第一把手。这一次，小恩公当面建议“奉张”应挥师入关南征，并以在秦皇岛劫持国家在日本购得的大批枪械为诱惑。一念之差，胡子出身的张作霖的抢劫习惯被激活。按小徐所说，这批军械，足以装备 7 个混成旅哎！妈了个巴子的，不就是支持老段复任总理，武力统一中国嘛，干啦！

奉军入关打内战，这才是张作霖的第一桩不可饶恕的罪过。

事情果然按预期的程序往前走了。2 月 22 日，第五十三旅旅长张景惠率两营兵突然出现在秦皇岛的中央政府接械人员面前，强令把全部 2.7 万支新式步枪运往奉天。张景惠因有了这批武器而晋升为暂编第一师师长。

地方军队截留中央预订的大宗武器，真是岂有此理！大总统冯国璋与段祺瑞一致表示震惊与愤怒。2 月 26 日，老段致电“奉张”，劝他把原物奉还中央。但张作霖却拿出了当年在赌场上的无赖相如是回复道：本军提走军火，未及请示，原因是“呈报需时日，运京而复运奉，更费周折，不得已先留用而后禀报”。嘿！他竟然自说自话地把这批军火当成了中央指定要分给奉军的！过后，他再度大言不惭地称：“盖全军均属国家，尚何器械之足计？”你瞧，俺“奉张”的军队都是国家的，所以，留点装备武器算个甚？

此时的陆军总长正是张作霖的老上司段芝贵，冯国璋拿“胡张”都没有办法，小段能奈雨亭何？

3 月 5 日，奉军先头部队即开到廊坊，要求北京政府在天坛准备兵营。之后几日，奉军主力第二十七、二十八、二十九师陆续入关。3 月 12 日，张作霖在距北京不远的河北军粮城，宣布组建南征奉军司令部，自兼司令，以徐树铮为副司令。

见局势失控，北洋元老、总理王士珍只好宣布内阁总辞职。冯国璋万般无奈，只能请从前的哥们儿、现在的政敌段祺瑞复任总理，应付危局。

一时间，奉军长驱直入，很快就进驻了直、豫、鄂、湘、陕等省，成了老段武力统一中国的生力军。

在老段的主持下，9 月 5 日，时年 43 岁的张作霖如愿以偿地得到了东三省巡阅使的桂冠。

巡阅使权如前清的总督，他成了名义上的“东北王”。

之所以称其只是名义上的“东北王”，是因为吉林还在孟恩远手里。对土匪出身的张作霖成为自己的上司，老孟并不买账，也拒绝让其插手本省的事，甚至让手下人做好与奉军开战的准备。

不过，老孟的好日子很快就到头儿了。孟在吉林统治凡十二载，自然积怨多多。张作霖当上东三省巡阅使后，就有人开始给北京写信，控告孟某“纵兵殃民”，要晋京请愿，请将孟撤职查办。北京自然要垂询东三省巡阅使的意见。张作霖适时提出，将孟就地免职，以奉军第二十七师师长孙烈臣为吉林督军。但北京政府怕张的部将接任会激起吉林官场的强烈反感，故改令黑龙江督军鲍贵卿调任吉林督军，孙烈臣接任黑省督军。

在各方的压力下，年逾花甲的孟恩远挣扎了一番，但毫无效应。见走投无路，他只得放弃了武力抵抗的念头，于 8 月 10 日悻悻然离开吉林。

他一走，张作霖就成了名副其实的“东北王”。

张作霖成了“东北王”以后，没忘记少时的苦难，也没忘记酬谢一些人，在履行知恩图报的义务的同时，他也享受过衣锦还乡的快慰。

他把当年免费为自己启蒙的塾师杨景镇先生请到省城，在家中设了私塾馆，让他给自家的孩子们当了老师。他把一个管过他饭和衣袜的孙老太太比作漂母，把老人家的儿子安排到奉天干了个好差事。当年他曾蒙冤被伙计们毒打，差一点丢了性命，对把他救活并接回家疗养的当地大车店掌柜常则春，他给了人家一笔钱，让常老板从此成了高坎镇上的大老板。回高坎镇时，他还召请了很多熟人，包括一些打过他的人。他宽宏大量地说：要是你们不打跑我，我还没有今天呢！最让当年举报过他“通匪”的那个赵家庙的李友恒感激涕零的是，听说张作霖衣锦还乡，吓破了胆的李友恒主动前往张住处请罪。谁知张大人哈哈一笑，说：我张作霖从不记仇，你虽告发我，也是为了乡里安宁，况且县衙并未将我怎样，反使我奋发向上，才有今日。说罢，张作霖让下人送上 200 块大洋塞给李友恒，让其安心过日子。

对了，还有相关的两个故事，都极具强人政治的特色，今天听来，绝对奇闻——

第一个故事。张作霖刚当督军兼省长时，奉天的财政赤字高达 1300 多万元，外债 1000 多万元，而全省年收入仅 1000 万元。不当家不知柴米贵。他成了全省绅民的父母官以后，才知奉天金融秩序之混乱。似乎要给他这个不懂财经的省长一个下马威，大小银号平地掀起了挤兑奉票的风潮！他一方面撤换财政厅厅长，让朋友圈儿外的能人王永江上任；一方面向中央大诉其苦，力拒北京向各省多增加的税赋摊派。然后，他亲自上阵，干了只有他才能干的事——他让侦缉队提供恶意挤兑者的黑名单，下令把排名第一的兴业银行副经理刘某抓来。面对吓得魂不附体的刘某，他笑眯眯地说：“当前财政秩序混乱，我想借先生一样东西用用。”刘某由惊惧转释然，忙问：“督军要何物？”张依然笑言：“我想借你人头一用。”刘某登时瘫倒在地。张继续不疾不徐地说道：“要是你觉得冤枉嘛，可以去阎王爷跟前说去。”随后，刘某和其他几个在日本人的煽惑下扰乱金融秩序的人便被枪决示众。顿时，省城金融秩序恢复正常。在法制社会，当局给嫌疑人定罪须依法定程序进行。可在张作霖这儿，那些程序统统省了，就凭他一句话，就决定了一个人的生与死，“胡帅”真是胡来！

之后，便有了第二个故事。处决了刘某等人之后的某一天，他在护兵的簇拥下，正策马行走在大街上，突然有一人贸然冲上前来，死死揽住他的马缰，大叫："还债！"他一见，乐了，忙呵斥护兵不得动手。原来，拦他座驾的大胆访民，乃新民县商会会长姜雨田。张作霖早年驻军新民时，曾不断私募士兵。因人员超编，军饷不足，他便总找姜会长借钱，总说有了钱一定还，但却一直没还。姜氏偏偏是个犟人，听说张统领成了张省长，便横下一条心找到省城，当众让老赖还账！想不到，张作霖不光还清了积债，而且还决定："请你到省城当兴业银行的经理吧！"人问他是什么原因看好了这块辛辣的姜？他说："我就喜欢你敢当街拦我马的勇气！大胆干吧，我给你做主！"

你说，这样一个心怀敞亮不计前嫌的人，能不出人头地？

扯远了，再说回到张氏帅府。

第三进院，如同所有的中国帝王将相家的功能，是家眷的私宅。

民国五年（1916）秋搬进这座公馆里的张作霖，一共有了一妻四妾共五房夫人并九个儿女，但妻子已经不在人世了。

元配赵春桂，一直留在新民县的老宅里，她已经于民国元年（1912）4月在那儿病逝，享年38岁，留下了14岁的张冠英（首芳）、11岁的张学良和8岁张学铭。弥留之际，她托付大姨太卢寿萱带大自己的三个未成年的子女。当时，卢氏已经有了两个女儿，即5岁的张怀英和仅1岁的张怀卿。因卢氏为人善良，张作霖对她也一直不错。至于那个曾以冷美人气质让张作霖怦然心动的戴氏，前面说过，因左脚有残，而且性情急躁，已经失宠。随张作霖进奉天城以后，戴氏把胞弟也带来，被张作霖安排做了公馆的一名警卫。不料，该警卫自恃姐夫是老张，竟在某晚闲逛时，手贱，用枪弹击碎了整整一条街的电灯！百余年前的路灯，是只有大城市才能见到的稀罕物，是一座城市是否已经走入文明时代的主要象征物，哪容你统统黑了？张作霖闻报，勃然大怒，下令彻查肇事者就地处决。岂不知，查来查去，竟查到了小舅子头上！张作霖二话不说，硬逼着卫队长将小舅子处决了！戴氏悲痛欲绝，在宅里设佛堂天天诵经，从此视夫君如仇人。夫妻关系，名存实亡。后戴氏执意出家为尼，不知所终。在戴之后娶进门的贫家女许澍旸，也一直受宠，先后生下张怀瞳、张学曾、张怀曦和张学思4个儿女。

三进院里的西厢房，有少年张学良住的屋子。15岁时张学良与比他大3岁的公主岭富户之女于凤至在此完婚，并长时间在此居住过。

共和国的创建者们对“矢志讨赤”的“老帅”深恶痛绝,但对发动了“西安事变”的“少帅”却十分感念。2004年10月24日我第一次造访帅府那天，正是张学良在美国夏威夷岛上过世整一个月的日子，其故居的房间也就成了“千古功臣张学良展室”，在一张大幅的脸上布满累累老年斑的张学良的彩照下，摆着许多簇由亲属及当地有关部门送的鲜花。在这间张学良与于凤至居住过的房子里，我不禁想起周恩来在纪念“西安事变”20周年座谈会上的那声肺腑之叹：“每次提到张将军，都不禁落下泪来……”

西厢房的南间，原为张学良的办公室。因他爸是老张，所以，天资平平的张学良，16岁即编入军籍，一天大兵没当过的他，被送进东北讲武堂学习，在校期间，就成了陆军部任命的陆军上校，19岁一毕业，立马成了东三省巡阅使署警卫旅旅长，半年后，晋为陆军少将。这种完全胡来的晋升速度，即使在军阀争雄的北洋时代，也只有张学良一人而已。事实证明，靠父辈的势力而少年得志的人，因其天赋与素养均极不足，一旦被捧为独当一面的大员，不光误了他自己的生平，而且也误了本利益集团的前程，甚至误了国家！

在张学良的故居里，有一个他的蜡像，很逼真，但却不传神。蜡制的英雄毕竟没血没肉。只因他一直被当成正面人物来讲，故在此屋与之邂逅时未再觉惊奇，诚所谓“见惯不惊”也。

让我有些吃惊的是“奉张”与孙中山的良好关系。

尽管展览的说明文还在用愤怒的口吻说，张作霖称自己与孙中山先生是“老友”，但孙中山曾接受过“奉张”的10多万大洋和5000支步枪的襄助一事，确是有案可查的，孙中山派自己的儿子孙科与汪精卫等要人专程赴东北为张氏祝寿的事儿也是无法否认的事实。困境中的孙中山，积极参与张作霖发起的反直三角同盟，这也早已不是秘密。

现在的广州中山堂里，还展示着一封孙氏“民十二年十一月二十五日”写给“张总司令雨亭启”的亲笔函复制品，中华民国军政府大元帅称自己“赤手空拳与吴贼（指吴佩孚）决斗，一年以来屡蒙我公资助，得以收拾余烬由闽回师……”实为铁证。而孙中山辞世前的抱病北上，进京前逗留天津，正是为了拜会寓居津门的张作霖。作为回访，张作霖派长子张学良回访他下榻的张园。垂暮之际的中山先生的那番“你们东北地处红白两个帝国之间”的英明论断，就是那次在病榻上阐述的。

现在我们学的近代史，还是国共两党并肩北伐时的版本，说白了，是模仿苏联人的口吻写成的。历史总是由胜利者执笔。北伐胜利了，人们便再不肯提张作霖与“本党”总理交往的事儿了。如果服从了三民主义的张学良不在西安发动“兵谏”，还当他的“副座”——中华民国陆海军副总司令，老子的功劳或可会被人提及，可惜他落了个泥菩萨过河——自身难保，张作霖曾干过的那点好事也一并陷进淤泥中了。

因为权力越来越重，政务越来越多，也因为孩子们越来越大，家政越来越杂，仅一个三进院已经无法容纳张作霖的幕僚们与家眷们栖身了。于是，张作霖下令，在三进院东北方的后院新建一座完全欧化的办公兼起居的大楼，即后来被视作张氏帅府标志性建筑的大青楼。

大青楼矗立在一座重新垒起的假山的后面。假山是重新堆砌的，但山洞口那两块石匾却是原来的，一块写“慎行”，一块写“天理人心”，都是张作霖的手迹。

我跟着刘禾穿过山洞走到大青楼时，这座发生过许多历史事件的著名建筑，已经被脚手架围住，楼内有人施工。护栏上，挂着一方牌子，上面是张作霖体的大字——“施工重地谢绝参观”。

我们还是勇敢地从一旁的通道走了进去。刘禾曾在楼里住，所以，她有资格来怀旧。

楼内的墙皮全被凿光，地板也拆净了，有些地方连粗壮的梁柱也替换下来，只有墙四周的法国瓷砖熠熠如初。

所有的门窗都在另做，玻璃尚未换上。

那时的大青楼，只剩一个空壳子。

下一次来张氏帅府时，我才知道，当时的那次修缮，竟让人们发现了一个被覆盖在墙壁里面好多年的秘密，即大帅办公室的内墙上，完整地保留着一幅水墨壁画，是施工人员无意从凿掉的墙壁后发现的。想必是张学良当政时，不屑于此画的庄户气，让人用洋灰覆盖了。画面上既不是云中飞龙、殿前仙鹤，更没有哪位在任总统的肖像（恐怕老张哪个也看不起），而是一群肥硕的绵羊在悠闲地啃草。完全是主人梦里的田园诗！这幅充满民间生活气息的壁画的作者，在所有的中国书画家辞典里都没名儿，但却在这不可一世的名宅里堂堂正正留下了自己的大名——“蔡晓坡”。

当时，我想体验一下张作霖在大青楼上俯瞰全奉天城的豪迈心情，还想逐屋看看当年老帅夫人们及孩子们居住的房间，便一个人迎着咚咚乱响的施工噪音，摸索着上了二楼、三楼。

民工们正在屋梁上轰轰烈烈地干活，一地钢架、木板让人很难落足。我小心翼翼地转了每一个房间，每一层阳台。直到楼下的工头显然是冲着我大喊大叫了，我才循着宽大的老式楼梯返回楼下。

从大青楼上，透过遮在窗上的厚塑料布，我看到了院外有一座别有风姿的小红楼——刘禾说，那就是“赵四小姐楼”，张学良专门在大帅府东墙外给婚外女友赵一荻盖的一座日本风格的红砖楼房。

在拥有赵一荻之前，张学良在天津纳过一妾，叫谷瑞玉，一个富商家的千金，人称“随军夫人”。谷氏与张学良同居时，张作霖尚在。赵一荻与张学良结好时，张作霖已经作古。所以，老帅时代的大帅府外，没有这座小红楼。

民国七年（1918），奉军第一次入关秀肌肉。但因看破了徐树铮“借奉助皖”的真正心思，张作霖根据孙烈臣、张作相、吴俊陞、张景惠、汲金纯几位前线指挥官的建议，于5月下旬，借口苏俄在边境唆使蒙古人闹事为由，下令奉军撤离关内。他本人则于8月24日夜启程返回奉天。

回到奉天以后的张作霖，就把政治中心从传统的青砖四合院移到了新落成的大青楼。

大青楼一楼西侧，是他的办公室和卧室，东侧三大间屋都是他的会议室兼会客室，此后，奉系的大事，多是在此议决的。史料载，奉系军政高层，每每开一会儿会，抽一会儿大烟。所以，屋里应该有古色古香的烟榻。

三个会议室中，尤以东北角的“老虎厅”有名。老虎厅因屋里曾摆放着两尊东北虎的标本而闻名，这是张的盟兄、当上热河都统的汤玉麟送来的装饰品。老汤曾骑在一只活老虎背上留影，可见是个超级爱虎党。两只栩栩如生的猛虎标本摆在有些昏暗的屋里，曾让好多求见张作霖的客人自始至终心神不宁。那个美国记者鲍威尔当时坐在沙发上，背后的虎须拂着其后脑，写那本回忆录时，他还心有余悸地说：“令人胆战心惊！”

民国十年（1921），在中国政坛分量越来越重的张作霖，又多了一份荣誉与责任——他被任命为蒙疆经略使，俨然成了中国北方第一人。

他被任命为这项头衔的背景是，这年2月，在俄人的支持下，外蒙分裂势力竟组织5000人的武装将驻守外蒙府治库伦的国军混成旅击溃，外蒙活佛宣告脱离，是第二度宣告独立了！

上一次，即清朝倾覆的1911年12月，借混乱之际，在俄国人的唆使下，主政蒙古的八世哲布尊丹巴活佛曾在库伦宣布独立，但到1915年，因得不到多数蒙古王公的支持，他不得不取消独立，回归中国，被老袁册封为外蒙政教合一的首领“呼图克图”，意即长生不老之人。足智多谋的西北筹边使徐树铮率军抵达库伦以后，曾将其囚禁。遗憾的是，西北筹边使小徐在库伦留下一个混成旅后，就回北京了。小徐若不回北京折腾，安心为国守边疆，则不光不会于日后被冯玉祥授人处决，反倒是一位值得敬仰的民族英雄。此番，外蒙再度欲脱离，也再度证实，中原政局不稳之日，便是极端民族主义分子逞乱之时。

然而，就在段祺瑞内阁为北疆的蒙患绞尽脑汁地考虑之际，4 月中旬，孙中山号召国会议员南下广州。先后有部分国会议员响应其召唤抵达岭南，因法定人数不够，孙氏动员这批议员组成了“非常国会”，选举他为大总统，时称“非常大总统”。一时间，天出二日，中国居然有了两位大总统！

段内阁因此总辞职，被各方所接受的陆军上将靳云鹏受命组成了新内阁。北京乃至北洋各巨头自然不承认孙氏政权，与广东相邻的广西，曾在反袁时与孙中山合作过的两广巡阅使陆荣廷，也坚决反对孙氏，并与各省主要疆吏如曹锟、吴佩孚、张作霖、王占元等联名发表声明，反对广东擅立政府与非法推举元首。

攘外还是安内？经一番协调，北京政府及北方军政大佬达成共识，即国事为重，攘外优先。

5 月 29 日，在中南海怀仁堂，徐世昌主持召开了蒙古善后会议。徐是接任病逝的冯国璋出任大总统的。靳云鹏总理及各阁员和东三省巡阅使张作霖、直鲁豫巡阅使曹锟、两湖巡阅使王占元三位大帅，以及在京的蒙古王公，应召与会。会上，元首与各军政大佬议决，立即对外蒙用兵。

徐世昌当即委任张作霖全权负责征蒙用兵及指挥官的任用，曹锟负责后备援军，王占元负责军需支援。

靳云鹏起立补充道：希望各位蒙古族王公劝说各旗贵族、平民配合政府，共挽危局。

之后，张作霖即站起来，作出了一番称得上是慷慨悲壮的表态：

> 外蒙乃中国之领土，今终为异族所占领，使中国国民蒙受奇耻大辱！保全国土，军人有责，征蒙问题已再无讨论的必要。作霖既已从元首处受命担当讨伐重任，不日即将率关东健儿为收复外蒙而驰骋于漠北原野。如能从异族手中夺回蒙古，作霖虽死于万里塞外，区区之身亦不足惜。如不幸战斗失利，尚有曹锟、王占元二使，诸君当可放心！

翌日，徐世昌即发布了征蒙大总统令，同时发表“东三省巡阅使张作霖兼任蒙疆经略使”，热河、绥远、察哈尔三个特区的都统“均应归该经略使指挥节制，以便职权统一为要”。

6 月 25 日，张作霖在奉天宣誓就职蒙疆经略使，27 日，即向东路出击的第二十八师师长汲金纯下达了出击令。随后，北路的吴俊陞与南路的张景惠所部也都陆续出征。张作霖甚至拟定了一个月后的亲征计划，即 7 月 26 日，他将率嫡系部队第二十七师经哈尔滨和满洲里亲自指挥围攻库伦，待一举攻克该城后，先凯旋入京，再返回奉天。

然而，未待亲征，外蒙局势就发生了巨变！ 7 月初，苏俄赤塔共和国派出部队越过边境，在中国军队尚未到达之前，于 7 月 6 日抢占了库伦，并于 7 月 10 日匆匆组建了“政府”！性质变了！本是一场中央对地方分裂势力的正义弹压，却变成了强邻入侵的粗暴干涉。

可惜！就在此时，桂粤战争爆发。广州的中华民国军政府发兵攻入广西，被拉拢过去的桂军少壮派纷纷宣布独立，“广西王”陆荣廷被迫逃往越南。转瞬之间，北京政府失去了广西，统一的梦想又变得模糊起来。

广西的失陷又很快影响到了湖北。依附广东军政府的湘军，有鄂籍将领夏斗寅等人以“湖北人的湖北”为号召，发起了“驱王运动”，王，即长期主持湖北的山东籍的两湖巡阅使王占元。偏偏属于直系的第二十五师师长萧耀南也是湖北人，按直鲁豫巡阅副使吴佩孚的授意，萧师以援鄂为名突进湖北，意欲压迫王占元离鄂，将湖北省纳入直系的地盘。

鄂省告急！王占元赶紧向他所信任的张作霖求援。此时，北京政府也期盼“奉张”暂时中止征蒙行动，优先安内。加之东三省因军队主力撤走，各地土匪蠢蠢欲动，偏偏广东方面又派人潜入东北，策动骚乱。所以，犹豫再三，7 月 24 日夜，张作霖召集要员紧急会商，决定立即中止征蒙行动，奉军调头南下。

惜乎哉！如果此时政局不发生动荡，张作霖还按原计划率大军出征，则征蒙也就不会留下分裂的隐患。当时，5 万多人的征蒙大军驱逐兵力不足 1

万人的红军和只有5000多人的叛军，是有获胜把握的。

之后的事，就更加复杂了。简言之，靳云鹏内阁总辞职，张作霖力挺被段祺瑞所信任的广东人梁士诒出任总理。梁因向日本举债以赎回被日本人从德国人手中强占的胶济铁路，又给了刚刚升任两湖巡阅使的吴佩孚发难的口实。在吴氏领衔的直系将领的电报骂战中，梁内阁匆匆垮台，而梁的垮台又惹恼了张作霖。于是，直奉双方都打着“为国除奸”的旗号，于民国十一年（1922）4月打响了第一次直奉战争。

如果说，“奉张”崛起时曾为稳定祖国北疆做过贡献的话，那么，他挥师入关挑起内战，并在得势后肆意干预政局，便是他不可饶恕的历史罪责。

战前，“奉张”已经派人联络了寓居天津的段祺瑞和段派大将、浙江督军卢永祥，并与驻节桂林的孙中山化敌为友，三方结成了“反直三角同盟”。

不过，奉天代省长、财政厅厅长王永江当时就看出了段、孙两位盟友的不靠谱。在给杨宇霆的信中，他一针见血地写道：

> 无论段也，卢也，孙也，都不过是骗我之钱而又耍我而已，毫无可以依赖之处。

从奉直双方的军力对比来看，奉军有着绝对的胜算：参战的奉军达12.5万人，大炮150门，机枪200挺；而直军只有10万参战，其中至少三分之一要留守后方，大炮也只有100门，机枪100挺。

然而，战争的结果令人大感意外：从4月26日凌晨两军开打，到5月4日张作霖下令各军向关外撤退，短短数日，奉军大败。

5月11日，在挺进京城的吴佩孚的催促下，徐世昌颁布了大总统令：解除张作霖东三省巡阅使、蒙疆经略使、奉天督军兼省长等各职，听候查办。

然而，奉军实力并未大损，而且，东北确实也无人能取代张作霖，所以，东三省议会联合会及奉天各团体当天即通电全国，反对罢免张作霖。退至滦州的张作霖得到家乡民众的力挺，顿时又充足了气，于5月12日悍然宣布：

东三省独立。

随后，奉天省议会即推举张作霖为东三省总司令兼奉天省长，孙烈臣、吴俊陞为副总司令。张氏下令“整军经武”，并扩建了奉天兵工厂，创建了东北大学，还与两广的孙中山恢复了联系，汪精卫以孙中山特使的名义到访奉天。到民国十三年（1924），“奉张”已经拥有步兵 27 个旅、骑兵 5 个旅、炮兵 10 个团，总兵力达到 25 万人。另外，还拥有了 200 架以上的飞机和大小 21 艘兵舰，成了国内最为强劲的一支武装集团。他有了入关找直军报一箭之仇的实力。

为了赢得战争的胜利，张作霖重启三角同盟谈判，并秘密收买了直军大将冯玉祥。

是年 9 月 3 日，第二次直奉大战在山海关一带开打。战至最激烈时，10 月 22 日，直军第三军司令冯玉祥倒戈回京，发动了“北京政变”，将已是大总统的曹锟囚禁在中南海，假曹锟之口，任命直军统帅吴佩孚为青海垦务督办。吴自山海关回师讨冯时，奉军趁乱猛击，直军无心抵抗，遂溃不成军。吴不得不仓皇乘军舰南逃。第二次直奉战争以奉系大胜而告终。

因为这次战争的胜利，反直三方才和冯玉祥共同捧出了政坛元老段祺瑞。老段遂以“中华民国临时总执政”的名义主持了国政。但这场战争的最大的受益者，既不是段祺瑞，更不是孙中山，而是张作霖——奉系的势力范围，已经扩大到了关内的直、鲁、苏、皖诸省，加上满蒙，三分之一的中国，都在他手里了。

然而，有谁知道，一直被张学良钦敬并力荐的东北讲武堂的教官郭松龄，却因没得到江苏或安徽督办的位子而有了反叛之心。

郭时任张学良任军长兼司令的第三军副军长兼京榆司令部副司令。民国十四年（1925）11 月 23 日深夜，郭松龄趁军长张学良返回奉天之际，突然于滦州通电全国，宣布讨伐张作霖与杨宇霆，并将所部改称“东北国民军”，立即倒戈进军奉天。此即近代史上有名的郭松龄倒戈事件。

惊闻郭氏反叛的最初几天，张作霖终日在大青楼里属于他的那几间屋里憋屈着，忽而横在烟榻上吞咽苦果，忽而下地走来走去自言自语。眼见叛军逼近，他不忍毁了奉天城，便做好下野去大连的准备。他气得大嚷："他郭鬼子（郭的绰号）不就是想当东三省的家吗？都是自家人，我下野，他来干好了，何必大动干戈？"他甚至命令工兵将几卡车的煤油与木柴运到帅府，准备撤退时焚毁此院，以免家园成为叛军的战利品而使自己蒙羞。

正在张作霖准备携家眷逃往日本殖民下的大连的时候，日本人不请自至。当时，关东军司令部设在旅顺口，来者为关东军参谋长斋藤恒大佐。

对此，原东三省交涉总署行政处处长罗靖寰有详细回忆：

> 1925年冬，郭松龄反奉时……奉天省城留守军力薄弱，人心惶惶。张除电告吉、黑两省速派军队救援外，并拟在危急之时逃往旅顺或大连暂避。一天，日本关东军参谋长斋藤奉其司令白川义则之命，偕同三浦中佐到达沈阳，通过张的日籍顾问野町武马约张作霖会晤于南满铁道会社所设的沈阳旅馆内。
>
> 斋藤以郭松龄率军叛乱，主动向张作霖说：如需关东军帮忙，请勿客气，尽管提出，我们可以用不得在南满铁路附近作战为理由，叫他不能前进，必要时还可派关东军出兵阻击。
>
> 张以吉、黑两省部队虽已出动来援，但有远水不解近渴之虞，遂说："如果郭军逼近省城，我拟赴旅顺或大连暂避，届时当请帮忙。"
>
> 于是斋藤（实为日本驻奉天的副总领事田中喜市）乘机将事先用打字机打好的五项要求提出，让翻译田中念给张听。张听完了即不加考虑地完全答应，随即在上面签了字。

张作霖的贸然签字，为自己埋下了杀身之祸。

郭松龄起兵反叛被弹压一事，我读过的所有文字，都指责张作霖借用了日军的支持才反败为胜的。不过，反复查阅书籍，甚至翻阅了辽宁省档案馆编的《奉系军阀密电》和《奉系军阀密信》（均为中华书局1985年7月版），也没找到张氏卖国求生的证据。以我读过的文字，只能说，日本人是借奉军自乱之际，趁火打劫，乘机索要他们平时要不到的东西。对张作霖的要求如此，对郭松龄的要求也是如此。对于交战双方而言，日军确实以不偏不倚的中立面目出现了。

当时，日本人对张作霖的所谓“帮助”，就是援引前清与中国签订的南满铁路条约，警告奉军不得在铁路附近作战，“如危害帝国重大利益时，关东军不能默视”。

同时，另有关东军参谋三浦中佐专程赴锦州找到郭松龄，向郭递上了同样的警告。

张、郭双方被迫接受了关东军的警告。随后，日军迅速出动，将铁路沿线20华里内拉上小红旗示警。由于日军的阻拦，东北国民军的行动大大受阻，加上吴俊陞亲率两个黑龙江来援的骑兵部队突袭了郭军背后，致郭军在新民境内大败。郭与夫人仓皇化装出逃，被黑龙江骑兵追上，按张作霖的手令，夫妇二人被就地处决。

一场奉军史上最大的内乱至此烟消云散，张氏的大帅府也因之得以幸存。

暴怒中的张作霖曾下令将保荐和一味纵容郭松龄的张学良枪决，幸好老哥们儿，包括总参谋长杨宇霆，一致劝阻，张学良才保住他那条只有24岁的小命。

过后，东三省交涉总署罗靖寰等人与日本驻奉天总领事林久治郎、副领事田中喜市进行正式谈判。罗等认为，日本人所提的要求不能接受，其主要内容包括：允许日本人在东三省和东蒙地区同中国人完全一样享有自由居住与经商的权利，将间岛地区的行政权移让日本、将吉林至敦化的铁路延至图们江与朝鲜铁路接轨、洮昌道各县设日本领事馆。

罗写道，他向张作霖汇报之后——

他才恍然大悟地说：“我原来认为让日本人租房地做点买卖，同意他们在延吉、珲春派驻几个警察管理朝鲜人维持治安，那有什么关系呢？

1927 年，张作霖在北京就任中华民国陆海军大元帅，登上了国家元首的宝座。

身着大元帅服的张作霖与五子学森（右）、六子学浚（左）合影。

戎装张作霖留影。

大元帅张作霖留影。

不料内容是这样啊！你们的报告和解说，跟我当时听到他们念的根本不一样！”随即大骂：“日本人没有好心肠，全是插圈设套转弯骗人。”

记住了！日本人乘人之危时念给张作霖听的，与事后提交的正式外交文件，“根本不一样”！

所以，张特意吩咐罗等人：

咱们绝对不能承认日本在袁世凯时代所提“二十一条”要求以内的事，免得东三省父老兄弟骂我是卖国贼！

按张大帅的指示，罗靖寰等人就一直以拖延战术敷衍日本人。

事实上，正因日本人看透了张作霖不会让他们在满洲继续获得利益，才最终决定以非常手段终止了张氏的性命。

西方在华的主要报纸《密勒氏评论报》（后改名《中国每周评论》）的主编鲍威尔先生，曾专程前往奉天采访过张作霖，在他那本《我在中国二十五年》中的张作霖，是一个具有幽默感的人：

一九二三年春，我访问过张作霖元帅，至今印象深刻。……

这位东北军事独裁者，在中国人心目中，只是一位出名的“红胡子”。这个名词的起源，可以上溯几个世纪，是中国人对早年从西伯利亚入侵强盗的称呼。后来，凡是活跃在东北的那些无法无天的中外土匪，就统统被称为“红胡子”。外国人另外送给张作霖一个绰号“东北虎”，形容他的大胆妄为和豪放不羁。我一直听见他的这两个绰号，断定他是一位凶狠的、满脸络腮胡子、屁股后插着两支快枪的土匪头子，所以去访问他的时候，心里已经有所准备。因此，当我坐在会客厅里，看见一位矮小、温和、没有胡子的人走进来，有人介绍说这就是张作霖将军时，我不由大吃一惊，完全出乎我的意料。

……

我向张将军提问中国国内政治问题。他保证说，他的一切措施都是为了和平，他的兴趣只在于统一中国，当然，如果需要的话，也不惜使用武力。……

交谈中，我几次提及外界有关他与日本人有染的说法。他告诉我，在 1905 年日俄战争中，他的确帮助过日本人，那时他作为一位游击队头领，专门袭击俄国人的交通线，而且干得比任何人都更出色，因为他从小就生活在这片白山黑水间。

对张作霖父母的情况，人们知之甚少。一般的说法，他的父亲也是一位红胡子。因此，我笑问他年轻时在哪里读书？他眨了眨眼睛，通过翻译回答说："绿林学校。"

张作霖将军不失为一位具有幽默感的人。

在中国待了 25 年之久的鲍威尔回到美国写在华回忆录的时候，张作霖早已过世多年，但说到这位出身卑贱的中国元帅，他依然充满敬意：

尽管东北长期处在日本军阀的铁蹄下，张作霖常常不得不奉命行事，但盖棺论定，他无愧一个爱国的中国人。张作霖把自己的大半财产用于兴办教育。他年轻时没有受过良好的教育，但他在东北亚地区，跟俄国人和日本人玩弄国际政治这副牌时，却是一个精明的牌手，应付裕如，得心应手，始终保持了东北领土的完整。

如果说，鲍威尔先生根据自己的好恶写下的亲历有偏颇的话，那么，半个多世纪后美国人出版的权威的《剑桥中华民国史》里，对"奉张"的表述则应该更显公允：

一九三一年前，满洲的日本政治权力被限制在租借地和铁路区内。

……他们有过高地估计自己对满洲的军阀统治者张作霖的影响的倾向。北京政府的权力在张作霖的辖地内是很小的，但张同样善于有效地限制日本人，视情况需要或是不理他们，或是与他们妥协，但是成功地利用竞争的日本利益集团的互相倾轧，可靠地维持一个中国半独立的政体。

你看，局外人笔下的张作霖不光不是日本人豢养的走狗，反倒是一位了不起的爱国者！不光不是个大肆出卖祖国利益的历史小丑，反倒是个始终保持了祖国领土完整的精明政治家！打量同一个人，映在不同国度不同政见的人的瞳孔里的竟相差如此之远！

说张作霖是爱国者，甚至称之为爱国将军，并不过分。前清光绪年间，他就曾率所部力剿蒙古反叛武装，在辽北的大地上与蒙匪胡克陶克血战了三年，终以胡克陶克退缩俄境、其悍将白音达赖被诛杀而告捷。民国时期，他当上奉天省军政一把手后，再次遭到满蒙的反叛武装的挑战，蒙匪巴布扎布兴兵犯乱，张作霖也再度出重拳强力打压。这会儿，闹着要分裂的蒙古人的背后是日本军方和浪人的鬼影。张作霖以中国人的血性和良心，极力维护了中华的统一，称这样的军事强人为“爱国将领”，岂有疑乎？

还可大书的，是张作霖办教育。不知今天东北大学的学子们是否真的了解，其校正是张作霖一手创办的。因家贫而上不起学的“张老疙瘩”，太知道没有文化的痛苦了！这个很懂得教育兴邦道理的“东北王”，于民国十一年（1922），他还没称霸北方的时候，就创办了东北大学。大片校园用地是省政府划拨的，建筑与教学设备所耗费的280万元大洋，是他苦心经营东北多年攒下的。他让省长王永江亲兼大学校长，教师待遇是全国最好的。两年后，扩为三个学院，即文法学院、理学院和工学院。因日本正在东北加紧推行其文化侵略计划，而且已经以满洲铁路株式会社的名义创办了若干所公学堂，意图垄断辽宁省的教育资源，故日本人深恐东北大学的出现会破坏其计划的实施，于是，日本驻奉天总领事吉田茂竟然不顾国际准则的约束，毫无道理地抗议东北大学的创建！事实上，正是在张作霖的治理下，“收回全省教育权协进会”在沈阳成立了。

“它的教育水准及设备比较日本在满洲设立的高等教育远为高超。”凡成绩优异者,都送往国外留学深造,“对自费出洋的,都由省政府酌量予以救济”。这是台湾史学家吴相湘在《张作霖与日本关系微妙》一文中告诉人们的。

老帅死于非命后，少帅曾亲兼校长，继续让东北大学保持国内一流水平。依老父亲生前制订的选聘一流教师的政策，他以国内最高薪水把当过教育总长的章士钊、当过财政总长的罗文干、北大的名教授梁漱溟等一流学者请到了奉天，为东北子弟们解惑授业。梁思成、林徽因伉俪游学欧洲回来后，也先在该校上岗，并创办了国内高等学府里的第一个建筑专业。

民国时，凡在白山黑水受过教育的人，不该忘了张作霖啊!

还有一个人也不该忘记，那就是当时东北的一所以人名命名的大学，即私立冯庸大学。冯庸，是冯德麟的长子，父亲在世时，一直供职军中。父亲过世后，他退出军界，毁家兴学，倾尽家产约310万银元，将父亲生前创办的大冶工业专科学校扩为全东北第一所私立大学，并自兼校长。对这所大学的出现，日本人当然也格外恼火。所以，“九一八”事件第四天，日军即占领了该大学，拘捕了冯庸，逼其出面参加汉奸政权，但遭拒绝。幸得在校日本教授的说情，他才被释放。流亡到北平后，他曾主持复校，但终因资金倾尽而无力维持，民国二十二年（1933），他只得将他的大学并入张学良的东北大学。东三省第一所私立高校冯庸大学，存世仅6年。

我没去过东北大学。从网上看，校园里倒是有一尊人物雕像，但既不是该校创办人张作霖和首任校长王永江，也不是继任校长张学良和创办了冯庸大学的冯庸，而是一位叫宁恩承的老先生。经查，宁是张学良任校长时的秘书长，东北大学的实际主持人，20世纪50年代末自香港赴美国定居，共和国时期被改称东北工学院的东北大学的复名，和到台湾请张学良题写现校名等许多事情，都是此翁在耄耋之年仆仆奔波促成的。不过，比他更应该配得上用花岗岩或青铜材质纪念的，首先应该是这所名校的创建者，在他之后，才轮到别的人。理应有那么一天吧!

现在的沈阳张氏帅府里，倒是真有了一座张作霖的塑像。

那是 2014 年 8 月 20 日下午，我在大青楼东北角的一间小屋里看到的。

最初我在这个位置见到的，只有一座小小的关帝庙，刚刚修缮完工，尚未开门迎客。

相传张作霖揭竿于绿林时，曾连连失利，有几次甚至险些丧命。一位算命先生告诉他：要一生供奉关帝，才能逢凶化吉。张作霖立时跑到附近的关帝庙烧香磕头。打这以后，张作霖真的是每每总能逢凶化吉，便对关帝愈加崇信，逢年过节一定要去关帝庙朝拜。他建成此宅后，就下令在大院的东北角修建了这座关帝庙，平时不开门，除他本人外，任何人不得在此上香，逢年过节时，才准自家人进入。他把关老爷当成了自己的祖宗，祖宗的灵位也摆进了东殿。这里成了大帅府中最为神圣的地方。

有本书上是这样写的：

> 据在帅府工作过的老人回忆，张作霖每遇重大事件或难处理之事，尤其两次直奉战争及进兵北京之前，一定要进庙毕恭毕敬地摆上供品，举香长跪，嘴里念念有词："关老爷，托您的福，我一直未死，我还想为老百姓干点好事，积点阴德。您老看我还行就保佑我，帮助我铲除恶人。您老看我不行就召我去，专门服侍您。"张作霖这些话极为恳切、感人，在场的人无不为之动容。当时有不少人认为，张作霖官运亨通，每每逢凶化吉，青云直上，直到坐镇北京，都是有关公的庇护。
>
> 张作霖被炸死之后，民间传说更为离奇和神秘。有人说大帅把家搬到北京，对帅府的关帝庙有所怠慢而酿成杀身结局；有人说北京顺郡王府里没有关帝庙，因而坐不稳北京金銮殿。众说纷纭，莫衷一是。但有一点，张作霖传奇的一生，除了他的才能、性格造就了他的显赫地位，崇拜关帝、供奉关帝也给了他信心和力量。

我最近一次访大青楼时，关帝庙已经开门迎客，叫了忠义殿，里面坐着赤脸长须、色彩鲜艳的关羽。

关帝庙的旁边，多了间小屋。我探头一看，里面也有一尊人像，但却是赭石色的泥塑，而且通体没有涂彩敷色，所以，一时无法看出雕像是谁。但我已经猜到了，这是张作霖。因为张学良已经十分显赫地站在帅府正门外的广场上了，只有一直被当成大坏蛋的张作霖，才能被有些偷偷摸摸地矗在这犄角旮旯里。

走进晦暗的屋中，定睛再看，面部瘦削，鼻下蓄胡，果然是他！塑像后面的墙上，是一幅整面的墙画，画的是清军和北洋军攻打某座城门的战斗场景。费了好大劲，我才看到此墙画两边的题字，一边是“张作霖征讨蒙匪”，一边是“张作霖征讨判匪”，“判匪”应该是“叛匪”的笔误。

哦，大帅府里总算有一尊原主人的塑像了，尽管他被放置的位置很容易让人掠过其门而不入；而且，塑像也没描画上眉眼与服饰，让偶有探头一看者，会误以为这只是一尊未完成的像胚。但这已经非常让我感到意外了，忍不住要为主持张氏帅府的人点一个赞。只是，我不明白，为什么要把他当神一样供在祭坛上？正因按神像的模式摆布了他，才使得他的身下有了几张游人信手丢掷的 1 元面值的人民币。他当然不是权威史书所定义的恶鬼，但也不该奉若神明。如想还原历史的话，只需请一流的雕塑家在帅府正门外为他立一尊完全真实的雕像即可，如怕不合时宜，也可在大青楼前，甚至大青楼内，为其树一座雕像。其形其容，既不要夸大，也不要缩小；其神其貌，既不要骄横，也不要猥琐。就是一个本来的他好了。那样一尊张作霖，不能像现在立在帅府门外他儿的那尊雕像似的，体量过于庞大，身材过于挺拔，成了天地之间的巨人，而非历史上真实的张学良。

就在张作霖升任东三省巡阅使之前，忙里偷闲，他的那颗粗糙而坚忍的心，又为一个小女子而怦然了。

某天，张作霖应邀出席奉天一所中学的毕业典礼，有个上台致答辞的女学生，竟让张大帅动了心！

打听回来的情况是这个样子的：该姑娘名王雅君，随母姓，本叫寿懿，是已故的前清署黑龙江将军寿山的女儿，是寿山与王姓外室所生。哇！前清黑龙江将军寿山寿大人的格格啊！寿山乃明末民族英雄袁崇焕的后裔，因清朝入关，其先人改籍汉军。庚子国难时，寿山在齐齐哈尔任所自杀殉国，王氏因妾身受备歧视而带着幼小的女儿回到了奉天老家。哈哈！简直是天下掉下个五夫人！前清庚子年间，张作霖还是绿林好汉的时候，寿山已经是大清国的封疆大吏了。16 年过去了，张作霖成了新一代的"东北王"，却意外地成了作古已经 17 年的寿将军的女婿，真有意思！

有了最新一任血统高贵的小妾，42 岁的张大帅乐得不知如何是好，一口一个"小五儿"叫着，并不避人。为了表示对寿姑娘的特别疼爱，他下令在督军府后花园东边新建一座二层青砖洋楼，人称"小青楼"，让王姑娘寿格格四姨太带着各房的女儿们住了过去。

小青楼是座中西合璧式的二层楼，当年，主持帅府家政的五夫人寿懿就住在楼下的东屋。

张作霖是个对外对内都讲原则的人。虽说妻妾众多，但他只给元配赵春桂以妻子的名义，即使赵氏过世后，他也不肯以卢氏为正妻。对卢氏和以下的各房，他规定一律称太太，以示平等，即二太太、三太太、四太太和五太太。如是，则大姨太成了二太太……

民国十六年（1927）张作霖在北京被推举为陆海军大元帅之后，把家眷全部接到北京。与众妾们团聚时，最受宠的寿懿嫣然提议："大帅，称太太未免俗气，今后改称夫人如何？"大帅丈夫欣然拍大腿："行！小五儿说的是，就这么定了！"从此，他的妾们都成了夫人，即卢夫人、许夫人、寿夫人。那会儿，二姨太戴氏已经魂归西天。

娶了最可心的五夫人寿懿之后，张作霖连年当爹，寿氏为老张陆续生了学森、学俊、学英、学铨四个儿子。在重男轻女的中国传统社会，寿氏不得宠都难！

不过，虽说娇妾众多，但张作霖依然雄风不减。民国十二年（1923）秋，

张作霖与子女合影。

张作霖的八个儿子合影，自右至左依次是张学良、张学铭、张学曾、张学思、张学森、张学浚、张学英、张学铨。

张作霖的六个女儿合影，从大往小依次为张冠英（张首芳）、张怀英、张怀瞳、张怀卿、张怀曦、张怀敏。

张作霖去天津驻节时，因没带上寿夫人，晚间空虚，竟然又迷上了南市广兴里“天宝班”老鸨送来的18岁的马月清（一说马岳清），原因是那个风尘女子的模样看上去“旺夫”！为了今后战无不胜，颇讲迷信的张作霖在仔细端详了该女子的圆脸蛋和厚嘴唇后，认定此人一脸忠厚相，实乃“福星”，故在随从的鼓动下，将其秘密收留，在天津购房蓄之。

留在奉天主持家政的五夫人寿懿真是了不起！她深得张作霖之宠，不光是因为年龄漂亮，而且还很能干，从不恃宠干预政事，把这个大家庭理得井井有条，各房之间和睦相处。小青楼本是张作霖为她一人所建，但她把别的妻妾生的女儿也接到自己头顶上住了——张学良的妹妹们未出嫁者，都住在小青楼的二楼上。

寿懿已经猜测出大帅丈夫已在天津另有新欢了。当老张讷讷地说明了马月清的身世后，寿懿主动建议将其带回奉天，以自己的使女的身份住进小青楼，以保全大帅的名誉。于是，张作霖更加疼爱寿氏了。翌年，马氏在小青楼生一女儿，寿懿代为取名曰张怀敏。民国十六年（1927）3月，黑龙江省督军吴俊陞和吉林省督军兼省长张作相两个老哥们儿来奉天汇报工作时，张作霖才让寿懿对外公布了六夫人马姑娘入室的消息。

日本人为什么要炸死张作霖？他不是“日本帝国主义的忠实走狗”吗？他不是日本军阀在华的代理人吗？

第一次真切触到这个问题的核心时，是十几年前，我坐在北京城里的一家很小的饭店里，瞅着马路对面的全国政协的宏伟建筑，一个人在发愣。

这条马路叫太平桥大街。南北不算长的太平桥大街上，最热闹的地方，是北口的那片以涮羊肉而“香誉”食客的几个“居”，如有北京的朋友请我吃饭，我常脱口而出：去能仁居（或口福居）吧！吃饭重要，但毕竟比不了参政、议政重要，所以说这条马路最重要的地方，即我对面的这座近年新建的全国政协办公大楼。刚才，从它的西侧胡同口的那个小小的政协书店，我买了一大摞文史资料。虽说“精神食粮”已经多得拎不动了，但毕竟不是真的食粮，无以果腹，所以，我就拐进了路边这家饺子店。趁店家煮饺子的空当，我信手翻开其中一本。

这本小册子叫《北洋人士话沧桑》。其中一页，没看完，我就傻子一样愣住了——

> 张作霖起家创业于日、俄两大帝国近邻的东北，自幼耳濡目染，深知多年来日俄两国对中国的侵略危害，认为外国人都是狡猾残暴、欺软怕硬的歹徒，时具戒心。一九一六年五月他就任奉天督军后，就不断亲自尝到帝国主义欺压的滋味，首先是由日本策动的郑家屯暴动事件，以及他到南满车站欢迎日本要人在归途中遇刺、幸免于难的事，使他大伤脑筋。但国家积弱，中央既无力抗拒，一方将帅又焉能抵挡谲诈百出的强邻？所以他对外交事务迄无一定方针，也无具体政策，只是以随机应变的办法应付。

尽管我已经养成了从各级政协机关编辑的文史资料里来淘历史真相的习惯，但还是被这本薄薄的小书的内容震撼住了，那一个个字竟像钢琴上的琴槌，一下下敲得我心弦大起共鸣！

这是一个我从来没有听到过的苍老而又新鲜的声音，一个大悖于“历史定论”却又合乎情理的声音啊！

只记得我怔怔地看着马路对面的那座黄色巨厦，直到热腾腾的大馅儿饺子端到眼前也浑然不觉。

那一个中午，全国政协办公大楼门前，武警士兵们正在换岗，一个个动作利落，神情穆然。士兵换岗从来是一道观赏性很强的风景。

北洋时代，这儿一天到晚也不断上演这场秀。

那时候，这儿是张作霖在北京的家。

清末民初，京官自不待言，各地疆吏也无不在皇城根儿置办房产。张作霖发迹晚，所以迟至民国九年（1920）才在京城里拥有自己的家——和在奉天城里买下前朝显宦的家一样，他在北京城看好的是前清时代的顺承郡王府。

大清国体土崩瓦解后，京城诸王府迅速凋零，第十五代顺承正白旗满洲都统爱新觉罗·讷勒赫无以维系其庞大的家产，只好将王府的房契抵押在东交民巷里的法商东方汇理银行，靠贷款过活。民国六年（1917），讷勒赫病逝前，因无子，将侄儿文葵过继为嗣子。文葵年幼，虽接受了逊帝溥仪赐予的第十六代顺承郡王尊荣，但却难以为继，只好在皇叔载涛的操作下，将王府对外出售。民国九年（1920），张作霖应大总统曹锟之邀来京，住在奉天会馆里，闻知顺承郡王府的实情，遂斥巨资7.5万元购之。得此偌大一片家产后，张氏大兴土木，建成了京城的这方赫然豪宅。随着旧王府的新主人在国内的分量，此地也越来越威严，延至北洋末期，张作霖最后一次进京，此宅成了安国军政府大元帅府，所有军政大事均是在此拟定并布告天下的，此地甚是了得！

民国十五年（1926）11月29日，张作霖在天津被十五省通电推举为安国军总司令时，曾气吞山河地宣称：

> 决战之期，最多为一个月，最后胜利自然归我奉方……统一中国亦易如反掌也。

张作霖入京后，将北洋各部编为7个军团，拟决一死战得到苏俄人全力支持的“南赤”（蒋介石之北伐军）与“北赤”（冯玉祥之国民军）。搜查苏俄使馆，逮捕并处决李大钊等“过激党首领”，也都发生在这一非常时期。从就任总司令，到登基大元帅，他与他的部将不断地陈述着用兵“安国”的理由，从他们的对外谈话中，人们很可以知道“奉张”“矢志讨赤”的本意：

安国军总参议杨宇霆在报纸上表示：

非俟南军排除俄国赤党，决无议和之望。

安国军大元帅张作霖曾公布了一段文绉绉的“真情告白”：

余之起兵，非仇抗任何党派，而专为消灭过激主义；舍过激主义，皆有商量之余地。

不过，此时，“南赤”蒋介石与“北赤”冯玉祥已经合成一伙儿，都不再相信苏俄人，蒋、冯，再加上新桂系的李宗仁和晋军阎锡山所部，他们正以 4 个方面军的庞大兵力向北京方向推进。会师徐州后，作为国民革命军总司令的蒋介石下达了北伐总进攻令，战事因之变得空前惨烈——北伐军推进到山东境内后，遭遇到安国军两位副总司令张宗昌与孙传芳近 30 万的直鲁军的抵抗。北伐军步步为营，直鲁军节节败退，退至济南时，日本田中内阁借口保护在鲁日侨安全，竟派关东军自青岛登陆后，径赴济南，屠杀了中国的外交官和北伐军官兵。

张作霖权衡再三，选择了退避——放弃大决战，把实力依然完整的数十万奉军撤回关外，关起门来，既可专心经营富饶而广袤的大东北，又能有效地遏制日本人在东三省的越来越凶险的胡作非为。以退为进，以柔克刚，保存实力，以待将来。

所有的权威史书说到张作霖退出北京一节，用的全是贬义词，不是“仓皇出逃”，便是“被迫撤离”。用梁实秋、鲁迅他们打笔仗的话说，这很不“费厄泼赖”。

张作霖离京前，安国军并未被打垮，败退的只是张宗昌和孙传芳的军队。安国军主力部队，即奉军，在直隶、察哈尔、绥远和豫北地区跟各路“党军”对峙，按奉军将领于学忠的话说，是“旗鼓相当，时有进退”。戍守京津的奉军尚未与北伐军接火，而留守关外的奉军更是保存完好。也就是说，如果张作霖一意孤行与“党军”决一死战，豁上玉石俱焚也不肯退出北京，则其手中掌握的几十万大军与国民党军死磕，北洋时代或可延续下去，中国版图上是否于 20 世纪前期重现南北朝亦未可知。

时任安国军第四方面军参谋长的傅兴沛，在共和国初期，当过北京西城区政协委员。《北洋人士话沧桑》的作者王毓超老先生记录过傅先生的话：

> 据傅兴沛说：正当安国军与北伐军在华北平原进行决战之时，日本以护侨为名派兵开入胶东青岛，继而进占济南。张作霖等考虑国家前途，本着兄弟阋于墙外御其侮之义，曾召开府院联席会议，决定由秘书长任毓麟、外交总长罗文干主持，分别向日本政府和驻华使馆及其驻屯军提出抗议。

多么要紧的一段史料线索！可是，竟从来没有所谓的“正史”提及过！按傅氏所说，张作霖退出北京，完全出于民族大义，而非军事失利。

是的，正是因见北伐军绕过济南后继续北犯，西边的阎锡山也加紧向北京压迫而来，张作霖不愿糜烂京津地方，才决定让出京直，退守东三省。

从 5 月 20 日他主持军政会议定下撤离，到 6 月 3 日晚上他登上返奉的专车，十余天的时间里，他拜会并宴请京城绅耆名流，接见并回访各国公使，甚至筹划将故宫里的文物悉数带回奉天保存，以防蒋介石把这些珍宝卖给俄国人换武器来攻打自己。只不过，在掌管故宫钥匙的北洋元老王士珍的一番劝说后，他才打消此念。

应外交使团和绅商代表之邀，他还安排一旅军队留京维持治安以待“党军”入城。

就在这时，可恶的日本人又跳出来。他们乘机要挟张作霖，让张在郭松龄倒戈时与关东军草签的那份条约上正式签字，并要求出关的奉军解除武装。

与张家有世交的大元帅府电报处处长周大文回忆：5 月 17 日，日本驻华公使芳泽谦吉求见张作霖，周在另一间屋里候着——

> 当时听到张作霖大声嚷着说："你们这样不讲交情，来乘机要挟，我豁出这个臭皮囊不要了，也不能出卖国家的权利，让人家骂我是卖国贼，叫后辈儿孙都跟着挨骂，那办不到！……"

此前，他甚至当着日本公使的面，怒不可遏地摔了自己的旱烟袋，那个名贵的翡翠烟嘴顿时被摔成了两瓣儿！

比忌"胡子"更甚的是，张作霖最怕背负"卖国贼"骂名。还在段祺瑞执政时，张作霖就痛骂过前来解释欲与日本签订黑龙江、吉林省金矿森林借款协定的段的一名亲信："我姓张的治理东北这些年，没向外国人让过一寸土，你们为了借钱养兵，连地下带地上的和老百姓的祖坟都卖了！"说这话时，张的腰杆子一定是直的，他有资格骂别人啊——"我没向外国人让过一寸土"！

日本驻奉天总领事吉田茂曾向张大帅威胁过："你要真不接受的话，日方当另有办法。"张乃反唇相讥地答道："怎么说？你们有什么好办法，尽管拿出来，难道又要出兵吗？我姓张的等着你们好了！"说完话，就起身嚷着送客，弄得吉田很难堪，只得离去。

日本人小看了张作霖。他们本以为这个没多少文化的土匪出身的军阀不会有什么政治智慧，等他们眼见这个难缠的东北统治者越折腾越厉害，直至入主中南海成为大元帅后，方知他们遇到的是一位大智若愚的太极拳高手，一位不可能向他们低头的血性男人。

卑鄙的日本人只能靠谋杀来解脱困境。东三省交涉署长罗靖寰分析过，此条约未签，"无疑是日本害张作霖的原因之一"。

在离开人世之前的几年，老迈的张学良曾颤巍巍地告诉香港凤凰卫视的节目主持人，父亲"有宏才，度量大，但没有大略"，而蒋介石"有大略，无宏才"，如果他们两人合作，"不仅可以征服中国，还可以征服世界"。张学良还认为：父亲非常爱护老百姓，东北人拥戴张氏父子是因为他们"没有刮地皮"，实际上父亲是爱国的，他只是表面上应付日本人，并不真正答应他们的要求。日本人感觉上了张作霖的当，后来便下手害死了他。

是呀，这么现成的答案，为什么总不被权威史书采纳呢？一说到张作霖之死，为什么总要饶舌说上一通似是而非的原因？

张作霖署名的最后一份声明是民国十七年（1928）6月2日发表的《息争通电》，他宣称将退出北京，此后国事“悉听国民裁决”。此前，这位仿照孙中山模式担任了“大元帅”的大军阀，已经做出比较开明的政治决定：于赞成三民主义之外，加上“民德主义”以尊崇旧道德，改称“四民主义”；南北双方停战；合并南北政府；等等。

一切安排好后，他才登车而去。非“仓皇”也，实“从容”也。

因大元帅的一声令下，安国军——最后的北洋军——全线停止了军事行动，逐次退往东北方向，不断有不愿出关的将领被蒋介石和冯玉祥以重金收买，率部“反正”，编为国民革命军，追击从前的友军。因而，收尾时的“北伐”战争，实际成了“党军”各部欢声笑语的扩军之旅。

中国历史上规模空前的同胞厮杀的内战惨剧，因张作霖的主动退避而猝然停演了。张氏所为，正如同14年前隆裕皇太后拍板清廷逊位一样，都是值得后人尊敬的历史性选择。因退让，兄弟不再相戕，人民不再牺牲，社稷得以保全，国脉得以延续。功耶？过耶？

民国十七年（1928）6月3日凌晨1时，张作霖离开了现在全国政协办公大楼的这个地方，专车碾着太平桥大街上专为他而铺撒的黄土，穿过一个个奉军守兵的背影，驶向火车站。

月台上，由20节车厢组成的专列已经在呼哧呼哧地叹息着了。他与暂留京城的总参议杨宇霆、军团长张学良等要员作别，带上六夫人马月清和三儿子张学曾，跟他的军政府的多位总长，如实业总长张景惠、教育总长刘哲、农工部总长莫德惠、军事部参谋次长于国瀚、代行部务的交通次长常荫槐，和日籍顾问仪峨诚也等人，以及陆海军大元帅和安国军政府总理的印信、令旗等，上了车。

谁也不曾料想，日本人已经为他挖好了死亡的陷阱……

张作霖出京，标志着北洋时代已经进入弥留阶段。

车过山海关时，东三省边防司令兼保安总司令吴俊陞登车相迎，并在他的车厢里聊天，还和刘哲、莫德惠、常荫槐等陪大帅打了几圈儿麻将。

车急速驶近奉天城，转眼就过了皇姑屯站……

皇姑屯爆炸那天，大帅府门前早早排列好军乐队，等候大帅回家时鼓乐齐鸣。两声沉闷的爆炸声传来之后，有副官请五夫人寿懿去接东三省宪兵司令齐恩铭的电话。

寿懿惊闻大帅在老道口遇袭，正被送回家来，疑为幻听。撂下电话不久，就见齐司令的小卧车急急驶来，大帅的副官王宪武抱下了一身是血的“当家的”，大帅的医官杜泽先和随行的张学曾在两边护着，径入小青楼，把张作霖放到了一楼的床上。因为被炸之后，大帅神志迷糊地嗫嚅了几句，副官听懂了一句，是：“我到家……看看小五儿……”

寿懿哭成泪人儿，声声呼唤大帅！

杜医官和附近医院赶来的一位英国医生参与了抢救，但已无力回天。

血肉模糊的张作霖残喘着，说：“我两条腿都没了……恐怕不行了……告诉小六子，以国家为重，好好干吧……我这臭皮囊不算什么……叫小六子快回奉天……”然后，命丧黄泉。距被炸时只有 4 个小时，年仅 54 岁。

年方 30 岁的五夫人大放悲声！

稍后，随专列而归的那位只有 23 岁的六夫人马月清也被送进了小青楼，她也被炸伤，所幸当时未与大帅同车厢，只是伤及脚趾。

正在此时，奉天省长刘尚清和军署参谋长臧式毅匆匆赶到。

留守奉天的要员们，从半夜即率千余人的军警在京奉路车站恭候大帅，却在清晨 5 点多钟听到了皇姑屯那边传来的两声沉闷的爆炸声。人们不明就里，依然等待，直到 9 点多钟，他们才听说大帅专列遇炸，这才飞奔赶来。不料，大帅已经归西。

女眷们的哭声并没打断臧式毅的思维。他怕噩耗会引起地方不安，日军或趁机制造骚乱，遂下令副官派卫队在各门加双岗，严禁无关人员出入，并与刘尚清商定：在张学良回来之前，秘不发丧！

凭直觉，人们有理由相信，此爆炸极可能是日本人所为！因为早在十几年前，日本人策动宗社党和蒙古分裂分子闹独立时，就曾一天之内两次以炸弹袭击老帅。所幸当时老帅仅四十出头，身手敏捷，马技又高，才得以脱险。第一次遇袭，炸弹一响，只炸翻几个护兵，他飞身上马飞奔回府。不料，途中，竟再遇人投掷炸弹，而且，爆炸产生的气浪把他的军帽都炸飞了！但他依然无恙，终于有惊无险地平安回到府中。

这一次，老帅北归，从山海关到沈阳城，京奉铁路奉天段上，都是奉军守兵十步一哨地戒备着，唯奉天城外的老道口一带归日本关东军所属的铁路警备队警戒！所以，臧式毅和刘尚清认为，日本人罪责难逃！

当天，人们知道了，除了大帅之外，同车还有 19 人在爆炸中殒命，包括从山海关站登车迎接大帅回家的吴俊陞，53 人受伤，其中有同车返奉的安国军政府张景惠等部长。

当天，关东军参谋长斋藤恒即对日本报纸的记者信口雌黄地说：据确切情报，炸车事件系南方便衣队所为。

所谓“南方”，即指国民党统辖的党军。

6 月 5 日，日本驻奉天领事馆派员请奉天交涉署到爆炸现场会同调查。科长关庚泽奉派前往。关氏所见的是关东军工兵部队撤走后的现场。但见桥上的钢板已被炸出很远，洋灰桥墩东端也被炸去一角，两节车厢被炸得只剩底盘，其爆炸力之大，显然不可能是手榴弹破坏力所及。

臧式毅又令兵工厂派专家前往老道口勘察。两位白俄技师认为，爆炸物是安装在南满铁路桥上的，大约在 500 磅以内，如此之多的爆炸物，不可能是短时间放置上的。也就是说，外国专家的考证也否决了所谓“南方便衣队行凶”之说，矛头直指一直看守此桥的日军。

至此，奉天城的军政要员们已经确认：皇姑屯爆炸案，就是日本人制造

张作霖（前右）与日本驻华公使芳泽谦吉（前左）等人合影。

张作霖（前排右）与日本财阀大仓喜八郎（前左）等人合影。

谋炸张作霖的河本大作（前左），是皇姑屯事件的首要策划者。

的一起针对大帅的谋杀案！

6 月 6 日，亦即张作霖归西的两天之后，奉天省公署发布公报称：

……主座由京回奉，路经皇姑屯东南满铁道，桥梁发生炸弹爆炸事件，数名随员受伤，主座亦身受微伤，然精神尚好。……

大帅府安之若素。杜医官依然天天进来“换药”，厨房照常顿顿饭菜端进来。其实，小青楼内，只有寿懿天天陪着被安放在她卧室对面会客厅里的张作霖的遗体。

日本人狐疑：这么强烈的爆炸竟然没炸死“东北王”？他们后悔没派埋伏在两侧的日军敢死队冲上专列扫射或刺杀一番——当时，主谋此案的关东军高级参谋河本大作已经安排好三个方案：一是爆炸，二是在爆炸现场前不远的铁轨上安装脱轨器，三是敢死队直接冲锋与张作霖的卫队同归于尽。按日本人的方案，张大帅必死无疑。然而，现在，张作霖居然没死！

河本大作一心要把事闹大。6 月 10 日和 12 日，他分别安排日本浪人换上中国人的衣服，到奉天南站的日本商工会议所等地投掷炸弹，然后，由关东军发布消息称：南方便衣队已经混入城中发动暴乱。据这些“证据”，他跑到日本总领事馆，要求吉田茂出面请求日军出动“保护日侨”。吉田茂理性地拒绝了河本大作的要求，避免了事态的扩大。

吉田茂不知张作霖生死，遂派领事前往帅府探查。但日本人在大青楼被留住了，按中国人的风俗，眷属区是不容外边男人进入的。日本人不死心，又派领事夫人蹀躞着赶来，进入了小青楼。好样的妇道人家寿懿，平日一样的浓妆艳抹，高高兴兴在小青楼的正室里接待了东洋女人，甚至还让人取来香槟，宾主共同为大帅的侥幸脱险而举杯呢！送客时，五夫人让女宾们远远地看望了西屋床上纱帐里“刚刚睡下”的大帅。灯火通明的房间逸出浓浓的医药味儿，鸦片灯具、水果还摆在榻畔，头裹绷带只留眼、鼻、耳的张作霖似睡得很香。日本人亲见张作霖尚在世，日本人愣是被五夫人蒙了！

1928年，事发不久的张作霖被炸现场。

1928年，张作霖葬礼。

一个深宅大院里的少妇，一个前清将军的格格，能在痛失家中栋梁的非常之际，咽泪装欢，从容应付，实堪钦敬！

大爆炸发生的那一天，恰巧是留驻京城的张学良的26岁生日。当晚，奉军总参谋长杨宇霆等一班留京的奉军高官嘻嘻哈哈聚到“少帅”居住的中南海。然而，在卐字廊里，庆贺的酒杯还未端起，噩耗已自关外传来……

噩耗一直拖了半个月——6月19日，张学良回到奉天以后，奉天当局才将张作霖已逝的消息公之于世。

关东军擅自做主炸死了张作霖，这个突发的事件，不光改变了中国东北的政治格局，而且也连累了当届日本政府。彼时的内阁总理大臣，正是在日俄战争期间解救过张作霖的田中义一。惊闻此案，田中这个退役的陆军大将的第一感觉便是：关东军制造了这起爆炸案。擅自除掉邻国在任的国家元首，是何等恶劣的国际事件！他向继位已有4年的昭和天皇裕仁保证：将尽快调查处理胆大妄为的有关人员，将其送上军事法庭严惩！

不料，河本大作后面有关东军，关东军后面有参谋本部，甚至连内阁中的陆军大臣此时也站在了首相的对立面，军方集体谎称是中国南方便衣队炸死了张作霖，军头们甚至蛮横地宣称：凡怀疑关东军制造此案者，均系故意抹黑陆军荣誉！

田中明知他们公然颠倒黑白，混淆是非，却不能不把军方的意见禀报天皇。裕仁听罢，大为光火，嫌其前后报告完全相反，竟然不再搭理他，而且还对铃木侍从长说：以后不需要首相来见了！田中义一闻讯后，竟因惊恐而流泪！失去了天皇的信任，又受到在野的立宪民政党议员的弹劾，田中义一终于撑不下去了，1932年7月2日，他宣布内阁总辞职。下野仅两个月后，他便猝逝于心脏病。

张作霖之死，除了使中国的北洋政府提前折寿外，竟让日本第二十六任首相跟着殉葬，这倒是始作俑者河本大作没有想到的。日本军方只将河本大作免职并解除现役了事。

沧海桑田，大帅府里最能看出冰川擦痕。

自从民国二十年（1931）9月19日起，也就是震惊世界的“九一八事变”发生的第二天之后，此宅就不是张作霖遗族们的住处了。蓄谋已久的日本关东军把张氏帅府当成了他们占领的主要目标之一。张作霖的遗孀们纷纷带各自的孩子迁往天津租界里居住了。

翌年4月，英国伯爵李顿率国联调查团来满洲了解“九一八”真相之前，日本人才把大帅府让给了原奉系将领于芷山所辖的伪奉天第一军管区。后来，日本人接着把张学良未完成的西院洋楼群建好，让于芷山把司令部搬了过去，这边则成了“满洲国中央图书馆奉天分馆”和“国立中央博物馆奉天分馆”。

民国三十四年（1945）夏，苏联红军击溃日本关东军并占领东三省，中共领导的冀热辽军区司令员李运昌率五千人马随之开进沈阳，把司令部安在了大帅府里；没几天，彭真、陈云、伍修权、叶季壮四位中共东北局委员也搬了进来，这里成了是年秋冬时节共产党在东北的权力中枢。但共产党人只在这里待了几个月就被迫撤出，因为斯大林政府与中国政府有约在先：一旦日本投降，苏军就要将除旅顺之外的东北地区交还中国政府。面对前来接收的庞大国民党军，中共军队不得不退避三舍。

于是，翌年2月末，这里成了国民政府军政部下属某部门和国民党沈阳市党部的办公地。半年后，国民党军政机构撤出，这里又恢复了图书馆与博物馆的功能。

民国三十七年（1948）林彪指挥共产党军队攻克沈阳城后，依然让这座豪宅保持了文化功能，只是把“东北图书馆”从北边的哈尔滨搬迁过来，使其内涵更为丰实。到共和国时期的1957年，图书馆又分出档案馆，东北图书馆与东北档案馆两馆一直并存院内。

“文革”初期，天下大乱，各地军人以“支左”的名义掌权，沈阳军区曾三次派人前来查阅国家主席刘少奇的“叛徒”材料——刘在青年时代曾任中共满洲省委书记，还真的被抓进监狱里待了一个月。刘被残害致死的三大罪名“叛徒、内奸、工贼”，头一项便是从这大帅府里查到的“白纸黑字”。

到 1970 年，东北档案馆搬走，辽宁省文学艺术联合会和辽宁省作家协会又被安排进来填补空白。刘禾的父亲是省文联的专业作家，所以，她也就无意间成了前大帅府里的居民。

那时候，里面可破烂了！总共有 50 多户人家哪！直到 20 世纪 90 年代以后，里面的人家才都搬了出来。刘禾且行且叹。

众所周知，“文革”初期，是中华民族文物损失最为惨烈的岁月。所幸的是，那些年，住在大小青楼里的“臭老九”们心疼家中的精美砖雕木雕，便用白灰抹平覆盖了起来。因是档案重地，实行了军管，绿军衣的屏障挡住了“破四旧”的红色狂潮。

喜中也有悲，大小青楼虽未被直接冲击，但却陷入了四面楚歌的境地——尤其小青楼，正面和侧面，都被几座 20 世纪 70 年代才建起的五层居民楼团团包围，一面高墙死死地堵在其心口，使它难以喘息。墙那边的数不清的自搭简陋建筑更是满目疮痍。本是大家闺秀，却不幸沦落于市井之手，曾有的风度也就荡然无存。

当时，我曾叹：被封堵在居民楼群中的小青楼，如同那井底之蛙，还能在浮嚣的俗市里独鸣多久？

所幸，十几年后再去看时，小青楼已经在偌大的草坪上亭亭玉立，它周边的那些毫无美感可言的居民楼已经全部拆除。

在父辈老将军们的保护下，“少帅”侥幸保住了一条小命，但父亲过世 7 个月后，他却在大青楼老虎厅里要了两位奉系要员老命——老帅的头号心腹、奉军总参谋长杨宇霆和黑龙江省省长兼东北交通委员会副委员长常荫槐，就是被张学良命人枪毙在老虎厅的。

“处决杨常”成为震惊一时的事件。

张学良上报南京政府和对外的说法都是：杨、常二人结为死党，勾结日本人，反对易帜——所谓易帜，即是将在东北一直不肯降下的北洋政府的五色国旗，改换为象征服从南京国民政府的青天白日旗。所以，被张学良下令制裁。

不过，事实并不是那么回事，只不过杨、常二人以振兴奉系为己任，痛恨张学良整天抽鸦片泡靓妞且不按时坐班的窝囊样，数次批评甚至激将张学良，惹恼了年轻气盛的“少帅”，这才招来杀身之祸。以留学日本士官学校的杨宇霆之从政、治军能力，也许能为统一后的国家做更多的事，但却终因为张学良所不容而夭折了性命，死时才 40 多岁，想想也挺可惜。尽管张学良厚葬了这位奉系的重量级人物，又优抚了其家属。但人都没了，悼词写得再好又有何益？

处决杨、常不久，张学良还与二夫人谷瑞玉分手，因为谷氏不能原谅他把杨宇霆杀害了。

凭武力和阴谋统一了中国的中国国民党人，把乱纷纷的“北洋”的大幕落下了。北京作为中华民国首都的使命也告终结，人家看好的是孙总理生前定下的国都南京。待“党国”的大幕在南京重新拉开后，民国的主席台上已经换了一班人就座。易帜后的张学良，被安排在了蒋中正的副座，成为威风赫赫的中华民国陆海空军副总司令，回到北平，成为整个北方的第一号军事领袖。“九一八事变”的爆发，他竟电令东北军不准抵抗，致使东北迅速沦丧，因而成为千夫所指的“不抵抗将军”。从 29 岁那年他率兵入关参加拥蒋战争以后，他就再也没回过故乡，当然也一直未让其父入土为安。

现在的老虎厅自然没了老虎。张作霖死后的大青楼，成了张学良的东北保安司令部和东北政务委员会的办公楼。后来，南京国民政府颁给张学良的一些威名赫赫的官职，如“东北边防军总司令长官”“国民政府委员”“陆海空军副总司令”等，他也都是在这大青楼的一楼里接受的。他接受了这些职务后，中国历史上显赫一时的奉军也随之消失了，成了国民革命军东北边防军。老虎永远不在了。

东北易帜后，国民政府将含有君权色彩的奉天省改名为辽宁省，将省城奉天改名沈阳。彼时，北京也因失去了首都地位而改称北平，直隶省因不再位于京畿而改称河北。

地名变了，时代变了，不变的是大青楼与小青楼。只是，这里不再是“东北第一家”的家属院，成了一天到晚熙熙攘攘的旅游景点。

2014 年 8 月 24 日的黄昏时分，我一个人从张氏帅府纪念馆出来。张学良的戎装雕像下，中老年女人们在跳广场舞，老爷们儿在打扑克、下象棋，几十个孩子在教练的指导下绕着雕像遛旱冰。眼下的帅府广场，已经成了当地的公共露天客厅，人尽其乐。

大帅府东门，当初是个破烂不堪的居民杂院，现在已经腾空，被灰墙圈在了帅府里面，恢复了本来的面貌。

当年，张大帅的棺椁就曾停厝于东大门内的东厢房里，未待抚顺那边的陵园建好，“九一八事变”猝发，帅府和主人的僵尸都成了敌寇的战利品。

日本人知道死者在东北人心中的分量，便同意把张的灵柩保存下来，由帅府迁至沈阳的珠林寺浮厝。珠林寺是沈阳城的寄灵寺，通常堆满一时不能安葬的棺材。一班当了大汉奸的原奉系要员念及老上司的知遇之恩，曾动议将其遗骸迁于抚顺城外的元帅林。但日本人虑及元帅林规模宏大，且在交通要道上，未允。海城县的乡绅则力争将张作霖的灵柩葬在本县，以符落叶归根之古训。但日本人觉得将张墓立于海城县城，还是过于招摇。时任“伪满洲国总理”的张景惠，想了个好主意：将张氏归葬地处偏僻的锦县驿马坊，那里是张氏家族墓地，其父母、二兄与元配均埋在那里。日本人终于同意了。

于是，民国二十六年（1937）6 月 3 日，在张作霖 9 周年忌日，张景惠以汉奸组织“协和会”会长而非“满洲国总理大臣”的身份在沈阳为张作霖操办了规模盛大的“慰灵祭”。时任“伪满洲国民政部总长”兼“奉天省长”的臧式毅等众多奉系元老参加了送葬仪式，队伍长达一里地。之后有专列将张作霖的灵柩送往锦县，将其安葬在原配赵春桂墓前，并将两墓合为一座大坟，植松百株。

这位草莽起家的时代巨子，终又回到其最初发迹的地方。

因此，抚顺城外的元帅林成了一座千古空穴。

张作霖墓室内景，空旷的石棺床上，永远不会有墓主人了……（2001 年 10 月摄）

没有主人的“元帅林”不是地图上的圆圈，它小得连黑点都不是。但在中国近代史籍上，它应该是个圆圈，一个虽说并不圆满但却绝不能忽略的圆圈。

这是一个北洋时代的句号。

草莽里的元帅林告诉我，注意到这个句号的人，还不是很多。

2002 年 2 月 23 日

2005 年 7 月 25 日

2011 年 6 月 25 日

2016 年 8 月 1 日